U0447260

成都大学文明互鉴与“一带一路”研究中心重大课题（编号：WMHJ2021C02）研究成果

本书由成都大学文明互鉴与“一带一路”研究中心资助出版

錦里新編

（清）张邦仲 纂

杨玉华 黄毓芸 点校

成都大学文明互鉴与『一带一路』研究中心学术丛书

杨玉华 主编

中国社会科学出版社

图书在版编目（CIP）数据

锦里新编／（清）张邦伸纂；杨玉华，黄毓芸点校.
北京：中国社会科学出版社，2024.10. -- ISBN 978-7-5227-3985-4

Ⅰ. K297.1

中国国家版本馆 CIP 数据核字第 2024SY9749 号

出 版 人　赵剑英
责任编辑　单　钊　李凯凯
责任校对　赵兵兵
责任印制　王　超

出　　版　中国社会科学出版社
社　　址　北京鼓楼西大街甲 158 号
邮　　编　100720
网　　址　http：//www.csspw.cn
发 行 部　010-84083685
门 市 部　010-84029450
经　　销　新华书店及其他书店

印　　刷　北京君升印刷有限公司
装　　订　廊坊市广阳区广增装订厂
版　　次　2024 年 10 月第 1 版
印　　次　2024 年 10 月第 1 次印刷

开　　本　710×1000　1/16
印　　张　22
插　　页　2
字　　数　350 千字
定　　价　118.00 元

成都大学文明互鉴与“一带一路”
研究中心学术丛书编委会

总　序

杨玉华*

习近平总书记指出，“文明因交流而多彩，文明因互鉴而丰富”。“文明互鉴”是构建人类命运共同体的人文基础，是增进各国人民友谊的桥梁，是维护世界和平与推动人类社会进步的动力。“一带一路”是文明互鉴的重要路线、渠道和阵地，尤其是在时逢“百年未有之大变局”的今天，在多元文化碰撞、交流日益密切的时代语境下，实施“一带一路”倡议，促成各国文明、文化的交流、互鉴、共存，以消除不同文明圈之间的隔阂、误解、偏见，对于推动国家整体对外交往及中华优秀文化的传承、传播、创新，建构“美美与共、和而不同”的全球性文明，乃至建构人类命运共同体都具有紧迫的现实意义和深远的历史意义。

成都是一座具有4500年文明史、2300多年建城史的城市，是中国首批24座国家历史文化名城之一，有着悠久厚重的历史文化积淀，创造过丰富灿烂的文明成就，形成了“创新创造、优雅时尚、乐观包容、友善公益”的天府文化精神。成都又是“南方丝绸之路”的起点，从古蜀时代开始，就形成了文化交流、互鉴的优良传统，留下了文明互鉴、互通的千古佳话。作为“一带一路”节点城市、“南方丝绸之路”起点城市，

---

* 杨玉华，成都大学原党委常委、副校长，成都大学文明互鉴与“一带一路”研究分中心主任、学术委员会主席、文学与新闻传播学院教授，四川大学中华多民族文化凝聚与全球传播省部共建协同创新中心学术委员会委员，四川大学、四川师范大学文学与新闻传播学院客座教授、博士生导师。兼任四川省社科联常务理事、四川省比较文学学会副会长、中国艺术学理论学会比较艺术学专业委员会副会长。

成都在新时代建构人类命运共同体的文明互鉴与“一带一路”倡议中占有重要地位，扮演着重要角色，必当乘势而上、大有作为。

成都大学是一所年轻而又古老的学校，其校名可追溯到1926年以张澜先生为首任校长的“国立成都大学”。虽然1931年后即并入国立四川大学，但却取得了骄人的成绩，不仅居四川3所大学（国立成都大学、国立成都师大、公立四川大学）之首，而且在全国教育部备案的21所国立大学中，也名列第七。先后有吴虞、吴芳吉、李劼人、卢前、伍非百、龚道耕、赵少咸、蒙文通、魏时珍、周太玄等著名教授在此任教。因此，成都大学乃是一所人文底蕴深厚、以文科特色见长的高校。即便从通常所认为的1978年建校算起，也仍然产生了白敦仁、钟树梁、谢宇衡、常崇宜、曾永成“五老”，并且都是以传统的文史学科见长的教授。成都大学作为成都市属唯一的全日制本科院校，理应成为成都文明互鉴、对外交往、文化建设以及提升国际化水平的重镇和高地。

站在新的历史起点上，成都大学在实施“五四一”发展战略，实现其高水平快速可持续发展的进程中，如何接续其深厚人文传统，再现文科历史荣光，建成成都文化传承发展创新高地，在成都世界文化名城及“三城”“三都”建设中，擘画成大方案、提供成大智慧、贡献成大力量，就成了成大人的光荣使命和重大责任。因此，加强与兄弟院校的合作，特别是依托四川大学的高水平学术平台、师资、项目，借智借力，培育人才，建设学科，积累成果，不断发展壮大成都大学的人文社会科学，就成了不二选择。

正是在这样的背景下，成都大学进一步强化拓展与四川大学的合作，在其“中华多民族文化凝聚与全球传播省部共建协同创新中心”下成立“成都大学文明互鉴与‘一带一路’研究分中心”（以下简称“中心”）。“中心”以中华多民族优秀传统文化研究的学科体系、学术体系和话语体系建构为基础，旨在为促成中华优秀传统文化与多元文化对话、互鉴及未来的创新发展而搭建支撑平台、凝聚社会共识、建立情感纽带，指导引领成都大学文科高水平建设和高质量发展。“中心”立足西南、心系天下，充分发挥成都作为“一带一路”节点城市、“南方丝绸之路”起点城市的独特优势，以学术研究为依托，以理论研究、平台构建、学科培育、人才培养、智库建设为抓手，积极参与构建当代中国国家文化，就文明互鉴、“一带一路”倡议、中华优秀传统文化的传承、传播、创新做出实质性的贡献。要实现上述目标，需要搞好顶层设计，精心编制中长期规划，汇聚和培育一支高水平人才队伍，立足成都大学人文社科的现实基础和优势，久久为功，集腋成裘，推出一批高水平的标志性研究成果，充分彰显学术创新力，逐渐提高“中心”的影响力。因此，编撰出版“成都大学文明互鉴与‘一带一路’研究中心学术丛书”成了重点工作和当务之急。

“成都大学文明互鉴与‘一带一路’研究中心学术丛书”每年从成都大学人文社科教师专著中遴选，并全额资助出版。每年一辑，一辑 8 种左右（以当年申请且通过中心学术委员会评审者而定）。开始几辑不分学科系列，待出版的专著积累到一定数量或每年申请资助出版专著数目较多时，方按学科类别分为几个系列。如天府文化系列丛书、成都大学学术文库、重点优势学科研究系列丛书（如古典学、文艺学、比较文学等）。资助出版的著作为专著、译著、古籍整理（点校、注疏、选注等），以创新性、学术性、影响力为入选标准。力求通过十年的持续努力，出版 80 部左右学术著作，使“丛书”在学界产生较大的规模效应和影响力，成为展示成都悠久厚重历史文化积淀、中国社会科学西部重镇丰硕成果的“窗口”和成都大学深厚人文传统、雄厚社科实力和丰硕“大文科”建设成就的一张靓丽名片。合抱之木，起于茎寸。百年成大，再铸辉煌！但愿学界同仁都来爱护“丛书”这株新苗，使之在大家精心浇灌壅培下，茁壮成长为参天大树！

2021 年 11 月 6 日

于成都濯锦江畔濯雪斋

目　　录

前　言

一　张邦伸行年

张邦伸（1737—1803），字石臣，号云谷，别号蓥华山人，汉州后营（今四川广汉市）人。与罗江李雨村、崇庆何希颜、成都张鹤林、内江姜尔常、中江孟鹭洲并称“锦江六杰”[①]；南充知县李元赞其“在国为循吏，在乡为鸿儒”[②]。《（嘉庆）四川通志》《（嘉庆）汉州志》所录《云谷张公墓志铭》及张氏自撰《云谷年谱》详载其行年，据此可将张氏生平大节分为以下诸段。

（一）幼年经历

清乾隆二年（1737）三月初八，张邦伸生于广汉和兴。张氏先世本江西太和县（治今江西泰和县）人，元末迁湖北麻城县（治今湖北麻城市），明初迁至四川隆昌县（治今四川隆昌市）。清初，曾祖张连义始携眷定居汉州。祖父张奇瑞，字冠玉，州贡生，“尝梦蓥华山有白猿跃肩上，化为童子，曰：‘予蓥华侍者，奉命为君子。’已而公生越。”[③] 父越，字凌霄，州廪生。兄仁寿，字如南，广西布政使。母程氏，廿八岁孀居，育二子为州中名士，封孺人。程氏抚孤，尝谓二子：“汝父之弥留也，嘱我曰：‘吾生平未竟之志，将于二子是续，汝善教之，毋使吾目不

---

① （清）董贻清修，何天祥纂：《（同治）直隶绵州志》卷四九，清同治十二年刻本，第103A 页。

② （清）李元：《云谷张公墓志铭》，见（清）常明修，（清）杨芳灿纂《（嘉庆）四川通志》卷四七，清嘉庆二十一年刻本，第49B 页。

③ （清）李元：《云谷张公墓志铭》，见（清）常明修，（清）杨芳灿纂《（嘉庆）四川通志》卷四七，清嘉庆二十一年刻本，第47A 页。

瞑。’”“汝等若堕厥志，吾无以见汝父于地下矣。”[①] 邦伸遂自幼苦读，潜心学问。

（二）求学应考

清乾隆九年（1744），邦伸八岁从叔父张景泗入乡塾读书，后曾因“艰于买书，以纸抄读”[②]；十三岁应汉州童子试不利；十六岁延表兄程师中为师，是年应州试第三、府试第四；十八岁受业于深谙经学的周国器；二十岁考入锦江书院，与李漱芳、何明礼、孟邵等人同学于“蜀中名宿”高辰；二十三岁举于乡，中第二十三名举人，同年者何明礼、李调元、张翯、姜锡嘏等。二十五岁会试落第，归蜀后设馆于舍南碧露草堂教授生徒，凡四年，期间一度“训迪过劳患怔忡”[③]。

（三）入仕宦游

乾隆三十一年（1766），逢朝廷“大挑”之举，从三科以上会试不中的举人中挑取一等者以知县用，二等者以教职用，邦伸即以“大挑一等”分发河南，借补光州（治今河南潢川县）判官。初至河南时，所莅辉县（今河南辉县市）虽库帑充足，但邑中蠹吏狼狈为奸，乘隙滋事，邦伸力治之，吏民畏服。补光州州判时，“判署分驻息县之乌笼集，壤接安徽，群盗往往出没其间，公捕渠魁，治以法，群盗敛迹去。”[④] 乾隆三十六年（1771）光州蝗虫为患，邦伸奉文捕之，因方法得当，快速止之，布政使何公闻之称邦伸为“出力捕蝗第一员也”[⑤]。乾隆三十七年（1772）年，邦伸补襄城县（治今河南襄城县）知县，先后革除该县车马差役之弊、仓役之弊，并对邑内名胜古迹妥为保护，至“政理民和、案牍清简”[⑥]。

---

① （清）李调元：《张节妇程孺人传》，见（清）刘长庚修，侯肇元纂《（嘉庆）汉州志》卷三五，清嘉庆十七年刻本，第16A页。

② （清）张邦伸：《云谷年谱》，清嘉庆九年刻本，北京图书馆藏珍本年谱丛刊第108册，北京图书馆出版社1999年版，第530页。

③ （清）张邦伸：《云谷年谱》，清嘉庆九年刻本，北京图书馆藏珍本年谱丛刊第108册，北京图书馆出版社1999年版，第536页。

④ （清）李元：《云谷张公墓志铭》，见（清）常明修，（清）杨芳灿纂《（嘉庆）四川通志》卷四七，清嘉庆二十一年刻本，第47A页。

⑤ （清）李元：《云谷张公墓志铭》，见（清）常明修，（清）杨芳灿纂《（嘉庆）四川通志》卷四七，清嘉庆二十一年刻本，第47A页。

⑥ （清）李元：《云谷张公墓志铭》，见（清）常明修，（清）杨芳灿纂《（嘉庆）四川通志》卷四七，清嘉庆二十一年刻本，第47B页。

乾隆三十九年（1774），出任固始县（治今河南固始县东北）县令，先后妥善处理当地民变及救灾、黄河决堤诸事，其间还为固始县临淮书院延请名师，并亲至院中与诸生讲示诗文声律，培养俊才茂学，祝曾、许銮、许克岐等皆先后取科甲。上级嘉其政绩，欲升其职，然“议未定，适公以母程孺人病，请告终养，而程孺人寿终固始官署矣”①，至此结束宦海生涯。邦伸入仕十五载，为官清正，政声卓著。

（四）辞官归里

乾隆四十六年（1781），邦伸扶榇归里，服阕后遂栖隐不出，以著书课子为业。嘉庆五年（1800），由汉州避贼乱，迁居成都。嘉庆八年（1803）十一月二十五日，“方宴客，谈笑饮食如常，是夜无疾而卒”②，终年六十七岁。妻徐氏、继室沈氏，俱先邦伸卒。子八人：长怀洵，辛酉举人；次怀溎，甲寅举人；次怀渭，辛酉举人；次怀潞，次怀潼，次怀沂，俱业儒；次怀澄，次怀沄，俱幼。女十二人：长适宜宾县训导朱廷珠之子映旸；次适邑庠生汪朝宗之子文禄；三适宁夏知县王畊之长子易珍；四适陈惟观之子汝德；五殇；六适南笼太守唐乐宇之子张兰；九适广东顺德紫泥司巡检孟印之子元章；余未字。孙八人：懋中、懋禄、懋炎、懋嘉、懋孙、懋直、懋科、懋卿，俱幼。

张邦伸生平著述极丰，计有十七种，可谓蜀地自汉以来的多产作家之一。一方面，其文史地理造诣颇高，著有《锦里新编》十六卷、《光郡通志》六十八卷、《固始县志》二十六卷、《地理正宗》八卷、《热河纪行草》一卷、《绳乡纪略》十二卷、《云栈纪程》八卷。后二者系邦伸自西安经汉州等地至成都的游记，描述了沿途山川风貌、名胜古迹及地方掌故，是川西北及有关地区珍贵的地方史志资料。

另一方面张邦伸尤工诗，有作约四千余篇，曾手自删减，存《云谷诗钞》八卷行于世。七言多风骨，如“而今父老还私祭，榆社香盆岁岁同”③

---

①（清）李元：《云谷张公墓志铭》，见（清）常明修，（清）杨芳灿纂《（嘉庆）四川通志》卷四七，清嘉庆二十一年刻本，第48B页。

②（清）李元：《云谷张公墓志铭》，见（清）常明修，（清）杨芳灿纂《（嘉庆）四川通志》卷四七，清嘉庆二十一年刻本，第49A页。

③（清）张邦伸：《汤阴岳忠武祠》诗，见（清）孙桐生《国朝全蜀诗钞》，巴蜀书社1985年版，第125页。

“自古兴亡难恃险，车箱峡里恨如何”[①]；五言多意趣，如“往来随驿骑，风雨自匆匆”[②]“芭蕉一夜雨，庭院一秋思”[③]“水澄淮月碧，山入楚云青”[④]。李调元在《云谷诗草序》中评其诗：“劝善规过，激浊扬清，义取关乎风化，而不以翦红刻翠为工；词取通乎贤愚，而不以风云月露为巧。初读之若无一奇字异句足以动人，而细味之则兴观群怨无不包焉。”[⑤]可见其诗歌自成特色。此外，他还选辑编纂了《汜南诗钞》四卷、《全蜀诗汇》十二卷、《唐诗正音》十卷、《明七律选》二卷、《排律韵荟》四卷、《维桑集》《云谷文钞》若干卷、《庆诞记》一卷等。其中《汜南诗钞》系张邦伸在河南襄城任职时所编，收录清初至乾隆元年（1736）襄城本地72家诗人的889首诗歌。《全蜀诗汇》则选辑清初至乾隆乙卯（1759）的蜀人诗歌，是清代四川全省第一部清诗总集，“对清代四川后续诗歌总集如《蜀雅》《国朝全蜀诗钞》等的编纂有着重要的垂鉴价值与示范效应”[⑥]。

二《锦里新编》其书

《锦里新编》是张邦伸在辞官归蜀期间纂修的一部记录蜀中人物故事、山川名胜、风土人文的志书，成书于清嘉庆五年（1800），并于同年付梓。是书初名《锦里新闻》，后因张氏知唐段成式有同名之书，遂改“闻”为“编”以别之。

（一）编纂缘起

《锦里新编》作为巴蜀地区的私修方志，其编纂动因一方面受到了清代修志大势的影响。清代因修《大清一统志》，先后从全国征集志书，各

---

① （清）张邦伸：《潼关》诗，见（清）孙桐生《国朝全蜀诗钞》，巴蜀书社1985年版，第125页。

② （清）张邦伸：《光山道中》诗，见（清）孙桐生《国朝全蜀诗钞》，巴蜀书社1985年版，第124页。

③ （清）张邦伸：《秋思》诗，见（清）孙桐生《国朝全蜀诗钞》，巴蜀书社1985年版，第125页。

④ （清）张邦伸：《汤阴岳忠武祠》诗，见（清）孙桐生《国朝全蜀诗钞》，巴蜀书社1985年版，第125页。

⑤ （清）刘长庚修，侯肇元纂：《（嘉庆）汉州志》卷三七，清嘉庆十七年刻本，第15B—16A页。

⑥ 王虎：《张邦伸〈全蜀诗汇〉与清代地方诗歌总集编纂》，《重庆文理学院学报》2020年第1期。

地都掀起了编修方志的热潮，据《中国地方志联合目录》统计，在所收8264种方志中，清代方志有5685种，占70%，数量远超前代；而从地域分布上看，巴蜀修志数量位居首位。据《中国地方志联合目录》统计，清代方志数量四川（含重庆）最多，有477种，江西次之，有404种，山东再次之，有385种，以下依次是河北374种、河南370种、浙江367种、江苏337种、山西332种、湖南327种、广东207种、陕西288种、湖北270种、安徽258种、云南203种、福建165种、广西153种、甘肃130种、新疆99种、上海89种、贵州76种、辽宁69种、台湾42种、海南35种、北京33种、吉林32种、天津19种、宁夏19种、西藏17种、内蒙古16种、黑龙江12种、青海7种，这说明清代巴蜀地区的修志活动尤为兴盛。从《锦里新编》体例上看，类目分为名宦、文秩、武功、儒林、忠义、孝友、节烈、流寓、异人、方伎、高僧、贼祲、边防、异闻十四门，虽相较官修的府县通志在门类顺序及设置上有所调整增减，但整体承袭清代官修方志较常用的平目体样式，一定程度反映了《锦里新编》也是清代修志浪潮中的产物。

另一方面，发扬乡邦文化是张氏编修《锦里新编》的内在动因。据《（嘉庆）汉州志·典籍志》载，张氏还曾撰《光郡通志》《固始县志》，①二志当修于光州、固始任上，是张氏为外乡所修的志书。而作为蜀人的张邦伸深感“蜀居华夏之坤，号称天府。岷峨江汉，载育其英”，却因久历兵燹致文献严重损毁，蜀中人物时事“倘不登诸简册，以为异日考证之资，不几久而就湮，无以彰景运昌明之盛乎”。故辞官归蜀后，悉心整理蜀地文献，还曾“因汉州旧志简略太甚，暇日广为搜罗汇为十二卷，名曰《绳乡纪略》”②，都反映了他对乡邦文化的重视，《锦里新编》的编纂也正是张氏矜其乡贤、美其邦族的体现。

（二）编撰宗旨

1. 致治达用。《锦里新编》对史、地两方面的书写都追求“以为异

① （清）刘长庚修，侯肇元纂：《（嘉庆）汉州志》卷三八下，清嘉庆十七年刻本，第2B页。

② （清）张邦伸：《云谷年谱》，清嘉庆九年刻本，北京图书馆藏珍本年谱丛刊第108册，北京图书馆出版社1999年版，第574页。

日考证之资”的致用功能。如历史人物采录皆近时人事，意在旌本朝贤能、表当朝功勋，明确指出“首名宦，嘉循吏也；次文秩、武功、儒林，志乡贤也；次忠义、孝友、节烈，重敦伦也；次流寓、异人、方伎、高僧，表异行也”；地理边防的记载不厌其详，由此“可备筹边之策，或于军国不无小补”，都反映了张氏对修志功用的重视。

2. 隐恶扬善。《锦里新编》立传坚持书善不书恶，“必盖棺论定始可立传，若其人尚在，虽德业事功照人耳目，亦应观其晚节，不敢滥入简端”。如《武功》一卷仅为杨展立传而未收李乾德事迹，因张氏认为乾德不义，“《通志》于《忠义》中载乾德而不为杨展立传，褒贬全失。兹《武功》载杨展而于乾德削而不录，所以别贤奸也”。承袭了方志隐恶扬善、溢美乡邦的书写传统。

3. 秉笔崇实。张氏在材料采选及叙事书写中都讲求抑绌虚妄，纠正谬言，如人物传记中“其有政绩可传而籍贯科名以暨升迁事故俱不及知者，亦只俟诸他日采辑另补，恐失真也”；史实叙述，“纪事必真”；凡遇贻误，“概从更正，不敢蹈袭前讹，致滋指摘”；异闻传说亦“以纪事为主，其全属子虚者，概从删削”，力求文本可信今传后。

4. 详今略古。我国旧志通常为通纪体，讲求追古述今，既记本朝又叙往代，既重现状又兼及旧事。统合古今，详今略古，是方志的普遍特征。《锦里新编》的撰修也继承了这一传统，甚至接近于断代志书。张氏明确指出“盖我朝菁莪棫朴之化，百有余年。多士克生，蒸蒸日盛，原不必借材于异代也”，故对已见《明史》或科第系明代者概不收录，可谓纪事必近以彰当世之盛。

（三）内容及特色

1. 人、史、地三分而尤重人物。《锦里新编》虽平列十四目，但按其内容可囊括为人物、历史、地理三大类，历史、地理门类仅“异闻”“边防”两目，且因张氏“不能遍历疆宇以扩其见闻，故所载从略”；而名宦、文秩、武功、儒林、忠义、孝友、节烈、流寓、异人、方伎、高僧、贼祲等十二目均属人物，共载三百余人传记，可谓书中之髓。巴蜀方志，《华阳国志》肇其端，其门类人物、地理、历史三分，而又尤重人物，《锦里新编》正是秉承了这一传统，将人物志视作志书的灵魂。

2. 史料来源的权威性。相较官方修志能通过公开征集获取素材的便利而言，私人撰志在材料获取方面则有一定限制，张氏也曾感叹“山川既广，耳目难周。以一人之知识而欲括通省之菁华，得一遗九，挂漏实多”。但由于张氏本为蜀人，“于三巴佚事闻见较真”，又在邑中交游甚广，《锦里新编》不少传主都与张氏有过交集，包括授业恩师周国器、高辰，锦江书院同窗李漱芳、何明礼及友人李调元等，为人物志的撰写提供了极为有利的条件，其史料也具有较高可信度。书中不少记载甚至成为后世官修志书所资材料，如《（光绪）新修潼川府志》中费元龙、樊廷、杨先宪等十余人传记均录自《锦里新编》，《（嘉庆）四川通志》《（嘉庆）汉州志》《（道光）保宁府志》《（光绪）资州直隶州志》等也不同程度引用了《锦里新编》中的史料。

3. 与张氏其他著述形成互文关系。张氏著作颇丰，其中《绳乡纪略》与《全蜀诗汇》亦是其整理乡邦文献的重要成果。《绳乡纪略》实为汉州方志，分沿革、古迹、坛庙、兵革、五行、丁粮、职官、名宦、选举、经籍十门，该书尤详地理考证，内容上与《锦里新编》形成详略互补。又《全蜀诗汇》选辑大量清初至乾隆乙卯（1759）间的蜀人诗歌，在全面汇辑清代蜀人诗歌方面尚属首功。《锦里新编》收录传主的部分代表作或警句，《全蜀诗汇》则可窥其全貌；《全蜀诗汇》所录作品，亦可从《锦里新编》中窥其评价。可以说张氏著述间存在的互文关系，立体而系统地反映了清代巴蜀历史文化的面貌。

三　《锦里新编》的价值

《锦里新编》备载蜀人、蜀事，“于史志不足之处，拾遗补阙，匡正谬误”①，当中所作人物传记在百人以上，其中不少人难入正史，若无此书，其事迹将逐渐湮灭，因此在反映清初至乾嘉时期的蜀中历史文化上有极大的文献价值，尤其在保留蜀人诗歌及蜀中文学活动史料方面贡献突出。

（一）《锦里新编》中的蜀人佚诗

《锦里新编》采用“以人系诗”的方式，在人物传记中随文引诗，分布于“名宦”“文秩”“武功”“儒林”“忠义”“孝友”“节烈”“流寓”

① 巴蜀书社编辑部：《锦里新编》，巴蜀书社1984年版，出版说明第1页。

“异人”“方伎高僧”诸目之中。引诗方式或全诗照录、或摘引警句，计有98首，其中68首见于李调元《蜀雅》① 及方志等先于《锦里新编》成书的典籍，其余30首则为《锦里新编》始见，详见下表。

诗人	籍里	诗目	体裁
杨宏绪	新繁（今四川成都市新都区）	《堂成书事》	七律
李漱芳	渠县（今四川渠县）	《白云断雁》《兰省晚归》《载书过峡》《茅檐望阙》	五古
张奇瑞	汉州（今四川广汉市）	《君平卜台》《金雁桥》《万人坟》	五律
杨天纵	本陕西人，后入籍成都	《别同寅》	七绝
何明礼	崇庆州（今四川崇州市）	《芥舟寄诗》《胡太守书巢》	五绝
马士骐	西充（今四川西充县）	《落花诗》其三、其五、其六、其十三	七律
通　醉	内江（今四川内江市）	《更号丈雪书偈》《题瀑布》《扇钱》	七绝
默野僧	内江（今四川内江市）	偈子一首	七绝
胡延璠	浙江山阴（今浙江绍兴市）	《志别简州士民八章》	七绝
孙士毅	浙江仁和（今浙江杭州市）	《南征》十首	七律

上述诗歌除《锦里新编》收录外，亦见于传世文献《国朝蜀诗略》《国朝全蜀诗钞》《国朝诗人征略》等文学总集，《（嘉庆）四川通志》《（民国）简阳县志》《（民国）渠县志》等方志，《三州日记》《听雨楼随笔》等笔记。通过对刊刻时间的比较，这些典籍成书均晚于《锦里新编》，因此这30首诗歌为《锦里新编》首次收录当无异议。

（二）蜀中文学活动史料

蜀地自汉唐以来，人才辈出、文学璀璨，却因久历兵燹致文献严重损毁。张邦伸认为“倘不登诸简册，以为异日考证之资，不几久而就湮，

① 张邦伸曾编有一本名为《全蜀诗汇》的总集，惜已散佚，清李调元《蜀雅》虽亦汇辑清代蜀人诗作，成书却较《全蜀诗汇》晚，《全蜀诗汇》所录诗歌几乎均被李调元照录于《蜀雅》之中，因此《蜀雅》中的诗文材料很大程度也源自张邦伸，但由于《蜀雅》成书较《锦里新编》早，我们在统计中仍然排除了《蜀雅》所收诗目。

无以彰景运昌明之盛乎”。故《锦里新编》传记多有国史不录者，与之相关的文学活动事迹国史亦不见载，因此是研究清代蜀中文学发展的珍贵史料，其价值体现在如下几端：

1. 文学群体的全面记录。正史《文苑传》多记载以文学显于世或以文学扬其名的文人，其余曾参与文学活动却藉藉无名者，多不入国史。《锦里新编》则对清初至乾嘉时期蜀中文学群体有较全面的记载，从《锦里新编》的记载看，除蜀中名宦、文人、儒林一类，布衣、妇女、僧道、流人也都曾参与文学活动，如富顺妇刘氏临危题诗于壁，“以‘驿梅惊别意，堤柳暗离愁’十字为诗一首，各拆一字成诗”，颇具才华与胆识；又如清乾隆初年流落资阳北乡的“文盲诗人”王寡郎，曾往来成都，与文士唱酬，作《过白帝城》《登成都八角楼》等诗，“诗多感慨悲凉之音”，他的口头创作，充分显示了民间诗人的睿智，当世即令士人刮目相看，至今仍有影响。这些记载都反映出清初至乾嘉时期蜀中良好的文化氛围。

2. 文学遗迹的亲历考察。张邦伸认为“纪事必真，方可信今传后”，《锦里新编》中的不少文学遗迹都得他亲身考察，如入蜀道人张清夜于武侯祠有题壁诗，张氏字学颜鲁公，识者以为不减唐人手笔，张邦伸于乾隆二十四年（1759）游武侯祠时得以一见，评价其诗其字“自然工丽，字亦清挺异常”。又如蜀中有“禹生石纽”的神话，《蜀本纪》说“禹本汶山郡广柔县人，生于石纽，其地名刳儿坪”①，张邦伸考察并记录刳儿坪“白石累累，俱有血点浸入，刮之不去”，以此印证“鲧纳有莘氏，胸臆折而生禹，石上皆其血溅之迹”的传说，为蜀中文学与文化研究提供了可资利用的材料。

3. 创作细节的生动记载。张邦伸自述“伸蜀人，于三巴佚事闻见较真”，故《锦里新编》保存了不少巴蜀文人的逸闻趣事，如酆都易简有“几回狂舞冰消易，一落蹄涔激浊难”的诗句，《锦里新编》卷五记录此诗创作过程：“主锦江讲席时，有阴挤之者，位中适作雪诗，徘徊庭下，忽得句云‘几回狂舞冰消易，一落蹄涔激浊难’，甚喜其佳，亦可想其胸次矣。”这一细节生动表现了蜀中文人在诗歌即兴创作方面有卓绝之能。

---

① 贺次君：《括地志辑校》，中华书局1980年版，第207页。

（三）《锦里新编》反映的蜀中诗歌风格与特质

《锦里新编》所录90余首诗歌中，除残句外，可辨别体裁者81首，其中古体诗6首，近体诗75首。近体诗中律诗共54首（七律39首、五律15首），绝句21首（七绝19首、五绝2首），反映出清初至乾嘉时期蜀中诗歌创作对七言体尤其律诗的偏好。而从《蜀雅》《国朝蜀诗略》《国朝全蜀诗钞》等文学总集收录的清初至乾嘉时期蜀中诗歌看，七言诗亦占有较大比重。叶嘉莹认为七言诗的写作相较五言更具难度，需要诗人兼备理性与感性的才能，她指出："七言诗，你不要看它只多了两个字，对古代做诗的人来说，多了两个字就得在音节和句法上费一点功夫了。"[①] 这一现象也侧面反映了该时期蜀中诗歌思力与文气兼长的特质。从《锦里新编》所载诗歌内容看，不同群体的诗人又各有其独特风格。

1. 遗民诗人的高古与厚朴

新繁（今四川成都市新都区）费氏为蜀中文学大宗，《锦里新编》卷五："至今蜀中谈诗者，尚推费氏为大宗云。"费氏的诗学成就尤以费密（1625—1701）为大，其著述多达三十余种，可谓"蜀中著述之富，自杨升庵后，未有如密者"。时费密与成都邱履程、雅州傅光昭皆以诗文雄西南，称"三子"。其父费经虞（1599—1671）亦尤工诗，其子费锡琮（1661—1725）、费锡璜（1664—?）并以诗名，故又称"四费"。

"四费"皆不仕新朝[②]，以诗歌寄托故国哀思，诗多格调高古、气韵厚朴。如费经虞《往定军山下潘氏授徒》：

> 国乱民生蹙，西南久困兵。流离心不定，乡塾事犹清。花启新蓬户，书传旧读声。一官如梦断，垂老只诸生。[③]

此诗直抒乱世漂泊之感，不事雕琢而格律严谨，平稳沉健又淳朴自然。费密的诗歌亦"以深厚为本，以和平为调，以善寄托为妙，常戒雕巧快

---

① 叶嘉莹：《汉魏六朝诗讲录》，河北教育出版社2000年版，第160页。

② 曹月堂主编，毛远明、刘重来卷主编：《中国文化世家（巴蜀卷）》，湖北教育出版社2004年版，第398—401页。

③ （清）李调元：《蜀雅》，商务印书馆1960年版，第9页。

心之语”，其五律《朝天峡》乃传诵一时的名篇：

一过朝天峡，巴山断入秦。大江流汉水，孤艇接残春。暮色愁过客，风光惑榜人。明年在何处？杯酒慰艰辛。[①]

颔联“大江流汉水，孤艇接残春”意境深邃，格调苍凉，形象地再现了诗人沿嘉陵江乘孤舟北上的情景，同时又巧妙地交代了季节与路线，将空间与时间的变化浓缩在十字之中，与唐王湾《次北固山下》“海日生残夜，江春入旧年”有异曲同工之妙，“当时咸谓知言”。清人王士祯极为欣赏此二句，赞其“十字须千古”[②]。1958 年，毛泽东主席在成都会议期间所圈阅唐、宋、明朝人歌咏四川的诗词中，即有此诗。

费密二子亦承继诗风，如费锡璜“诗尤沉雄峻拔，高出前人，乐府直追汉魏，为世传诵”。他曾随父应邀酬唱，席间令各赋诗，限“阳”韵，锡璜作：

玉笈名山屡代藏，古人手迹辨微茫。晴江影动蛟龙气，素练寒生粉墨光。苦茗啜残移画桨，折钗评罢促飞觞。闲身欲赴沧浪里，卧对烟林到夕阳。

满座听之，无不惊叹，纷纷称赞“此君真凤毛也”。此诗立意超迈、厚朴苍劲，句句切题而又神逸纸外。再如费锡琮《黄河》诗：

灵脉来天上，浑流昼夜奔。纵横穿套口，屈折下龙门。地入荥阳断，山临华岳尊。何须逢汉使，便拟溯昆仑。[③]

该诗以遒劲的笔力极写滔滔水势，文气雄浑、境界阔大。

---

①（清）李调元：《蜀雅》，商务印书馆 1960 年版，第 23 页。

②（清）王士祯：《带经堂集》卷十七“渔洋诗”，清康熙五十年程哲七略书堂刻本，第 1B 页。

③（清）李调元：《蜀雅》，商务印书馆 1960 年版，第 44 页。

清李调元曾评价费氏之诗："吾蜀诗人，自杨升庵、赵文肃、任少海、熊南沙四大家后，古学几乎凌替，费氏父子起而振之。其诗以汉魏为宗，遂为西蜀巨灵手。"① 费氏一宗高古厚朴的诗风对清初的蜀中诗坛有较深的影响，如杨岱诗"气力沈雄"、张奇瑞诗"沉着痛快"皆有相似风调。

2. 乾嘉诗人的乐观与诙谐

巴蜀"土地肥美，有江水沃野，山林竹木，蔬实果实之饶"②，造就了"巴蜀之人少愁苦"③ 的悠闲自得与乐观诙谐。李白有"千金散尽还复来"的飘逸潇洒，苏轼有"一蓑烟雨任平生"的通脱豁达，这些特质在乾嘉蜀中诗坛也有较充分的体现。

如名士何明礼（1714—?），崇庆州（今四川崇州市）人，少聪颖，读书过目不忘，才博而肆，蜀中文献，半贮腹笥，当代巨公多向其求教。青年时与闽中郑天锦、滇南李敬跻称莫逆交。郑、李皆当世名士，后俱进士及第，而明礼独潦倒场屋三十余年，至乾隆二十四年（1759）秋试始中解元，时已四十五岁。他曾作《芥舟寄诗》与郑天锦："拾第寻常事，迟君二十年。"身负才华而命运不济，却以调侃的口吻诉说自身遭遇，可见其通达乐观。

蜀中诗人针砭时弊往往也充满戏谑的口吻，如李调元（1734—1802），绵州罗江（今属四川德阳市）人，曾作诗歌咏蜀中异人"狗皮道士"。狗皮道士为成都乞人，善于模仿犬吠，曾以此技惊退逆贼，李调元诗云：

> 狗皮道士不知名，以皮为衣犬为声。乞食成都偶一吠，城中百犬皆吠惊。忽闻献贼鸣驹至，突向马前作犬吠，贼怒弯弓射不入，反中贼马马立毙，是时献贼潜称王，百官称贺如朝堂。忽见道士立班内，狗皮执笏随班行。贼声如闻令传至，一时犬声震天地。贼退

① （清）李调元著，詹杭伦、沈时蓉校正：《雨村诗话校正》，巴蜀书社 2006 年版，第 98 页。

② （汉）班固：《汉书》，中华书局 1962 年版，第 1645 页。

③ （唐）杜佑：《通典》，中华书局 1988 年版，第 4638 页。

入官犬亦息，道士以贼为儿戏。嗟呼，狗皮尚与贼为戏，岂有人皮反畏避。君不见，驱贼入蜀杨嗣昌，人皮不若狗皮良。

此诗生动描述狗皮道士深入贼军并用以假乱真的口技模拟犬群围攻之势，李调元大赞其谋略胆识，卒章以“人皮不若狗皮良”的戏谑口吻表达了对畏避退缩之人的批判和讽刺。又如唐乐宇（生卒不详），绵竹县（今四川绵竹市）人，乾隆二十七年（1762）举人，工诗，著有《鸳港集》，卒后皆散佚无存。乐宇善诨谐，曾因公拜谒而被对方辞以疾，久候亦不得见，乃蘸案上朱砂题诗于壁上曰：“右谕通知贴大堂，主人从不会同乡。门前若遇抽丰客，只说官今病在床。”投笔竟去，其善谑类如此。

3. 军旅诗人的豪迈与爽朗

蜀中诗坛不仅是文人墨客活跃的领域，许多军旅之人也参与了文学活动。如蜀中名将岳钟琪（1686—1754）尤工诗，他曾出征准噶尔部平叛，军功卓著，有“三朝武臣巨擘”之称，可谓文武兼备。张邦伸评价：“公于军旅之间，辄寄啸于笔墨，边塞诸作，多慷慨悲歌之气，而退居林下寄情花鸟，又复神似放翁、石湖诸君，所谓奇人，真无所不可。”① 惜诗作流存不多，其中咏泸定桥诗一首保存较完整：

泸水环遐域，天然界汉羌。通津横铁索，抢险壮金汤。影落鱼潜遁，虹悬鸟避翔。丰碑留御笔，予右镇蛮荒。②

清康熙年间修筑的泸定桥曾是大渡河上最长的铁索桥，也是由蜀入藏的咽喉要道和军事要津。岳钟琪此诗是现存有关泸定桥最早的诗作，再现了泸定桥跨越激流的壮观景象，文辞雄健豪放，所押七阳韵更从声韵上给人以气势磅礴之感。此外，在入藏平叛途中，岳钟琪还留下了“出师不十日，生擒十八王”的诗句，记录其不到十日即擒获敌军主帅的战绩，

---

① （清）常明修，（清）杨芳灿纂：《（嘉庆）四川通志》卷百八七，清嘉庆二十一年刻本，第19A页。

② （清）常明修，（清）杨芳灿纂：《（嘉庆）四川通志》卷三二，清嘉庆二十一年刻本，第33A页。

亦可见其遒劲豪迈的笔力。

又如行伍出身的杨天纵（1656—1732），少习儒业，涉猎经史，且勇力绝伦，善骑射，屡立战功。于雍正十年（1732）束装旋里之际口占一绝《别同寅》：

> 皇恩沛我走天涯，五十余年未到家。今日放归无别物，空余书卷两三车。

此诗是杨天纵对一生经历的总结，文辞质朴、风格旷达，透露出卸下戎装后的洒脱与爽朗。

4. 女性诗人的超逸与踔厉

蜀中自古多才女，“吴越饶贡妓，燕赵多美姝，宋产歌姬，蜀出才妇”①，薛涛、花蕊夫人、黄娥等皆是蜀中才女的代表。清初蜀中诗坛中也活跃着一批女性诗人，她们的诗歌肆意洒脱，突破了一般女子的闺阁之气。

如西充才女马士骐，其父曾官江西南城令，文章德望，取重一时。她自小从父读书，十四岁以诗名；中岁孀居后，自晦其笔墨，故见者绝少。初有《漱泉集》七百余篇，后因故散佚，今存其《落花诗》十五首，“才调富有”②，首首可圈可点，此选二首：

> 梦回春色已阑珊，百舌声声语晓寒。一坞香风团牧笠，半溪红雨打鱼竿。飞来瓦砚知诗苦，偷入湘帘诉别难。为报君恩衔几片，枝头黄雀莫轻弹。
>
> 放春还是为春收，辛苦春工可自由。十里莺声樵子径，半帘蝶影玉人楼。问来多少尝因夜，别有时年不管秋。莫谓秾华易消歇，六陵松柏几株留。

诗歌虽借花落而发惜春之感，但豪放飘逸，俨然须眉之气，颇有唐宋遗

---

① （五代）何光远：《鉴诫录》卷十《蜀才妇》，宋刻本，第6A页。

② （清）王培荀著，魏尧西点校：《听雨楼随笔》，巴蜀书社1987年版，第358页。

风。张邦伸评价："诗鸿洞踔厉，笼盖诸家，绝无闺阁气，真名媛中所未有也。"孙桐生更赞其"蜀中闺秀，应推为大宗"①。

又如富顺妇刘氏，以诗名，夫萧某，戍黎雅。张献忠入蜀后，刘氏深知将不免于难，乃将七岁儿子托付家奴，后携幼女跳井，临终之际题诗于壁，以"驿梅惊别意，堤柳暗离愁"，十字为诗一首，各拆一字成诗，号离合体。其中拆"驿"字及"梅"字诗曰：

马革何人誓裹尸，四维不振笑男儿。幸闻硕果存幽阁，驿使无由寄雅黎。

木偶同朝只素餐，人情说到死真难。母牵幼女齐含笑，梅骨留香莫畏寒。

刘氏清醒地意识到，面对四维不振的残局，男儿无计可施、尸位素餐，马革裹尸的英雄豪迈之气反而存于闺阁，她所能做的就是以自己的方式以死抗争。诗歌悲怆凄恻，婉丽中透露出铁骨铮铮，真可羞煞男儿！张邦伸评价："国破家亡之际，从容就义，抒此绝妙好词，视伯玉妻盘中诗，苏若兰织锦图，复何多让！真绝代逸才也。"临终之际刘氏并未沉溺于自身及周围琐事，而是心系正处于苦难中的国家与民族，作为普通的下层女性，实属难能可贵，展现了蜀中女子不凡的才华与格局。

（四）从《锦里新编》看蜀中诗歌的艺术特色

清初至乾嘉时期的蜀地文学较元明两朝有所恢复和发展，在诗歌创作方面，蜀中许多杰出的文学家无论创作数量或艺术质量都达到了较高水平，清初如"四费"（费经虞、费密、费锡琮、费锡璜）、"三杨"（杨岱、杨崑、杨岐）、唐甄、李以宁、马士骐及入蜀诗人王士祯，乾嘉时期如张问陶、"三彭"（彭端淑、彭肇洙、彭遵泗）、"三李"（李化楠、李调元、李鼎元）等。同时，《锦里新编》记载的许多"小人物"也反映出该时期蜀中文学的高水准，如汉州张奇瑞"诗沉着痛快，颇近少陵……数诗皆力争上流，非宋元以下所能望其肩臂也"。崇宁蔡时田"天

① （清）孙桐生：《国朝全蜀诗钞》卷六十，清光绪五年刻本。

才超拔，诗文俱极沉博绝丽之观"，"峭刻坚凝，绝似长吉"；江津李专，少以诗自豪，其诗"皆隽永可味"；乐山僧人海明，其诗"皆破空而出，新颖异常"；宜宾樊泽达，其诗"颇有俊逸之气"。他们的诗作尤重神韵，又熟练地运用"点铁成金"之法，也创作了一批名作佳句，共同推动了该时期蜀地文学的发展。

1. 诗重神韵

"神韵"是一种崇尚冲淡、自然、清奇的审美趣味，清初至乾嘉的诗作多透露出神韵超然、绝去斧凿之感，体现了蜀地诗人对味外之旨的审美追求。如绵竹唐乐宇有《桔柏渡》一诗，其中"白沙千里月，黄叶半江潮"之句，乃广为传颂的名句。罗江李化楠对此句大加赞赏，写下了"剑气珠光，不久尘环"的批语，并题诗"秋水文章不受尘，小苏端的是前身"以赠，将唐乐宇比作眉山三苏中的苏辙，并收乐宇为入室弟子。李化楠之子李调元对此句亦大为赞赏，《雨村诗话》卷三："绵竹唐尧春（乐宇）为诸生时，质文于先北路公，深器之。……少以诗名，有《桔柏渡》云：'白沙千里月，黄叶半江潮。'人称为'唐黄叶'。"[①] 此句将桔柏渡的江、月、树、潮诸物融为一景，对仗工整，意境深远、冲淡平和，具有味外之味，作者因此而获得了"唐黄叶"之称，这与宋代宋祁的《玉楼春》词，因其中有"红杏枝头春意闹"的名句，因此得了"春意闹尚书"的雅号如出一辙。

又如涪州何鈛有《普和看梅》绝句，盛传于世，诗云："酒沽林外野人家，霁日当檐独树斜。小儿呼朋三面坐，留将一面与梅花。"诗中梅花被人格化，诗人以梅为友，将其视为凌寒傲雪的高士，与二三知己同桌而饮，坐看芳草行云，飘然出尘、颇具理趣。清末刘玉璋的七言绝句《舟行》有"四面篷窗三面掩，留将一面看青山"[②] 之句，明显从何鈛诗句化出，有异曲同工之妙；今人董宏猷又有"红泥烹茶三面坐，留将一面待梅香"诗句，并自注"甚爱何鈛《普和看梅》，遂化用之"[③]；漫画

① （清）李调元著，詹杭伦、沈时蓉校正：《雨村诗话校正》，巴蜀书社 2006 年版，第 98 页。

② 滕新才主编：《夔州诗全集（清代卷）》，重庆出版社 2009 年版，第 340 页。

③ 董宏猷、陈伯安：《南山窖雪》，武汉大学出版社 2015 年版，第 21 页。

家丰子恺更为此句配图，诗画融合更增其神韵，亦足见其影响深广。

此外，侨寓成都的诗人黄霖有“灯借月相照，门随风自开”“萍开池受月，风急雁藏云”“草人惊野雉，石虎卧秋山”“雪消春水阔，野旷夕阳低”等五言，还有“书来巫峡秋应暮，人到潇湘雁已稀”“有酒方知春梦稳，不穷安得晚吟工”等七言，以风韵胜，皆为名句。

2. 点铁成金

蜀地诗人在创作中常用“点铁成金”的技法，此法由黄庭坚提出，他说：“古之能为文章者，真能陶冶万物，虽取古人之陈言入于翰墨，如灵丹一粒，点铁成金也。”① 即指创作时能融会或沿用前人的诗作陈句，通过使事用典、换字移位等技巧另辟门径、另创新境。黄庭坚曾因党争被贬入蜀，其间除参与文人集会、诗词唱酬，还为蜀中士子勤奋讲学。《豫章传》：“与后生讲学，孜孜不怠。两川人士争从之游，经公指授，下笔皆有可观。”② 时蜀人杨皓、范温等皆从其学，承其诗法。黄庭坚培养的一批蜀中文学队伍，甚至还形成了所谓的“蜀、江西君子”③ 群体，足见他对蜀中文学的影响。从《锦里新编》的记载看，黄庭坚提出的“点铁成金”技法在清初至乾嘉时期的蜀中诗坛仍有一定影响力。

如通江李蕃读杜牧《咏木兰》，对其中“梦里曾经画蛾眉”之句很不以为然，批评其诗有失花木兰英勇尚武的本色，于是反其意作成一诗云：

> 揽辔提戈坐锦鞯，长途无复看花钿。若教有梦眉重画，火伴先惊十二年。

诗歌热情礼赞替父从军的巾帼英雄，大笔挥洒，让花木兰形象鲜明地展现出来，他道人所未道，令木兰之咏有了另一番境界，反映出李蕃不同寻常的识见。

又如渠县李漱芳《载书过峡》有“划破青琉璃，坐听舟人唱”之句，以青色琉璃比江水，以“破”字展现江水泛起涟漪之状，尤妙。这一手

① 郭绍虞主编：《历代文论选》，上海古籍出版社 2019 年版，第 185 页。

② 郑永晓：《黄庭坚年谱新编》，社会科学文献出版社 1997 年版，第 291 页。

③ （元）脱脱：《宋史·黄庭坚传》，中华书局 1977 年版，第 13110 页。

法实则化自宋人诗词，宋孙应时《即事》诗有“渔舟散入绿蘋去，划破琉璃三四行”①。宋范端臣《念奴娇·上太守月词》有：“银葩星晕，点破琉璃碧。”② 自李漱芳化用后，“划破”与“碧琉璃”的组合得到了广泛袭用，几乎成为描摹泛舟江上的经典用法，如清邹韬《大江东去·海昌杜晋卿扁舟揽胜图》：“纵目一叶扁舟，乘风去也，划破琉璃碧。”清曾懿《送孟昭大姊归新都同游桂湖时值中秋桂花正开》：“双桨划破碧琉璃，白鹭惊飞时三两。”③ 当代川籍诗人蔡淑萍《乘“大运”号轮游洱海》亦有“乘龙划破碧琉璃，清波分欲上，惜不到人衣”④ 之句。可以认为，李漱芳的“点铁成金”一定程度上促进了后世诗人对这一用法的普遍认同。

四 《锦里新编》的整理现状及研究展望

《锦里新编》蕴含丰富的历史文化资源，但整理与研究成果却显得尤为匮乏。巴蜀书社曾据清嘉庆五年（1800）敦彝堂刻本对《锦里新编》进行了影印，但整理成果暂付阙如，足见该书点校工作既重要且必要。同时，利用《锦里新编》尚可作以下研究：

其一，蜀人著述存目整理。《锦里新编》记载不少蜀人著述散佚之事，如绵竹唐乐宇“著有《鸳港集》，卒后皆散佚无存”；青神余斎“有《增益轩草》，共五、七古诗若干卷，易箦时属其甥焦氏付其友张谐石选辑，焦竟失其稿，新安姚纶始于扇头壁上搜录遗诗，仅十余首，不能窥其全豹，通国传为恨事”。又崇庆何明礼“所著有《江原文献录》《浣花草堂志》《斯迈草正集》《续集》《太平春新曲》《愚卢策论》若干卷，藏于家。惟批点《孟子》大文，较苏批更精，后竟残缺，为可惜也”。这些著述不见于官、私目录，今后可据此整理蜀人著述存目。

其二，清代蜀学成就探讨。《锦里新编》在人物传记末尾多附有传主著述，这些著述涉猎四部，反映了清初至乾嘉时期蜀人的学术成就，如

---

① （宋）孙应时：《烛湖集》卷二十，文渊阁四库全书本，第12B页。

② （宋）范浚著，范国梁点校：《范浚集》，浙江古籍出版社2015年版，第305页。

③ 徐世昌：《晚晴簃诗汇》卷百九二，退耕堂刻本。

④ 蔡淑萍：《萍影词》，巴蜀书社2011年版，第88页。

费密“生平得力于古注疏，谓古注言简味深，平实可用”，有《中传正纪》《宏道书》《圣门旧章》《河洛古文》《尚书说》《周礼注论》等三十六种；又如新都杨凤庭深明易学，“讲道克继明经公之后，著作直与太史公并传”，有《易经解》《道德经注》《医学》诸书；再如雅州邓伦“批点《十三经》及《四书正解》，极为精确”，这些记载显示了蜀人在经学、史学、医学、文学等各方面的研究成就，以此为线索可窥得该时期蜀中学术概貌。

其三，清代蜀地方音研究。一些语言学家在研究蜀地语音时谈到“我们能够找到的材料，主要是杨慎的作品”①，实则《锦里新编》收录的诗词亦是可靠语料，若将其中蜀人作品中的韵字摘录出来，放进前人归纳的相关韵部，分析其分合条件，可总结清代蜀语的若干语音特点。可见此类文献的整理与利用仍大有可为，这样的研究对深入挖掘巴蜀文化的价值与内涵均有所助力。

五　点校说明

一、本书以巴蜀书社影印四川省图书馆藏清嘉庆五年（1800）敦彝堂刻本为底本，这是今所知见的最早刊本。

二、本书以国家图书馆藏民国二年（1913）成都存古书局刻本（索书号：地280/935.1）为通校本，此本据嘉庆刻本翻刻而成，对底本讹误多有校改。

三、本书以湖南图书馆藏清咸丰元年（1851）重庆刻本为参校本。重庆刻本与敦彝堂刻本的版式及刻工字迹完全相同，改动内容包括：（一）无敦彝堂刻本张邦伸原《序》；（二）无卷首凡例；（三）各卷目录汇总统一置于卷首；（四）卷一“名宦”目录及正文均无敦彝堂刻本卷一所列“李国英、郝浴、于成龙、赵良栋”四人内容。重庆刻本虽偶有装订错漏之处，但保留了敦彝堂刻本的某些原始面貌，有一定参考价值。

四、本书整理采用新式标点，遵循古籍整理通例，对原文加规范标点，但不使用专名线。

---

① 彭金祥：《四川方言语音系统的历时演变》，巴蜀书社2012年版，第73页。

五、本书整理采用横排简体，凡底本不误而校本异文有参考价值者，出异文校记；底本误则据校本改正出校记。底本中的异体字、俗体字、避讳字，以及明显误刊字，径改为通行正字而不另出校。底本、校本确因脱字有碍文义者，以“（）”补入正文。人名，遵从“名从主人”原则，简、繁一一对应者，用简化字，否则尽量用原字。

六、本书为解决个别疑难问题，亦参照相关方志及其他文献资料，皆随文出校，并分别注明出处。

七、底本各卷前原有分卷目录及“汉州张邦伸云谷甫纂辑”诸字，今从略。

杨玉华　黄毓芸

序

《锦里新编》者，纪蜀中人物时事而作也。蜀居华夏之坤，号称天府。岷峨江汉，载育其英。汉唐以来，原为人文之薮。自明季兵燹摧残，益都文献，扫地尽矣。

我朝定鼎百有余年，列圣相承，经文纬武。教泽覃敷，凡沐升平之化者，莫不争自濯磨，以为熙朝之俊乂。蜀虽僻壤，其间忠臣义士、孝子烈妇以及高人仙释之流，可信可传者，所在多有。倘不登诸简册，以为异日考证之资，不几久而就湮，无以彰景运昌明之盛乎！

伸端居多暇，爰就所闻，汇而辑之，列为十四门。首名宦，嘉循吏也。次文秩、武功、儒林，志乡贤也。次忠义、孝友、节烈，重敦伦也。次流寓、异人、方伎、高僧，表异行也。次贼祲、边防，慎戍守也。终以异闻，见《山海·大荒》，怪怪奇奇，无所不有。虽无关于政典，要亦雪夜宴谈所不废也。

惟是蜀疆数千里，加以徼外蛮陬苗戎各部，更极万里而遥。山川既旷，耳目难周。以一人之知识而欲括通省之菁华，得一遗九，挂漏实多。昔左太冲欲作《蜀都赋》，访之张孟阳，构思十稔而后成。杨升庵修《蜀志》，参阅既多，又得王舜卿、杨实卿两太史以为之助，而后典核详明，足以传世行远。是编采录皆近时人事，既无书籍可考，又不能遍历疆宇以扩其见闻，故所载从略。然近山者知木，近水者知鱼。伸蜀人，于三巴佚事闻见较真，虽谫陋荒纰，要可作方言之嚆矢。即有笑为井蛙之见者，亦所不恤也，惟识者鉴之。

时嘉庆五年，岁在庚申，夏四月二十一日，广汉桔槔居士张邦伸自识。

凡　例

一、是编所载人物，断自国初。其已见《明史》或科第系前明者概不收录。盖我朝菁莪棫朴之化，百有余年。多士克生，蒸蒸日盛，原不必借材于异代也。

一、名宦系蜀省贤员，有已附国史馆立传者，有未立传者，均与廉叔度、赵清献诸君子并堪不朽。兹就懋绩循声、脍炙人口及身所亲见者，略志大端，以示景慕。其有政绩可传而籍贯科名以暨升迁事故俱不及知者，亦只俟诸他日采辑另补，恐失真也。

一、是编发潜德之光，书善不书恶，从志铭体也。然必盖棺论定始可立传。若其人尚在，虽德业事功照人耳目，亦应观其晚节，不敢滥入简端。

一、纪事必真，方可信今传后。袁子才《威信公传》载“公父昇龙因平吴逆功，累迁四川提督”，查《通志》，昇龙系由天津卫总兵征噶尔旦有功，康熙三十六年擢四川提督。是时吴逆早平，并无南征之事，袁误。又彭乐斋《玉吾公传》：“贼党赫成裔寇川南。”查李国英平沉黎贼系“郝承裔”，见《八旗通志》。彭说“郝承”为“赫成”，亦误。又《卫藏图考》载番将“芥热”，查《新唐书·韦皋传》，系大相“论莽热”，字迹稍错，别风淮雨，贻误实多。兹概从更正，不敢蹈袭前讹，致滋指摘。

一、明末杨展恢复嘉眉，贼将刘文秀不敢南顾。又逆献贼于彭山江口，纵火焚烧，献贼仅以身免，遁走西充。保蜀之功，实为第一。乃沅抚李乾德同时备贼，因挟小嫌，嗾袁武杀之，东南诸将如王祥、曾英辈俱失所依倚。长城自坏，咎将谁归？后文秀再至川南，袁武降贼，乾德情急投江，实由自取。《通志》于《忠义》中载乾德而不为杨展立传，褒贬全失。兹《武功》载杨展而于乾德削而不录，所以别贤奸也。

一、《明史》甲申冬十一月庚寅，献忠即伪位，僭号大西国王，改元大顺。向畲海《史咏》、彭丹溪《蜀碧》俱载，献忠于甲申八月十六日僭位改元，与《明史》异。按，向、彭皆蜀人，彭玉吾身经离乱，御寇有功，其子孙俱能言之。畲海犹亲见十三家贼党谈及乱蜀时事，则八月十六日僭位之说必有可据。至平吴逆、平苗、平金川西藏，莫详于《三藩纪事》及《四川通志》《平金录》《卫藏图说》诸书。兹《贼祲》一门，多从数书中纂集，以其信而有征也。

一、边防为军国要务，采辑不厌其详，因取《廿一史》《名胜志》《方舆纪要》《四川通志》等书，撮集成篇，复取我朝平定边夷各方略列于后，俾览者咸知圣朝威德远及遐荒，实为前代所未有。而关塞之险要，兵制之精详，附见于中，更可备筹边之策，或于军国不无小补云。

一、异闻就蜀中所见所闻书也，事虽离奇，实非诞妄。近日纪晓岚《槐西杂志》《滦阳消夏录》，袁子才《子不语》《新齐谐》，王槭《秋灯丛话》，徐崑山《柳崖外编》等书，率多类此。然亦有空中楼阁借以写其胸中不平者。盖才人抑郁之气，幻渺之思，无所不至。往往托神仙鬼怪以显其奇奡也。兹编以纪事为主，其全属子虚者，概从删削，惟共闻共见而为世所不常有者，始书之，以志不忘。至题目两两相对，亦随笔为之，商文毅云："天地间无物无对。"理本如是，非徒夸花样之新也。

一、全蜀人物甚广，有远而不及知者，有知而不得其详者，事关纂记，不敢臆为揣摩。倘同志君子以其所知邮寄寒斋以匡不逮，尤私心所厚望也。

一、是集初名《锦里新闻》，后阅唐时书目亦有是名，系段成式寓成都时作。虽所载不尽蜀事，而流传已久，自不便仍袭前称，致同剿说。故易"闻"为"编"以别之，亦昔人《益州记》《梁益记》之类耳。

卷 一

名 宦

李国英

李国英，汉军正红旗人。顺治三年正月，随肃亲王豪格征四川流寇张献忠，平之。十二月，授四川成都府总兵官。五年正月，署四川巡抚事。闰四月，升督察院右副都御史，仍巡抚四川，提督军务。六年七月，剿安绵流寇余党，擒斩贼将解应甲等，并获牛马器械。七年六月，加兵部右侍郎。九年三月，授二等阿达哈哈番世职。十一年，甄别各省督抚，加兵部尚书衔。四月，伪桂王遣伪都督魏勇率众来犯顺庆，国英会同川北总兵卢光祖遣副将霍光先等击败之，斩获甚多。

十二年四月，以四川乱后民生凋敝，疏言："建治平之略者，在苏民生之困，苏民生之困者，在祛其致困之源。今滇黔未靖，征兵转饷，因一隅未安之地，累数省已安之民。旷日废时，师老财匮。此坐而致困之道也。我国家兵盛无敌而小丑弗靖，非兵之不强、饷之不足也。封疆之臣畏难避苦，利钝功罪之念先入于中，以致贻忧君父耳。臣闻'非动不足以致静，非劳不足以求逸'，今湖南两广俱有重兵，平西王及固山额真侯墨尔根辖之兵现屯汉中，蓄锐甚久，诚能分道并进，首尾夹击，贼力有几，岂能四方支持，是诚一劳永逸之计也。万一机会有待，请先敕平西王及固山额真侯墨尔根辖率兵驻镇保宁，为各路之主宰，遣将先取成都，资其肥饶，且屯且守。次取重庆，以扼咽喉。然后乘流东下，扫清夔关，以通荆襄之气脉，撤滇黔之门户，即为收滇黔之张本。盖从古取滇黔者，未有不先由于取蜀者也。至于内外必同力一心，而后事乃底绩。更祈严敕诸臣，凡有司兵司饷之责者，须如臂指相应。勿执一己偏见而旁相掣肘，勿谓利害不相关切而呼应不灵，此尤成功之根本而灭贼之要务也。”疏入，下部议施行。

十三年十月，考满加太子太保，荫一子入监读书。十四年九月，升授兵部尚书兼督察院右副都御史，总督陕西三边、四川等处军务，兼理粮饷。十五年八月乙酉，逆贼谭诣等纠党犯重庆，命总督李国英统兵扑剿。十六年九月，疏报：“恢复嘉定州一路，招抚伪将军杨国明、总兵武国用，各州县伪官献印投诚者甚众。”又疏报：“芦山伪武义将军杜学率所部伪官六十余员，兵二千余名缴印敕投诚。”十七年三月，疏报：“官兵进剿，破川东贼寇，生擒伪总兵谭诣，阵斩伪总兵陈贵策、高鹤鸣，伪监军道王文锦、张耀等，余党悉平。”十八年四月，坐擅责游击杨璟事革职留任。六月疏报：“逆贼郝承裔降而复叛，臣提兵亲赴嘉定，密约提镇诸臣合营进剿，贼鼠窜沉黎。我兵星驰尾袭，旋就擒俘。其溃散箐莽者，或擒或招，靡有漏网。恢复千余里封疆，拯救数万人于水火。有功人员均请纪叙。”得旨：“官兵分路进剿。斩关长驱，郝承裔旋就擒俘，俱见调度有方，将士效力，在事有功人员俱察叙具奏。”是年，川陕各设总督。八月，国英改授四川总督。十一月，题报：“伪伯杨秉印率众投诚。”

康熙元年四月，题报：“伪石泉王朱奉鋡煽惑土夷，纠集逆党，突犯叙州、马湖，二府提督发兵扑剿，擒获朱奉鋡，恢复两郡。”五月，疏奏：“逋诛巨寇，环伺于下东地方，臣若仍驻成都，僻在西隅，去夔东三千里，鞭长难及。查重庆居蜀之中，容臣率领兵马，暂驻重庆，缓急可以就近调度。待下东底定，另移驻成都。”诏从所请。二年三月，疏报：“进剿昌宁，直捣逆巢。渠寇袁宗第乘夜遁去。阵斩伪总兵以下六十余员，招降伪新化伯冯起并伪总兵黄守库等。”又奏：“故伪岐侯贺珍子、伪富平伯贺道宁率所部纳款。”

四年四月，以全川恢复，疏请：“因地设防，酌议增减。督标抚剿五营兵五千名、慕义侯谭宏麾下兵三千名、龙安城守兵五百名，应裁。永宁镇标原设中左右三营兵三千名，应裁一千名。重夔镇标原设中左右三营兵三千名，应留。又左右水师兵三千名，应裁。石泉原设兵五百名，应裁二百名。雅黎原设兵一千名，应裁二百名。峨边原设兵一千名，应裁三百名。潼川、绵州应设守备一员，兵五百名。叠溪原设游击一员、兵五百名，应增中军守备一员、兵一百名。建武应设游击一员，中军守备一员，兵七百名。大坝应设守备一员，兵三百名。龙场坝应设守备一员，兵二百名。叙州、马湖二府应设游击一员，中军守备一员，兵一千名。马边应设守备一员，兵五百名。仁怀县应设守备一员，兵五百名。黔江、彭水二县应设游击一员，中军守备一员，兵一千名。巫山应设游击一员，中军守备一员，兵一千名。重庆府应设城守副将一员，左右二营游击各一员，中军守备各一员，兵二千名。合州应设守备一员，兵五百名。达州应设游击一员，中军守备各一员，兵一千名。大昌、大宁二县应设游击一员，中军守备一员，兵一千名。太平县应设督司佥书一员，兵五百名。通巴应设守备一员，兵五百名。顺庆府应设守备一员，兵三百名。庆元县应于川北镇标三营内，拨发一营官兵驻防。其督标提督、成都府城守副将、松潘卫副将、城守守备、漳腊游击、威茂参将、龙安参将、小河游击、平番守备、建昌镇标、遵义镇标、川北镇标、云阳水师镇标官兵，俱应照旧。通省经制合计兵四万五千名，以马二步八、战守各半定额。”诏并从所请。五月疏报：“建昌番猓跳梁，臣令镇臣王明德遣官兵深入贼巢，剿平一十九寨。”

六年卒，赐祭葬如典礼，谥勤襄公。保厘全蜀者二十有一年。及卒，士民巷哭私祭，群颂公德于不衰云。

郝浴

郝浴，字冰涤，号雪海，直隶定州人。顺治己丑进士，除刑部广东司主事，改授湖广道监察御史，巡按蜀中。时巨寇刘文秀等踞滇黔，吴三桂统东西两路兵驻扎川南，以图进取。七年无功，骄横日甚，而部下尤淫杀不法。公性严正，三桂颇忌之，辄禁止沿路塘报。公疏言：“臣忝朝廷耳目而壅阏若此，安用臣为?”实阴刺三桂也，三桂益衔之。

既而东西两路兵俱为贼所败，三桂等遁至绵州，公是时适监省试于保宁，贼刘文秀前锋且抵城下，保宁士民汹惧。公亲率文武诸属吏登陴，扬言秦兵大至，士民赖以少安。因遣使赍启及飞檄走邀三桂等赴救，责以大义，谓不死于贼，必死于法，三桂等不得已始自绵州至。公面授方略，具言贼可破状。迨奏大捷，盖公功居多。诏令三桂次第颁赏，公独疏辞不受，由是益与三桂忤。

世祖诏问公收拾全川实着，公疏略曰：“秦兵苦于转饷，川兵苦于待哺，是两敝之道也。故必秦不助川而后秦可保，川不冀秦之助而后川可图。成都地大且要，灌口一水，襟带三十州县，开耕一年，可抵秦运三年。锦城之外，竹木成林，结茅为庐，不难就也。锦江之鱼，绕岸求之，蕃于鸡豚，此又富饶之资，不当弃也。若以众兵家口悉移成都，照籍屯田，命总、副、参、游画地计口授之，其他流移土著，亦令各道招垦。文武殿最，耑准诸此。所难者牛、种，则现今诸土官缴印邀袭，已蒙恩给矣。倘令每司出牛若干，抚臣与之立券，俟丰年即还其值，当无不听命者。嘉定据叙、重上游，独饶茶盐，更令驿传道暂易谷种，则牛、种俱不难办也。臣故谓开屯便。”又曰：“川之所患者滇寇也。滇东南连黔粤，北连楚，又西北连蜀。五省山水环纡，岚瘴纷错，军需不能输，骑兵不能突，此跳梁小丑所以得少延余息也。臣知滇贼所恃，不过皮兜、布铠、鸟铳、劚刀，善于腾山逾岭而已。而蜀中土官、土兵其技尤娴于此，若拔其精锐以当前矛，而用满兵雄骑为之后劲，则贼险不足以自固，贼技不足以制人。疾雷迅霆之下，咸鸟兽窜矣。臣故谓用土兵便。”又上封事，力言三桂跋扈有迹，策其必反。三桂遂衔之刺骨，潜使使诇[一]公阴事，无所得。

先是，策议董显忠等或以投诚，或以旗下，皆用副将衔改授司道等官，率贪虐为民害。公劾其不识文义，遂还原职。三桂乃嗾显忠走诉于朝，自谓识字，公竟坐降一级调用矣。复命。久之，三桂犹衔不已。又摭拾保宁城守事，诬公冒功，必欲置之于死。世祖烛公冤，特从宽流徙盛京。

康熙十年，上幸奉天，公迎谒道左，具述按蜀始末。上改容倾听慰劳者良久。三桂既反，如公言，中朝诸士大夫争讼公冤。府尹蔚州魏象枢至谓为三桂所仇者，正为国家所取，奈何弃置不录？尚书王熙复继言之。最后象枢再疏保举，部议皆格不行。特旨取还录用，仍补本道御史。会总兵官王辅臣叛附三桂，公细陈各路出兵曲折。又曰：“兵有虚实策应，如用秦陇、宝鸡、平凉、固原之兵，以制贼之命，所谓实兵也。如从西河及从武关取汉中，从郧阳取兴安，从袁州取长沙以掣贼之肘，所谓虚兵也。如用西安、潼关之兵以破贼之狡谋，此所谓策应预备之兵也。”又疏言：“武臣纵部兵以戕民，命有司藉谋叛以倾民家。大吏虽有纠劾属员提督军门之柄，往往废阁不行，将何以收效万全乎？”前后章奏十上，皆谙练兵事，通达国体，上嘉纳之。

出巡两淮盐课，以称职留差一年。其年五月，擢左佥都御史。明年，遂命巡抚广西。陛辞日，召对便殿，屡奏军国事宜，皆当上意，赐御厩良马一。之任逾二年卒，年六十有一。

于成龙

于成龙，字北溟，山西永宁州副榜。性刚果沉毅，廉介自持。

康熙七年，由广西罗城令卓异升合州知州。濒行，罗城人遮道呼号，追送数百里，哭而还。一眇者独留不去，公问故，曰："民习星卜，度公橐中赀不能及千里，民技犹可资以行也。"公感其意，因不遣去。会淫雨，赀尽，竟赖其力得达合州。

时州领三县，兵火之后，合计才遗黎百余人，正赋十四两，而供役繁重不支，官有驺从之费。公尽除习弊，畜一羸马，以家仆自随。府帖下取鱼，公曰："民脂膏竭矣，无怜而问者，顾乃欲渔吾鱼，吾安所得鱼乎?"卒不与，因极陈荒残疾困状，郡守笑谢，为裁革十余事。

公念合州民多流亡，往时新归流户，便即力役，而垦田既熟，土著讼而争之，以故集者复散。公皆为区画田庐牛种，官立案籍。复三年而后同升科服役，新集者既知田业可恃为已有而复无征发仓卒之忧，远近悦赴。旬日之间，户以千计。尝草笠布衣微行村野，以周访山川要害，及闾阎疾苦，丝毫不累民间，视百姓如家人妇子，百姓亦爱之如父母。

未几，迁黄州同知，擢武昌守。会滇逆乱作，陷岳州、长沙。东山妖人黄金龙、邹君申，阳逻何士荣等聚众十余万攻黄州，公集乡勇二千人，计诱至马鞍山，大破之。斩金龙、君申，又于箔金寨生擒士荣，降其众。东山平，迁江防道，升福建按察使，历布政使。开府畿内，总督江南、江西，兼摄安徽、江苏两巡抚印。

卒年六十有八，加赠太子太保，谥清端。

赵良栋

赵良栋，字擎之，陕西安边卫人。康熙十九年己未奉诏讨吴逆，号令严肃，贼莫敢撄其锋。圣祖特命为勇略将军。时奋威将军王进宝与贼将王屏〔二〕藩相持于保宁，良栋以偏师由阴平间道直抵成都，贼众望风奔溃。旬日间，郡邑传檄而定。会进宝亦奏捷保宁，良栋遂乘势收复全蜀，大军所至，秋毫无犯，至今蜀人德之。卒谥襄忠。

刘德芳

刘德芳，字纯庵，辽阳人。康熙四十三年任四川按察司，谳决平允。时臬政兼榷茶盐，而西炉甫定，积引未疏。德芳筹画征收，岁无停滞。又修葺文翁石室为锦江书院，一时人士欣然向学，至今与文翁并祠祀焉。

陈瑸

陈瑸，字梅川，广东海康人，康熙甲戌进士，四十八年由部曹督学四川。谢绝请托，化育人才，襆被萧然，止一苍头随侍食。朝夕无甘旨，阅文夜分不辍。试重庆未竣，会闽抚题请调补台湾道，濒行不能为资斧计。后官湖南、福建两省巡抚，卒于闽。圣祖尝以瑸清廉谨慎，追赠礼部尚书，谥端肃。

陈聂恒

陈聂恒，字秋田，江南武进人，康熙庚辰进士。任长宁令，抚字有方，听断明敏，公余课士，文教日兴。捐置后江渡口义田，并造清溪桥，民多怀惠。雍正元年升刑部主事，廷臣荐其夙学，奉旨特改翰林院编修。

黄廷桂

黄廷桂，字丹崖，奉天镶红旗人，雍正五年授四川提督。进讨结觉，适建昌逆酋阿驴阿都等狂悖不法，杀伤滇省官兵。随拨兵救援，复亲临策应，分路进剿。斩助恶之别哺加乐阿必，擒解滇省，番众俱畏威投诚。

六年戊申夏六月，米贴逆夷陆氏勾连雷波土司杨名义，并附近结觉诸番，及吞都千户德昌等，聚众抢劫，伤害滇官。陆氏被擒，后余党未靖，廷桂会同川陕总督岳钟琪、四川巡抚宪德等请兵进剿，奉上谕指授方略。七月初八日，廷桂率汉土官兵围吞都山，擒土司德昌，攻破夷寨，斩贼首屋鸡二十余人，获贼八十余人，直捣贼窟。由黄螂、雷波进发，副将张玉，游击康世显、吴维翰分路截剿。杨名义败逃，官兵乘机追杀，直抵黑龙岩、黄草坪。九月十六日，擒获杨名义。复尽夺贼寨，阜租阿路亦次第授首，夷地悉平。

八年，云南乌蒙府逆蛮肆行不法，伤害滇省官兵，盘据乌蒙、东川一带。蜀滇两省合兵进剿。廷桂会同建昌总兵赵儒统领汉土官兵，堵擒乌贼，招抚沿江各路土司投诚。

十年，升授川陕总督。三月，獏狻贼番擅杀厂商，负固为逆，廷桂因河水泛涨粮运维艰，奏准于秋成后进剿。先檄行建昌镇总兵派拨官兵，转饬冕山营游击沈国卿等，带往三渡河口要隘地方，先行防范，分屯堵截。秋九月，檄调汉土官兵并调署参将傅宏礼，游击寿长、杨泽厚、洪扬、沈国卿，都司马逾隆、张怀元，署都司吴金章，守备千为章等，悉交建昌镇总兵赵儒统领进剿。分遣诸军由河口过渡，从瓜必窝卜水墨岩赶到底，四路并进。赵儒驻扎妈木，居中策应；廷桂遵奉睿谟，悉心调度。各将弁军士踊跃争先，甫经两月，一切险巢恶洞剿灭靡遗。

癸丑春二月凯旋。在任数年，整饬官方大法小廉，淳风翔洽。升嘉定、潼川二州为府，酌定边疆营制，修江渎庙、灌口显英王庙，纂修《四川通志》，兴利革弊，知无不为，后以调任去。

乾隆十七年，复任四川总督，洞悉川中情形，严禁士习轻浮、民风奢侈、居丧过费、婚嫁失时、私宰私烧、好嫖好赌，以及听信邪教、演戏烧香、习染啯噜、酗酒争斗、子弟违犯教令、奸徒设骗取财、讼棍把持衙门、妇女轻生自缢，各告示数十条，委婉开导，曲尽人情。并饬各州县训士勤民，敦本尚实，重农桑以培国脉，积社谷以备荒年，栽路柳以便行人，修桥梁以通关渡。亦往复数千言，娓娓不倦。其时金川甫定，民气稍苏，公加意整饬，一切差徭不敢滥派。严拿窃盗，以靖地方。各属奉行维谨，几至夜不闭户，鸡犬不惊。

后升太子太保、武英殿大学士兼吏部尚书，世袭云骑尉，封忠勤伯，谥文襄，崇祀贤良。

费元龙

费元龙，字云轩，浙江归安人。乾隆丙戌进士，补盐亭令，调繁成都，擢资、绵二州牧。卓荐授潼川守，旋历川北道升按察使司副使。在川十余年，整躬率属，洁己爱民，事无巨细，矢公矢慎，蔼然有古大儒风。莅绵时，开翥鹤堰，灌下游山田数万亩，尽为膏腴，至今民食其德。视孙叔敖之开芍陂，郑当时之穿渭渠，其利更溥。莅潼时，加意作人，建文昌宫、奎星阁，创立文峰书院，暇则亲入讲堂，与诸生指授文义，辨〔三〕论经旨。一时人材多所造就，士论韪之，比诸文翁化蜀。及升臬司，一切命盗案件，再三研鞫，务期得情，不肯稍为屈抑。无留狱，亦无冤民，最号平允。尤具知人鉴，成都张太史翯、绵州李太史调元，皆公童试时所拔士也。后升任去，仕至京卿。

《新齐谐》载：公司黔臬时，黔中邪术最盛，有奴坠马失腿，悬重赏于门。随有老人至，解荷包出一小腿若虾蟆状，呵气咒之，两腿如初。又杖杀一恶棍，阅三日复活，后殴其母，母首于官，出一坛曰："此逆子藏魂坛也。"先将魂炼藏于坛，官用刑，乃血肉之余，以久炼魂治新伤体，故三日即平。求先毁其坛，取风轮扇散其魂，庶逆子死无可遁，如言毙之。二事近幻，故不录。

顾光旭

顾光旭，字华阳，号晴沙，一号响泉居士，江苏金匮人。乾隆壬申进士，由户部郎中转侍御，任甘凉道，屡乞归养，未遂。会征剿金川，陕甘总督文奉命移节西川，奏调随营办理粮饷。

壬辰七月入蜀，权摄四川按察使。公饬躬率属，矢慎矢勤，有古大臣风。时军务旁午，州县吏率调赴粮台，地方公事多致废弛。公留心察核，扶植善类，裁抑奸贪，惩治匪徒，拔除衙毒，风节凛然，事事修举。嗣调赴粮站总理，出南徼，历戎旃，辛苦备历。及差竣回省，自红牌楼至署十余里，香盆花烛迎接者数万人。公亦为心动，舍舆步行入署。盖公虑事周详，克持大体，而办理案件，事事深洽民心，故士民感戴，沦于肌髓。军兴以来，塞外多事，腹地人民奉公守法，鸡犬不惊，得享升平之福者，公之力也。

同时官蜀中者，吴白华省钦、查俭堂礼、林西崖儁、王廷和凤仪、沈澹园清任、杨笠湖潮观、王秋汀启焜、曹秋渔鲲、徐袖东观海，悉工吟咏，时相倡和，结契尤深。奏凯后，陈情终养归，百姓哭而送之者，亦数万人。故公志别诗有"秋风涕泪一千卮"之句。还乡后，与江浙诸名士遍游名胜，寄情诗酒，几十年。及倦游归家，当道延主东林书院讲席，大兴文教。登甲乙科者指不胜屈，一时名下士多出其门。盖公为泾阳先生裔孙，教泽所被，多士云兴，不减几社、复社当年。诗词超逸，自成一家。工书，出入香光、松雪间，得者奉为至宝。著有《响泉集》行世。

附　录

林方伯事略

林方伯名儁，字西崖，江苏人，顺天大兴籍，乾隆庚辰举人。辛巳拣发入川，历署安县、威远、乐山、温江、荣县等处。补授内江，调繁成都，兼署华阳。勤政爱民，明于听断，颂声载道，深洽舆情。庚寅夏，以丁忧离任，远近城乡来吊者日以千计，无不共深去后之思。次年，适有金川之役，德制宪奏请留川，奉旨允准。嗣经调赴军营，承办军需重务，经理各路兵马夫粮，著有勤劳，历加升擢。迨丙申春王师奏凯，由永宁特调通省驿传盐茶道，始回省城。

在任一十八年，经理盐茶，并无丝毫扰累，商民感戴最深。维时富顺、射洪等县积欠帑银二十余万两，当经详请具奏，定限十年还款。因革除奸商，斥逐猾吏，设法疏通，甫及九载，前欠俱已全完。该商等得以脱然，无不倾心感悦。先后共权臬篆一十三次，不惮烦劳，悉心谳狱，多所平反，民尽无冤。

管理都江大堰，每年必亲至堰所数次。实力讲求，加工修筑各堰，如有冲淤之处，立即驰赴该处履勘兴修，俾万派千条，胥归畅达，及时灌溉，不失农时。春夏之交，偶遇雨泽愆期，农民环舆告请，即前诣灌邑，步祷于二王庙。立时雨降，遍野欢呼，率以为常，屡求屡应。此皆至诚感格，是以屡岁丰登，民生实攸赖焉。

庚戌岁，忽有奸民朱添顺、吉和尚等潜谋不轨，约于元旦日焚劫省城，并附近州县。公一经得信，即日密带兵役，连夜出城，四路查拿，并亲赴彭县小鱼洞吉和尚聚众祭旗之所，尽力搜捕。于郫县、温江、雅州一带，往返奔驰二十昼夜，将首从各犯全数就擒，省城并各地方，得以秋毫无犯。绅士商民获保安全，均以此后之身家，皆出公所赐也。癸丑年，又有奸民杜朝举、王应珑等以看水碗为名，煽惑乡愚，杀死程保正一家四命，焚掠村庄。其党李自祥纠集匪徒，揭旗起事。复经星夜驰往，督率官弁兵丁，歼戮李自祥等三十余名。随将王应珑各犯全数弋获回省。后省城及各处州县不下数万人，络绎而来，焚香叩谢。实能御大灾、捍大患，百姓至今言之莫不感泣。又先经拿究匪徒胡范年等，尽法歼除，地方宁谧。并查办贵州桐梓县老鸦窝曾石保等聚众私铸，钱法肃清。

在川三十余年，持身廉洁，为政和平，公正清严，爱民如子。一切所需，从无官价。所过之处，毫不累及闾阎。民间遇有紧要事件，奋身前往，尽获保全。苗疆功竣，回省升授藩司。在署三年，正当达州太平等处邪匪滋扰，时有风鹤之惊，人心不胜惶惧。公乃居中静镇，查察綦严，合郡得以安堵无恐者，实出一人之力。其余善政，不可枚举。盖公在川年久，又最留心民瘼，凡地方之肥瘠、风俗之醇浇、科甲之盛衰、士民之臧否，无不了然于胸。一值有事，即加意开导，务使顺其性之所安。兴利革弊，奖善锄强，同享升平之福。故宇下士民，阴受其庇者，俱感深肺腑而不能忘。兹略书梗概，以志惠政。仁风至深且沃，允当与汉文翁、赵清献诸先哲尸祝千秋。俾后之补修志乘者，有所考据焉。

二贤尹事略

刘公名清，字天一，贵州广顺人。父复仁，官萧山令，有廉声。公幼孤，事继母杨恭人至孝。年十八，折节读书。乾隆丁酉，选拔由《四库全书》馆誊录议叙县丞。

五十年，签发四川，历摄大竹县丞、按察司经历、巴州州判、嘉定府经历，实授冕宁县县丞。中受知节相孙补山先生，擢知南充县，委署崇庆州，后署广元县知县。所至著绩，民心翕然。其在大竹也，民讼债者，负告以半债私献，求不直，公佯许。示期坐堂皇，引讯两造，遽出负者所献金曰：“汝舍半数贿官，曷若以全数归主，汝能措半，必能措全。彼得归母，必不求息，义利始终，此事释然矣。”民感激泣下，折券去。其在崇庆也，民风桀骜，睚眦辄杀人，号难治。公翦凶导愚，威惠孚洽。尝道遇小儿憨搏者，引父兄诮让之，谓：“牙牿不谨，稂莠日滋，他日即身家之害，地方悍暴，实基于此。”闻者咸感叹为名言，而犷民亦相戒无犯法。其治南充、广元也，除苛解娆，专以情理化民，案无留讼，民亦不忍讼。两县断科第数十年，公移建黉宫，课诸士，文风日起。广元则张琼、赖俊升先后举于乡，南充则蒲亨晋中乾隆乙卯进士，胡大成中嘉庆己未进士，入翰林。于是士民与官，父驯子伏，益熙熙如家人。间闻公婚嫁事，虑公贫不能具装，争献薪米酒脯，虽贫者铢绵龠米，必求受乃肯去。蜀远近妇竖，皆称为“刘青天”，莫不延颈跂踵，思得公宰其邑也。

今上御极之元年九月，达州匪民王三槐、罗其清雠官谋逆，旁邑奸民皆煽应，蹂躏川东北数十州县。上命云贵总督勒总统诸军剿贼，三年秋，擒三槐。公方由崇庆调办东乡县大成寨粮务，与有劳绩。时贼众方羼窜不常，经略勒以广元为北栈首冲，知公前摄篆，熟地势，且久历行间，能知兵，复檄公驰代。广元三壁阻山，西临嘉陵江。公至，横江岸筑坚垒数处，设炮铳，防贼西渡。浚濠堑，牢栅寨，练乡勇，密侦谍，守御甚备。贼屡至，屡却之。最后，贼自秦界七盘关蜂拥薄县城，城西江岸为市阛辐辏所，商民闻警汹惧，谋入城，公禁勿许。谕曰：“关门戢一留三，惟纳乡堡难民，不容汝等俱入。现在沿江有守兵，兵与居民相倚为壮，汝等骤入城，兵必无守志。贼来得肆焚掠，是入城内一步，即弃城外一步，脱贼退，屋宇荡然，汝等又将安归？令在此，毋恐，且令止一子，率之与汝等共御贼。”是夕，与子廷榛帐宿街口，民心大感奋，誓死守。俄，贼分屯邑东九皇岩、大石板。某帅战大衄，贼笑詈尾逐，残劫乡堡十余处。公闻，率乡团疾驰往御，贼素闻公名，遂遁去。是为嘉庆四年正月事也。公名日播，中朝多知者，皆异音同叹，渐达宸聪。

四年春，上敕廷寄问，会经略勒上章荐，温旨擢知忠州，赏戴花翎，寻加知府衔，升建昌道。是时也，上以川省剿贼日久，发内帑抚恤难民，兼有招安胁从之旨，经略勒因委公保宁各属办[三]招抚事，至今犹未莅本任云。先是，公由南充北上引见，代者至，公逋负几万金，不得行，邑绅倡设义局，民奔集投匦，旬日完数。长吏闻之，以蜀人好义为疑。成绵道王公启焜面询公，公曰：“诺，是诚士民力。”王叹曰：“此所谓君子乐得为君子也。”怃然者久之。

公貌白皙，颀身亚立，性坦易谦下，视民事如家事，当差徭繁棘时，机牙立应。喜施予，署中或啜淖糜[四]，犹委宛应人急，推诚待人，人乐为用，故幕中多奇士。如渠县刘君星渠、山西刘君奕峻、梁山张君国风，其尤著者。星渠精悍有机智，以军功授通判，赏戴花翎。张君国风家颇饶，性伉直不阿，从公游十余年，不忍去公，家事多倚赖之。公既擢忠州，受代者则山阴胡公也。

胡公名延璠，字孔美，号一峰，山阴人。与刘公同时，有“青天”之称。乾隆四十年，以州吏目从征金川。借补邻水尉。

五十六年，有事西藏，随大吏襄办粮务。大将军福议屯兵阳布，檄公由间道赴帕克里买粮。道惟土夷，往来无汉人行者。公披莽驱毒，行十昼夜达其境。险山遮迾，山外即竹巴哇地。公登眺绝顶，下见翠壤，绵邈无际，较沃野千里且十倍。眼界一开，盖荒徼外乐土也。俄番使数辈来，赤彨碧瞻，裹花罽衣，口呿呿作语。公使舌人宣布大皇帝威德，并传谕大将军意，赐袷褡银币，使跳舞而去告其酋。次日番民络绎输纳，公厚酬其值，于是糇粮糈米及乌拉立办，辎运以行，先大将军一日至阳布。事平，大吏交章荐，擢邛州州判，署灌县、阆中、汉州、简州，而治简为最著。

蜀中州县官莅任，市物有官价，供应有行头，支差有里役，率为常规。牙侩狡滑[五]之徒，多就中科派，贻累不少。公每下车，平价购买，除陋弊，杜苞苴。自奉甚俭，服用粗绐，无宴饮俳优之乐。惟恐一事或伤民，而民亦爱戴之，如婴儿之于慈母，不忍偶拂其意。先摄阆中，见府城倾圮殊甚，竭力督修完固。未几贼众临城，督兵固守，官民均赖以安。西门紧靠嘉陵江，水势汹涌，城大可虞，于是相度地势，循西岸之故道开掘引河，以分水势，惜工未竣，辄调他邑。然水分西流已过半，城身可保无虞。比至简，创奎阁，悬竿灯，培续文脉。建万安桥以利行人，捐修凤仪书院以教士子。以故简邑自傅辉文、张邵后五十年无甲榜，嘉庆己未，周维翰成进士，人咸以为培植文风所致云。三年治化大行，至家不闭户，人人各安其业，颂不绝声。

嘉庆四年春，署广元令。刘公擢知忠州时，川东北匪民煽逆已三年余，广元屡警，长吏难其代，知公老吏也，因扎委简士民，胪善政数十，诣陈大府乞留，不得。去日攀辕泣送者数万人。先是，刘公所在，民争饷薪米，去必有万人捧舆，事称仅见，其遥相辉映者，惟公而已。公治广元，仍简旧；严堵御，仍刘旧。每令出，民翕然称便。又以不能忘刘公也，必叠口交颂曰："刘青天""胡青天"，啧啧不置云。

是年，上发内帑二百五十万，命副宪广名兴护送达州，且相便宜行事。过广元，官弁来迎者，飚驰云集，群议盛供帐，公力争不可。曰："四川何时？广元何地？钦使至，正当使目睹疮痍，心伤凋瘝，且知圣天子拨帑抚恤，睿察万里，俾罹害之难民、受赈之赤子实在情形均得上达。使者虽威重，喻徒庌马，毋误饷运足矣。若虚事铺张，无论无可措办，即办，亦恐拂九重简使臣意也。"众无以难之，其余一切差务无不概从简略。未几，贼匪大伙来广元，公遣二健役诇之降，贼遥拜呼"青天"曰："平时治百姓属公，此日办难民属将。人众势大，不能为青天遽解散。感公意良厚，当不复扰此方。"遂趋南江而去。厥后，贼党又至，公单骑赴贼营往谕。贼闻之，即狂奔出境，民赖以安。此与过饷同是六月事。计公莅任仅五阅月云。公精刑名学，然仁慈不苛，处事尤平。凡所至之处，首以学校为重。各州县圣庙历年久远，半就颓圮，至则庀材鸠众，立图振新。凡有利于民者，知无弗为。尝以简州军粮余米四百石填民仓欠，人益钦其公廉。

善诗，《志别简州士民八章》有云："念到疮痍常凛凛，惭无经术倍兢兢。神伤队队牵裾泣，泪洒纷纷卧辙留。"皆自纪其实也。凡听讼时，细心研鞫，务期曲尽民情，无枉无纵而始快。故每审一案，舌敝唇焦，究极幽隐，终以善言切谕之，人人无不倾服。所揭告示，准情酌理，缕悉百端，字字沁人心脾。各邻邑士民抄刻成本，争相传诵，奉为箴规。有闻而垂涕者，盖潜移默化，善教之入人至深且切也。每代庖各邑，堂额均悬"天理良心"四字，以期触目警心。当尉邻水时，见城外隙地溪壑幽秀，绝似其乡兰亭，因构亭辟径擘窠，书"曲水流觞"四字，劖之石壁，暇则携朋辈饮酒赋诗，怡然自适，彷佛孟东野"射鸭堂"、房次律"汉州西湖"，一时传为盛事。其雅尚又如此。

校勘记

〔一〕"诇"，底本作"詷"，存古书局本作"诇"，据文义当作"诇"。今从改。

〔二〕"屏"，底本作"平"，存古书局本作"屏"，据《清史稿·圣祖本纪》当作“屏”。今从改。

〔三〕“辨”，底本作“办”，今从存古书局本改。

〔四〕“糜”，底本、存古书局本俱作‘麋’，据文义当作“糜”。淖糜，即糜烂的粥，陆游《龟堂独坐遣闷》诗：“食有淖糜犹足饱，衣存短褐未全贫。”

〔五〕“滑”，存古书局本作“猾”。

卷　二

文秩一

王新命

王新命，字纯暇，潼川人。年十二时，贼目张献忠攻潼，潼陷，一家七十余口皆被害。新命匿文昌庙土穴中，乃免。风鹤惊惶[一]，东西奔窜。大兵入蜀，时公年十五矣，又遭族叔基城之难，逮下保宁狱，殁于旗。旗主曹公殁，马夫人令攻书，为立户。顺治十三年入成均，授笔帖式。十七年官中书舍人，历十载迁柏府都事，进车驾司员外郎，调职方司管机密。

康熙十三年，奉命随少宗伯折某、掌院学士傅某出使云南，十月五日抵滇。宣旨毕，新命见吴三桂礼过恭，以叵测白二公。十二月二十夜，三桂果变。平旦，阍者以告，新命诣二公言："我辈此来，人皆知有此变，今已至此，惟以死报朝廷。"甫朝食，三桂差侍卫赍茶至，新命照常出迎。遥望门外，甲胄森列，侍[二]卫云："三桂问起居，言昨宵兵变，恐有疏失，特令夏国相带领精兵以卫。其毋畏。"新命笑曰："王乃朝廷亲王，既云兵变，善为安辑，何必为我辈虑。凡事有可畏则畏，无可畏则不畏。此王掌握中事，何畏之有?"由是羁滇省又旬日。新命自分必死，因致书三桂曰："自古顺天者存，逆天者亡。明末流贼猖獗，天下之乱极矣。先皇入关，诛戮群凶，荡平海宇，不数年而天下底定，此岂人力为之哉？天也。今上圣神英武，在庭[三]诸臣多名世之佐。此国运方昌之日，大王正宜上承天命，永保爵土，如钱镠王抚有江东，世为忠良，极人臣之乐。况滇南即明沐国公之封邑，沐国公能顺承天命，克效忠贞。故终明三百年，世为国戚，显荣莫比。若稍有异心，妄觊神器，则朝廷以百万之师压弹丸之地。所谓寡不敌众，弱不敌强，不待明者而后知也。

大王春秋已高，世子年方稚幼，不可自开衅端。愿大王熟思之。”三桂知不能屈，竟遣还朝复命，后仍掌机务。

当吴逆变起，滇黔既殁，西蜀亦陷。已而耿精忠反于闽，王辅臣叛于秦，陕之兰、巩、汉、兴及江右之抚、建、广、饶，江南之徽郡相继陷殁。他如陕之平凉、天水，楚之郧、均、荆、襄、岳阳、洞庭，在在相持；至江右之袁、临、南、瑞都为盗薮，吉安则为贼踞，南赣亦隔绝。未几，耿逆度仙霞，直犯衢州，温、处、台、绍、金、严，处处蜂起，军书络绎，羽檄交驰。而新命目睹手披，耳听口授，咸中机宜。

迨任刑部郎中，则屡恤大狱。任江右藩司，则疏蠲积逋。及升湖北巡抚，请宽鄂郡叛军之重典，免黔省运粮之楚民，全活尤众。寻升河东总督，一切治河有法，疏泄堤防，留心体勘，永保无虞。添建百泉五闸，夏日蓄水灌田，秋收放闸济运，官民两便，至今永著为令。

按其生平，少习帖括，长阅经史，以及天文、地理、方舆、象数、兵农、礼乐之书，靡不究览。居官时以坦直养性，以恬适怡情，休休乎有房杜之风焉。所著有《东山集》行世。

简　上

简上，字谦居，号石潭，巴县人。性至孝，幼值岁饥，尝孤身百里外负米养亲。顺治辛卯，举于乡，知直隶巨鹿县事，以廉能擢吏部文选司郎中。性廉介，天姿绝人，凡有记览，过目不忘。

康熙己酉，督学江南，初试江北诸郡，延幕客佐阅文字。案出，舆论哗然。有一士就试题作诗云：“才难自古信其然，知我何须更问天。断断不能容一技，优优还要礼三千。贫而乐者甘从井，富可求兮愿执鞭。夫子之墙高数仞，故人乐有父兄贤。”公闻之大恚，查出阅文舞弊者逐之，遂独自批阅。每榜后，进诸生而面诲之，某某能得题神，某某用古入化，并不摊卷于案，皆能背诵其文，人人倾服。其不取之卷，俱逐一批出被黜之由，为从前学使所未有。试苏州，题中有“上”字，一生因公名“上”，遂写“上”为“尚”。公呼是生问故，生曰：“宪名未敢正书耳。”公怒曰：“汝将以此求媚耶？士人行已贵乎立品，即小可以见大，即穷可以知显。考试大典，自应慎重将事。汝乃曲意逢迎，作此伎俩，他日侥幸立朝，则婢膝奴颜，必安为之矣。”跪生于庭，立令改正。及试长洲，特拔唐廷巽于大收之中。知其贫而未娶，赠银百两，以资完姻，一时传为美谈。

又数年，公补粤西右江道。北地崔维雅者，倾险人也，向与公同僚属，有干请，公薄其为人，却之。嗣崔升粤藩护理院事，遂诬奏公与故巡抚郝公有交结事，系公于狱，公无以自明，吞金而殁。至次日午刻。维雅方启门视事，忽狂呼曰："简公来矣。"仓皇亟趋下阶，叩颡不已，复立投帽脱衣，反手面缚，自称"罪该死"，左右扶入内室，乃绝。维雅疏下部议，白公无罪，而公已殁矣，人以为害公之报云。公居官时，所入廉俸多分给族党贫乏。著有《四书汇解》行世。

陈　瑞

陈瑞，营山人，中顺治辛卯乡试。会多盗，率乡勇力保地方。岁大饥，与弟琰设场给粟，存活甚众。后任湖广耒〔四〕阳县令，时值兵火之后，留心抚恤，招集流亡，革除浮耗，人人乐业，共庆升平。耒〔五〕人建祠祀之。

李仙根

李仙根，字子静，号南津，遂宁人。长洲令如石公子。如石公实癸未进士，选长洲，单车赴任，不惊虚声，晨出夜入，日有程约。刑狱立意求生，不数月，循名大著，士民爱戴甚。至乙酉夏去官，卜乡之上清江居焉。仙根八岁善属文，工书，补博士弟子。自是奉其母吕夫人至吴门，如石公已辞荣高蹈矣。见仙根喜甚，倾囊授之曰："吾宦物如是，此后活计惟汝矣。"检之止二百余金。明年春，湖贼大起，烧劫无虚日。一夕，噪及近邻，且正向清江，闻艘后忽呼："前行不得近北岸，岸有李公，贤令尹也，勿惊动。"自后数年，无一艘犯清江者。值涝，移莳之双塔，杜门著书，不问瓶罍，仙根设馆以供朝夕。一日，馆于乡间柴氏子名世俊者，梦入京试得状头，师得榜眼，以告，仙根喜自负，因拆"榜眼"二字之半，合为"根"字，改名仙根，仍回原籍应试。顺治甲午登贤书，辛丑成进士。廷试，果一甲第二名，授弘文馆编修。状元则马世俊也。甲辰分考，得士十有一。丙午地震，求直言，疏五事，条画蜀情形甚悉。旋擢司业。

康熙六年，安南黎维禧与高平莫元清构怨侵杀。维禧夺高平，元清奔畈朝，畈朝滇界也。广西总兵王会奏闻，仙根以秘书院侍读，赐正一品麒麟蟒服，充安南正使。时边徼未宁，诏许便宜行事。己酉正月抵安南，至都统司门，维禧不出，遣谕十余返，乃出迎。宣读如礼。既而交人议多梗。公草书一通，首言："皇上如天好生，视交民犹内地，不忍以元清故而辄加兵，先遣使宣谕，开尔国悔咎之路，为黎民，非为莫氏也。"中复数其臣误国十罪，移谕辅国郑檍，且曰："尔家屡世勋，慎毋俾黎民覆祀。"是时，维禧幼，政柄胥檍持之，得书咋舌曰："天使语是，乃请画结，领元清择便地处之。"公坚不许曰："自明万历壬辰，莫茂洽败，莫氏支属屯谅山海东地，旋失，乃保高平一郡。而黎氏后二年丁酉，始进金人乞款，今七十余年矣。高平固莫氏故地也，又奚容择便地？"往返阅三月，交人词屈，议始合，卒令维禧尽还高平地暨户口，一如敕书指。又谕元清谨守疆圉，无再启衅，交南大定。归途纂《使事纪略》，疏进，召问慰劳，命内院翻绎留览。

旋迁侍读学士，充日讲官。公体臞而修干，吐音如警鹤，善敷讲。尝讲毕，传翼日入禁庭。公撰《圣学颂》并跋，书绫以进。跋尾言："古有起居注，记言记事，而礼科因请设左右史官。"得俞旨，此起居注所由昉也，公首充职。庚戌总裁武会试，癸丑充《世祖实录》副总裁，旋协理翰林院事，京察详允，擢内阁学士。甲寅差协理大兵粮饷兼驿传抚民事务，驻荆州。昕夕擘画，经费充用。后缘事镌调。己未补鸿胪卿，逾月擢左副都御史。言事率持大体，朝审覆奏，堂议参遗漏。公曰："譬之大朝纠失仪，他官何与？"裁夺二人俸而止。河督请别项银，左都御史疏是非。公曰："异日以粮艘为辞，若之何？且河工不核地里，疏驳无益也。"奏上，圣谕给银如公言。

庚申，擢户部侍郎，督理钱法，仍充经筵讲官。部例：榷关莅任日，收铜限八月解库。公特宽逾限，曰："题参题覆，无滋扰也。且关有远近，奈何以例限之？"滇黔定案，公力请分别族系，省查解释无辜。它如四川增茶盐引，解铜经由地秤验具结，潼关税务增，部员胥力言不可。至改折河南漕米，减临清关铜价万两，豁灵宝捏垦粮，公力主画题，胥获允。壬戌，以议钱法，投劾去。戊辰，补光禄寺少卿。庚午春正月九日，祈谷，代卿捧胙。公时业病胃，腕弱，捧盘少卑以失仪，镌级，宴如也。三月二日卒，年七十。

公通晓事务，在翰林日，蜀招民赢三百，例即升。公札省藩曰：“目前虚名，转瞬实课，恐病民并病官矣。齐豫、耿贾二抚覆车可鉴也。”部议，又准关东例，招百家以知县用。公曰：“关东招圈田失业民充应募数，旋以多捏报而止。今陕楚州县，胥用丁口考最，此蕲招民，彼甘弃民乎？惟勤抚孑遗，则民且不俟招而集。”后竟无应例者。在内阁时，议兴化。公曰：“崇实为要，不然是滋扰也。”德音免苏松明岁半税，或疏并免佃租半。公议曰：“隶农虽贫，无科索之扰。业田者，输正供，办杂徭，累负滋甚。至佃租，率缘旱涝免，奚事胁之。且政宜杜渐，半租令下，恐不至全逋不止，诉讼自此滋繁矣。”乃寝。庚申，剿灭滇孽，安南奏贡，期例三年。自三叛连衡，思明、钦州、蒙自，贡道胥阻，绵历六年。今逆竖削平，请遵贡期如彝典。内索《使事纪》，累览之曰：“毕竟是向来措置得宜，令彼一心向服。”然则公虽旋起旋挫，不究厥用，而才猷卓著，足以经国用而利民生，亦概可知矣。

生平工书，丰神俊秀，彷佛香光而结体遒劲，别自成家。在都时，求书者踵不绝门。得其片纸寸缣，皆为至宝。每书大字，径二尺，观者惊为神。著有《安南使事纪要》行世；又有《游野浮生集》、奏疏、碑记、杂文若干卷，藏于家。公四子：奕振、奕據、奕登、奕撰，奕據任武昌府通判。

张吾瑾

张吾瑾，字石仙，金堂人。性纯孝，母疾笃，日夕祷于神，请以身代，沉疴渐愈，人称孝感。顺治甲午科乡荐第五。乙未成进士，授山东夏津县令，擢行人。两与文闱分校，德州田司农雯、武清李中丞炜皆出其门。后致仕归里，非公事不出。因都江堰为成都七州县水利，力请当事修三伯洞古埭，里人德焉。著有《鹊符斋集》。邑人公举崇祀乡贤。子晋生，康熙壬午举人。

彭　襄

彭襄，字思赞，号退庵，中江人。幼颖悟，八岁能文，长而有志。家贫力学，闻梓潼令临潼周燝学识过人，善诱后学，偕金堂张吾瑾、梓潼白良玉往受业焉。读书七曲山，不出山者三年。顺治甲午登贤书，乙未成进士。居丧，葬祭尽礼。服阕，铨授粤之番禺县。邑附省郭，繁剧难治，而地滨海东北隅，险僻巉岩，盗贼出没无常，重以饥馑兵兴，奸胥追呼，营卒索兑，蔀屋苦之。公甫下车，即明断自奋，经理无遗，百姓一苏焉。行取吏部验封司主事，壬子，贰某官郭公昌典试广东，所拔多一时名士，说者谓公旧能得民，今能得士云。寻转考功司员外郎，迁稽勋司郎中，考察公明，奉职维谨。康熙十六年，授河南南汝道副使。时边方未靖，军兴旁午，公风裁凛如山岳，纠慝绳愆，不避权贵，吏民如履冰上。豪强敛迹，不敢干以私。州县狱讼未明允者，不惮亲鞫，民得不冤。凡所以兴革，预筹民情，不执己见，故民畏而悦，令出即行，无相梗者。奖导士类，必以文行相勖，往复谆谆，仁声善教，士民至今颂之。解组归，病卒，年六十有三。

白良玉

白良玉，字田生，梓潼人。幼有智计，时土贼为害，画策捍御，乡邻赖以庇护。顺治甲午举于乡，康熙七年任山西高平令，减浮耗，除杂差，善政累累。审案尤多不测，有“神君”之称。历七载，以廉能行取，考授科员。抵京，卒。高平人呈请各宪为刻石以纪其绩。

初任高平时，偶出城外，有风卷尘，旋绕轿前不去，曰：“汝有冤乎？第前往，吾代汝伸冤。”命二役随风所向踪迹之。至山[六]中，过重岭，转微径，至一深阱，风息。二役回报，白亲往验。使人探阱中，有枯尸在焉，胁下骨折，刀痕宛然。唤山中居民查问，俱不知颠末，释之。回至仪门，轿前伞忽为风所折，问曰：“此何风也?”役曰：“正南风。”入署遂出票拿郑南风。役禀曰：“正南风乃见风势南来，随问随答，非真有其人也。”白不听，叱之去，限十日不获，重比。役持票四访，并无其人，惧逾限受责，逃至邻县躲避。适村庄演戏，有醉酒归者，旁一人呼曰：“南风哥，可同往看戏否?”其人摆手而去。役问呼者何人，曰“郑南风”，役即告知其地邻乡保协拿，送县鞫之。自供五年前因图某财诱杀之。起获凶刀，比对伤痕，俱相符，遂正法。

又一日，下乡踏勘民田，雪后见四境皆白，惟路旁地中有寒粟一苗，高二尺余，茎叶甚茂，旁无积雪。心疑之曰：“天寒地冻，百草皆枯，此何独茂也？必有故。”使人掘，下有尸一具，寒粟从尸口生出，问之地主田邻，俱不知尸来何处，凶手何人，因以疑案置之。回署终不能释，寻思数日，曰：“此必韩谷生所为也。”秘遣干役访拿，月余杳无踪迹。役将归，至店投宿，向屠家买肉二斤以备消夜之资，其人割肉一方即交役持去。役曰：“盍称之？”其人曰：“汝不闻乎？韩谷生割肉不用称，我即韩谷生，何称之有？”役即拘至，询之地下尸，果属所杀，遂论死如律。

又阳城县高家庄农民高秀娶妻王氏，夫妇颇相得。一日，秀在地力作，王氏送饭往馌，饭后暴卒。报县往验，周身青黑，系中毒身亡。秀父遂称媳有外交，送饭置毒所致。令信之，拘妇至，再三拷掠，遂诬服。及解司，旋审旋翻，委他县研鞫，终不承认。司以案无确据，颇疑之。复提讯，妇曰：“死不难，但杀夫之名，死不甘心耳。闻高平白县主明察如神，得伊一问，氏死无恨。”司因委白，白带妇回高家庄，细勘情形，问送饭时有无酒肉，曰无酒，惟烹鸡煮羹同饭并送。白令仍照前法烹煮鸡羹送至原处候看，时天气炎热，送至地旁大柳树下，须臾见有大蛇从树隙中出食鸡，毒流汤内，汤成赤霞。白曰：“得之矣。”以鸡饲犬，犬立毙。因杀蛇，具详妇冤，得释。一时颂声四溢，咸比之包龙图云。

唐敬一

唐敬一，字慎斋，达州人。顺治甲午举于乡，历官洮岷副使。狱有冤囚，拟大辟者十七人，久未决。敬一讯得其状，后俱省释。又勘醴泉盗案，全活无辜甚众。公本姓张，原籍遂宁，献贼之乱，一家数口俱被杀害，慎斋尚幼，有唐姓者怜而抚为己子，遂冒姓唐，其实系本张出，与文端公鹏翮同祖，非远支也。文端公高祖葬遂宁黑白沟，山势雄峻，落穴端平，惟元神水直出，不能百步转栏，形家以为贵而不富。张氏自文端公后，科甲连绵，四五世至船山，官阶俱至府道以上。唐氏自慎斋至尧春四五世，科甲连绵，官阶亦至道府。然两家累世皆以清节著，家无余赀，彼形家风水之说，诚非无因也。

刘沛先

刘沛先，字棠溪，阆中人，性沉默，寡言笑。顺治甲午举于乡，任山东东阿令，擢刑部给事中，迁兵部掌印给事。条陈蜀中转运情形，蜀疆无匮乏之虞，秦民省转输之苦。圣祖嘉纳之，后以目疾归里，寻卒。

萧　亮

萧亮，四川人，顺治十二年以诸生随征入闽，知宁洋县。时寇盗充斥，亮剿抚互用，绥流离，缮城郭，百废具举，士民祠之。

亮，《一统志》《通志》俱载四川人，不注何府何县，应系当时从龙人关者，今籍贯不可考矣。

杨应魁

杨应魁，射洪县腾龙子，精通满汉文字，本朝特用叙泸道。实心爱民，民咸感戴，至今祝颂。

张思房

张思房，阆中人，累官贵州黎平府知府，改陕西巩、凉二府同知。其守黎平时，滇寇未靖，思房折冲御侮不少挫。致政归十余年，屡举乡饮大宾，及卒，邑人呈请祟祀乡贤。

罗为赓

罗为赓，字西溪，南充人。顺治甲午乡荐，任浙江孝丰令。民德之，立祠祀焉。擢行人，致仕归里。

蒲昌迪

蒲昌迪，渠县人。顺治丁酉举人，任山东郓城令，升山西绛州牧。郓人吁留，不忍其去。昌迪喜奖拔后学，郓城庶常魏希征、绛州庶常李复泌等，皆于布衣受知。后致仕归，卒于道。绛州人请入名宦。

赵宏览

赵宏览，字僧照，剑州人。少遭乱，未尝废学。中顺治戊戌进士，任江西庐陵令，多善政，以忧去。补江南虹县令，实心爱民，兴利除弊，不尚烦苛，而事事修举。虹人感之，祀名宦。

刘如汉

刘如汉，字倬章，号双山，巴县人。顺治己亥进士，选庶吉士，受职检讨，后补兵科给事中。章数上，皆报可。累迁副都御史，巡抚江西，未抵任，丁外艰，哀毁骨立，寻以疾卒。恤典甚优。

程正性

程正性，字存存，万县人。顺治十六年，以贡生任北直开州州同，升河南睢州牧。建学宫，置书院，岁捐廉俸，教育贫士，迁云南永宁同知，以疾卒于官。

张象翀

张象翀，字六飞，安岳人。康熙甲辰进士。父母早逝，每值忌日，致奠尽哀如初丧。始宰饶阳，力请裁减驿站。邑多偷盗，廉得首恶，尽法治之，盗风顿息。擢知胶州，设养生堂、葺药室，抚婴疗病，全活甚众。所著有《处和诗集》。

张鹏翮

张鹏翮，字运青，遂宁人。父烺梦祥云绕室，觉而生公。幼端静如成人，三岁授《大学》能成诵，九岁能文。康熙己酉举于乡，时年十二。方入闱时，监临某梦绿衣白马人入某号，以为奇，使吏记其名于簿，揭晓，公名列焉。监临见其年甚少，叹曰："此公辅器也。"明年，成进士，入翰林。时馆中竞以文艺相饷，公独宿馆读书，与魏环溪诸公讲学不倦。癸丑，改刑部主事，寻迁员外郎。尝办疑狱，不避权贵，人皆惮之。再迁礼部郎中。上召见，赐太液鲜鲤，以郎官邀殊恩，自公始。庚申，特简知苏州府事，未几以太夫人忧去。服除，补兖州。甫下车，释冤民三十人，全婚姻一人，因举者屡迁兵部督捕右理事。

时上方重于公成龙，问诸臣中谁堪继者，众以公应，于是命与内大臣同使倭罗斯，路经喀尔喀地。初，额诺德与喀尔喀为难，上尝命达赖喇嘛解之，至是复交构。喀尔喀声言王师将援以敌。公闻之，言于众曰："古人有言，虑善以动，此行适中额诺德之忌，当预计之，毋使生变。"

众迂其议。俄而额诺德果执我前军，众惊欲退，公急止之曰："不可！受天子命出使绝域，奈何示小丑怯？且吾退而彼袭其后，将何以御？若陈师固垒以张之，而徐遣一介以通其故，彼若跋扈，再计可也。"众犹豫，公厉声曰："事出危难，正臣子效命之日，公等皆怯，某独当之。"众知不可拂，于是从公前计，额诺德服罪。使还，转左理事，再迁大理寺少卿。

己巳，扈从南巡，还至吴门，授浙江巡抚。公之抚浙也，约己肃下，兴利剔弊，旌奇节，安流徙。七年，士敦实行，人息竞争。会请免捐谷，时议欲中伤，奏上，仍留任，寻迁兵部侍郎。浙民感公德，扳辕涕泣，绘其像于竹阁，曰"俾无忘我公之惠政"。已而旋召江南学政，三年秉公校士，上嘉其操，赐书奖谕曰："从前作清官者，宋文清一人，近日张鹏翮堪与之匹。"遂迁都察院左都御史。

会淮黄泛溢，南北阻绝，运道难通，议者欲改海运，上特调公总河，命经其事。公博考舆图，遍寻故迹，于河自开归至云梯以下，于淮自洪河溯盱泗以上，按审形势。叹曰："河性本直而坝曲之，是拂其性也。河流入海而溢其口，是阻之流也。昔之淮南高而北下，今之淮西亢而东倾，而以数窦为之牵引，欲其还向清口，不亦难乎？欲疏河必开海口，欲出清必塞六坝。海口不开，譬之果腹而闾尾不畅也；六坝不塞，譬之卮漏而中无停蓄也。"乃陈十策，愿以便宜行事。上报曰："可。"于是择人任使，遵王景塞馆陶之法，修明潘季驯、江一麟所筑归仁堤之遗，拆拦黄坝，杜诸决口，倍大河南北之堤，曲者使直，而河水朝宗；堵塘埂、六坝，开张福口、裴家场、澜泥浅、三汊储及张、帅诸庄，挽全湖之水并力敌黄，而清淮以出。是役凡耗帑数万有奇，公不以一钱利己，故下亦感激输忱，乐为之用。当是时，水安其道，民宁其居，舟行不惊，淮运乃济，时人为之语曰："昔之帑，肥于人；今之帑，肥于地。"美公洁也。其居民为之谣曰："塘埂筑兮水不通，白驹开兮下河通。海不扬波兮水不涌，民乐其中兮民安而岁丰。"颂公功也。先是，陈家庄外近漫滩，内通涌泉，狂澜腾沸，相传有水怪焉。公为文祭之，三日，有状如牛徙去。于是癸未上南巡，自清口至桃源，周行遍视，河黄淮清，回视公曰："朕二十年前，泊舟于此，水不覆堤者数寸。今安澜若此，卿之功也。"公顿首谢曰："此皆奉我皇上经略，非臣之力也。"诏为刑部尚书。寻转户部尚书，再迁吏部尚书。

上尝以公公直廉明，凡有大疑狱，辄遣判之。前噶礼之参陈鹏年，公直鹏年而曲礼。公子懋龄，牧怀宁，属礼下，例得荐，礼语同列曰："吾且杀张家子，姑从民望宽之，尚望荐乎?"公按奸发伏，抉摘是非，无所容回，多类此。世宗即位元年，拜内阁大学士。上在藩邸，洞悉天下利弊及中外臣僚淑慝，故初御极，即有是命。其子懋诚及孙勤望各赐爵有差。时上方励精图治，毅然更新，公以身任天下事，因能授任，持大纲，去烦细，时议称贤相焉。公自弱冠入仕及为相，凡五十余年，名满天下，主上不疑，同官不忌，考之史册，往往难之。年七十七卒。遗子以边防、河防、海防三大务遗奏。上悲悼减膳，赠少保，谥文端，崇祀贤良，赙赐甚厚。

公两知贡举，及同考官，所荐多知名士。三视河，当为相，上犹遣公曰："以位则卿不当差，然遍视诸臣，无出卿右者。"盖公长于治河，凡所经画，莫不完固，至今数十年犹遵守其法不变。公性孝友，持躬一循礼法，平居衣冠必整，盛暑未尝跣足露体，终身一茧衾，食无兼味，亦无田庐，御书楼数间而已。子二：长懋诚，官通政使；次懋龄，淮安府山安同知。孙八：长勤望，任刑部陕西司郎中；次勤宠，兴安知州。曾孙顾鉴，以副榜任山东馆陶县，历升云南开化府，所至有循声，能世其家。玄孙问陶，现任翰林院编修。

彭际盛

彭际盛，字于斯，南充人。康熙六年以明经任河南武陟令，邑有沁水，历为民患，际盛捐金修筑堤堑，民得安堵。岁丁未，蝗蝻为灾，深夜虔祷，蝗竟飞去。后乞休归，民立祠祀之。

李先复

李先复，字曲江，南部人。康熙壬子举人。初任山东曹县令，后补湖广大冶县，有惠政。行取浙江道御史，历官兵部右侍郎。西陲用兵，奉命挽运军需至巴里坤，晋工部尚书。雍正元年，致仕归，囊无余赀，然性喜施与，每甘淡泊，以周贫乏。

曲江有《吊断臂烈妇行并序》云："烈妇邓氏，长沟民何献图之妻，龄二十一，事孀母赵氏至孝。会吴逆作叛，夫负饷随征，母已出，妇键户治内事。守备张某腾骑突入，翩翩纠纠，窃意于深谷无人之地，挽一女子如探囊易耳。始而以言挑之，则骂，继而以金诱之，又骂，再则以力胁之，仍大骂。张乃直创其头颅，连挥数刃，痕寸余。妇欲撞闱而出，张牵其肘，妇力拒之，遂断左背〔七〕。张惧甚，乃自刺，复自刺所乘马，赴县庭中，夜死。妇匍匐往食田水，邻人询其故，犹云马兵杀我，不逾时卒。邻人鸣之官遣捕，迹其状，见满室皆血，一手在门后，刀插户侧。妇遍体皆伤，下衣无全缕，远近观者如堵。详闻伪将军，俟事定方盖棺，露尸四月，颜色如生。噫！威武不能屈，谓之大丈夫，直大丈夫耳，而妇人云乎哉？爰纪其异以存传纪云。

“长沟之山山矗矗，长沟之水水绿绿。苍岩松老风谡谡，村妇编篱形影独。织无机丝舂无粟，荆钗蓬鬓蹙颜玉。良人长征最可怜，长征输挽秦师前。阿婆牧犊柴桑外，倚闾终朝望不还。红日未暝青山紫，马蹄轰处黄尘起。宝剑金鞍羽林郎，下马瞥见双颐喜。低首求欢甘言饵，妇气冲冲发竖指。踯躅旁皇奔无门，呼天不应惟有死。凶奴忿极刃交加，血和珠泪飞红雨。中庭电掣雷霆吼，神龙只抱骊珠走。烈妇守身不顾身，敝屣形骸伤其手。手既断，心如铁。血千行，肠百结。势如汉魏交锋金镞折，贾复拖肠不败北。又如真卿义激李希烈，割舌期期犹骂贼。哭已无声魂默诉，上帝闻之心震怒。阴遣六甲与六丁，藉手歼奴奴恶露。渠自戮，非无故，忠孝节烈鬼神护。不则泰山等鸿毛，石完玉碎芳名误。君不见，汉殿明妃马上娇，铜雀空劳锁二乔，美人一旦埋烟草，姓氏谁将烈女标。又不见，金屋阿娇倾国色，一笑千金难买得，宫中脂粉贱如泥，不换村姑一点血。吁嗟乎，别夫不于室，拜姑不于堂。慷慨赴义曷忙忙，千载而下仰清光。于高山之崔嵬兮，与流水之汪洋。”

赵心忭

赵心忭，字清章，西充人。康熙壬子乡荐，任山西太〔八〕平令，报最，擢兵科给事中。章数十上，皆关国计，条陈蜀省事宜尤中时弊。当时议行，至今便之。其略云：“一，成都府水利宜责耑官也。古称益州沃野千里，耑指成都一府而言，其土最为膏腴，又灌县之水可以灌溉，无亢旱之忧。每年至二月下旬，灌水放入，四野之地尽成水田，可以插栽秔稻，又称陆海。当年人民繁盛，设有水利道专管水政，经营沟洫以泄水害。今水利道奉裁，然从前田地未经开垦，旧日沟渠仍在，尚不至有害于人。今蒙皇上休养生息数十年，人民渐多，田地渐辟，其中沟渠年久坍塌淤积，无人淘汰。又有豪强兼并之徒，坏去阡陌，以致水道壅塞，一经雨集，四望皆水，淹没稻禾，无路可行，大为民害。臣见成都通判一官，职掌甚闲，合无请旨，令其兼司水利，董率各县，及时淘汰淤塞，修筑塌坏，使水由故道，匪但行旅无患，即地方亦受经界清正之利，而古制可复矣。

“一，成都直季之官宜革也。直季官原以承审钦部案件，今边方小省，人烟寥落，词讼鲜少。至钦部案件虽或时有，亦易归结，安用此直季者为哉？自有直季之官，添百姓无限苦累。盖直季多输派各府通判，衙署清冷，率皆贫瘠。蜀省幅员既宽，山川又险，往来奔走道路，动需月余。一年之俸既不足供往来之费，势必索夫马于民间，纷纷滋扰矣。臣见外省烦剧地方，尚有不用直季者，何偏简小省，必欲有此名目也？请敕抚臣，永行革去。嗣后遇有钦部案件，及抚臣自理状词，酌量事之大小缓急，就近批审。或批原地方官承审结案，庶案件可清，民累可除，且可绝夤缘之弊矣。

“一，驿站宜照道路之远近险平，量行改正也。四川驿站设于我朝甫定之初，路途远近，平险冲僻，未尽协宜，经制一定，不能更变。其中有远至百数十里者，即近亦有八九十里者，山高路险，马力易尽。且羊肠鸟道，三四十里，即可当平川之百里。冲远之邑，额马支应不敷，遂起民马之议，虽屡经督抚诸臣严禁，然偏辟州县尚可遵行，路当极冲者，不得不取资民力。于是每县民马有二十匹者，亦有十余匹者，新复之民，何堪此累？请敕抚臣，细加清理，查蜀省驿站之极僻者，量为裁减，路险而远者，量行增额。酌于损益之间，永禁民马之害，则民不招徕，而招徕日集矣。

“一，落地之商税，宜因时变通也。四川偏在一隅，北通秦省，东通楚省，南通黔省，仅三路耳。当日定税之时，川北先入版图，秦省往来人多，故于广元县，定税额一千四百余两。楚省船只一通，即于重庆府，定税额数百余两。黔省接连蜀界，故于遵义府，定税额二千七百余两。

近日黔省货物稀少，而税如故。秦省荒灾之后，远商寥落，而税如故。起解额银不足，势必蔓延土著生理，既病商而又病民。似宜随时变通，宽一分以广招徕，俟充盈之日，再议加额者也。

“以上四事皆关蜀省民生利弊，臣冒昧详陈，仰副皇上轸念边方、矜恤远民之意，仰恳敕赐部议，臣仰叨浩荡之恩不浅矣。”

后解官归，杜门却扫，乡人忿争者辄婉言开导，多所感悟，盖才而兼优于德者。

杨 葳

杨葳，字圣与，犍为人。康熙辛酉领乡荐，由江安教谕卓异擢湖广宜章令，兼摄邻邑，俱有廉声。解组后，宜民立生祠祀之。

杜廷玉

杜廷玉，嘉定州人，康熙甲子举人。性孝友，文行高卓，尤喜曲成后学。生平好义乐施，州人慕之，合请入祀乡贤。

袁开圣

袁开圣，峨眉人，康熙丁卯举于乡。家贫力学不倦，邑人师事之。由成都教授卓异迁江南泰兴令。解组后，泰兴人绘像祠之。

李钟峨

李钟峨，字雪原，通江人。康熙四十五年丙戌进士，改庶吉士，历升至太常寺少卿。上言：翰林为储才重地，自康熙四十五年至康熙六十年会试七科，不分省份大小远近，每省俱有庶吉士。查雍正元年癸卯科，汉军及河南、四川进士无馆选者。雍正二年甲辰科，蒙古及山西、河南、陕西、四川、广东、湖南、广西、云南、贵州进士俱无馆选之人，请广储才之路等语。奉上谕云：“朕侍奉皇考，朝夕敬聆庭训，从未论及政务，所以馆选庶吉士之事，朕实不知。朕即位之后，以培养人材，最重翰林，故加意详慎。隆科多曾奏称：圣祖时馆选每省俱有庶吉士，所以朕于雍正元年癸卯科馆选时，试其文义，观其人品，于僻远省份之人亦酌量选取。又时谕教习之臣，尽心训迪。迨后历经简择，及考试文章。

其中惟江浙人文义实较各省为优，因将各省人员分用于内外各衙门，而江浙人留馆独多。雍正二年甲辰科，馆选亦详加考试。朕因以文义优者选为庶吉士，于是山西、河南等省进士遂多不得与选。盖翰林职司文章，若以文义不及者处之，则用违其才，而其人或有他长，反无以自见矣。朕凡于用人行政，无不审慎筹画，务求当理，而选择翰林更为留意，实欲使人人勿枉其才，各效所长。庶国家得收器使之效，岂计及于各省翰林之多寡有无耶？今览李钟峨所奏，是必外人有此议论，故李钟峨遂以入告，朕甚嘉之。大凡国家政事，朕有不及见闻者，若臣不言，朕何由而知？朕正欲尔等尽心陈奏，朕因得以览其所奏之是否，是则改而从之，否则亦可以朕意宣示尔等，使天下之人晓然共白，不敢妄生议论。嗣后馆选庶吉士或应考试文义选取，或应每省额选几人，或应分为南北两院。向来教习，止派满汉各一员，今若据省份各选庶吉士，或亦按省份各设教习可乎？至各省未得馆选之进士中，或有文义可充翰林之选者，尔等确有所知，即行举出，毋使人有遗才之论尔。大学士会同九卿详议具奏。”钟峨居卿班，多所建白，授广西学政。著有《垂云亭文集》行世。

向日贞

向日贞，字乾夫，号一存，成都人。康熙癸巳进士，授庶吉士，迁广东道监察御史。幼极聪慧，美丰姿，有神童之称。年十四，在塾中被人诓[九]去入梨园学戏，其兄日升寻觅半年不得，后闻在重庆某班装旦，声名藉甚，乃踪得之，议以价赎而班主不放。其兄遂诣巴县具控，而令亦谋渔猎其色，断仍留本班。其兄恚极，赴太守上控。太守得呈，问曰：“尔呈称在书塾中业已完篇，今尚能作文乎？”曰：“能。”即令取纸笔于堂下，亲试之。未炷香，文成三百字，笔致生动，出人意表，大惊。又问：“能诗乎？”曰：“初知平仄。”即指衙前小柏树为题，应声曰：“柏本栋梁器，初生不自全。倘蒙培养力，平地直参天。”叹曰：“此神童也！岂久屈人下者？”乃断令赎回。是岁，学使庐江宋嵩南在衡按临，首拔入庠，决其必领解。戊子榜发，果第一。适太守亦在闱，遂认为师生。中癸巳进士，入翰林，升御史，有直声。

雍正元年六月，上《请严（挪）国帑捐官疏》云：“国用资于钱谷，钱谷寄于有司，州县责成，首严亏空。乃有不法之员，视捐款为幸进之阶，借国帑为营私之具。闻开捐例，百计求成，权移公帑，暂遂私谋。先用即用为自己而捐升，盈百盈千为子弟而纳职，而又巧于逢迎，工于趋奉。上司素受其重贿，临时顾惜其私情，曲为徇庇转接。后人升者，居于局外，既谢责而可担受者，堕其术中，虽后悔而莫及。即新任或坚辞不接，乃上司衔其夙怨，必致借事中伤，乃如之人上亏国帑，下累后官，贻害甚于盗，臣请著定例，严加处分。上司有隐护之员，无论离任现任，令其赔补。子弟有捐纳之职，不拘前用后用，革其职衔。如此则徇庇可除，旧官无巧脱之计；亏空可出，新任免掣肘之虞矣。有旨交部议，应如所奏奉行，各省督抚于所属有司，内有私（挪）钱粮自己捐升并子弟纳职以至缺欠者，即行题参照侵欺钱粮例治罪。其子弟所捐职衔革去，该管上司有通同徇隐勒逼接任收受者，无论离任现任，交该部严加议处，所欠银两，勒限分赔。”奏覆，奉旨依议行。是年复奏请：自癸卯科为始，乡会试录，仍照例刊刻，除顺天乡试录府尹恭进外，其各省乡试录，移送礼部汇齐恭呈御览，皆敕部议行。日贞通籍后，避讳自改“日正”。著有《向太史大小稿》行世，所选有《程墨大小题文宪》，人多诵之。

岳　濬

岳濬，字厚川，号星源，成都人，襄勤公长子。年十九，由荫生引见，补陕西清军同知，署蓝田篆。查询狱囚，释大盗三十余人，当事者怒，欲劾之。濬曰：“署县非确有所见，何冒昧若此？今事未竟而遽劾之，则真盗竟逸矣。且故纵与故勘，均干法纪，某岂敢自罹重谴？请以两月为期。”回署悬重赏密捕，获赃盗，置之法，当事者始叹服。寻超升直隶口北道。古北地界边墙，粮多匿寄，民苦偏枯。濬至，逐一丈量，民赖以安。时相国丹崖黄公以将军衔驻扎其地，雅敬公，谓栋梁伟器，可肩重任。后十余年，黄公巡抚甘肃，两逢京察大典，皆举公以代，由契之深也。雍正五年六月，升山东布政使。到任，即将司库收支存贮耗羡银两开册进呈。上嘉之，谕曰：“铨核殊中肯綮，可嘉之至，不料汝能如是之清厘也，勉之。此心此行，切勿纤毫改移，但推诚秉公，一惟朕躬是倚，更无有人能荣辱汝者。”既而调任山西布政使，又奏明续贮充公银两。上复谕曰：“能如是刻励自持，有何可谕！汝年力方壮，无穷事业由兹始基，正宜勉力以期上进，坚守此志可也。”旋署山东巡抚，奏请将监道陋规一万五千两解司充公，仍另给例得养廉六千两，上嘉之。

先是，上每谕濬诸事效法田文镜。六年，文镜奉命至山东会审前抚黄炳一案。上谕文镜曰："卿至东省面晤岳濬时，推诚相告，料伊必欢忻领受，而且佩服不忘，实系少年美才，将来大有可望。加意开导如朕前谕，照亲子弟一般相待，将所批之旨，亦密令知之。"至是抵济南，濬出郊迎，相会欢洽，不时进谒。凡东省事，虚心请示，文镜亦逐一指诲。谢折有"老成练达，实有以勖臣不逮，广臣未闻，深为欣幸"之奏。七年四月，濬父宁远大将军川陕总督岳钟琪统兵进剿准噶尔。奉旨：钟琪在西安起程时，着伊子岳濬前往亲送伊父至肃州，再回山东原任。濬具折奏谢请期，上谕曰："已有旨，从部颁发矣，可即起程赴陕与汝父欢晤。仰蒙上天垂庇，汝父振旅凯旋，朕仍召汝来京与观饮至策勋也。"是年加升佥都御史，濬送父回东，并谢送父圣恩，兼恳入觐。上谕曰："汝第能听受田文镜所言而行，胜如来京面聆朕训。论国家戎政、兴师、选将之事，田文镜稍逊汝父，若地方吏治、钱谷、刑名等务，即汝父亦不能及也，当竭力仿效之。"

是年，督催曲阜孔庙重修泰安神庙大工。十二月，实授山东巡抚。上谕曰："今实授汝为山东巡抚，已有旨矣，竭力勉为之。百尔臣工，倘至有玷厥职，罪止于不忠而已，在汝则又多不孝罪责，可弗慎欤！兹为汝计，事事循田文镜轨辙，万勿另移步趋。不但好胜之言不出于口，即见长之念亦不存于胸。俨如后生之于师长，下吏之于上官，遵从维谨，慎莫听信属员拨弄，而轻违君父慈爱之训诲也。田文镜年已七旬，从伊学习十年，至得心应手精详熟谙时，然后呈献底蕴，展布谋猷，犹为未晚，何必目前向班倕争巧，而较论长短于尺寸间耶？斯乃朕知真见透之谕，当拳拳服膺，奉为圭璧。"濬抚东几十年，勤慎如一，事事修举，皆由世宗训诲所致。其命仿田文镜亦始终遵循恪守，而其性情政事终不相类，田尚刻核，濬尚宽平。世宗尝以问文镜，文镜对曰："屡奉谕旨，臣敢不尽力规劝！但臣愚以为，督抚办理封疆大事，必须谙练，胸中方有成竹。见以为何事当行，则急起而行之。虽取怨尤，毅然不顾。何事不可行，则急起而止之。虽沿习已久，法在必除。如此则与封疆有益，而政务不至废弛。若未谙练则胸中原无所知识，而欲其行何事、革何事乎？即有从旁告之以当行当止，且游移不决，否则不过虚应故事而已，终非己意中见以为确乎不可拔、须臾不容缓者，安肯实力以行之乎？故臣常有所行，必移咨岳濬，令与臣同行饬遵。彼虽转行各属，终未见其如何督率，使之必遵教道，使之共晓也。是以各属稍不知慎，威令每致不振，诸事每致耽延，在岳濬或别有宽裕温柔之一道，而臣不敢不为之鳃鳃过虑也。”上以为名言。其时东省屡获丰年，地方宁谧，咸以为政尚宽平所致，田或不及也。

濬幼从襄勤公指授，素晓兵法，兼识天文。常夜静仰观星象，漏已三滴，促中军至济宁，限以时，莫知其故。次夜，济宁牧某因讼事激民变，入署劫官杀其妻孥。中军带兵至，登时擒获乱民，报到，咸以为神。嗣公赴宁，将至城四十里，父老拥道而泣曰：“一二无知小民，冒昧犯死，愿公无累良者。”爰察其首恶及附和者，论如律，余俱奏请宽赦。山东多积盗，公至设法捕缉，盐枭响马绝迹。江南总制又玠李公因海案差官至东协缉，公以盗非东省，咨回令于海州缉拿。李公奏闻，奉旨明白回奏。因奏明东省岛屿风俗人情，决无此盗，协缉徒滋扰累。奉旨交江南专缉，果于海州全获。李公叹曰：“某生平棋局未尝输人一着，不想今日甘拜下风。”盖信之深也。臬宪崑圃黄公邀饮，公素不演剧，以前辈不敢辞。爰致之曰：“一席请教，甚惬夙心，但优孟衣冠，不乐观也。”雅酌竟日，时或疑公出于伪，不知实素志也。盖公事上接下，以及一言一笑，莫不本于至诚，故能邀主上特达之知。年逾弱冠，即领封疆，频叨异数。己酉，奉旨由山东巡抚任送襄勤公至大将军营，捧赐至西安与高太夫人具庆。庚戌，襄勤公入觐，公来京侍养，适抱恙请假，奉旨在养心殿诊视调理。药饵饮食，寒暄早暮，无不动烦睿虑。病痊，仍着太医院送至山东。

丙辰，高宗纯皇帝御极，奏请入觐，温谕叠加，随有调任江西之命。江右风俗健讼，赴诉抚军衙门者盈千累百，真伪莫分。公缜密以理，事事寓以化导，后亦渐减。丰城、临江往年被水，荡为巨浸。设堤堵御，其地多沙石，每遇夏涨，患水漏者，数年莫能救。公至，着以牛粪堵御，如法治之，遂固。属吏请其故，公曰：“物性贵相制，《埤雅》云：‘牛，土畜也，土缓而和，故《易》以坤为牛。’此地石硬不能融，土弱不能坚，惟牛粪气厚而力博，和泥以胶之，故凝固可久，物性固如是耳。”众始惊服。

方壬子、癸丑间，公以其父襄勤公问罪在狱，终日忧戚，形容枯槁，独处草舍之下，茹疏食粥，非公服不御丝枲。三次奏请，奉世宗朱批，至诚可以格天，不必再渎。至乾隆二年丁巳，荷蒙天恩俯察，释放还乡，于是迎高太夫人及襄勤公同至署中，骨肉团圞。捧觞上寿，丰膳洁醴，备极孝思，向之不演剧者，至是则动用鼓吹，以博欢愉。以为夙昔之期望而不可必者，今始得一展孺慕之忱。不料班衣舞彩之具，竟为非议之端。时有上其事者，蒙皇上加恩，降补光禄寺卿。公曰："吾在山东时，殊不欲生，今外任既得事亲，内任复得近君，吾何恨哉!"未几，恩用福建按察使司，会遭高太夫人丧，未之任。服阕，补广东按察使司，旋升湖南布政使，调任广东。再升广东巡抚，调任云南巡抚。

公所至之处，兴利革弊，知无不为，一以和易出之，故天下不矜风节而群食和平之福，有生佛降临之号。时襄勤公平定金川，晋爵上公，提督全蜀军务，威名远播，荣同昼锦。公适以广东失察案，降补鸿胪寺卿，旋升通政参议，奉旨随驾热河，以疾作不能行，延至中秋后，卒。时乾隆十八年八月二十六日也，年五十。公沐殊恩，叠任藩臬封疆近三十年，虽中遭小挫者二，俱以琐事被累，圣恩优渥，旋复擢用。眷注方殷，入参枢密，启沃纶扉，指顾可俟，乃竟一病不起，天下惜之。

曾 亮

曾亮，泸州人，康熙甲午举人。有同族孀妇子女孤贫，流寓他邑，亮移归泸郡，经理其家，婚嫁俱力任之。授浙江鄞县令，视民如子，力拯穷困，逾年致仕归，琴书外一无余橐。

陈暻雯

陈暻雯，字果亭，富顺人，康熙乙未进士。家贫力学，自号破愚子。任广东乐昌令，居官数年，怀清履洁，昌人称其有守。

严瑞龙

严瑞龙，字凌云，阆中人。康熙戊戌进士，由御史转给事中，历官台湾巡按，擢湖北布政使，署巡抚事，卒。瑞龙官谏垣，有直声，不避权贵，寮采惮之，以此受上知。故扬历中外，仕至开府。

胡 瀛

胡瀛，字一山，宜宾人。康熙戊戌进士，官至湖南按察使，多惠政。著有《石溪集》行世。

王 恕

王恕，字中安，一字瑟斋，号楼山，安居人。年十四，好读书，家贫不能继烛，夜燃竹自照。康熙壬午，徒步跰行赴省试，登乡荐。六十年辛丑成进士，授庶吉士。癸卯，改吏部文选司员外郎，历验封司郎中。甲辰，典贵州乡试，道中升广西道监察御史。既复命，分校礼闱。雍正五年五月初十日，上疏条陈时事，言上司有盘查属员之责，有本属道员署知府印者，有本属知府署州县印者。新任到日，凡刑名钱粮有未清之项，属在上司强行交代、势分相临，或有瞻徇情面、勉强出结者，以后不无徇庇。甚至钱粮亏空，不能从实盘查，上下通融，弊端百出，殊为未便。嗣后知府缺出，府佐贰官署；知县缺出，止许邻近州县官署，则瞻徇通融之弊可除，而自无逼勒交盘之弊矣。上交部议准行。其冬从高安相国朱文端公视浙江海塘，明年丁父忧，戊申服阕，补兵科给事中。旋出视湖北漕，逾年罢官，复至京。会高文良公移节江宁，奏荐起用。辛亥署江安粮道。今上登极，擢广东按察使。己未升布政使，明年巡抚福建。壬戌四月罢镇还朝，秋复授浙江布政。仅一月，出送客，薨于舆，十月十六日也，年六十有一。

恕历官清要，尤习吏事。在江南爬梳漕弊，后以为法。在粤极论冬至后决囚非宜。至闽尤著者，奏免崇安无田浮赋及闽侯诸县灾民贷谷，请禁南洋市舶，借运潮州仓以救台饥，皆人所不能言者，恕独言之，上皆允行。为人器量闳远，御下以宽，不挞一卒，人亦不敢欺。师友急难，倾箧不吝，常捐刻辛丑座师李绂《穆堂初稿》五十卷于闽中，以报知己之感。仕宦二十年，家无长物。初，恕得诗法于高文良，闻正学于朱文端，所至手一编自课。好奖拔士类，常与长洲许廷鑅及成论诗厅事，索笔研不及，即推许上座，而恕西向旁坐。濡案上丹笔，掀髯吟赏。在闽时，访永福黄任于陋巷中，屏驺从，步入。黄君间至留饮，月上，携手送之。又所赏张甄陶，于辛酉监临时见其文高被黜，归为宾佐言之流涕，其爱才若命类如此。尤嗜少陵、昌黎、义山三家诗，手自笺注，稿凡数易。性善酣咏，所至辄辟精舍如秣陵之塔影楼、羊城之葵亭、三山之瞻台，皆偕宾从觞咏处也。所著文章、词赋、奏议甚多，汇《楼山集》。楼山即恕少时读书地，因名其集云。

初，恕馆选时，溧阳相国史铁厓时为学士，谓曰："君名姓与前明三原恭毅相同，他年必能步武，勉旃！"恕曰："唯恭毅由庶吉士至巡抚。"至是恕果如其官云。

子六：汝舟，甲辰举人；汝楫，诸生；汝彭、汝谐；汝嘉，乾隆乙酉解元，壬辰进士、庶吉士，授检讨；汝璧，乾隆壬午举人，丙戌会试第四名二甲进士。授文选司主事，升郎中，出守顺德，调保定府知府，历大名兵备道，今授山东按察司。

杨宏绪

杨宏绪，字裕德，号丹山，新繁人。康熙六十年辛丑进士，授河南汤阴令。值岁荒，请开仓赈恤贫民，鬻妻女者出俸钱赎之。复详给河夫口粮，冬捐给绵衣一袭，皆前令所未行也。逾月丁忧，巡抚田文镜保奏："宏绪年力精壮，办事明白，地方百姓无不悦服。臣因到任只有月余，不敢冒昧请留任，且家无次丁，听其回籍料理数月。但似此贤员不可遽得，可否容臣具题仍咨取来豫，遇缺补用，仰祈圣鉴。"奉旨具疏题请。文镜甫任河南，参员二十二员，而宏绪独邀特赏保举，亦异遇也。年余，补尉氏县，摄洧川篆。尉多盗，夙号难治，至则力行保甲，计擒盗魁神手张八，自后闾井宴然。洧川狱系囚百余人，疫疠大作，为遣医护视。昼夜治文书审理判决，释株连，轻罪责保，囹圄一清。寻升福建福州守，历汀、漳驿盐道。所至有能名，擢浙江按察使。先是，浙省案牍殷繁，录囚不即讯，吏役因缘为奸，羁留需索，民受其害。宏绪乃设锣于门，许囚至鸣锣报闻，随至随鞫，持法平允，吏不能欺。以罣误左迁湖南粮储道，病卒。

性孝友，精吏治，工文章，兼长韵语。《自昭化至剑门》云："兹行又值早春时，一握天高任所之。衰草斜阳丞相墓，荒苔冷篆剑门诗。泉通石罅山根响，树隐崖阴日影迟。沽酒但寻茅屋去，松风高挂薜萝枝。"《堂成书事》云："避喧聊托一枝安，茅屋三间倚翠峦。医俗借来书数卷，爱吟刻遍竹千竿。因嫌草密频锄径，为惜花欹自架栏。忽报故人新捧檄，分携何处有交欢。”杭大宗《榕城诗话》：“仙霞岭周栎园有四律，羊城陈处士元孝、吴兴沈阁学涵均次其韵。元作踔厉骏迈，鲜克攀跻，予《闽行杂录》亦有四篇，姑记壮游，忘所丑也。同行者山阴王霖暨弟霂，嘉兴凌大田。霖句有：‘怪石拦〔十〕人立罔两，巨崖奔浪舞天吴。悬崖侧足二分外，穿径窥天一线中。’霂句有：‘滩分石齿水清浅，云断山腰径有无。’西蜀杨观察丹山时方监试闽闱，闻而继作，有‘云收人语层霄外，磴转天浮旷野中’之句。匪特极文场一时之盛，抑亦览胜者之司南，谈艺者之珠海也。”丹山著有《直养斋文集》若干卷。

校勘记

〔一〕“惶”，存古书局本作“怕”。

〔二〕“侍”，底本作“待”，今从存古书局本改。

〔三〕“庭”，存古书局本作“廷”。

〔四〕〔五〕“耒”，底本、存古书局本俱作“来”。案，清代无县名“来阳”，据《清史稿·地理志·湖南》当为“耒阳”。今改。

〔六〕“山”，底本阙，此据存古书局本补。

〔七〕“背”，底本、存古书局本皆作“背”，疑当作“臂”。

〔八〕“太”，底本作“大”，此据存古书局本改。

〔九〕“诓”，存古书局本作“诳”。

〔十〕“拦”，原作“栏”，清知不足斋丛书本《榕城诗话》卷上、清咸丰本《篷窗附録》卷上、清光绪本《浦城县志》卷四十二均作“拦”，据改。按：依诗句相同位置词性相同的对仗原则，当作“拦”。

卷　三

文秩二

蔡时豫

蔡时豫，字立斋，崇宁人。雍正癸卯举人，丁未拣发贵州。初令安化，壬子调繁镇远。镇远者，苗民杂处邑也，夙苦凶悍难治。公为政精明果决，事至能断，兼能绥之以德，治行称黔中第一。会时议改土归流，诸苗闻风思逆，公悉其状，因指陈利害，上书巡抚。谓犬羊之性不可以恩谕，不备必为乱，凡再上而抚且怒，飞檄罪公，苗果反。

是时制军张广泗经略西戍未归，提督哈元生闻变，以省城属巡抚元展成，悉征诸镇兵万余，拒苗于羊老。公闻之致书元生曰："兵家喜壮恶老，地名羊老，非驻兵地也。某观镇远，上控偏桥，下扼清溪，实据诸苗之要。将军移兵于此，从中调度，俾楚蜀诸军得以进援，乃万全之策。若镇远一失，则贼必四出，延蔓于玉屏诸县，而川湖之门户亦不得通，是黔成孤注之势，而贼且噬脐矣，愿将军熟筹之。"不从。

未几，黄平诸州县果罹害，所至屠戮一空，乘势遂围镇远。时公新迁清江别驾，未及赴，诸同官仓皇失措，思弃城走，公阻以大义曰："吾等皆去城，谁与守？"众曰："能战乎？能守乎？"公曰："战则不敌，以计先之守可也。"众不得已从公。时驻兵皆调至羊老，无一守御者。城中一日数惊，于是公悉发仓廪以安流民，募士卒数百与誓，括商贾布作军帐千余环城上，料市民丁壮编入伍，及妇女之健者改装守陴，老弱童稚，驱居帐中。举烽火，公身袴刀戎服，率士卒日周巡城外，东出西进，以示不测。暗发炮石伤苗，苗惊疑援兵至，遂遁。公率众追蹑其后，斩十余级，乘势据胜秉贼，自是不敢窥镇。

公既保镇，与提督哈共相声援，乃得合楚蜀诸军，次第平苗。贼退，遗民闻风皆避入镇。公虑民食不继，就籴湖广辰沅道，得粟二万石，计口分授，流者如归。方黄平之屠也，状闻于朝，上恻然震悼，下诏罪己。命将军董方德奚寿视黔事，大司寇张文敏公照为经略。时同官者忌公功，又衔前止弃城议，共为蜚语构公。

文敏与公语，奇其才，谓可大用，欲荐公，未几文敏以事逮狱，遂寝，仍判清江。戊午迁麻哈州牧。癸亥始题古州同知，时有以陈瑸、陆陇其荐公者，蒙召见，亦不果用。而公因母老，决然有终养志，会缘例入觐，陈情请改近地。命下，遂投牒吏部归，不数月，丁母毛淑人艰，哀悴过度，呕血成疾，卒。

雷　畅

雷畅，字燮和，号快亭，世为井研望族。同怀兄弟三人，长时，次晓，公其三也。为诸生时，学使宋雅伯在诗按试，资属井研，距省远，诸生为雨阻。试日至，才百人。公为廪保，从容对使者曰："井邑僻远，期促雨阻，见在与试者仅十分之一二，如不改期，非公也。"使者然之，就号呼之，皆不出，复问曰："奈何？"公曰："易也，诸童利人少易售，故不出耳。若牌示改期，且分属命题，诸童见无井研题，则自出矣。"期遂改，使者曰："雷生他日经纶手，吾于仓猝中见其才略也。"己酉选拔，庚戌挑发山西，署应州大同，补平遥令。升沁州牧，强干有为，贤能最著。

乾隆十五年，上幸五台，先期檄修北台顶，协办南台新设行殿。临期复督修长城岭下雪道，是时大雪盈尺，一遇晴霁，所填沙土皆化为泥泞，办差者束手无策。畅令筑雪坚实，一望如玉砌，前路多滑不可行，至是忽如康庄，上至大喜，问修路官，畅叩头至大营。即召见，问出身父母家世甚悉，复问曰："昨日在直境，新升磁州知州雷时，汝何人耶？"畅免冠叩谢曰："臣之胞兄。"上为霁颜，赏大缎表里二、貂皮二、荷包四，奉旨补授湖南常德府知府。

是年秋，雷时亦补宜化府知府，辛未时，卒于官。公在常闻讣，一痛几绝，以太夫人在，忍痛不敢哭。壬申冬，时子万化来，太夫人以时将葬，且离家十余年，思归甚切，因送回籍。癸酉调补长沙府知府，中丞范公时绶性清介缜密，深加器重，事无钜细，皆取决焉。秋，遣人迎其母，不至。未几，闻其次兄晓又卒，遂具详请终养。中丞知不可留，为专折具奏。拜折后，范公调抚江西，接任为胡太虚先生，旋接廷寄奉上谕：“据范时绶奏称‘长沙府知府雷畅，以伊母年老，恳请回籍终养’等语，雷畅尚属可以出力之员，若因侍养就闲，转不得及时驱策，伊前任山西时，伊母曾经迎养在署，已降旨将伊调补陕西汉中府知府，俾得就近迎养，以全人子至情。着该抚胡宝瑔将此传谕雷畅知之，钦此。”胡公传旨，欣谓公曰：“余在军机久，如此旷典，未之见也，君其勉之。”甲戌至汉中，即日遣人迎其母至署。时西陲用兵，在站督办兵差，刻无宁晷。丁丑奉旨补授汉兴道，西陲既定，调补山东济东道。

时东省水患亟，抚河二臣合词奏请开伊家河。上念襄事需才，故有是命也。公奉母趋赴东任，办理河务。河患既息，得优叙，且遇事敢为，不避嫌怨，名益震，山东士民作歌以颂之。己卯春，调补浙江督粮道，在浙六年，浙人安之。甲申夏，俸满引见，召对良久，遂有湖北廉使之命。公具折谢，奉朱批：“湖北吏治竟不可问，兹特命尔，尔其勉之。”时湖北劫盗奸拐，刁讼私枭之案，倍于各省，有无赖奸匪名曰痞子，更为民害，公深知其弊，政尚严峻。首访拿各属蠹吏，置之法，痞子皆遣新疆。并设巡船，凡所获江洋盗百余人，皆枭示。制府吴公达善与公同志，故是时楚北称治焉。丙戌丁母艰归，戊子冬服阕，奉旨补山东按察使，旋调山西按察使。己丑冬以条陈不合，议镌级，奉旨雷畅著对，品以京员用。庚寅补授内阁侍读学士。时畅子冲霄授翰林院编修，侄孙轮亦入词垣，父子祖孙联班近侍，一时以为缙绅佳话。然公时年近七十矣，前在陕西台站，曾跌伤右足，骨折虽久愈，至是常患隐痛。壬辰足疾益甚，因奏请回籍调理。丁酉春，卒。

公精于审断，凡大小案件，一经鞫讯，无不曲尽其情。其发奸摘伏，有人所不能臆料者，故当时有“白面包老”之称。得情后按法尤极平允，在大同谳私铁出口案，出囚七百余人。在常德谳伪稿案，不录一人。上官切责之，公曰：“诪张之徒，人所共愤，然任私牵禁，累及无辜，不忍为也。”卒不顾而事亦大白。廉访楚北，平反不胜计。绝大者铜盐诸案，拟大辟皆百十人，公录其首事置之法，余悉省释。所至尤喜培植善类，在沁州建沁阳书院，在常德建朗川书院，在浙与诸名士裘君肇师、孙君士毅、顾君震、沈君清任、清藻、世炜、世燕、张君时风、沈君初、祝君德麟、曹君焜等善，奖慰备至，后皆腾达去，人咸服公知人之鉴云。

张　汉

张汉，字云倬，先世江南华亭县人，明洪武间迁居于蜀之盐亭，遂为盐亭人。家北门，世多显达。相传北门张氏云："高祖黼，明某科举人，江南仪真县令。曾祖力行，拔贡生，华阳教授。祖琯，岁贡生。父泰阶，顺治辛卯举人，历任江南庐州府同知。生子四：长渤，拔贡生；次澎，康熙乙酉举人；次溥，丁酉举人。"公其第四子也。公生九岁失怙，大母抚养教育。比长，笃学，气伟岸，乡人称之。康熙戊子乡试，房考官录荐，屈于额，登副车，秉铎荣经县。会打箭炉军兴，挽运三载不乏，以军功议叙，授云南大理府云南县知县。迁宣威州知州，曲靖府同知，以贤能保举擢广西南宁府知府，又以卓荐授分巡右江道。自云南县至右江，历五任，凡十三年，所至之地，皆蛮夷杂处，性鸟兽而语侏𠌯，言词文诰，格格不入。一切束以法，则如絷鹰槭虎，奋迅咆哮，思腾踔而为变矣。公开诚布公，不设藩篱，察有不便于民者，即除去之。尤好讲求水利，兴起学校，以端治化之源。不屑苟且旦夕，涂民耳目，亦不务生事立威顺上意，以速树勋名而罔顾所安。以故，历任悉协舆情，颂声洋溢。

当其在宣威也，迤东改流，诸地荡摇未定，而操之者如束湿薪。越一载，乌蒙苗蛮叛，郡邑震恐。时公已自曲靖司马擢南宁守，束装将就道，闻信慨然曰："吾赤子忧难且至，奈何舍之去。"立命解其装，亲为慰谕，更招集勇练，移营分兵协守，势定然后行。百姓挈壶觞以送者，道路不绝。守南宁曾摄太平府事。太平，岩疆也，所属邓横、安马二寨梗化。既灭邓横，安马犹抗拒，议者欲并剿之。公曰："兵不得已而后用，且蛮人贵服其心耳。合寨中岂无良民？玉石俱焚，非所以广圣泽也。"亲往反覆谕导，众皆悔惧归诚，至今帖服。士民综其善政，绘为十六图，其时上官及僚友皆赋诗美之。

公性孝友，笃姻睦，遇事谨慎而勇于从善。见有胜己者不惮曲意承教，故人乐进言，公亦鲜有过差。既迁右江，旋代臬篆摄鹾政，上官屡荐其贤，天子方倚用之。而公以大母年届八旬，力请终养，曰："吾得归奉甘旨，吾志毕矣。"命甫下，旋卒。乾隆庚申七月，届其大母寿期，方以未睹孙榇为痛。适大小河溢，榇舟凭城至门，时以为孝思所感云。

邓时敏

邓时敏，字逊斋，广安州人。高祖士廉，崇祯进士，以吏部侍郎从永明王入滇，与李定国等同日殉难。祖嗣祖，邑庠生，父琳以岁贡生任中江县训导。生六子，公其季也。雍正十年，举于乡。乾隆元年登进士，入翰林。七年，迁侍讲，八年为江南宣谕化导使，十年迁大理寺正卿。丁父忧归里，服阕，奏请养母，上许之。二十六年太夫人薨，二十九年入朝补原官，三十九年以老病休职。

公登第时年方壮，天子加恩边远之臣，锐意用公，不数年立跻卿班。人谓公上邀主眷，中秘可期。乃念切乌私，陈情终养，绝不以利禄动其心。王荆国云："古人一日养不以三公易。"如公者洵笃于天性，非世俗所可企者与！归依膝下，忽忽二十年，再入长安，诸新贵少年望公如过时〔一〕古物，争避面揶揄。而公亦不乐与热客昵，退朝闭门，与一卷书、二三耆旧共晨夕而已。

公温恭恬退，遇人姁姁无矜容噪气。于道义所在，则凝然不可挠。居廷尉最久，每秋鞫，苦心平反，有所得必争，争不得必奏。虽旨从中下，有从有不从，而刚果持正，不肯曲为迁就，类如此。戊午分房，得人最盛。阿公桂出将入相二十余年，功勋懋著；袁太史枚官虽止于县尹，而文章风采彪炳一代，皆出公之门下。视欧、梅之得东坡，不是过也。公既去中朝，巨老多惜之，袁简斋云："先生今年以计典休，论者疑先生上受主眷隆于始而替于终，枚独以为不然。夫陈宝赤刀，天球河图，陈之东序，照耀万物，恩也。藏之典宝，俾无玷缺，亦恩也。先生以万里孤臣，旁无冯藉，而能委蛇卿班，适来适去，卒全名节以归，此非遭际圣明始终眷护而能如是乎？先生手札，嗛嗛以未报君恩为愧，枚又以为不然。夫建一议，理一事，此报恩之小者也。重其身，端其范，以仪型百辟，此报恩之大者也。先生再入都时，有要人怵之使往，先生辞焉。要人愠，先生不悔，其所以不受他人之恩者，为报一人之恩故也。无形之砥柱，可以抗中流、挽风气矣，而况古名臣有以七十起者，有以八九十起者，先生之齿犹未也。则将来之报称，正无穷期，而枚幸旦暮毋〔二〕死，终将濡笔以俟。"李艺圃云："逊斋先生待人处己，一出于至诚，气度浑融，接之若略无可否者。及查阅法司案件，丝毫不苟，稍关出入，必穷究其所以然，人以戆直目之。真和而能介者。”观此可以知公之为人矣。

晚岁生一子，公没后，其子亦卒，识者哀之。

顾 鸿

顾鸿，字农以，号兰溪，阆中人。雍正壬子举人，拣发陕西，补延长令，调繁咸宁，擢商州牧。嗣因公左迁引见，奉旨仍以知州用，即以原衔授宛平令。复因差务降调，拣发河南，补修武令。乾隆十三年，恭逢翠华中巡，奉檄办差，不累闾阎，诸事修举，颂声交作。仰蒙赐宴，并赏给荷包、貂皮。明年，河决阳武，河抚陈榕门先生知公能，檄调总理料务，兼办两邑水灾，悉无贻误。工竣，议叙以公劳勚[三]最著，列第一。次年擢许州牧，去任之日，百姓争诣府乞留，万余人扳辕卧辙，至不能行。谕以功令，数日不忍去，送至许州者尚千余人。公至许，爱士恤民，亦如在修武时，人人德之。期年，权南阳府篆，大吏保荐升山西汾州府太守。筑汾水堤，修西河书院，兴利革弊，知无不为，政绩懋著，在任五载告归。

子嵩楷，山东兖州府通判，熟习河务，升河南开封府上南河同知。卓异，进秩户部陕西司员外郎。

周 煌

周煌，字景垣，号绪楚，别号海山，涪州人。康熙辛卯孝廉、湖北通城县知县易亭公次子。生而聪颖，性严重，动履如成人。十三学举子业，下笔奇思叠出，群惊为异才。十四随通城任，数年学益进。乾隆元年丙辰，中本省乡试，丁巳，成进士，选庶吉士。己未，散馆授编修，充八旗通谱馆纂修官。辛酉，副侍御万南泉典试山东，得士刘其旋等七十二人。壬戌春，充会试同考官，得陈桂洲、朱佩莲等十余人。《八旗通谱》告成，奉旨议叙加一级，稽察右翼宗学。癸亥四月，御试翰詹，恩赐葛纱。甲子，京察一等，加一级。八月，充顺天乡试同考官，得榜首冯秉忠等十余人。丙寅秋，侍瀛台宴，恭和御制诗元韵，得七律八首。丁卯，京察一等。四月，奉命偕编修杨锡绂典试云南，得士谢宣等五十四人。因请假便道归省易亭公，谕以君恩深重，不宜久羁，饬令早还直次，于是冬回京复命。戊辰二月，补行京察，加一级，随丁父忧，驰归营葬。秋奉特旨，擢升侍读，阁臣以守制回籍奏撤。庚午冬，服阕，赴京充国史馆纂修官。辛未四月，充咸安宫官学总裁，十一月，丁艰回籍。甲戌冬，服阕赴京，乙亥二月，稽察左翼宗学。三月，充咸安宫官学总裁。

会琉球国中山王世子尚穆遣陪臣毛元翼、蔡宏谋等上表请封，五月初七日，特赐正一品麒麟服，副正使侍读全魁往封。十二月，升授右中允。丙子二月初五日，擢补侍读。初九日，驰传出都。四月二十四日抵闽。六月初十日开洋，二十二日渡海，遥见琉球姑米山，守风下碇。忽飓风大作，遭三昼夜，接封大夫郑秉和请易小舟登岸暂避。煌以诏敕在舟，不从。二十四日风愈暴，是夜四鼓，碇索十余齐断，柁走，龙骨触礁而折，底穿入水。时既昏黑兼大雷雨，帆叶厨棚吹落殊尽。倏见神火飞向桅木，焚招风旗而坠。又海面一灯浮来，若烟雾笼罩状，于是众悉呼曰："天后遣救至矣。"须臾船身直趋向岸，一礁石透入船腹，不动，亦不沉。因令解杉板小舟下水，捧诏节陆续登岸，同舟二百余人举庆更生，皆云皇上洪福、天后默佑之所致。后每岁遇是日，必为汤饼会，盖庆死而复生，不忘在莒之意也。登岸后，暂驻姑米山。谒庙行香，公献"愿大能成"扁、"神为德其盛乎？呼吸回天登彼岸；臣何力之有也？忠诚若水证平生"联以答神贶。方颠播时，虔祝天后：若默佑平安，当为神乞加封号、谕祭。七月初八日，抵琉球国，住天使馆。八月，行册封礼，球人更造新船报竣，于十月二十六日奉节印登舟，遇飓不敢发。至丁丑正月二十八日复登舟，二月十三日进五虎门，行抵闽省。四月二十一日回京复命。奏对移时，上问海上被风情形，一一具奏。上语次，每言可怜可怜。公纪事诗有"一生九死寻常分，听到温纶泪不胜"之句，盖纪实也。随具奏请加天后封号、谕祭。上命部议，旋奉旨加"诚感咸孚"四字，并书明封号，即于怡山院天后宫举行祭事。复撰《琉球国志》十六卷，于是年十二月十八日表进。

戊寅正月，充《文献通考》馆纂修官。三月，廷试翰詹诸臣，公考列二等第二。上嫌名次未当，执煌卷问阅卷大臣刑部尚书秦蕙田，奏曰："四川人。"上曰："四川原有人才，如司马相如、扬雄、苏轼辈非耶？"

并于折角处褒奖久之。五月，充咸安宫官学总裁。十二月，奉命入直尚书房。越日，升补左庶子。己卯，京察一等。二月，升授侍讲学士，奉敕恭和御制《喜雨诗》七律十首。七月，扈驾木兰出塞，历兴安大岭，恭和御制古今体诗三十二首。历览山川之盛，随路纪载，吟咏尤多。庚辰，考取试差一等一名。五月，奉旨典福建乡试，偕副使户部员外郎毛理斋抵闽，得士张克绥等八十五人。比复命，上问曾出学差否，对以未出学差。上曰："尔所出者，苦差也。"辛巳六月，升补内阁学士兼礼部侍郎，奉派随驾巡幸木兰，恭和御制古今体诗三十二首。九月，有视学江西之命，是时乡会试新增五言排律试帖，于场后磨勘甚严。公厘正文体，一以清真雅正为宗，并选武林顾嗣立所定《诗林韶濩》〔四〕，以为多士楷模。江右旧有《庠音集》，明吴瞟侯所手定也。兵燹后篇帙散失，鲜有能举其名者。公到任访于新淦教谕饶君，始得是集。删烦就简，付之剞劂，名曰《庠音选》。新建裘大司空曰修闻而叹曰："乡先贤之风，亘百余年赖以不坠，周公之力也。"江西白鹿书院无讲堂，太守陈子恭详请动项修建，格于司议。公言于抚军峻庵明公，始得准行。九江郡城有濂溪祠，祠旧有田八十余亩，后止存四亩。公于按试时侦知之，以百五十金付教谕周君鸿基买田入祠，适得墓旁民田七亩有奇，立契给值。饬发德化县存贮，人交代册。士民闻之，遂各以其先世所买祠田后先缴官，不受值，积之得七十一亩，公为碑以纪其事。

初，公甫下车，示考经学，有轻薄子讥曰："边省人员，幼年科第，何经学之有？考《三字经》可耳！"公衔之，临试题系"连山归藏赋""大小戴礼异同考"，诸生俱为搁笔。公笑曰："《三字经》竟亦难作耶？"及按试各府，所取皆穷经服古名重一时之士，发落时与诸生讲谕十三经、廿一史、《文选》、三《通》诸书，冲口而出，一字不遗〔五〕。辨析题旨，俱究极精微，无丝毫障蔽，其不取之卷亦必示疵谬之处。多士始服公学博而精，莫能窥其涯涘也。丙戌正月，任满回京复命，上问江西士习文风及地方事甚悉，奏对称旨。二月，擢刑部右侍郎，充殿试读卷官。夏，奉派阅各省拔贡朝考卷。又派考试景山觉罗教习，得士邵玉清等七十六人。秋，随驾巡幸木兰。丁亥五月，调补兵部侍郎，寻授左侍郎。

戊子六月，有视学浙江之命，公以浙江为人文之薮，崇尚实学，厘正文体，恪恭将事，亦如在江西时。故所取皆一时名隽，中甲科入词馆者不一其人。陈星斋兆仑、窦东皋光鼐，皆亟称之。庚寅，公次子兴岱举于乡，明年辛卯，成进士，改庶常。公以元年恩科联捷，兴岱联捷又恭逢皇太后八旬庆典，公诗以志喜，有“两世承恩国庆偏”之句。秋，公长子宗岐中本省乡试。十一月，学政任满复命。是月，命考试八旗教习，得士王青云等三十六人。壬辰，充殿试读卷官，命阅新进士朝考卷。五月，随驾巡幸热河，恩赐克食。癸巳五月，奉命驰驿赴川，查办璧山县民徐亮彩控告武生邓贵榜勒派一案。九月，事竣回京。十月，又奉命赴川审办蓬溪县生员黄定献呈控本县知县勒派一案。两次俱与少司寇觉罗永公核实陈奏。审虚反坐，一面宣示乡人：“现在办理军需，事关重大，务须奉法，兢兢自守，勿蹈前非。”意极恺切。乙未四月，宗岐成进士，改庶常，奉命考咸安宫教习，得士包承祚等四十五人。丙申夏，随驾巡幸木兰。丁酉，派考八旗教习，得士王德荣等三十人。十月，奉命赴川查办大足县民黄玉芳控绅约侵蚀一案，与少司寇觉罗阿公同办，仍审虚反坐。公以离家二十余年，奏恳便假省墓，事竣后，由渝城返里。旬日内展礼先茔，并得与亲族绸缪话旧，乡人荣之。戊戌春，复命，奏对称旨。四月，命阅各省拔贡朝考卷。秋，奉命充《四库全书》总阅。十二月，补授工部尚书。庚子，钦点会试总裁，副大宗伯定圃德公保、大宗伯地山曹公秀先、少司空胡公高望，得士汪如洋等一百五十八人。九月，调补兵部尚书。辛丑八月，带领武职人员赴热河引见，蒙恩赐克食。时川督正以查办嚕匪奏到，召问实在情形，当作何办理。公条陈二事，敕下督臣办理。嗣上虑匪徒肆行泄忿，廷寄川督饬地方官于原籍村庄住址预为防护。天恩格外体恤，无微不周，真未有异数也。壬寅二月，充《明臣奏议》总裁。三月，命为阿哥书房总师傅。十二月，特赐紫禁城骑马。

癸卯十一月二十七日，为公七十初度。先是，六月，带领武职人员赴热河引见，上垂询年岁，欲逾格加恩，届期上召对。以二十七日为斋戒之期，面谕改于二十一日。至日诏遣御前侍卫阿弥达，颁赐御书“中枢耆望”扁额、梵铜无量寿佛、上用红绒结顶熏貂冠、皮裹蟒袍补褂、碧玉如意、琥珀朝珠、鹅黄瓣珊瑚豆花大小荷包等件。公恭设香案，叩头祇领，趋谢天恩。是日公卿大夫捧觞称寿，咸谓公德福兼隆，极人生之乐。甲辰三月，调补左都御史。四月下旬，忽觉左手足运掉不灵，延医调治未痊。九月，具折请假，求敕部开缺。奉旨准假，不必开缺。嗣于是年十一月、乙巳正月，因病增剧，两次奏请解任回籍，俱奉温旨慰留，并着以兵部尚书致仕，加太子少傅衔，用昭优眷。公为纪恩留别诗四章，书房阿哥皆出诗赠行，以壮行色。至四月初一日，忽溘逝。上深加轸惜，加赠太子太傅，并派散秩大臣带领侍卫十员往奠茶酒。敕部议恤，予祭葬如制，谥"文恭"，崇祀乡贤，时年七十有二。

生平著作甚富，《琉球志略》已奉旨发武英殿修书处刊刻颁行，尚有《应制集》《海东集》《豫章草》《湖海集》《蜀道吟》《海山存稿》若干卷，藏于家。

子七人，长宗岐，乙未进士，翰林院编修，先公卒。次兴岱，辛卯进士，翰林院编修，现任内阁学士兼礼部侍郎，提督广东学政。兴峄、兴岷、兴岳、宗华俱孝廉，宗畲太学生。公丰度端凝，立朝方正，居清要数十年，不改本来面目。与人交，极诚悫。有问者，必委曲开示，不厌词费。每客至，坐谈移晷，无不畅然意满以去。至趋直禁廷，被召对，知无不言，而小心慎密，未尝宣泄。虽亲子弟不敢请问，真不愧古大臣风。临卒，命其子孙曰："万恶淫为首，百行孝为先，此虽老生常谈，却系至论，人人宜奉为箴铭。吾家自墨潭公身被鳞伤，救父于流贼之手，纯孝动天，后世得邀余荫，人皆知之。然我一生遭际圣明，克享厚禄，并无丝毫坎坷，岂天之独厚我欤？其间亦自有故。曾记年十八时，同友三人读书江村，值中秋节，友俱回家，独予在馆，夜静桂香满庭，月明如昼，因出户玩月。忽见一人走入卧室，立帐后，予疑为贼。近视之，邻女也。问之不答，予晓之曰：'夜静无人，来此何故？汝家祖父俱诗书中人，汝夫家亦体面人家，倘一失节，何以见人？'女泣，予复慰之曰：'此时并无人知，汝第回家，我断不告人，坏汝名节。'女跪谢辞去。数十年来，予未尝一泄其事，今老矣，故为尔辈言之，使知暗室中俱有鬼神，一堕孽渊，必遭冥谴。此等处不可不慎也。"其邻女姓氏，公卒不言。公文章气节，彪炳寰区，观此亦可知其概矣。

公祖俨，康熙庚午经魁，流贼姚黄十三家乱蜀时，俨父为贼所劫，备极楚榜，俨与其弟儒闻信奔救，身被鳞伤，百计哀恳，贼为所动，卒免于难，世称"周孝子"。

顾汝修

顾汝修，字息存，号密斋，成都华阳人。幼孤，性聪慧，祖志道爱怜之曰：“大吾门者，其在此子乎？”口教授之，下笔千言立就。年十七，受知于督学任香谷先生，补弟子员，嗣督学宋雅伯先生尤加器重。雍正己酉选拔，随中乡试，乾隆丁巳会试，榜后以明通选宜宾县教谕。壬戌会试，成进士，选庶常，散馆授编修，以御史记名。逾年，特旨开坊迁詹事府右赞善，旋充讲官。戊辰，充《大清会典》纂修官。是岁，分校礼闱，所得皆知名士，有擢用至大学士者。撤闱后，钦点武会试总裁，既而随驾幸盘山，谒东西陵，赐宴。旋奉命告祭嵩岳、济渎、淮渎，复命，扈跸五台，上命和御制杂咏及赐唐县老人诗。

旋京，升顺天府尹，莅任即查诸陋弊，悉与革除，清理积案。有浙省捐职某，索逋无偿，被诬系于经历署。又某宦仆假约控僧钱债，拖累三载，公讯得实，即与昭雪。其余词讼纷拿，不动声色，一言折之而遂定。府尹衙门批词牌示事件，向多匿不张挂，至两造守候，莫办直曲，佐杂领凭，罔识定期，乃悉令悬牌二门，一切咨行文告鞫语，皆手自批发，不假吏胥。虽老奸宿蠹，但瑟缩奉行文书，无敢骫法以售其奸者。辛未，上南巡，公办大差车辆，首严吏役卖放，稽察周密。州县送到之车，随交收明，无一透漏，不事烦扰，而车已足用。送驾，奉旨看花灯于皇新庄，留办平粜。二月，开厂，四路各发米十五万石。分厂粜米，有日报至七八千人者，公先为厘定章程，收钱发米，先后次序，靡不井井有条。竟事，民人均沾实惠，口碑载道。公骤膺封畿要地，人或以儒生易之。及试诸事，俱游刃有余，无不叹其才之足恃，而知学之通于世用也。是年，因奏请宽免同事处分，部议罢职。壬申，办庆典，赏给顶戴。旋奉旨以四品京堂即补授大理寺少卿，随驾木兰，和御制诗甚多。己卯冬，奉命告祭禹陵、明孝陵。次年，钦点磨勘会试卷，加一级。会安南国王请封，特赐正一品麒麟服，副翰林院侍讲德保奉命前往。嗣因安南国王简傲，起程后致书，戒其恭顺。安南奏闻，部议烦琐非体，奉旨革职。

公为人强毅正大，有古大臣风。其任学博也，宜宾贡生某，年老子少，为豪婿所持误，以幼女强字匪人，邑令主之。某携女以逃，公廉得实，逐婿字女，邑人称快。令衔之，百计中伤，几为所陷，公了不惧也。及居廷尉，案偶未允，郎与刑部驳诘，面质上前，动得俞旨。刑部大堂某，公座主也，谓之曰：“君毋大刚。”公曰：“事论可否，不当问刚柔也。”其蹇谔风节，一时俱敛手谢之。当时名宿陈星斋、孙虚船、沈归愚皆友善，相与始终。

为文汪洋灏瀚，往复不穷，容与跌宕，望之如千顷陂，酷类东坡先生。回籍后，受当道聘，掌教锦江书院及晋平阳书院，造士甚众。经其讲画者，俱有法度可观。晚精宋儒之学，一以敦行为务。林下二十年，小帽敝服，往来村市间，人不知为旧京兆也。著有《钓引编》《四勿箴》《味竹轩》等集，藏于家。

李化楠

李化楠，字廷节，号石亭，罗江人。乾隆辛酉选拔，旋中本省乡试，壬戌成进士，考充咸安宫教习，不就。归，设馆南村，远近学者多宗之。癸酉，补浙江余姚县令。姚邑滨海，自上林至阑风七乡通钱塘，横亘八九十里时有海潮为患。十五年秋七月，飓风挟雨大作，吹瓦拔木，三昼夜不止。公战栗跪庭中祝曰：“海地穷民，甫离灾难，若天不降康，堤溃水溢，民其为鱼。水旱频仍，罪在长吏，愿身受罚，为此地民暂延残喘。”祝毕，即分役查看水势。天明，庙山巡检俞涟驰报，水几溃堤，赖东南风大作，潮竟不至，人皆以为公至诚所感云。姚邑贼重民顽，为盗贼出没之薮。公锐意廓清，应比期，悬赏格，一时小贼多擒，而巨猾依然漏网。因思缉权不可专委捕快，因密录难获猾贼四五人名于票，夜唤皂隶李兆、民壮娄恩至署，出票袖中。面谕之曰：“贼某等现藏某所，尔若依限获，受上赏，否则革役。”二役唯唯退，不三日，积贼景三擒至，内外无知者。又十余日，逸贼张子显、张文绍、陆通儒、邹士元、缪允年、孙善平等先后就擒，审出屡次行窃及贿嘱势豪州同杨某串捕庇纵各实情。通详分别，军流抵罪，重赏兆、恩二役，合邑惊以为神。乃将小贼创立枉生所，捐俸给食，扃使自新，择执艺人为之师，量所执大小，暂借官钱资之。艺既成，乃保释之，人咸感悔，终身不复作贼。值岁歉，公先期稽察户口实数以备赈恤。上官入境，为口讲手画，某里某甲如数指上纹，无毫发爽。

丙子，调秀水，移署平湖，前令积案三千有奇，公自立程限，每日分辰、午、申三时讯之，时各数事，三月尽理。令洞开门庭，任人观听，有未惬众心者，咨询得实，立时更正。先是，乍浦多贼，公至，捐俸设局教之艺，如余姚之法。甫两月，复秀水任，民有“两月青天”之谣。巡抚杨公廷璋谂公循卓，以知府荐。寻丁父忧，庚辰，服阕，进秩司马。署沧州牧，州为四方盗逃渊薮，公严保甲法，稽核部内丁男年貌，按册搜索，鲜脱者。署涿州，州方患旱，得旨赈恤。公严绝胥吏侵渔，捐俸煮粥加赈，民赖以安。癸未，补天津府海防同知，抵任，复以忧归。丙戌，署霸、冀两州牧。丁亥，补宣化府同知，驻新保安。境亦多盗，立查更法，以小红旗三十二，半为守旗，半为望旗。初昏给逻卒守旗，及夜分，更给望旗，天明必以望旗验。传柝中宵不辍，由是奸宄屏迹。戊子，调顺天府北路同知兼署密云县事，值有冤狱，公会谳得情，将力雪之。是时天子秋狝于木兰，行在枢府，以檄来提勘，留不发，几挂吏议，旋经宽免。上回銮时，目公于道左曰：“尔为李化楠耶？可谓强项令矣。”其有定识定力、守正不屈如此。

公为人状貌雄伟，气度豁达，勇于赴公，为政宽猛相济。然一以爱民为主，不轻勾摄，曰：“堂上一点朱，民间一点血也。”所在约束吏役维严，公事或需车驴，应以吏役家所有而厚偿其值。缉贼不藉捕役，令乡保甲正侦所知者擒送，簪花鼓乐以旌之。谳狱不事刑，求使尽其情，虚衷以听之。精算法，凡丈量仓储弹指间尽得其数。性介洁，绝馈遗如浼。每监视邻境工程，粟粒不扰，家人亦不受一钱。其在浙之余姚也，两充壬午、丙子乡试同考官，立〔六〕姚江书院，延壬申所得士李君祖惠为山长，李故宿学，驰声〔七〕文坛者五十年，得出公门，冠榜首，人咸服公之精鉴。平生孝友任恤，力于为善，期积一累万，颜其居曰“万善堂”。每曰：“白日莫闲过，必多作有益之事，庶不负此光阴耳。”喜藏书，以川中书多购诸江浙航来，于家为楼贮之，曰：“此吾宦囊也。”工吟咏，熟苏、韩全集，覆案不失一字。善骑射，设垛百步外，每发必中，家居亦习射于圃，曰：“此运甓意也。”著有《万善堂稿》《石亭诗集》《石亭文集》《醒园录》等书行世。

子三人：长调元，翰林院编修，官至直隶通永道；次谭元，太学生；次声元，为其弟化楩后。

周万殊

周万殊，字同川，南川人。乾隆辛酉拔贡。性至孝，母年八十余，病不起，同川中夜引锥刺血，书表告天，愿减寿以益亲。越夕梦神人曰：“汝算已绝，念汝子纯孝，得延寿一纪。”醒而病若失，年九十六乃卒。后筮仕湖南，清理积年旧案，出罪入狱数十，有富室某感甚，暮夜酬以千金，却之不受。桂林陈相国抚楚时，推为廉能第一。

其子士孝，字资敬，乾隆庚辰举人。恪守家训，有父风，初任山东禹城县，收漕不溢升合。三十二年，县大水，奉旨赈济，资敬单骑行积潦中，遍历各村，勘灾放赈，贫民利赖之。后任广东电白县，有谋杀亲夫移尸巨富宅畔以骗财者，资敬鞫得其实，秉公详报，富人酬以金，不受。接署某招解时，因奸妇狡供，欲藉端需索，计不谐，遂翻案。上宪复委某会审，亦依样葫芦，资敬竟被议会审。某旋署，即妄见妄言，顷刻而没，粤东言果报者常道之。资敬后复游宦北直，任文安、迁安等县十余年，亦多善政。

士廉，已酉拔贡。士沄、士涛，均丙午举人，士沄现任中江教谕；士节、士禧、士岳，俱诸生。资敬子石兰，乙卯举人；立矩，丙午举人。簪缨雀起，一门称盛，可知周氏之家，传有自矣。

彭端澄

彭端澄，字子彻，丹棱人。性倜傥，少读书略观大意，不屑事章句。然聪颖绝人，每下笔千言立就。乾隆甲子举于乡，出宰山东栖霞。当是时，登莱方旱后，粟价昂甚，前令某请粜常平以济之。及粜，男女混乱，抢夺喧哗，胥吏为奸，民不得粟。以故，五阅月而粜未及什之二三。澄甫下车，百姓遮道争诉，佯应曰：“诺。”然实未能策也。于是多方筹画，计县若干乡，计乡若干村，计村若干户，悉登于簿，乃遣家人及干役持印票四出。按乡村及户口给之，仓中验票发粟，数日而毕，靡有遗者。栖人德之，至今东省诸州县遵为成法。

居无何，蝗蝻大作，蔽日如云，澄率众日夜扑之。当是时，劳身于外，久不得息，令吏携卷与俱所至村墟间。有讼者，或止树下，或傍崖边，传集立断，蝗灭而颂亦清，其居官之勤类如此。

二年，丁母艰，服阕，补黄安令。楚俗多盗，黄安尤甚。澄至，积案累累，叹曰："是可以法禁也。"于是有犯盗者，计其轻重，重则致之法，轻者薄偿之，约曰："若毋为盗，再犯如律。"已而再犯，则缚至堂下，多方辱之，使无所容。然后鞭以荆条，驱之去，曰："若再为盗，是不复知人间有羞耻事，虽死何惜。"其人以首触地，不敢仰视，他犯亦以此惩。于是群盗感激，相率远扬，黄安四境，几无犬吠之惊。

先是，澄曾以事谒大府，力争不稍屈，大府衔之，阴使人伺其过，使者三反无有也。会省中令保能员办理疑狱，黄州太守某及臬司某以澄应，大府大怒，即于是夕饰词劾澄，而令太守某摘取澄印，守至署，欲言者再。澄察来意，捧印付守。守检视仓库毕，偕澄出署，黄民号泣相从。守顾泣曰："似此罢官，亦复何憾。"至郊外，有邻邑黄陂父老携万民衣为澄寿者，澄闻大惊，急呼而止之曰："诸公何所闻而来，吾已解任就质，此风一播，吾无死所矣。"于是父老叹息，欷歔而去，其政事感人类如此。澄常自负其才，又以罢官非罪，郁郁不得志，每狂饮无度，归里逾年卒。

王清远

王清远，字宇曙，号翠岩，别号蝶园，定远人。精制艺文，不苟作，作必曲折幽深，力辟古人堂奥。年十七，补邑诸生，名藉甚，试辄冠其曹。丁卯举于乡，戊辰成进士。

初任湖南临湘令，临湘接壤湖北监利，江有大洲，两邑民互争，动酿大案，数十年不能结。公到任后，禀请两省大吏委员会勘，定期齐赴洲所。是日，两邑民千余皆手刀杖集洲上，倡言今日界不清，即以两县令葬此。当事咸危之，公挺身出谕曰："我来正为尔两县人息积年之讼，全邻邑之和，设必欲忿争不已，尔辈又安所逃罪乎?"语毕皆唯唯，释刀杖，卒为定界立石，两邑民悦服，各叩头散去。当时诸大吏相谓曰："王令一初任官，即能办此，不唯有才，亦且有胆。"称善再三。

旋调繁城步，未抵任，以忧归，服阙，补官长乐。邑故苗疆，未设学。到任后，进乡民之秀者，时与讲习。其尤颖异者，极口奖藉，以为多士倡。两年，文风丕振，力请大宪奏明设学，科岁两试，共进学十四名。邑无稻，驻防官兵食米皆江陵、松滋等县运至，路险费繁，邑人甚以为苦。公察其情，详请折银，兵皆土住，素食玉麦，既获粮银，所籴逾多，人人称便。辛卯春，调綦监利，获邻省巨盗，置之法，同寮皆贺。公曰："除盗安民，守土责也，岂可以此邀功。"卒不求保荐。

是岁冬，以俸满推升贵州正安州知州，未赴任，旋以同官被累镌级归。扁舟西上，行李萧然，抵家后，闭户著书，绰有余裕。当道聘主东山书院讲席，汲引后进，多所成就，至今士林称之。著有《竹修堂集》若干卷，藏于家。

高辰

高辰，字元石，一字景衡，号白云，金堂人。性聪颖，年十四，补弟子员，博通经史子集，及医卜相数、天文地理靡不究心，而尤精兵家言。

乾隆十二年丁卯，金川用兵，制军策公节制诸军进发灌口，公时以诸生负奇气，诣辕门，条陈山川形势、用兵机宜、作战取策千余言上之，制军称善而不能用。

秋闱举于乡，辛未会试成进士，授庶常。壬申，散馆归班回籍，受当道聘掌教锦江书院，造士最盛。如李郎中漱芳、张太史翯、姜礼部锡嘏、李观察调元、王进士孙晋，皆其门下士也。

癸未，选授清河令，逾年调震泽，再调华亭。震当太湖之浸，邻浙省归安，为群盗渊薮，倚两省交界易于藏奸。公到任侦知王启祥者，名捕也，年老为僧，乃结以恩使捕盗，捕得劫水姓者杨二，供其魁缪二、董七等十二人，现伏归安。公移檄关取，归安令惮处分，护匿不与。公怒，具禀两省巡抚，悉擒以来。破积案数十，盗风为靖。华邑海塘，多甃碎石，屡崩于潮。公加巨木，贯以铁组，躬自堵筑，既坚且固，以故乾隆三十四、五两年飓风屡作，浙之萧山、海宁等处俱被灾，而华亭独无恙。阖邑尸祝，勒石纪功，以垂不朽。

三十七年以卓荐升礼部祠祭司主事，三十九年授凤阳府同知，未任，卒于京。

公好文爱士，虽布衣童子，苟有才必折节下之。在官不名一钱，清俸之余，悉以购书。每迁一官，则缥缃石刻压车上，粼粼然。

未仕时，常为大将军岳钟琪客，将军知其才，授以韬略，勉其报国。

公慨然以经世自期，当三十七年，金川木果木失事时，公奋然作色，上书大府。言自幼学兵法，愿弃官从军以报朝廷，大府壮之而未许也。无何，金川平，卓异入都，时见袁太史子才，谓曰："君知星象乎？太白横贯齐鲁间，虑山东有盗潢池兵者。"袁笑以为妄。未几，果有王伦之变，袁叹曰："白云真奇人也。"时公已没矣，年五十一。

生平雄于文，著有《树耕堂诗草》《晚成录》《白云山房诗文全稿》若干卷。

陈　琮

陈琮，字国华，号蕴山，南部人。公生而右手骈指，为人沉毅，慷慨多智略。好读书，尤熟习诸史，其为文，渊深雄伟。甫弱冠，即游泮中。丙子，副车就职州判。

乾隆二十八年，适直隶河工请具赴部应挑，发往永定河委用，补永清县丞。遇事敢为，于河工尤留心，胼手胝足，不辞劳瘁。每有建白，辄中肯綮，同官皆异之。

三十四年，升固安县知县，茂著循声。莅任三载，两遭河决，民田被灾，俱亲身履勘，代请赈济。凡支放钱米，必令部〔八〕屋均沾实惠，胥役无敢侵渔，上宪以为能。性好施与，固安近京百里，凡在都门空乏来告者，倾囊以赠，无稍吝色，于亲戚尤加厚焉。

三十七年，升南岸同知，承修玉皇庙钦工。次年，皇上巡幸天津，便道阅视永定河堤，时户部尚书新建裘公曰修久任总河，深器之，谓公曰："君当以河员显，吾有替人矣。"后金门闸接驾，奏对称旨，即于天津行在召见，谕令总理永定河工，盖异数也。

四十年，丁祖忧，即奔丧回籍，上谕总督周元理有："河工不比军功，此人断不可少。准回家治丧，百日即赴直听用。"公九月抵里，葬事毕，即于四十一年春来直，次年服阕，仍补南岸同知。时承修戒坛寺钦工方竣，次年十二月，复丁祖母忧。

四十六年服阕，仍赴直候补。恭逢皇上巡幸热河，委查密云一带路道，因得随班恭迎圣驾。上谕军机大臣曰："永定河同知陈琮熟习河工，今安在？"查取职名，盖昔年新建裘公业经密荐，已蒙记名屏风，而公不知也。大吏闻之，即于四十七年委署东安县事。十二月，即题补务关同知。务关，通永道属也，向例不得借补，以上意故亟用之也。

四十九年春，圣驾南巡于新城，召见问河工事宜，奏对称旨，蒙赐宴，赏贡缎二匹、荷包一对、貂皮一对。是年补永定河道。嗣后凡遇巡幸，俱蒙召见，问水势大小及勘估堤工，奏对俱如圣裁。

五十三年二月，巡幸天津赵北口，于左各庄赐宴，又于王家厂召见，面奏永定河下口情形，并呈永定河全图，蒙恩赏黄缎一匹、袍料二件、貂皮一对。圣驾至桐柏村，由军机处传旨，取永定河简明图。五月，上赴热河，于密云召见，问下口情形及永定河平安，公为陈奏，如圣意。公以永定河源流分合、险夷迁徙，即在河年久者，亦难深晰，若骤易生手，必茫然失措。乃沿岸履勘，准今酌古，多方采集，汇为《永定河志》。俾后之官斯土者，瞭如指掌。殚心考究，三年乃成。总督刘公峨见之叹曰："浑河工程，莫备于是矣。"

五十四年三月初十日，圣驾驻跸汤山，奏陈所辑《永定河志》已告成，上谕："他去年所进图就好，着军机大臣阅看。"即日召见奖慰。十八日，军机处奏覆："陈琮所辑《永定河志》，分门别类，体例尚属整齐。恭录历年皇上亲临指示谕旨，亦皆详备。"奉旨着交懋勤殿藏贮。时志未刊，旋归得疾，至五月初八日卒。其卒时，犹以君恩无由报效为言，大吏以闻，上嗟悼久之，连称"可惜，可惜"。谕军机大臣曰："陈琮自任永定河道以来，经今五年，浑河安澜无恙，皆琮之力，不料其遽溘逝也。"

前任永定河道兰第锡，升山东总河，以公代之。公在永定河道，多所建白，人皆谓公受上知，有过于兰，指日总河可冀，孰知竟至于此。岂非丰于才而啬于遇，未得一竟其用哉！然公为治河官，由知县同知至道，皆在固安，斯亦奇矣。所著有诗文集二卷，藏于家。

李漱芳

李漱芳，字艺圃，渠县人。乾隆丁丑进士，官巡城御史。以参额驸福公家人兰大醉打金陵事，蒙上召问，嘉其有胆，升给事中。时中外惊传，有铁面御史之称。旋以奏山东王伦事不实，左迁礼部主事，后擢员外郎。丁继母艰归，遂卒，年五十二。

艺圃性极孝，年十八失恃，其弟某尚在襁抱，口哺手携，抚之成人，乡里嘉之。一生讲宋儒学问，立心制行，居官任事，均以圣贤自励，今之古人也。丁丑入闱，题系“藏文仲其窃位者与”，艺圃行文至出题后，神思窘滞，倦卧号板，梦其母夫人喻之曰：“汝文入手太实，须从窃位虚摹，二比折入文仲，使题境宽舒，数虚字神气，着纸欲飞，方能制胜。”艺圃寤觉，文思开朗，一挥而就。榜发，遂中，人咸以为至孝所感云。

在都时，耿介自处，不妄交一人，除上朝预班入部办事外，即闭门静坐，藐若高僧，性泊如也。及有关国政要事，则挺身任之，不肯丝毫回护。尝云“宁可见忤于众人，不敢得罪于君父”，持论甚正。虽名公钜老，皆敬惮之。

临卒前，晨起盥水靧面，忽自惊视曰：“来何早也，且门外候。”家人问之，曰：“帝命至矣。适来罗汉四人及舆马人夫等，饬令外候。”入室更衣，端坐而逝。玉箸下垂，面作金色，亦异事也。左氏曰：“神，聪明正直而壹者。”欧阳文忠曰：“生而为英，死而为灵。”艺圃至性纯笃，忠孝克全，其为神也无疑，惜当时家人未细问为何神也。

艺圃有自题小照四图，诗甚佳，其一《白云断雁》云：“我年十八时，慈母弃见逝。五弟襁褓中，日夜啼不止。一声一肠断，旁听涕弥弥。老父重悲凄，摩抚嗟何恃。兄嫂儿女牵，顾此复失彼。我时尚未婚，眠食责诸己。包裹衣与巾，中夜再三起。邻媪乞乳尽，软嚼糜粥饲。待其〔九〕烂熳睡，背灯究经史。放声口若钳，回顾泪渍纸。如是者六年，通籍成进士。拜命官农曹，我父闻之喜。远携两弟来，观我出而仕。自冬越残春，目厌缁尘眯。柳风三月和，剑阁一鞭指。季弟遣随行，五弟留京邸。牵衣芦沟桥，离别从兹始。别时片言勖，励节报天子。吾老力强健，心毋系甘旨。翻身上马去，泪落浑河水。谁料一月程，风露疾难理。可怜逆旅中，竟作捐馆地。生无以为养，死无以为礼。呜呼天苍苍，此恨无涯涘。幸赖邑宰贤，高义脱骖此。当我未至时，触事自经纪。及抚柩呼号，婉慰节哀毁。至今款曲情，缄封在骨髓。是时九月交，秋风吹菊蕊。扶病挽灵輀，云栈经迤逦。猿声天上鸣，惨切入吾耳。峡势日边回，荦峃折我趾。我前咆猛虎，我后叫苍兕。行路饱艰难，安厝事始已。庚寅季弟亡，乙未兄又死。相距数载间，零落已如此。遗七八孤雏，嗷嗷竟谁倚。虽有小弟存，生事拙如蚁。哀哉骨肉怀，生死隔千里。我欲踏寒郊，陟冈陟岵屺。白云生远天，鸿雁度陇坻。云尽雁行断，极目空指似。因将酸楚心，写入图画里。寄与后来人，此意莫轻视。”

其二《兰省晚归》云：“我之高祖公，寸心具千古。读书见大义，筮仕饬簋簠。三年守盂城，春风动淮浦。去时截鞭镫，拦道走儿女。北迁仪曹郎，再转主客部。是时妖焰张，鬼车啼夜雨。请假奉慈闱，贼已陷夔府。延缘山谷间，取道向南楚。半载归故园，膏血涂村墅。弟兄搴义旗，杀贼猛如虎。马蹶遭絷维，奋舌就斤斧。江翻血泪红，月照丹心苦。大吏阐幽光，采掇陈当宁。重荷国恩褒，赐谥列祠宇。至今肃典礼，两地荐边俎。我生际太和，微才一筳筥。备员首丁丑，历十九寒暑。初从户吏曹，叨陪鹓鹭序。十年擢御史，法冠簪铁柱。群鸟看往还，古柏空摩抚。旋复拜琐闱，是年岁甲午。秩渐次第加，事乏丝毫补。如何职守乖，殃咎实自取。惟帝曲矜全，镌级赦愚鲁。续命移春司，感激涕涓涓。自怜蚊翼轻，未克荷峰岠。再拜天地慈，摩顶心自抚。峪台高峨峨，礼乐中备举。惇典三纲正，吹籥百神叙。不道百余年，小子此接武。事业感年华，家学溯规矩。进思与退思，夙夜萦心腑。问我归来时，夕照余几许。职尽心始安，身在力强努。聊以报吾君，还以慰吾祖。”

其三《载书过峡》云：“巫峡七百里，突兀天下壮。连峰走长蛇，对面势相抗。中漱大江流，郁怒蛟龙让。逆舟斗水势，牵挽巉崖傍。若无万卷书，何以压巨浪。天子盛文藻，学海波澜漾。宏开献书途，雠校天禄上。多藏锡赉加，次亦拜缣纩。焕乎文明治，士气一时旺。我学久荒废，沙溪缩寒涨。心希秘阁奇，延颈屡忻怅。有如嗜酒徒，馋涎落酒盎。吾家弃产人，好古志高亢。嗟我无田园，购蓄安所仗。约躬节清俸，庶几免嘲谤。一年营一帙，渐渍成岩嶂。譬彼穷措大，斗掘珠玉藏。客过笑书淫，一一资酝酿。吾蜀古多才，绝学杨马倡。历唐宋元明，渊源大流畅。尔来复谁继，文献感凋丧。经籍半残阙，后生失宗仰。买舟装载归，高拥谈经帐。老宿扩见闻，多士启昭旷。兼以谢父老，即此知宦况。岂惟父老知，江神或慢谅。狼头鹿角滩，孤帆烟中扬。划破青琉璃，坐听舟人唱。”

其四《茅檐望阙》云：“东风铜鱼洲，雨散一江绿。滃滃湿云起，薄盖溪南竹。田家力东作，御此老觳觫。东塍分秧苗，西崦理沟渎。裹饭走妇子，催耕啼布谷。日暮行荷犁，土盎酒初漉。衔杯息劳筋，还课见童读。一别十余年，此景常在目。国恩未粗报，焉敢问茅屋。游鱼思渊潭，老马恋豆菽。二者交萦怀，拟向季主卜。他日乞身归，诛茅背幽谷。缚帚扫先茔，刈草培宰木。然后树桑麻，次第莳苜蓿。邻翁醉杯酒，子弟聚家塾。竹簟暑风凉，茅檐冬日爆。相与谈金銮，补注《归田录》。要使识深恩，为我后人勖。人生无百年，富贵一风烛。忠爱苟不亏，安用展遐瞩。分远或相忘，随事可枨触。西来剑阁雄，东去巫峰矗。何处望觚棱，兀坐自往复。"

陈朝诗

陈朝诗，字正雅，涪州望族。中乾隆己卯乡试，官湖南安福令。强干有为，诛暴惩奸，县称大治。

时楚南盗风甚炽，有盗魁廖天则者，富而黠，居澧州东村，其徒数百人，来往江心，日肆劫掠。文武员弁，稔知其恶，莫能制。督军吴达善知公能，调至省，问曰："贵县能捕此巨盗乎？"公曰："愿效驱策。"因檄委查拿。公回署，选健役五十人，密带军器，改装潜行至其家。房屋壮丽似公署，墙高七尺，大门紧闭。公一跃而过，开门放群役入。凡五进，公俱先之，其家尚未觉也。至后楼，诸贼在楼喧赌。楼门高一丈，向南开。公一跃入，廖惊曰："何人？"公曰："是我，特来入伙。"一人持械向公直扑，公手挥之立扑，一人识公曰："是安福陈老爷，莫轻动。"群贼俱伏。公开楼门呼众役入，各就缚，共十一人。带至省垣，置诸法，一时有神勇之称。督军大加赞赏，拟保奏。公以邻封讳报案多，彻底根究，参罚必众，力辞乃已。

乾隆三十五年，丁忧回籍，买舟西上。至宜昌府，有小船百余艘，倏近倏远，夹舟而进。公知有变，趣桡夫挨岸，至江边丈许，公一跃上坡，拔碗粗橡栗树连根在手，呼曰："汝等欲为廖天则复仇乎？我在此，试来一较。"各小舟闻声四散去。服阕，补江西贵溪令，亦多能声。

弟朝书，字右文，精制艺，丙子举人，官山西襄陵令。修学宫，捐建姑汾书院，兴利剔弊，知无不为，襄人德之。丁忧归，闻兄以累重羁安福，倾数千金完项不吝。甲午补云南通海令，减钱粮之半以苏民困，设海屯公田以供差费，修秀麓书院以教士子。丁酉，署阿迷州，擒巨盗王之栋，王格斗，公手执轿尺以断其左臂。名与兄埒。三朝易，字象图，庚午举人，官福建建阳令，著述甚富。时称一门三杰。

罗 楯

罗楯，字廷卫，号飞鸾，乐山人。乾隆己卯举人，丙戌挑发河南，初任息县，丁忧归，服阕，补宁陵令。其人外朴诚而内明达，精吏治，在任数年，吏畏民怀，大著能声。

四十三年，河决仪考马家店，下游各州县俱被水灾，宁陵尤甚。城被水围，四乡居民淹溺者不计其数。公雇觅船只，各处打救，全活甚众。其依高阜而粮食匮乏者，运送米石以散给之。一面报灾，一面开仓发粟，并设粥厂，以食日不聊生之辈，民亦爱之若婴儿之待哺于慈母也。嗣调办河工，凡属公所办之工段，民皆闻风子〔十〕来，踊跃趋事，不日告成，并不受雇价而去。其邻封在工之民，亦诵不绝口，乐襄其事。时大司空袁公守侗，奉命督办河工，见民情爱戴之甚，曰："此循吏也，非实心实政，能如是乎?"特疏奏闻，奉旨引见。升南阳司马，上宪亦廉其能，将大加擢用，因在工日久，积劳成疾，告归，旋卒。

陈鹏飞

陈鹏飞，字之南，涪州人，精于文。乾隆己卯科入闱，已拟元十日矣，后何希颜卷至，主司曰："此宿学也。"因易何为元，置陈于十一。川省帘官十房，何与陈同出一房，故移至十一也。癸未成进士。

少赤贫，族人有绝业，众共瓜分，之南独不往，人咸迂之。通籍后任山东莱芜县，廉明公正，甚著循声，士民爱若慈母。后调任曹县，会历城监犯劫狱，捕获审讯，知渠魁在曹县狱中，原约同日劫狱，大宪急差官弁前往，则犴狴宴然，异而询之。渠魁曰："诚有是约，但吾邑侯仁人也，我劫狱，官必获罪，是以迟迟耳。"其化及凶顽类如此。

丁忧归，服阕，仍赴东省，补单县令。一日，至藩署官厅，阍者请见，备言伊因病死去，拘到提牢厅。一人上坐审问，即公也。蒙恩释放还阳，叩谢不已。公止之，及见藩司，亦语及此事，且云伊已死二日矣，非公何以得生，于是东省有"陈提牢"之称。未几，公亦没。

公幼孤，事母以纯孝闻，母文孺人旌表节孝，卒后庐墓三年，尽哀尽礼。文章品行，士林仰之。左氏云："神，聪明正直。"公真无愧哉！

王　畊

王畊，字砚田，中江望族，卓峰公裔。丰姿俊美，气度雍和，见者知为端人正士。自幼以孝闻，待诸弟尤极友爱。年十七，母戴太夫人病笃，公延医调治，衣不解带者月余。一日，焚香吁天愿以身代，母病遂愈。

乾隆乙酉举于乡，辛丑挑发湖南，补桑植令。邑属苗疆，颇难化理，前任积案三百余件。公至，细心研鞫，务期得情，限每日五案，两月后陈案俱清，人人倾服。旧例署中日用薪米杂费皆供之民间，不发价值，四乡轮派支应，率以为常，民不胜其苦。公下车闻之，惊曰："此真厉民而以自养也，虽旧规，吾不忍沿其弊。"立除之，一切按日发价，一时颂声交作，有拨雾见青天之谣。凡涉词讼者，到案数言即解，从无留难之事。暇则劝课农桑，训饬顽梗，肫切化导，如父兄之于子弟，民亦爱之若慈母，几至刑措。后因公降调，去之日，百姓遮道泣送者数千人，公亦垂涕而别。

入都引见，奉旨仍以知县用。发往甘肃，陕甘总督福公康安与语，奇其才，补宁夏县。宁夏兼四要缺，盖破格用也。公到任，得展所长，一切差务，咄嗟立办。向例有折草折料等弊，力为革除。至自理词讼，随到随审，民尤颂不绝口。邑有兴贤书院，旷废已久，公重加修葺，延师训课，给以膏火。暇则入馆与诸生讲论文艺，数年，得作育而成者十余人。诸生中有傅天俊者，颇优于文，因贫为讼所累。公审案得实，苦加训饬，并给与米面以养其母，劝令自奋。是岁丙午，果登乡荐。公之爱才类如此。各宪以公望重资深，俱议超迁。适丁艰信至，事遂寝。

初，公之补桑植也，双亲俱迎养至署，朝夕侍奉，得遂爱日之欢。及迁宁夏，太夫人以病不能远行，公欲请终养归，而太翁不许。忽讣至，公一痛几绝，月余竟以哀毁病卒，年四十有九。

唐乐宇

唐乐宇，字尧春，号九峰，别号鸳港，绵竹人，桐城县知县叔度第九子。生有夙慧，读书过目成诵。稍长，尽通经史，旁参诸子百家，以及天文星数之学，无不穷究。乾隆壬午，举于乡。丙戌成进士，授户部主事。公素明《九章算法》，凡钱粮榷税，布指便知。折奏档案过眼不忘，胥吏不得为奸，以是各司农皆倚为左右手。金川之役，办理军需奏销事，纤毫不爽。大学士英相国尤器之，升员外郎，保举提督钱法堂监督，论俸推升礼部郎中。英公仍奏留本部山西司郎中，其见重如此。充内廷方略馆纂修，兼户部则例馆纂修，由郎中俸满选授贵州平越知府。

平越系黔省苗疆，士习卑陋，五十余年未有登科者，公为建墨香书院，延浙江名士叶梦麟教之，暇日即至院中与诸生讲课。三年丙午，乡试，中甘思赞、苏廷和等四人，文风丕变。调繁南笼，南笼多生苗，不通声教，桀骜难驯。公至，开诚布公，曲为开导，苗民胥悦。年余，积劳成疾，旋因失察，家人捐官降调。复丁母程太恭人艰，扶榇回籍，卒于云阳舟次。

公为人大耳高鼻，目短视，至对面不能辨人，然胸罗万卷，兼精六壬星命，五禽遁法，著有《奇门纪要》。尝于琉璃厂市得西洋浑天铜仪，购归，排列敷衍，遂究其术。守南笼时，见太白行非常度，私谓总镇某曰："君宜秣马励兵，不久当有警报矣。"未几，果有台湾之役。群谓公言已验，公曰："未也，蜀徼外尚有事。"不一年，西藏复告变，人益倾服。居官多异政，当为钱法堂监督时，铸工万余，忽以私愤致变，公即促驾抚之，群戒勿往。公曰："若辈无知，岂可听其酿成巨祸耶?"锐然入其群，晓以大义，皆流涕服罪而散。又炉神为祟，每夜掷炉头。公问其状，则神前土偶皂役也，以钉钉其足，血出而祟息。

为人潇洒绝俗，嗜酒，不问家人生产。好购书，官监督时，所入俸以万计，尽以易书。叠架盈橱，虽朝炊不继，宴如也。善诨谐，赴平越时，空乏不能具行李，时保定守某素相善也，以缺费拜谒，某知其意，辞以疾。公直下舆坐大堂暖阁，候久之，竟不得见，乃蘸〔十一〕案上朱题诗于壁曰："右谕通知贴大堂，主人从不会同乡。门前若遇抽丰客，只说官今病在床。"投笔竟去，其善谑类如此。

又公善扶乩，语多奇中。未遇时，设馆中江，孟副宪邵适家居，延请扶乩，乩动，书灰盘中曰："须得户部牒文，方可呈请。"佥曰："安得有此?"复书曰："着唐生书一押字代之。"如言办理，吕祖降问休咎，皆验。

诗文一挥而就，后公登第，果授户部衔，亦异事也。工诗，有"白沙千里月，黄叶半江潮”之句，李雨村亟赏之。著有《鸳港集》，卒后皆散佚无存，可惜也。

子七，长张友，次张瑶、张兰、张禄、张扶、张超、张岩，俱能读父书。

校勘记

〔一〕“时”，存古书局本作“路”。

〔二〕“毋”，底本、存古书局本皆作“母”，此据《小仓山房文集》卷七改。

〔三〕“勣”，存古书局本作“勱”。

〔四〕“濩”，底本作“护”（護），此据存古书局本改。

〔五〕“而出一”，底本阙，此据存古书局本补。

〔六〕“立”，底本阙，此据存古书局本补。

〔七〕“声”，底本阙，此据存古书局本补。

〔八〕“部”，存古书局本作“蔀”。

〔九〕“其”，原作“共”，清道光二十五年刻本《听雨楼随笔》卷一作“其”，据改。

〔十〕“子”，存古书局本同，疑为“而”字之讹。

〔十一〕“蘸”，底本作“醮”，此据存古书局本改。

卷 四

武 功

杨 展

杨展，字玉梁，嘉定人，长七尺有咫。性倜傥，负文武姿，尤工骑射，举崇祯己卯武科，庚辰成进士第三人，授游击将军。

时秦寇方炽，朝廷深重武臣，寻升展参将，以忧家居。值蜀乱，乡盗纵横，尝与族子踏月江边，隔岸影见人行，谛视曰："此贼也。"射之应弦而毙。觇其人，果素掠乡里者，人以是畏服之。

甲申，献逆据成都，僭号改元，遣伪将肆掠，展起兵犍为，会阁部王应熊檄至，即从总督樊一蘅及游击马应试、余朝宗等攻叙州。力战，复其城，走伪都督张化龙，又击败冯双礼，遂次第收嘉、眉诸邑，众至数万。献贼遣狄三品、刘文秀等来侵，大败还，永明王嘉之，授总兵，晋爵华阳伯。

时岁饥，人相食，展遣使告籴黔楚，自绅士以下至弟子员皆给赀，农民予牛、种，使择地而耕，愿从戎者补伍，百工杂流各以艺就养，孤贫无告者廪之。又置竹筏数千于同河，以济荣、威、富之避难者，俾居思经、瓦屋诸山，而令其子璟新屯田于峨眉，岁获粟数千，蜀南赖之。献忠忿展尽取故地，率众十万装金银珠宝数千艘蔽江而下，拟入楚。展起兵逆之于彭山江口，分左右翼衡拒，而别遣小舸载火器以烧贼舟。兵交，风大作，贼舟火起，展身先士卒，殪前锋数人，贼奔溃，反走江口，两岸偪仄，前后数千艘首尾相衔，骤不能退，风烈火猛，势若燎原。展急登舟促攻，枪铳弩矢，百道齐发，贼兵糜烂几尽，所掠辎重悉沉水底。献从别道逃免，旋奔川北，展追至汉州，封其遗尸而还。

是时展威名大振，蜀之起兵拒贼者，皆倚为长城。袁韬、武大定穷困来奔，袁故姚黄余贼，武则小红狼别部也。展爱其勇，推心任之，命大定守青神，韬守犍为，鼎足备贼。偏沅巡抚李乾德初以总制来蜀，独许袁、武深相结，至是韬与总兵李占春相恶。展素厚占春，以银万两、米万石馈之。韬不平，大定亦忌展富，乾德以展遇已简略，因嗾二人杀展。适值展寿日，诡称介寿，设宴犍为，展欲往，其子璟新谏曰："近观二人意殊怨，望须察之。"不听。及出，乘所爱白马回啮其衣者三，展厉声曰："吾不惧献忠，岂惧他人耶？"佩剑携一僮扁舟南下，袁、武迎之，伪为恭谨者。展坦然入帐，连飞数十觥，大醉。日暮，袁、武解展剑，舁入密室，使勇士往刺之。展寤后，目不交睫，睛光炯炯射人，操刀者三至，不敢动。展僮云："无畏也。"遂缚展，展觉，知有变，佯呼曰："酒渴甚，予我水饮。"僮止之，遂遇害。展素精五行遁术，得水可免其死也，实僮促之云。占春闻展被害，率兵为展报仇，不胜而归。袁、武遂围嘉定。

三月破其城，璟新以亲丁三百骑突围奔逃，其妻陈氏指袁、武骂曰："尔等穷来依我，我先人处以要地，资以多财，何负于尔？乃图我家，真丧心犬彘也。"袁、武杀之，悉并展之资与众。乾德因劝袁、武据守嘉定，后贼将刘文秀至，袁、武与战，大败，俱降贼，乾德赴水死。璟新奔投我师，更名璟，授参将，迁游击。

顺治十六年，王师下嘉定，文秀大败，韬为乱军所杀，大定乞降。十八年，璟路遇大定，手刃之，大定死，璟坐擅杀落职，家居十余年，卒。

陈登皞

陈登皞，眉州人，生有胆识，膂力过人。家贫，猎兽自给，常赤足逐鹿豕，奔新斩丛竹中里许，而足不伤，人呼为铁脚板。献贼据成都，贼将狄三品等攻眉州，先期传示云："除城尽剿。"民不悟，携老幼入城。

乙酉正月五日，贼驱城中人至原田，尽杀之。又搜戮四乡居民。登皞哭，起，忿言曰："洗颈待死，与抗贼杀死，等死，奈何袖手待尽耶？"遂裂白布为旗，招各山亡命少壮，大书于上曰："敢与残忍流贼张献忠为敌者，从我。"数日得千人。登皞持猎械，负柴弓竹矢，赤足先趋，千人者各执白棓相随，据城西醴泉河，斩木列栅，标所书白旗于前名曰"铁胜”，铁胜者，取已胜贼之义也。遂与贼持，前后杀获甚众。贼大惧，潜移东馆。登皞又令民兵数百，具羊酒伪为投顺者迎贼帅，贼纳之营中。夜半登皞率众大至，鸣金鼓火攻贼营，数百人从中噪而应之，内外夹击，贼众大乱，死者不可数计，乃遁去。于是眉之多月镇、斑竹王、二郎坝诸村，各聚众自守，皆名其营为铁胜。贼闻之不敢逼，而铁脚板之名大播川南。后为嘉定向成功所杀。成功亦起师拒贼者，有众五千，欲辖登皞自豪，登皞不从，率兵围之甘溪口。登皞势弱不敌，力战死之。

顺治四年，大兵入蜀徇川南，成功聚众拒敌，中流矢死。

余飞

余飞，洪雅人，勇健绝伦，遇不平事，辄以身先之。言出，人莫敢违，盖侠士也。

献忠之乱，贼入洪雅，飞谕众曰：“吾乡花溪，地险谷足，背枕飞仙关，其前崇峦屏峙，青衣江环绕其外，水势汹涌，急不能渡。为今之计，惟有同心拒敌，可保无虞。”众曰：“唯唯。”于是刑牲沥酒，誓于神曰：“我等与贼义不两全，有一人从贼者，杀其人；有一家顺贼者，诛其家。”誓毕，户抽壮男年二十及四十者，得数千人，塞隘保险，造戈矛枪铳，叠大石数十蘘，系长绳备飞击之用。贼至，飞选勇士伏左右山谷中，山岗遍树旗帜，又决大堰之水灌田，而自以羸弱迎敌溪口。其时贼气甚锐，目无飞，战方合，飞即佯北，贼追逐入溪，左右伏发，翼而击之，飞反戈冲突，贼大败。顾望山间旗，疑不敢上，沿田蹊走，径狭，骑步蜂拥陷田中不能出，擒斩二千余人，其遁者为鸟枪飞石所毙又过半。贼气沮丧，遁去。

贼退后，飞益修险扼，寇来则战，去则耕，如是者二年。其后伪抚南刘文秀驻兵天生城，飞单骑出觇，被围不能脱，力斩十数人，死阵中。飞死，众遵其法，团营自保。时越险扰贼，得贼谍辄杀之，贼终不能加。故蜀民之不被贼者，惟洪雅云。

周鼎昌

周鼎昌者，夹江南安镇人也。献贼据蜀之三年，丙戌春正月，伪抚南刘文秀率兵十万由丹棱、洪雅人夹江，欲搜西山诸路，并剿峨眉。督师王应熊闻之，授鼎昌副将，给兵千余，俾间道援乡井。比至，贼壁青衣江，连营三十里。警斥堠，构浮桥一座跨江面，去南安一望矣。鼎昌急竖栅，刳大木为炮，隔岸飞击贼营，毙贼人马甚众。又编乱草为筏状，若蓑笠，大数围，鬅松散漫而隆突其顶，顶中空旁贯以绳。择善泅者百人，人与一筏，佩钩腰镰，藏首空中，系绳于背，入水筏浮其上，人伏其下，远望如败草飘流，不疑有人也。近浮桥，百人者齐用镰截络，而以钩分桥梁。桥解，守桥者尽溺，贼觉，急射之，矢格于草不能入。余兵分为二，隔于两岸，其浮入西岸者，鼎昌促围攻之，斩获无遗。贼遁，合邑以全。

刘道贞、曹勋合传

刘道贞，字墨仙，天启辛酉孝廉也。其族世袭黎州指挥，独道贞家临邛，为邛人，以文学显。初时州有登科者建旌坊，虐使其乡，简富民入户，岁收牌烟杂课，名曰免差，官不能难，沿为绅例，里中苦之。至道贞尽谢去，曰："吾忍以一科名累桑梓哉！"州人高其德。道贞敦行古直，其学六经百氏无所不窥，尤刻意兵家言。

献逆踞成都，遣兵四出，道贞语子暌度曰："邛州控制黎、雅、建昌，为川南门户，沿边土司可联以守，惜猝不及备耳。"未几，伪参将张某掠地至邛，道贞策杀之，弃家走沈黎，激励土汉李卫等兵抗贼，而身自资军于曹勋。曹勋者，亦黎州世袭指挥也，先奉调守成都，军于门，贼入获焉。同辈皆斩，次及勋，勋遽呼奋起，绝其缚，还夺行刑刀，杀数人，溷〔一〕江脱亡，至是起师洪雅。道贞之至邛也，贼帅狄三品、王复臣等再至，巡道胡恒檄宁越都司杨起泰入援，未及而城破。恒率州牧徐孔徒巷战，死之。贼遂趋，陷雅州，分其军为二，一走荥经，一循江下攻洪雅。勋率众保拒小关山，山去邑西南四十里，连岗嶙峒中，一径丛石错杂，贼至不得过，尽驱骑兵薄隘口。时李卫军来援道贞，遣暌度由山右伏行，渡青衣江，转袭贼后。贼阵动，曹勋自上望之，挺刃趣贼，贞援枹鼓以从，斩前锋十数骑。贼返走，骑阏塞不可退，暌度等自下挥短刀仰面疾攻，力蹙贼，绝其径，贼众数千悉堕麋堑中，复臣等践死人窜匿深箐以免，丧失衣甲器械无算。贼入蜀后，所至摧陷，无敢撄者，至此始畏蜀人。又以勋前绝缚杀行刑者亡也，益惮之，号曰"曹军"，而目道贞伯温先生云。

是时宁越都司杨起泰奉檄援邛，至荥经遇贼，合所官丁应选、千户马京，逆战于龙观川，大破之，斩伪总兵。贼两路俱败，于是道贞曰："寇胆丧矣，乘此追亡，临邛可复也。"令暌度引军疾驰逐贼。川西举人郝孟旋者，新起师复雅，斩伪牧会而之东，围邛城数日，几克，会贼大帅刘文秀以重兵来争，势不敌，退归天全。六番招讨使高克礼、杨之铭者，两相构怨，高款于贼，铭弟侨欲乘乱弑兄，与高合，而铭方连成都进士朱俸尹、川北举人郑延爵兵共讨贼。侨先导贼至，败铭等于飞仙关，掳杀之，雅州复陷。道贞时驻黎城，料土兵，募壮勇，谋进取策。遽闻之，愤惫呕血，卧疾不起，语勋曰："吾以一书生破家讨贼，意借公忠勇之气，报朝廷二百年养士之恩，今病至此，死有余恨矣。愿公勉力，无隳前功。"

丙戌春正月，道贞卒。公为人廉干缜密。时四方师起，羽檄交驰，外应内谋，事无留滞，又番汉把目等战归，自出金帛酒醴曲劳之，人争为用。严道以南二年不罹寇害者，道贞佐勋之力也。初走沈黎时，夫人王氏率家属百口避西山，贼搜执之，及暌度围邛，环刀械颈置城上，令招其子。夫人大骂贼，怒断其舌，磔尸置之城外，举家殉焉。后一年，暌度单车遇贼，同孟旋力战以死。勋自道贞死后，合李卫、马京等兵，败贼于雅州，据其境与杨展相声援，巡抚川南范文光住洪雅，同心备贼，军声大振。

己亥秋，乾德怂袁、武杀展，勋势孤，范文光因恶乾德，入山不视事。庚寅九月，刘文秀突至，勋左右无人，力不支，走嘉定。壬辰王师下川南，余寇次第荡平，勋入本朝，以寿终。

是集专载本朝人物，以上诸人皆前明遗彦，似不应入。然当日倡纠义勇，保土救民，俱在甲申以后，所谓志士仁人，圣朝之所矜者，故备录之。以见忠肝义胆，不随鼎社俱迁，虽天命已革，而功德自不可泯也。

彭万昆

彭万昆，号玉吾，丹棱人。生九岁而孤，有田百顷，家僮数十人。

甲申之变，逆贼张献忠由夔及重、泸，破成都，据藩府，土贼蜂起。

眉有铁脚板，丹有萧永道，皆团乡勇力为防卫，盗不敢近。献逆遣假子抚南王刘文秀屠川南，始邛、蒲，次及丹、营。丹城外，彭计款贼且觇动静，于是择健勇七人与俱，内裹绵甲，藏利刀，牵牛担酒至贼营，横戈竖矛，刀剑交加，寒光射目。从人俯首次进，股栗失色，彭意气自若。贼诘来意，语未毕，忽从人藏刀堕地，铿然有声，贼叱缚帐下，诘以故，从人畏贼，舌强不能下，彭从旁应曰："某等去将军营数十里，防路盗劫，藏刀自卫，无他意也。且某仅八人，计何能为?"贼释之，遂归。暗据扼要备贼，贼亦旋引去。

当是时，丹东南北诸村残害几尽，独彭所居之乡，安堵如故，邑之避贼者多依焉。其时戎马纵横，里民惊窜不暇耕。会大旱，斗粟数千钱，人不得食，道路死者枕籍。彭家有余赀，设鬻场于通衢之旁，减价出粜，以其所入，代为转运。有缺费者，量资之，不取值。四方就食者日不暇给，复择膏腴地，种菜芋可食之物以佐之。三年，全活数千人。

我朝大军既诛献贼于西充凤凰山下，余孽未息，其党郝承裔复据黎、雅叛，建南观察使张熊麟闻风负印以逃，贼乘势由青衣江破洪雅、夹江，直下嘉阳。川南复大乱，警报至成都，制军李公国英忧之，问军中谁能探贼虚实者，或以丹棱界连黎、雅，举彭与张公应试对。应试者，彭世戚，为人有干略，召至询之。彭曰："某闻师出有两道，一由邛州，一由洪雅，洪雅地僻而径险，贼不知备，将军扬言大军出邛，而以奇兵袭之，可以破贼。且传言贼喜僧，此亦易计耳。"辞归，遣干仆削发易衣乞食贼营，潜探路径，还报制军，于是制军分兵两道，克期暗应。及期，使前军挑战，佯败，贼悉众来驰，奇军突入，竖旗鸣鼓，纵火焚其巢，火焰矗天，贼回顾惊乱，夹击之，斩郝承裔，众悉降。制军语彭曰："微君之功不及此。"给以都督佥事札付，张如之，彭坚辞，制军不能屈。张宦数年亦归。

彭年八十八卒，以孙肇洙赠承德郎、孙端淑赠奉直大夫、孙端节赠怀远将军。

郭荣贵

郭荣贵，字仲禹，渠县人，性倜傥任侠。明末群寇蜂起，荣贵首倡义兵，率弟荣高及族里数千人筑砦大斌山，为保障计。会贼吴应元驱众二万焚掠邻水、大竹，将至渠，荣贵诡词约好，乘机杀应元及左右数十人，众惊溃。顺治戊子秋，贼杨秉印众数万踞礼义城，与斌山对垒。相持一载，荣贵乘间走成都，投抚军李国英，请为前驱。国英遣总兵卢光、马化豹统兵从荣贵，破之。东北二道，始入版图。

张正化

张正化，太平诸生。流贼杨秉印陷太平，正化偕里人避居山中，分以粮食，全活数千人，率乡里保铜城寨。顺治六年，首以寨归总督李国英，授参将札，委令城守。康熙元年，从征茅麓山，贼平，正化曰："吾保乡里耳，安事功名，幸升平可以高枕矣。"坚辞城守，以布衣终。

李芳述

李芳述，字赞芝，合州人。头大而扁，绰号"李扁头"，武艺绝伦。康熙十九年，勇略将军赵良栋从白水江入川，芳述率先纳款，随大兵进剿吴逆余党，收复黔滇，所至克捷。累官西宁总镇，擢贵州提督。时吴逆初平之后，整饬营伍，慑服苗蛮，威名大震，加太子少保，卒于官。赠太子太傅、镇远将军，谥"壮敏"。子亨时，官至广西巡道。

张奇星

张奇星，屏山人。康熙十九年，吴逆余党据马湖，百姓惊逃，奇星团练族姓乡勇百余人，挺身抗贼，逆党奔溃，郡人因得复业。当事表其功，曰"忠勇可风"。

吴伯裔

吴伯裔，号超庵，巴县人。康熙初，中贵州武举。吴三桂叛，蹂躏巴蜀，裔从事戎行，平定重、夔、保、顺，有军功。历浙提督标游击，调福建海澄。致仕归，陶情诗酒，足不入城，时人高之。

韩　成

韩成，合州人。康熙四十二年，任重庆镇总兵，法令严明，诸蛮率服。遇亢旱，祷雨辄应，郡中人偶不戒于火，成具衣冠肃拜，忽返风，火寻灭，人称为神。

韩良辅

韩良辅，字翼公，重庆总镇成长子，成入籍合州，实居巴县。辅状貌魁梧，勇力绝人，有胆气。十五六时，即随父杀贼，已入文庠，旋弃去，复入甘州武庠。弱冠中康熙庚午解元，联捷探花，授二等侍卫，随征厄鲁特，有功授延绥游击，迁宜君参将。宜多盗，辅严窝主连坐法，与文员和衷共理，邑大治。又多虎患，造虎枪，教兵习杀技，获百余，虎患遂息。升神木副将，除奸匪，出口垦田冒混之弊。历迁广西提督，剿獞擒猺，厥功丕著。改广西巡抚，卒。子勋，贵州提督；烈，苇荡营参将；杰，云南奇兵营参将。

韩良卿

韩良卿，字省月，总镇成四子。康熙壬辰武进士，由侍卫历官甘肃提督。年羹尧征西藏，卿总统军务，机宜悉协，卒于官。赐祭葬，谥“勤毅”。

岳钟琪

岳钟琪，字东美，一字容斋，先世汤阴人，为忠武王飞之后十七世，由宜兴徙居兰州。父升龙以永泰营百夫长，历升天津卫总兵。因平定噶尔旦功，授四川提督，遂家焉，薨，谥“敏肃”。公生有至性，母苗太夫人疾，刲股以疗，敏肃公命之射，犹忍痛发矢。为儿时好布石作方圆阵，进退群儿颇有法，敏肃公器之。以同知衔奏请改武，授松潘镇游击，迁永宁副将。

康熙五十八年，西藏达哇蓝占巴等叛，天子命果亲王为大将军，噶尔弼为副将军，率公征之。公领兵四千驻察木多，会齐大军进讨，途获落笼宗逃酋，探知有准噶尔使者在其地，诱各番兵守三巴桥遏我兵。公念三巴桥者，进藏第一险也，贼若断桥守之，我兵势不得过。而其时两将军隔数千里，无由咨询，乃遣能番语者三十人，衣番衣飞驰至落笼宗，擒其使者五人，杀六人，诸番闻之惊，以为神兵自天降，相与匍伏请降，无梗道者。已而副将军率诸将来会，将鼓行入藏，忽大将军以调蒙古兵未至，檄诸将各就所到处屯兵待之，毋轻动，诸将瞠视不能决。公请于副将军曰："我兵自察木多赍两月粮，已四十余日，若待大将军，粮将尽。闻西藏部落有公布者，为其右背，最强，能檄令先驱，当无俟蒙古兵也。"副将军许之，公即招抚公布，率之渡江，杀喇嘛四百，逆番七千，擒其首犯达哇等。自四月十三日用兵，至八月十九日西藏平，圣祖嘉之，由副将迁四川提督。

雍正元年，青海罗卜藏丹津叛寇西宁，公时驻松潘，大将军年羹尧召公会谋。公沿途剿抚，有播下等四部落为贼阻道者，灭之。有哈齐奴木汉等二部落为贼掳者，抚降之。有果密番三千人盗官马聚大石山喊抢者，击杀之。自松潘行至西宁五千余里，烽烟肃清，青海为之夺气。

二年春，公征尔格弄寺喇嘛军于华里罗氏党也，华山险峭，横当军前，山下五堡环峙，军到寂无人声。公曰："是有伏也。"分兵搜之，余兵依山结阵，俄而堡内贼起，公分官兵为三〔二〕路，夺山杀贼。贼败走，追之又至一山，山有高楼，贼伏其中，发矢石，公命健儿二十人密携引火木梯，从山两旁进，而躬率大队迎战。战方鏖，楼上烟起，天大风，焰光灼耀，贼累累然焦烂坠矣。是役也，破贼万余，公兵止三千也。

还营，大将军喜谓公曰："上知公勇，将命公领万七千兵直捣青海，约四月启行，公意如何？"公曰："青海贼不下十万，我以万七千当之，其势不胜。且塞外地旷，无畜牧所须，贼人并集，时可与决战，若散而诱我，将四面受敌矣。钟琪愿领精兵五千，马倍之，以备驼载军装口粮。二月即发，及其无备攻之。"大将军以公言奏，世宗壮之，加奋威将军，如期出塞。行至崇山，见野兽群奔，公曰："此前途有放卡贼也。"蓐食速驱，果擒放卡者百余，自此贼侦探者断矣。至哈达河，贼据河立营，公渡河战，始发铳箭，继以短兵，自辰至午，斩千余人，贼窜而西。追之，其党贝勒彭错、台吉吹等相继迎降，告知罗卜藏丹津拥众数万驻乌兰大呼儿。公拔营夜行，黎明至其处，贼尚卧，马未衔勒，闻官军至，大骇，不知所为，则皆走。生擒贼母阿尔太哈，贼妹阿宝等。罗卜藏丹津衣番妇衣，骑驼走噶尔顺。公留兵守柴旦木要害处，而躬自追之，日行三百里，至一地，见毵毵然红柳蔽天，目不能望远。夷人曰："此桑驼海也，路自此穷矣。"公乃班师。公诗云："出师不十日，生擒十八王。"

盖自二月八日出师，至十六日，其主帅悉就擒获，尚未十日也。

是役也，公以五千兵往返两月，降台吉三，擒台吉十有五，斩贼兵万余，生获男妇军器驼马甲帐无算。献俘京师，世宗告庙，御太和殿受贺，以青海平，大赦天下，加公公爵，赐诗、赐像，仍命率师二万征庄浪卫石堡城诸番，皆青海余孽也。所至詟服，乃安插洛力达等十六族耕地，起科而奏，改庄浪为平番县。

三年迁川陕总督，七年准噶尔叛，上命大司马查郎阿至关中筑坛，拜公为宁远大将军征之。公率师至巴尔库尔，贼已隐匿，公按图籍筑东四二城为屯兵计，会上召公面授方略，公交印于提督纪成斌，身自入都。贼伺公行，入劫马厂，夺五堡。时我兵不克，廷议者争劾公失机，所荐非人，上罢公职，系公于狱。今上登极之二年，赦归田里。

十三年，金川叛，征之不克，起公为总兵，即补四川提督征金川。时金川以勒歪为巢穴，康八达、跟杂为上下门户，恃碉为险。公命撤土兵，募新兵，扬言攻康八达而暗袭跟杂，夺其碉楼四十七处。复临勒歪隘口，囊土作运粮状，诱贼出，伏火器待之，贼果出抢粮，枪铳齐发，皆縻烂，死伤甚众。先是，金川闻天子用公，皆不信，曰："岳公死久矣。"至是大挫，方疑公来，然犹未知公果在否也。会天子命大学士公傅恒视师，诛奸人阿扣、王秋等，贼惧，有降意，犹恐降而诛，负固未出。公请于傅公曰："钟琪愿诣贼巢验诚否。"问："带若干人？"曰："多则贼疑，非所以示信也。"乃袍而骑从者十三人，传呼直入，群番千余金环花衣，持铳矢迎道左。公目酋长自指面笑曰："汝等犹认我否耶？"惊曰："果然岳公也。"皆伏地罗拜，争为前马导入帐，手捧茶汤进公，公饮尽即宣布天子威德，待以不死之意。群番欢呼，顶佛经立誓，椎牛行炙，留公宿帐中。次日，酋长莎罗奔郎卡等从公坐皮船出洞，诣大将军降。事闻，天子命公为太子少保、兵部尚书，复还公爵，加"威信"二字以宠异之，并赐诗、赐像，所奏善后事宜允行。

十五年冬，西藏朱尔墨特叛，都统傅清等杀贼遇害，上命公会同总督策楞相机定之。十六年，杂谷脑土司苍旺有异志，窥取旧保城，头目谏者杀之，又攻伐梭磨、卓克基两土司，恶其背己谋也。公得信，急言于策公曰："杂谷脑即唐维州，最险要。闻苍旺密调孟冬、九子龙窝等处兵据维关，此地一失，后将噬脐。宜及其未集击之，然兵贵神速，不得延时日也。”策公深然之，即会奏便宜行事。支武弁一年养廉，兵三年粮，率大军夜围杂谷，擒苍旺，斩之，改土司为三杂谷，群番悦服。

十九年，讨垫江酋陈昆，擒获过半。以疾卒于军，年六十九，天子震悼，予祭葬，赐谥“襄勤”。二十年，再赐一等轻车都尉，令子孙世袭罔替。

公生沉雄，骈胁善射，寡言笑，长七尺二寸，目炯炯四射，食前方丈，膳饮兼人，其忠诚出于天性。征青海至哈喇乌苏，天寒沟涸，军士渴，公祷于天，水即涌出。任川陕总督时，有逆人曾静者，上书劝反，立擒以闻。雅精风角占验，好书史，吟咏不辍。放归十余年，开别墅于百花潭北，青鞋布袍，与野老话桑麻，极林泉之游，人不知为故大将军也。有《姜园诗草》等集行世。相传番僧号活佛者，倨，受王公拜不动，见公则先膜手曰：“此前身韦陀也。”每岁元旦，必遣番众三百人往成都拜祝，岁以为常。公殁后，番众始不至。公子七人：长浚，山东巡抚；次洄，戊午武举，任一[三]等侍卫；四湧，由侍卫任云南游击；五淦，由知县任户部山西司主事；六沛，例授理问；七瀞，癸酉孝廉，以荫授安徽六安营参将。

周瑛

周瑛，字奇育，号和庵，松潘卫人。由康熙己卯武科乡荐赴营效力，历升漳腊营游击。值西陲用兵，抚军深以粮运为虑，询公，公条陈其略。一曰：改长脚为转运。二曰：弃浑脱（系整脱牛皮吹气浮渡，甚险）而造木船。三曰：先剿铁布劫贼以通大道。抚军善之，遂委公总其事。公以靖盗为心，先密调祈命、班佑等寨番兵，自率轻骑冒险而进，连夜攻击，直捣贼巢，擒其首恶铁布，地方悉平。

时有郭罗克贼番，恃其险阻，肆行劫夺，猖獗特甚。公奉命征剿，直抵中郭罗克，调集杂谷蛮兵鼓勇进击，用大木炮（系木包铁心，取其轻便）攻破虎头、腊务等一十三寨，擒其渠魁唆他儿布、索布六戈等，哥贾盍等解赴京师。圣祖仁皇帝大加恩奖，特授化林协副将，带兵进剿羊峒。公督率汉土官兵，剿抚并用，不阅月峒蛮平。遂设南坪营防守，由是路通，陕西商贩往来源源不竭，松漳军民，世享其利焉。事竣，赴化林任。

雍正元年，叛贼罗布藏丹津青海会盟，廷议以察木多乃西藏要地，宜选将军弹压，世宗特授松潘镇总兵官统兵镇守。旋奉大将军密札云“奋威将军岳已剿平罗布藏丹津，余孽窜入准噶尔，欲谋取西藏”等语，公即带兵兼程进藏，至噶尔藏胡乂，擒斩逆党之宰桑虾謌塔拉、魏正沙不隆等贼，边境悉宁。蒙恩赏世袭骑都尉，赐戴孔雀花翎并人参、貂皮等物。师旋，顺路招抚纳克树、余树、霍耳锁戎等寨户口一万三千有余。回至乍了地方，补授四川提督。

雍正五年，奉命至察木多，指授赏给达赖喇嘛地方，勒石定界。回任，蒙恩召见，并谕兵部差司官一员迎接，赐鞍马全副，擢授銮仪卫、銮仪使，旋晋散秩大臣，赐紫貂搭护。

雍正六年，西藏阿尔布巴戕害康济鼐，藏地大乱。上以公熟悉彼处夷情，命统领川、陕、云南三省官兵进藏，赐黄带子撒袋元狐帽、帑金蟒緞腰刀等物，并赐其子周鸿鼎为蓝翎侍卫。到川日，川中父老迎接于驷马桥边，咸谓当年司马相如未必如是之尊荣也。次年，统领三省官兵，出口行至打箭炉，达赖喇嘛首先差人迎接，并称合藏唐古忒人民仰天子威灵，莫不踊跃欢呼，发誓静听。是以兵不血刃，直抵西藏，凡逆贼蚁聚之众，靡不畏威服罪。因将首恶阿尔布巴等在藏正法，地方复宁。后与同事不合，对揭镌级，命以副总兵职衔往北路军营总理屯田粮饷。

公暇辄从事笔墨，吟风弄月，借以自适。阅七年，致仕回川，年七十二卒。

张朝良

张朝良，字君弼，四川保宁世族也。太封翁以经术教于乡，子六，长五人皆业儒，公最幼，负大略不事呫哔，喜兵家言，每曰：“大丈夫须立功边陲，使名垂竹帛，岂屑屑作书生事耶?”及长，燕颔凤目，躯干奇伟。总镇魏公相时帅保宁，于市中见公状貌，异之，召与语，公以士卒平日当先知忠义而后勇干可恃对。魏公曰：“尔一语中的，异日必为名将。”留仗下，屡荐于提督。唐希顺、岳钟琪二公大加录用，出征青海、西藏、打箭炉等无役不从，军中称为凤眼张，累战功授副总兵官。

雍正九年，从军准噶尔，公时以副将带兵二百名分戍卡伦，贼众突至，连犯台站七十余处，至公所驻，公出奇御之，贼少却。越日，贼漫野而来，围数十重，援兵不至，公转战七昼夜不少息。无可得食，采葡萄夹毡雪嚼之，身被数十创，力战无少却，军中称“张凤眼，如天胆”云。公有家丁名旺，奴本达种，通达语，公令其混贼中。至达大营告提督颜公、冶公、总镇樊公，倍道驰至，围解。士卒存者数十人，公衣血渍凝厚不得脱，以刀割之，三公亲解所衣易之，表其事于朝。世宗阅奏惊喜，下诏曰：“巴尔库尔逞其跋扈，犯我卡伦，而张朝良以孤军突遇大敌，且能转战七昼夜，此等功绩实在平常剿寇平戎之上，朕心嘉悦，着赏。”拜他喇布勒哈番世袭骑都尉，二次授四川、重庆镇总兵官，赏银五千两，人参五斤，貂皮马褂一件，马一匹，御用马鞍辔、大小荷包各一副，折花枪一杆，刀一口。后大将军岳钟琪平定西戎，面奏公在军义勇超群，战功卓绝。召对，世宗指示大学士鄂尔泰等曰：“此张凤眼，闻其名否？古名将不是过也。”随改授肃州镇，赏银三千两，人参三斤，裘马佩囊如初赐，一时在事无与为比。时山西大同镇犹挂提督印，节制全省，实严镇也，命公移镇焉。公在任数年，训练士卒，首以忠义为先，故大同之兵爱公如慈父，至今称劲旅焉。

年六十六以老请于朝，被旨家居，仍给全俸，越一载终。一子怀瑛，孙承恩，荫官未仕。

谭行义

谭行义，号萝溪，潼川人，世以务农为业。公十四五时，入州城观灯，夜深，出城不及，因宿十王殿下。时黔南御史张公应诏牧潼川，是夕梦一黑虎蹲殿下。十五日五鼓即入庙行香，公犹酣眠未醒，乃呼之起。一见辄惊曰：“此子燕颔虎头，与常人异，乃命世功名之士，非池中物也。”遂召入州塾读书，公余亲为讲授，补博士弟子员，两次赴省试，不遇。张公叹曰：“班定远立功异域，武科亦可以成名。”因命兼习骑射。康熙辛卯，以武孝廉举于乡，两次会试复不第，缘亲老家贫，赴部效力，补碾伯所千总。正当平定青海，征剿桌子山，时随营效力，屡立战功，历升至总兵。继因黔、楚苗匪不法，更著劳绩〔四〕，晋广西提督，后调江浙、闽广、河南、陕西等省提督，历事三朝，备承恩眷。公平居恂恂若儒生，一遇疆场有警，运筹决策所向无前。工书，善为七言歌行，无事时吟哦不辍。为人轻财好义，尤笃于师友之谊。当乙未、丙申之际，正在京挑选南漕，时值业师中江牟孝廉绳祖因下第悲愤，卒于客邸，公遍募同乡，得数十金，计算不敷扶椟之用，乃不惮数千里，徒步送归中江牟氏先茔，人尤钦之。

乾隆十八年秋，具奏乞休，命甫下即卒，年六十八。疏闻赐祭葬，谥“恭悫”。次子结，乾隆七年进士，御前侍卫，仕广东游击。至今子孙繁衍，为潼川巨族云。

韩　勋

韩勋，字建侯，巴县人。良辅长子，英勇多智略。年十九中康熙戊子陕西武举，随父出兵口外，授侍卫。历镇远游击、镇雄参将、安笼古州总镇，以征逆苗屡立战功，升贵州提督，卒于官。赐祭葬，赠右都督，谥“果壮”。大学士徐本著《平蛮纪略》表其功。

樊　廷

樊廷，潼川人，由行伍出身，历升至固原提督。膂力过人，有将才，谙韬略。出师黔楚，屡立战功，上嘉之，世袭一等轻车都尉。子经文，以荫仕至广东总兵，出征缅甸，殒于王事，世袭恩骑尉罔替。孙继祖，以荫现任湖北副将。

刘应标

刘应标，字伟功，号啸峰，松潘卫人。由行伍出征郭罗克热，当十二部落及西海棋子山、苦苦脑儿棹子山等处，以军功特擢蓝翎侍卫。雍正七年发往四川，以游击补用。八年瞻封用兵，奉派出师分剿擦马所擦呀所，直捣贼巢，战功第一。师旋，调重庆镇标中营及绥宁营、黎雅营三处游击。乾隆六年升会川营参将，九年奉旨补授黄州副将，十二年调补湖南沅州副将，十四年奉旨简授湖北襄阳镇总兵，二十三年调湖南镇筸镇总兵，二十五年委署湖广提督印务。嗣回任，三十年卒于镇筸。

公虽武人，谦恭和雅，大有儒风，历任三十余年，与同城文武员弁交，从容委婉，从无间言。生平爱惜士卒，尤善抚夷人，所莅各苗疆无不感戴之者。尝言抚绥夷民之道，姑息则长玩，滋扰则生疑，当不激不随，顺其性之所适，示之以威，怀之以德，处之以公，谕之以理，自然动其天良，化其枭悍，同享升平之福矣。殁后，镇筸人怀思不置，塑像于南华山祀之。

冶大雄

冶大雄，成都人。由行伍出身，隶岳总统钟琪麾下，出征西藏、青海俱头等功。乾隆十三年，傅相国恒经略金川，以大雄为中军，由云南总兵叠升至甘肃固原提督。

岳钟璜

岳钟璜，成都人。化之公子，以恩荫袭封，由侍卫屡加擢用，仕至四川提督。在任数年，镇抚士卒，控制蛮夷，威望最著。卒于任，赏恤甚优，谥“穆襄”。

宋宗璋

宋宗璋，字璞瑗，甘肃武威人，随伯兄武德公千夫长任入籍成都。

康熙五十八年己亥，蜀有西藏之役，公以俊秀自效，隶岳总统钟琪麾下。五月，随军克里塘、巴塘、乍了、察木多，擒逆首达哇蓝占巴以献。五十九年军发巴塘，探知准噶尔泽零敦多布来调兵之寨桑在落笼，宗欲守三巴桥第一险，奉总统遴马兵高雄、冶大雄暨公等三十人衣番衣，九昼夜，驰二千里，计擒托托哩金巴等五名，余尽歼之。夺其险，随抚朔般多、打笼宗、龙布结落、结树边噶、结东三打、奔工数万户。七月，克喇哩计擒汉奸黑喇嘛，定西将军噶尔弼以公智勇兼优，功在诸将士右，外委军司马，给札优异之。八月十五日克墨竹工卡，十九日入藏，生擒准噶尔内应之喇嘛四百余人，并散其阻截大兵之番兵数千名，西藏平。雍正元年癸卯，青海罗布藏丹津构逆，诸部效尤。大将军年羹尧驻西宁，檄川兵助，声援听调。四月随提军出驻松潘口之包坐，贼犯西宁。十一月军兴，攻克梗道之播下，上、中、下三作革。十二月克下寺东辙寨三十有七，阵斩数千人，西宁围解，复乘胜破助逆之果密番众于大石山，二十六日达西宁。是役也，公凡接仗三十一次，衣不解带者五十昼夜。

二年甲辰正月，随提军剿平尔格隆寺，事闻，上谕：“宋宗璋等奋勇争先，甚属可嘉，议功加二等。”二月，大将军有事于青海，提军谓青海部落十有八皆王爵，合众二十余万，不可以力取。当选精锐五千人，人三骑，出其不意驰击之，事当济。大将军据以告，授提军、奋威将军节钺，听进止。将军遴公率二百人为先行，初八日启行，后二夜及贼于哈喇乌苏，破其毡帐。贼脱者骑以遁，尾追之，尽昼夜驰百八十里始就食，擒渠阿喇布坦温布妻长马儿及青黄台吉兄弟吉吉札布等。公既先行，获谍讯，因野兽西奔，贼知中国兵至，故来侦以告将军。将军察敌有备，遂率众一昼夜驰三百余里，及贼于天成插汉哈达，获其老幼辎重，更分兵两路歧追之至乌兰木呼儿。夜将阑，群贼半睡梦中，纵兵奋击，擒藏巴札布等六台吉，并获罗卜藏丹津之母阿尔泰哈同妹阿宝及其夫格勒克。即浓唯渠走柴旦木，更减骑昼夜追至其地，复获数百人，而罗布藏丹津已易妇人衣，挈妻妾三人走噶顺矣。复分兵趋噶顺，至一地，红柳蔽目，不能望远，询之则桑驼海也。地至此穷，无可去，乃旋师，而前遣歧追之兵亦擒吹喇克诺木齐夫妇及其弟台吉五十余人来献。以三月二十八日班师，计往返五十日，降王三，擒王十有五，阵斩首八万余级，青海平。论功，公冠其曹，事闻，赐公貂币。四月，廷议平西藏功，授公秩视副将，乃除川提摽〔五〕中营千夫长。时写尔素噶住六族，盘踞庄浪西山石堡城，首鼠为行旅害，加尔多寺亦与之应，乃议除之。授将军兵二万，以四月十五日祃牙，将军仍授公先行。十八日出暗门，多雨雪，与贼遇辄歼之。晦日克加尔多寺，毁其巢。闰月望日，克棋子山，将军乃授公密计，声言军于石门寺而夜率劲旅袭其黄羊川，旋夺木毛山。斩达哇蓝占巴之侄阿牙子等及其党千七百余级，公手刃十人，复率登山矫捷者蹑空而下，遂获阿屋侧零作向导，尽歼其众，桌子山平。改庄浪为平番县，师旋。廷议平青海功，授公秩视都督佥事，驻扎西宁。四年补平番营守备，五年下郭罗克劫札萨克台吉行旅，廷议征之。制臣以公能，率汉土兵二千名往，剿抚兼施，获其魁，诛之，五阅月竣事。十二月，特授川陕督标前营游击。六年九月权知督摽中协事，时准噶尔噶尔旦策凌逆命，廷议将声讨。令总制预筹之，乃开局于长安，造炮百、枪一万二千、诸钩镰、十字镰、板斧、蒺藜之类称是，以公精敏，专任之。

七年五月，总制拜宁远大将军西征，公以总统戎纛从。八月，军于巴尔库尔。八年三月，大将军请加公参将衔，移广武营游击。七月，庄浪营员缺，请以公权其事。十二月，贼犯克什兔，援兵去久无耗，公忧之，率同志六将叩军门以自效请，乃以公行，应援镜儿泉，与敌十一战皆胜，贼惧遁去，特赉公白金二百五十两。

九年七月，随大将军袭击乌鲁木齐，至纳邻河遇敌，大小十余战。公手殪其酋一人，贼退据山口扼我军，公复由北路截杀夺险，贼被抢去，黎明益众复至。公乃率敢死士奋击，捣其中坚，贼大乱遁去。八月全军归壁，上闻，以公勇特赐护身灵符一道。

十年正月，随副将军常赉出征乌克儿搭板，六月随大将军移师穆垒，八月罢戎纛，挽运大军衣履至自巴尔库尔。时苦雪，贼势张甚，在在粮运告警，公率劲旅二千，转战十余日，解乌兔水噶顺围，接运归，贼不敢犯。九月，鲁固庆官兵乏粮，公随镇安将军卓鼐督运，昼夜遇贼无已时，卒济，复移回民至塔儿纳庆，迄竣事无或扰大营。兵既众，须粮，急搭板，冰坚不时，至危甚。副将军张广泗委公督运，误期以军法从事。公乃凿冰，复沃之以水，使平滑，制木拖床，分载粮各三二石，建瓴下以济，不能难。时大将军褫职解京，有能言其过失者听，公独无，曰："杀人以媚人，吾不为也。"众衔之。副将军尤吹求，尽为公危，公曰："生死命也，何惧焉。"卒无所得。

十一年，署大将军相国查公廉知公长者，四月补甘提标中军参将。时大军出塞久，论者建议屯田，署大将军乃以相视委公。公东起哈密至哈栋达三百五十里，西尽五堡达下枣泉二百七十五里，察流泉、辨土宜，约可受种二千一百石有奇，获当十倍之。为之条议，上钧阃，报闻。

十二年三月，领北山牧马厂。先是，大将军入觐，受代者违指致失利，贼既得志，猖甚，以是为一军急务。公殚心防守，无纤芥失，署大将军益器重之。

乾隆元年丙辰六月，调川提标中衡，十一月，圆明园引见，特赐内库大缎旌其劳。

二年丁巳二月莅任，成都北郊有提标牧马厂，周数十余里禁樵采，而牧者寥寥。公乃请于大府以十之六招民垦，留其四以备畜牧，复亲定其疆界，增税无算，至今便之。

三年，泰宁协副将员缺，提军以公荐。九月，总制查相国入告，蒙允。冬十有二月，莅任泰宁。

四年夏四月，特命以原官赴西藏辖绿旗弁兵。藏故公所宣力地，咸敬畏之。公至，与钦差副都统纪山相和衷，严斥堠、信赏罚，士气为之大振。

六年十月，公自藏归。

七年正月，至泰宁，时尹相国总制川陕有金沙江之役，公迎诸途，相国雅重公，咨以边防、时政损益。公乃条上六事。一，建昌镇之泸宁营不宜移入冕宁，嘉顺、怀远两营不宜裁去，以孤声援。时有以此建议者，故首及之。一，泰宁协之阜和营都司应升设游击，清溪县守备应以泸定桥都司改设，以资控御。一，松潘镇之漳腊营游击界连青海，应设参将以壮藩篱。一，松潘、叠溪、平番素不产谷，宜各[六]募铁石工匠数名，随时凿险，俾通商贩。一，禁西宁、河州人民假贸易名色，逗遛夷巢滋事。一，禁西南各夷潜入内地置产联姻，以防漏泄。总制深然之，多见诸行。二月，权重庆镇总兵官事，八月受代归泰宁。时西宁差员马龙、西藏达赖巴兔使人拨巴存本及卓奈和尚、玉树族米拉等，行李皆被劫，甘肃抚军、青海都统各指三郭罗克肆窃入告，廷议用兵，陕总制川提军以委公。十二月，公奉檄往。

八年正月，公如松潘。二月，军出皂集汉土兵，公察知下郭罗克无辜，乃议释之。闰四月誓师，上、中酋丹增等率其民匍伏迎百八十里请命，愿献赃贼自赎，随质子，公察其诚，乃驻师河上。河故无桥，两部落夹岸居，公亲督成桥，长五十有二丈，声息以通，遂移军色利塘。

九年，公擒盗魁论其素忙撒革藏蚌等四十名，获赃铳三百执有奇，银物牛马四千一百有二，唯渠[七]魁林噶架夫妇子侄抗调，及委官就见，裹甲执兵不为礼。公乃诒使暂去，伏巨炮几案下，纳兵两壁。诘朝更召之至，则傲如故，益陈兵自卫，乃使前立呵之，使諰[八]数其罪，不应。以目视其党，扣镡将起，公乃据案呼炮发[九]，毙架及其妻阿让、侄甲噶酸架并其腹心甲柯等四名，党鸟兽散，伏起，尽歼之，乃械送所获魁，赴制辕分别诛之，传其首，远近股栗。至是复以善后七事委公，公乃相土，宜捐器具、开耕种以裕番民生计，严立土目处[十]分划疆界，不得越境滋衅，选土目子弟之明秀者教以汉字，时颂者有“立见桑麻出战场”之句。事竣，九月至成都。是时，当补行七年军政，又上令制抚提臣各举堪胜总兵官者三，大府先后交章荐，上命公入见。

十年二月，见上于圆明园，奏对称旨，特罢松潘镇某，以总兵官授公。三月初四日、初七日两蒙召见，天语垂询及家世，移时始出。四月，莅松潘任，时蜀有事于瞻对，公感上知遇恩，以自效请，上批其奏曰："汝处亦须人弹压，不必。"七月师久无功，上谕督臣檄公往，公以八月临上瞻对，酋四郎诣军门降，察其诚纳之，遂攻下瞻对。九月克木鲁，十一月克阿斯羊雀，十二月克灵达。

十一年，公至中路木鲁工军营，正月克底朱腊盖，三月克纳洪多，破其巢，克上、中甲纳沟三十有一寨，闰月克下甲纳沟谷细碉三百有奇，克曲工山立林达战碉各二、楼各一。夏四月，夺如郎桥，济师，克特弄十寨间四十有五，诸所擒斩称是，获辎重牛羊以奖有功。公居平与士卒同甘苦，每战必身先，至是疾作。十三日闻于提军，二十一日提军来调，不克赴，二十三日破泥日寨，提军以酋班滚被焚闻。五月公会制军于子龙，七月公移师扩域顶，总理善后。冬十有一月，师旋，廷议加军功一级。

十二年二月，莎罗奔侵小金川，公檄维茂协控御。三月，贼围沃日，公闻，轻骑驰赴，收复小金川，沃日围解。南路毛牛山失利，公急应援，邦可乃告请留军，遂仰攻党坝克之驻师，名其地为灭金岭。时代制军者即向之副将军张广泗也，接见礼貌厚于昔，公方喜释忿，可共济。六月克康八达、木耳、金冈卡三十有七及其营三处。金川碉率以巨石横砌，坚甚，虽炮不能撼。乃更铸之，食子几三百二十两，炮之重众莫知几何，公令就炮竖木悬衡以斤加，彼炮起则数定，乃知重二千斤〔十一〕有奇。自是克革什、戎冈二碉间七十有一，作固山、梁营二处卡三十有二，大战碉一间三十有五，陡物党噶卡二十有九，斩首十耳，记六，擒贼格要雍中一，戮于军，他器械食物准是。莎罗奔屡以降求公，制军不可。无如南路马邦陷，移檄戒公轻举。公以师期会，又令候陕黔军牵缀之。是时上闻班滚不死，以公去留听制臣断，制军秘不闻。经略将至，虑纠其失，乃劾两路将领以不听调遣，稽成功尽没。公所得地复入班滚。事奏凡三上，上命解任来京候质，九月入都。十四年，制军逮至京，备五刑死。

十五年庚午，公年六十一岁，二月初五日殁于京邸。公伟躯干，从岳襄勤游，精韬略，战无不克，名将也。尤娴于文，《复产约》云："某幼负先大人教，不读书，稍长殊自恨，乃奋迹行间。沐国家三朝厚恩，由偏裨洊登专阃，至有今日，良由祖宗积累所致，宁不思所以报之。某自束发从戎，三十年于兹矣。忆总角随大人登楼督耕，人满青畴，挥汗如雨，岁入计四千石有奇，而今何如也。向有事于西陲，往来两过里门，子姓日益众多而田土日削，未始不心焉忧之。顾征人裹创而趋，未遑谋也。继自今又十祀矣，某枕戈塞上又复七易春秋，今幸解甲返辕而吾弟瑸适至，意者其忧心之感召乎？事机不可失也。乃摒挡廉俸千金，令诸侄泽、潮侍弟归，并命奴子彩柱赍金以从。至之日择田之肥饶者先复之，复则弟琳、瑸均任劳，董其成于四兄，计金足复产三之一，岁可入粟千数百石，工则通力合作，入则计口均分。春秋墓费之余，积之以供各房婚丧，出入有籍，支用有度，禀成在四兄而岁闻于某母，私踞母，多取母籍，婚嫁蹈故辙，复废产，违者执印据鸣究，仍除名不得复支。于戏！祖遗某一无所受，岂今兹有觊觎哉！亦唯是，吾祖、吾父之遗体一无冻馁，藉以慰先灵、塞吾责耳。昔范文正公既贵，置义庄，周同姓，其子忠宣诸公继之，遂为千古仪型。某武夫，区区千金，行自愧矣！然祝国家数年无军旅之兴。某老矣，当节日食之费，以更益之，则复者果守，失者踵复，先大夫之盛，不难再睹。况祖、父积累深厚，又敢以忠宣其人为绝响乎！”为文坚劲有法类如此。

子浚，乾隆丁卯科举人，官湖南祁阳县知县。

张　霖

张霖，字沛苍，阆中县人。由行伍出身，康熙五十九年出征西藏，由西路进剿至楚吗喇黑，夜与贼大战，奋勇争先，杀贼多人。

雍正三年，议叙头等军功，授副将札副。五年补湖南抚标右营中军守备，十年军政卓异，引见，奉旨准其卓异升用。恩赐蟒袍一件，补广西左江镇右营游击。

乾隆三年，广西提督保举兵部带领，在箭亭子引见，射箭一枝，奉旨记名，恩赏大缎一匹，银二十两。

五年，楚粤苗猺不法，侵扰地方，派拨官兵三路进剿，扫除桑江等寨逆匪，总领贝子一路。官兵乘机冒险，四路截杀，斩获渠魁刘申第、蒋进禄首级，枪毙逆党甚多，夺获器械无算，贼巢焚烧一空。又攻克张家等寨，擒逆贼吴再仁等百余人，又会剿甘蔗水，陆续搜获凶首石栏命、杨扒头等男妇二百余人，或解省、或正法、或省释、或发卖，分别办理。

又奉檄调拨官兵赴楚会剿江头、蓝山、通水等寨，杀苗无数。又接管龙胜一路，攻克里木等八寨，斩获首级六十三颗，枪毙者甚众，活擒男妇二百余人，苗疆悉平。是役也，共计阵斩、生擒苗匪五百八十余人，攻剿一十八寨，招抚四十余寨，奉旨补授广东惠州副将，随颁给功加一等札副。

十一年十二月，兵部带领引见，奉旨准其一等驻册。

十三年二月，奉上谕："广东左翼镇总兵员缺，着张霖补授，钦此。"在任数年，因病告老，回籍以寿终，年八十。公生平爱恤弁兵，能与士卒同甘苦，平时训练军旅，申明纪纲，又必使知同仇效忠之义。故临阵人人用命，风卷云驰，所向克捷，战功最著。性尤恬雅，与同城文武员弁交，从无忿争之端，遇兵民交关事件，必委婉开导，使彼此各服其心，归于无事。是以所到之处，人人爱戴，至今粤人犹有"羊叔子"之称。

刘仕伟

刘仕伟，字信吾，一字鼎隅，梁山人。乾隆乙丑科武进士。

十三年，金川跳梁，仕伟奉母命臂刺"精忠"二字头营自效，隶岳襄勤麾下，屡立战功，岳因奏请以守备补用。奏云："十三年八月，内有梁山县武进士刘仕伟，呈请自备鞍马效力。臣未收录而仕伟报效心坚，九月十二日，臣派拨官兵明攻康八达、暗击河边跟杂地方，仕伟率同民兵张德盛等由河边跟杂一路奋勇先登，头中石伤，杀贼数人，随同官兵焚烧七层大碉及大小战碉、平房、贼粮，奋取侵地，烧斩贼番甚众。十八日，又随同官兵攻取葛布基，奋勇直扑，烧毁木城平碉，夺取石卡，杀贼二十余人，烧毙无数，又用箭射死贼番一人，左膀石伤，守备马化鳌、游登俊等俱在阵目睹，先后咨明督抚转咨兵部在案。十一月十八日，臣派遣官兵攻打木耳金冈，刘仕伟带领新兵潜赴贼卡，直入番寨，攻夺石卡平房三处、水卡一处，焚杀贼番甚多，又用箭射死贼番五人，右胸肋、右软肋、左胸前、左肩、左手大指俱被石击重伤，指裂下血，臣同统领法酬目击。功绩懋著，给以臣营都司委牌，受领新兵。臣查刘仕伟带伤立功多次，才具明炼，胆勇过人，番情亦谙，仰恳圣恩赏准以守备题补。"朱批送部引见。

后复临勒歪险口，囊土作运粮状诱贼出，大破之，贼惧请降。岳襄勷亲诣贼巢以验诚否，带十三人传呼直入，仕伟身为前驱奏凯，后补河南襄城营都司督令。士卒不时操演，营伍整饬，为中州南北两镇之冠。升山西宁武关参将，嗣以年老告归。

仕伟精六壬星象医卜诸书，诗字指画俱可观，罢官后往来名公巨卿间，人多以异人目之。著有《金川从戎事实》《曹地山先生叙》以行世。晚尤精灼龟法，得宋儒王洙[十二]遗编，详加注释，勒为成书。

李雨村序云：“古者大事卜，小事筮，卜法见《周礼》，筮法见《周易》，故筮之揲蓍尚可稽，而卜之灼龟久不传。按：灼龟之法，古谓之燋契。《周礼》：‘菙氏掌共燋契。凡卜，以明火爇燋，遂吹其焌契，以授卜师，遂役之。’燋谓爇灼龟之木也，契谓契龟之凿也。《士丧礼》曰‘楚焞置于燋’，即契也。《诗》云‘爰契我龟’是也。所谓灼龟也，春灼后左，夏灼前左，秋灼前右，冬灼后右，皆视龟之腹骨近足，其部高者以火灼之所谓卜，大封则视高作龟也。龟既灼矣而兆作焉，兆者灼龟发于火，其形可占也。太卜三兆之法：一曰玉兆，谓文如玉肤也，属阳；二曰瓦兆，谓爆裂如瓦解也，属阴；三曰原兆，谓坼裂如原田也，阴阳杂其体。皆百有二十，其颂皆千有二百。每体十繇，体有五色，又重之以龟坼。所谓体，龟之金木火土也；所谓颂，即繇也，如夏后铸鼎繇曰‘逢逢白云’、懿氏占繇曰‘凤凰于飞’之类是也。五色者，《洪范》所谓‘雨霁圛蟊克’之类是也。君占体，大夫占色，史占墨，卜人占坼。体兆象、色兆气、墨兆广、坼兆璺，璺者如玉之坼也，四者各不同。既有体、色，则因之以兆象、气、广、璺也。兆微而不可辨，故曰扬火作龟以致其墨则可辨也。然又必辨龟之上下左右阴阳以授命龟者，而诏相之首为上，尾为下，左为阳，右为阴，上下左右辨则四兆可知矣。此灼龟之法之大略也。上古以来有谓玉兆为帝颛顼，瓦兆为帝尧，原兆为有周。近师又谓玉兆为夏，瓦兆为殷者，今皆不可考矣。即百有二十之体，千有二百之颂，皆三代占词之目，今亦不可得而闻矣。古者作事不惮一己之思虑，明则谋之人，幽则谋之鬼，盖兢兢业业焉。而尤莫谨于征伐之事，故其所以作龟而命之者有八，首曰征，征谓征伐人也。若吴伐楚，楚司马子鱼卜战龟曰‘尚大克之，吉’是也。然此法也见之于经，不为备，而今浸失其传。即有传者亦不灼照而数计，求神而明之者，殆难其人乎？西蜀刘君仕伟，字鼎隅，今之君平也。凡阴阳术数诸子百家之书，无所不览，以武进士起家，仕至宁武参将，曾从威信公出征金川，帷幄之中历有占验，无不奇效，岳公每神其术，以是征伐罔不与谋。今年八十有三矣，优游林下，鬓发初白，目光炯炯，步履如飞，类有道者。一日相晤于都城，挟其所著《灼龟》一书而示余，曰：‘此古燋契法也，与筮并垂，而筮短龟长，术亡可惜。伟奉威信公指授，得于残编断简中拾其遗法，旁采诸书细加修葺，绘图呈像以补不逮，盖呕心血者半生于兹矣，乞一言以弁。’余惟占卜之书，惟龟最古，亦惟龟最灵。大而言之，河出图、洛出书，皆是道也。扩而充之，太极生两仪，两仪生四象，四象生八卦，皆是道也，所谓一以贯之也。刘子既神悟其旨皆归实用，故广为河洛理气、支干纳甲诸说，皆娓娓数千百言，无不探天根而蹑月窟，而又不肯自秘其术，宣其奥以示后人，其功岂鲜乎！余故为备采古书灼龟之原委以书其端，使阅者得其引经据古与此书相考证，不至流为画家之支离，则燋契之法不昭然再见于今日乎？余今年亦半百矣，以视刘君犹为后生，顾性刚才掘，与物多忤，学道未闻，动辄得咎，今虽逍遥山水而忽忽不乐意者，尚有未定之升沉乎？幸遇君平，烦为一灼，以代三年之艾。”读此可知其胸次不凡矣。

补　遗

杨天纵

杨天纵，陕西渭南人，入籍成都。少习儒业，涉猎经史，研求《风角》《太乙》《奇门》诸书。勇力绝伦，善骑射，投营自效，于康熙二十三年拔补提标左营把总，二十九年升授峨边营千总。

庚辰岁，打箭炉昌侧碟巴狡酋蠢动，侵扰内地。天纵熟习番语，潜往贼巢，贼不及觉。侦探山川险要形势，绘图以献。时四川提督唐希顺派令前驱，猝遇蛮酋，攻克乌泥、鱼通、乌达各寨，乘胜直渡泸水，未及两载，全炉克复，议功加五等。

四十四年九月十八日，带领引见于畅春苑射箭，蒙圣祖仁皇帝赏，补浙江处州协标都司，随授山西潞泽营参将。

五十三年，蒙特旨补授山东沂州协副将，未几，监枭孔振公聚众作乱，焚掠村堡，势甚鸱张。天纵带珠连珠快枪手数十名巡逻泛地，正月初二日遇贼于费县柱子村，仓猝接战，贼中枪花就擒，余党解散。

五十九年，奉旨：“山东地方紧要，杨天纵着以署都督佥事衔，仍留原任。”

雍正元年，奉世宗宪皇帝特旨：“云南临沅澄江总兵官员缺，着山东省沂州协副将杨天纵补授。”到任后即计擒鲁魁山、从前漏网野贼普有才等，边境宁谧。

雍正四年，特授贵州提督，适镇沅土府刁翰、乐甸司刁联斗顽梗不法，会同总督鄂尔泰、巡抚杨名时筹画定谋，刁翰等就擒。始抵提督任，洎乌蒙镇雄逆猓不法聚众破城，威宁镇游击刘琨合门遇害，天纵调遣安龙镇总兵哈元生指授方略，剿抚兼施，猓贼次第授首。先是，长寨狆〔十三〕苗倚恃后路生苗之宗地摆顶等处，地方周围一千六百余里，界连粤西，巢穴险固，兼多烟瘴，历来梗化藏奸，焚劫捆贩，猖獗无忌，黔粤边民大遭荼毒。天纵自捐赏需，遴选将弁，谕以祸福，宣布朝廷恩威，开诚化导，三年之内化诲生苗一千三百五十三寨，计六千五百四十七户，男女三万七千八百六十五名，口尽归版图，输纳粮赋，黔粤边境以宁。蒙恩于化苗案内赏给云骑尉世职，准四子杨煓承袭。

雍正九年，因年逾七旬，具折请休，奉上谕：“杨天纵历练老成，清操素著，训练士卒，严整有方，简任贵州提督以来，劳绩懋著，朕深嘉之。但年过七旬，黔省地方紧要，恐杨天纵精力不足，着加太子太保，原品休致。钦此。”

于雍正十年四月束装旋里，口占一绝《别同寅》云：“皇恩沛我走天涯，五十余年未到家。今日放归无别物，空余书卷两三车。”又一联云：“居官敢望隆三锡，报主惟凭凛四知。”五月内回籍，七月初三日病故。蒙赐一品祭葬，银八百五十两，谥“襄壮”。荫一子杨煓，仕至丹江协副将。

岳超龙

岳超龙，字化之，原籍甘肃兰州，因伯兄敏肃公奏隶蜀籍，遂家焉。父镇邦以平吴三桂功累官山西大同镇总兵。公起家千总，历建昌守备、东川游击。

康熙六十年，兄子钟琪提督四川，遵例回避，补陕西西宁镇游击。

雍正二年，带领河州协汉土官兵，会同参将张元佐合兵进剿铁布撒路等寨，杀死逆番二千一百余人，取番寨四十一所，烧毙逆番男妇甚众。事闻，擢河州协副将。是年五月，会同四川官兵剿抚番夷。自西宁出口由归德一路至六哨虫库儿等处相机进剿，所在有功。七月，统领先锋带领四川官兵六百名出口进剿逆夷罗卜藏丹津，擒斩甚众。随因兄子钟琪总督川陕，回避，补张家口协副将，迁天津镇总兵、湖广提督。十年卒于官，年五十一岁，赐祭葬。

子钟璜，四川提督；钟瓘，乾隆庚午举人。公仪干修伟，沉勇敢战，与侄孙舍奇同时从戎，俱以功著。舍奇官川东、兖州镇总兵。

颜清如

颜清如，字审源，先世兰州人，自其父思孔始入蜀，卜居成都。年十八，善弓马，从事戎行，克复打箭炉有功，拔置千总。底定西藏，叙功十等。

雍正元年，题补叠溪营守备，从宁远大将军出征青海，补松潘中营游击。莅任数年，整饬营伍，修明武备，清出番民每年所纳各衙门陋规麦稞数千石，设仓存贮，以资兵饷。向多汉奸，接受外番劫夺诱拐年幼子女赴内地贩卖。一面出示严禁，一面设法查拿，兴贩始绝。

雍正五年，钦差内阁学士僧理藩院侍郎马赴藏，指授达赖喇嘛地方勒石定界，加公参将衔，檄调同往。事竣，回至中途，复奉命赴藏。正值噶隆争权，阿尔布巴、隆布奈等残害康济鼐，途次据报，兼程前往。适后藏噶隆颇罗鼐欲为康济鼐复仇，带兵数千，声言不论僧俗，概行屠戮，势甚凶恶。二公议将达赖喇嘛送至工布以避之，公力争不可。二公曰："万一有失，谁承其罪？"声色俱厉。公曰："现处重围，万难脱出，即或无虞，而达赖喇嘛一去，僧俗更无依恃，人心惊惶，藏地必遭杀害。我等在此，闻信即逃，是示之以怯，非所以靖乱也。宜宣谕天朝恩威，许为查拿凶犯治罪，以复康济鼐之仇，并责以擅动兵戈，惊扰藏地，获罪不小。'念尔蠢番一时为义忿所激，我等尚可奏恳天朝网开一面。若尔不及早退兵，我等奏闻，罪当万死。'如此剀切开导，又见天使在此，自必畏服，重围可以立解。"二公不能用。再商之达赖喇嘛，坚闭寺门不出。公因事不可迟，遂盛服登最高碉楼，俾颇罗鼐望见，知为汉官，乃令通事将前议备细译谕，往来数次，颇罗鼐将兵撤聚一处，并求见钦差一面。公至寺，备述所以，二公始来，颇罗鼐益信不疑，将兵退驻二十余里。公同二公商之，达赖喇嘛将各犯逐一拘齐，颇罗鼐将兵退回后藏，请罪候审。

其时康济鼐被害及颇罗鼐妄动情形，已经达赖喇嘛先后奏闻，奉旨调发川、陕、云南三省官兵，钦差都察院左都御史查公总领赴藏办理。及闻颇罗鼐退兵待讯，留兵中途，兼程赴藏，将阿尔布巴等讯供，拟罪结案。同查公至藏者，副都统迈公禄、銮仪使周公瑛、西宁镇周公开捷、永昌协副将马公纪师、西凤协副将周公起凤、波罗协副将惠公延祖、泰宁协副将杨公大立，咸以公之识力胆量，一身兼备，仓猝而遇急难之事，不事张皇，使之永消瓦解，尤人所难为。群公推服如此。仰蒙世宗宪皇帝宸衷简在，即补授洮岷协副将，不数月，复荷补授延绥镇总兵，赐戴花翎，并赏帑金。制备行装，随宁远大将军岳公出师巴里坤数载，于军营奉有补授四川提督之命。大将军委赴兔尔番，搬取回民赴哈密，其中情节多端，办理殊属棘手。公多方筹计，有可从权者，不避专擅之咎，一面酌办，一面报明大将军。查公据情入告，奉有“俱照颜清如所议办理”之旨，公感极涕零，益加奋勉，殚心图报，不遗余力。

乾隆二年，撤师赴京，陛见，蒙高宗纯皇帝诏对三次，详悉询问，亲承天语，训勉谆切。补授湖广提督，赴楚任事。董率训练，使伍卒咸成劲旅；砥砺廉隅，俾属员共矢清操。地方营伍官常事宜，与督抚札商，知无不言，言无不尽，督抚俱见采纳。无何，以脾泄旧症复发，兼之楚省潮湿，更患腰疼。

乾隆四年具折请休，奉旨允准，于乾隆五年回蜀，养疴林下，不入市廛。至乾隆二十九年，因病寿终，享年八十一岁。

校勘记

〔一〕“溷”，存古书局本作“泅”。

〔二〕“三”，存古书局本作“二”。

〔三〕“一”，存古书局本作“二”。

〔四〕“绩”，存古书局本作“勣”。

〔五〕“摽”，存古书局本作“标（標）”。

〔六〕“各”，底本阙，此据存古书局本补。

〔七〕“渠”，底本作“最”，存古书局本作“渠”，是。案：渠魁，即首领。《书·胤征》：“歼厥渠魁，胁从罔治。”孔传：“渠，大。魁，帅也。”孔颖达疏：“‘歼厥渠魁’，谓灭其元首，故以渠为大，魁为帅，史传因此谓贼之首领为渠帅，本原出于此。”

〔八〕“諰”，存古书局本作“踶”。

〔九〕“发”，底本作“法”。

〔十〕“处”，底本阙，此据存古书局本补。

〔十一〕“斤”，底本作“金”，据存古书局本改。

〔十二〕“洙”，底本、存古书局本俱作“沬”，形近而讹。

〔十三〕“长寨狆”，底本阙，此据存古书局本补。

卷　五

儒　林

费　密　锡琮　锡璜

费密，字此度，号燕峰，新繁人，经虞子。年十四，值父经虞病剧，医言知粪甘苦，可决死生，密尝粪觉苦，病果起。

崇祯甲申，流贼张献忠犯蜀，密年二十，为书上巡按御史刘之渤，言四事。练兵一，守险二，蜀王出军饷三，停征十六、十七两年钱粮四。仓卒未果行，贼遂陷成都，密展转迁避，得不遇害。

丙戌，入什邡县高定关，倡议为寨拒贼，贼乘间劫营，设伏待之，不敢犯，一方以安。时经虞仕滇，以家遭大乱屡乞休，密闻之，遂只身从兵戈蛮峒入滇。

丁亥，奉父归，入建昌卫。十月至黎州省母，十二月复入建昌，过相岭，被凹者蛮掳去。

明年戊子赎归，会杨展镇嘉定，闻密名，遣人致聘焉。因说展屯田于雅州龙门，复于青神江口，命人沉水，得张献忠弃金，为民间买牛种，余赀悉给诸镇，得久与贼相持十月。同展子璟新复屯田于荥经瓦屋山之杨村，入叙府，遇督师吕大器，署为中书舍人。内江范文茨见密文，大惊曰："始以此度有经济才，不知此度词客也。"是时密与成都邱履程、雅州傅光昭以诗文雄西南，称"三子"。

己丑秋，杨展为降将武大定、袁韬等所害，密与璟新整师复仇与贼战，身自擐甲。时营在峨眉，裨将来某与花溪民有衅，诈称花溪民下石击吾营，势且反，以激璟新，璟新遽署檄讨之。密力争曰："花溪吾民也，方与贼战而杀吾民，彼将去而从贼，是益贼也。"乃止。率残卒复与璟新屯田于瓦屋山。

庚寅七月，还成都省墓，至新津，为武大定贼兵所劫，十月又为杜汉良掠送大定营中，几被害。十二月，乘间还杨村，复窜身西域不毛之地，堕深阱，伤其足，至跛。辛卯四月，归新繁旧宅，皆为灰烬。

明年癸巳二月，至陕西沔县，遂家焉。当时公卿将相闻密名，争相延致，留杨展父子幕最久，所至屯田为持久计，而天命人事已故，是以大功不就。已乃究心《内经》《伤寒论》《金匮》诸书。后闻二程见人静坐，便叹为善学。

丙申，与破山门人通醉论禅。四月遂入静明寺，杂僧徒静坐，坐六七日，心不能定，自厉曰："百日之坐尚不能自定，况其大者乎?"誓不出门，半月余乃定。尝言始半月，视物疑为二，如履在床前，心中复有履，久之，胸中见红圈，渐大至肌肤而散，颇觉畅美。一夕，闻城濠鸭声与身隔一层，如在布袋，良久忽通鸭声，水流入身中甚快，乃叹曰："静坐，二氏之旨，吾儒实学当不在是。"自后益有志古学矣。

丁酉十月，携家出沔汉，戊戌春至扬州。时王司寇士禛司理扬州，见密古诗，以为绝伦，而尤爱近体"白马岩中出，黄牛壁上耕"，"鸟声下杨柳，人语出菰蒲"，"大江流汉水，孤艇接残春"等句。当时咸谓知言。尝流寓泰州，州守为除徭役。

辛亥，居父丧，悉遵古礼，冠衰皆仿古自制，三原孙枝尉见之，自谓弗及。服阕，以父遗命往事孙征君奇逢。一日，论朱、陆异同，密进言汉唐先儒有功后世，不可泯灭，征君大以为然。又与考历代礼制之变，逾月辞归，征君题"吾道其南"四字为赠。丙辰冬，闻孙征君卒，哭于泰州圆通庵，设主受吊，冠细麻，加粗麻一道横于上，衣用白布。二十一日始焚主出庵，心丧未去怀也。

丁巳，入山东提督将军柯永榛幕，会举博学鸿儒，永榛屡欲论荐，力辞乃止。乙丑修《明史》，颇采旧臣遗佚者，密涂泥入都，奉其父行状入史馆，涕泗沾襟。在馆诸公皆为感动。己巳大病，寻愈，乃自定生平所著诗书。辛巳六月，病下痢，遂不能起，年七十有七。门人私谥"中文先生"。

密少遭丧乱，经历兵戈，中年迁徙异国，足迹遍天下。晚年穷困，阖户著书，笃守古经，倡明实学，以教及门。尝谓子锡琮、锡瓒曰："我著书皆身经历而后笔之，非敢妄言也。"凡与诸生论经术及古文诗词，必本之人情事实，不徒高谈性命，为无用之学。天性和平，与人无忤，终身未尝言人过，人有机相向者，淡然处之。村居数十年，著书甚多，尝从古经旧注，发明斯道定旨。谓三代而后，汉唐以下诸君，皆能抚绥万类，厘正典章，使衣食足而礼义兴，此即道之见于政治者也。后世儒者，去实而就虚，陋平而骛远，空言性命，不求诸事功，私立道统之名，于是羲皇以来尧、舜、禹、汤、文、武，裁成万物、表正四方之道，不属之君上而属之儒生，乖谬实甚。司马迁曰："天下重器，王者大统。"惟天子得以名之，诸侯尚不敢干，况士乎？因序古今有道之君为统典，纂古今文武忠义之臣为辅弼，录七十子传人为道脉谱，并考古经与历代正史，旁采群书，序儒者授受源流。为传八百余篇，儒林二千有奇，谓不宜尊宋儒而黜汉唐以来学者于不问，其论甚正。著《中传正纪》百二十卷、《宏道书》十卷、《圣门旧章》二十四卷、《文集》二十卷、《诗抄》二十卷、《河洛古文》一卷、《尚书说》一卷、《周礼注论》一卷、《二南偶说》一卷、《瓮录》一卷、《中庸大学古文》一卷、《中庸大学驳论》一卷、《太极图纪》八卷、《圣门学脉中旨录》一卷、《古史正》十卷、《史记补笺》十卷、《历代纪年》四卷、《四礼补录》十卷、《古文旨要》一卷、《蚕北遗录》二卷、《奢乱纪略》一卷、《荒书》四卷、《笭箵归来晚暇记》四卷、《历代贡举合议》二卷、《二氏论》一卷、《题跋》六卷、《尺牍》六卷、《诗余》二卷、《杂著》二卷、《费氏家训》四卷、《长沙发挥》一卷、《王氏疹论》一卷、《金匮本草》六卷、《集外杂存》六卷、《补剑阁芳华集》二十卷、《雅伦》二十六卷，共三十六种。蜀中著述之富，自杨升庵后，未有如密者。杨主综览旧闻，密则独摅己见，较杨更精。

密生平得力于古注疏，谓古注言简味深，平实可用。后儒即更新变异，卒不能过，古经之存，专赖此书。次则尤熟《史记》，枕籍其文者八年，于诸子则熟《南华》，于八家则爱昌黎，故所为文，浩然如水之无涯，而未尝骋才矜气也。为诗则以深厚为本，以和平为调，以善寄托为妙，常戒雕巧快心之语。教门人及子弟诗文法最精严，不轻许可。故凡闻其余风者，下笔率有法度，书法古劲，人得片纸皆珍藏之。

子二，长锡琮，字厚蕃。为人慷慨任事，方正不阿，克承家学，绝意仕进。以诗古文词名，著《阶庭偕咏》《白雀楼》诸集。人称"直敏先生”。

次锡璜，字滋衡。诗尤沉雄峻拔，高出前人，乐府直追汉魏，为世传诵，著有《掣鲸堂集》，人称“孝节先生”。滋衡遵父命自扬州还乡省祖墓，时兵燹甫定，道路榛莽，间关万里，不殚险艰。与密尝粪事略同，父子称孝，尤为难得。初，滋衡未有诗名，康熙丙子，安徽观察张鲁庵霖由皖至秣陵，宾从皆一时诗人，此度、滋衡亦与焉。鲁庵舟中出唐宋书画赏鉴，令各赋诗，限七阳。此度云：“飞蝇墨点弹屏小，舞剑工深濡发长。”梅勿庵文鼎云：“龙蛇势与沧波动，云树遥连远岸长〔一〕。”商介庐和云：“四海宾朋文举坐，千秋骚雅米家航。”张逸峰坦云：“点蝇误拂微污墨，悬蚓惊看古硬黄。”时滋衡齿尚幼，侍父侧，独默然，鲁庵曰：“令公子何不作？”此度曰：“初拈学笔，恐致贻笑。”诸公强之，遂赋曰：“玉笈名山屡代藏，古人手迹辨微茫。晴江影动蛟龙气，素练寒生粉墨光。苦茗啜残移画桨，折钗评罢促飞觞。闲身欲赴沧浪里，卧对烟林到夕阳。”一坐皆惊，贺此度曰：“此君凤毛也。”自是名大噪。生平豪放不羁，大江南北名士多折节下之。合肥李司空尝欲荐举宏博，谢免。后游燕赵，入大梁，往来皖颍间数十年，都无所遇，益慷慨悲歌，发之于诗。登之罘，投其诗于海中，痛哭而还，盖伤其才无所见，而求交于天吴紫凤也。因侍父江东，不肯远离，每遇故旧，辄绸缪依恋不忍去，诗中思蜀之作，往往声泪俱下。《蜀图》及《北征哀鸣曲》诸篇，尤极凄惋。至今蜀中谈诗者，尚推费氏为大宗云。

余　嵩

余嵩，字生生，号钝庵，青神人，明大司马肃敏公裔，世授卫指挥千户。值流寇乱，黄冠羽衣避难江东，卖古文诗字自给，不喜入富贵门，亦不喜赠富贵人诗。诗工汉魏及六朝，唐近体不屑也。尝过江都，与野人高士游，寓吴门客舍，自言为梅花作主人。康熙乙丑仲夏，卒于琼花观中，时年七十有九。有《增益轩草》，共五七古诗若干卷。易箦时属其甥焦氏付其友张谐石选辑，焦竟失其稿。新安姚纶始于扇头壁上搜录遗诗，仅十余首，不能窥其全豹，通国传为恨事。

植敏槐

植敏槐，字穉青，邛州人。顺治辛卯乡荐。明季寇屠邛郡，书籍多毁，敏槐家藏《礼记存要》一书，潜心研究，承平后邛郡诸生治《礼记》者，皆赖其传。筑室白鹤山南，教授生徒二十余年，学者称“鹤山先生”。

林明儁

林明儁，字位旂，学富经史。甲申献贼陷蜀，从阁部王应熊讨贼，筹画多中。后以病假归，隐居著述。有《澹远堂》《巴子园》《梧桐居》等集行世。子坚，康熙壬子举人。

李　瑨

李瑨，字宕山，号梅岑，渠县人。顺治甲午孝廉，官凤阳知县。梅岑为仪部青黎先生长子，青黎名含乙，以献贼入蜀，聚乡勇千余堵御，力战死，本朝赐谥“忠节”，列入祀典。梅岑幼遭丧乱，东奔西窜，艰苦备尝，及国朝定鼎，诸寇荡平，始得潜心于学。中本省乡试，又游吴越，历闽海，荏苒三十年，未得一第。

其嵚崎磊落之概，一寄之诗，凌云吐凤，流徵飞商，皆王、孟、高、岑佳境。晚令凤阳，吏治亦卓然称善。著有《片石斋集》行世。又有《集唐》一卷，多哭兄悼亡之作，情深语挚，巧合天成。营山李雪樵题云：“梅岑先生性耽佳句，雅好长吟。孝瑜多才，十行俱下；正平夙慧，一览无遗。石鼓玉笥，时携蜡屐；笔花墨渖，日缬奚囊。花萼之集久成，欢生姜被；琴瑟之声静好，隐遂鹿门。固极天伦之游休，诚吾党所企羡者矣。洎乎一行作吏，万里辞家，猿鹤之盟未寒，松风之梦固在。香炉茗枕，虽杂薄书；砚蠡笔床，犹供啸咏。故宫蔓草，写废径之哀湍；旧垒斜阳，赋沉沙之折戟。何来家问，频接讣音。灵运云亡，谁梦阿连之句？彦先羁宦，徒传赠妇之篇。爰来唐联，集为近体。发悲思于四韵，地掷金声；惊巧手之七襄，调成黄绢。秋风萧瑟，听鹤唳以何堪？夜月凄清，睹鸳影而无那。呜呼！人琴并已，子敬之痛良深；芝草难寻，奉倩之神愈切。缅兹佳什，孰不怆怀？期我同人，共为属和。”云云。可以想见其风致矣。

李　珪

李珪，字公执，号鹤汀，瑨之弟。顺治丁酉举人，官宁德县知县。学问渊博，尤工韵语，有《说剑斋集》为时传诵。其自序云："吾少也孤贱，才地既弱，与人无患，又以先大夫殉难，故乡里怜其忠臣遗孤，多所周恤。顺治中，偶登一榜。遂北游燕，南之吴，历伊洛关陕，每逢名胜览眺，见有题咏之作，辄复玩味，亦未尝有所臧否。自以乘时进取，帖括为先，不复计及声律。日月易逝，忽忽十年，三刖卞生之足，重洒刘氏之洟，乃抑郁不自适，勉为诗歌，聊以写其胸中之蕴。遇有良辰美景，或宾客唱酬，乘兴落纸，率尔成篇，都忘工拙。辛亥令鹤城，鹤城濒海，去京师极远，回首巴山，盖万里焉。邑小而疲，语言不通，除簿书钱谷外，别无事事。以故风晨月夕，野馆孤亭，多所吟咏，因名其篇曰'说剑'。夫剑者，侠士之所宝也，某遭逢圣世，有何不平而欲说剑？然龙泉太阿，滞在丰城，向非张雷博识，至今尚未有知者，虽紫气竟天无用也。乃知世不乏剸犀切玉之器，顾未得风胡耳。欲抉面屠肠，探丸进炙而后说之，不亦过乎。夫剑亦各随所适耳，有天子之剑，有诸侯之剑，有庶人之剑，庄生言之甚详。予巴里下人，偶尔习气未除，藉以发其块〔二〕磊，所谓牛刀之试，小鲜之烹。使巴童荡桨，宾女持节而唱之，亦竹枝欸乃之余韵耳，有讥其不类者，亦刻舟之见也。爰次其颠末，俾同志者陶镕而锻炼之，以成青萍结绿之选，尤钝夫之所厚望也夫。"

唐　甄

唐甄，字铸万，达州人。少嗜学，状貌短小，而刚直亢爽。顺治丁酉举乡试，授长子县知县，有善政。甫十月，以逃人挂误去官。僦居吴市，萧然四壁，炊烟时绝，著述不辍。其学以良知为宗，贯穿经史，非秦汉之书不谈。所著《潜书》九十七篇，宁都魏禧极称之，其婿王闻远刻以行世。又有《毛诗传笺合义》《春秋述传》《潜文》《潜诗》《日记》若干卷。

李　蕃

李蕃，字锡征，通江人。顺治丁酉举于乡，官山东黄县知县。锡征读书好古，能独摅所见，读杜牧《咏木兰》有“梦里曾经画蛾眉”之句，谓失木兰本色，因反之云“揽辔提戈坐锦鞯，长途无复看花钿。若教有梦眉重画，火伴先惊十二年。”其不随人俯仰类如此。著有《雪鸿堂集》。子钟璧，字鹿岚，康熙丙子举人，官广西平南县知县，著有《燕喜堂诗》。次子钟峨，字芝麓，康熙丙戌进士，官至太常寺少卿，著《垂云亭集》。时称“通江三李”。

先　著

先著，字渭求，号蠲斋，泸州人。本神童先汪之后，学极博洽，尤工于诗赋。献贼乱蜀，后流寓淮南，大江南北诸名士，往来唱酬无虚日，故遗稿盛传于世。沈归愚《别裁》所选十数篇，皆戛戛独造，高出时流，然片羽吉光，犹不足尽箧中之宝也。著有《之溪老生诗》《劝影堂词》各若干卷行世。

汤学尹

汤学尹，号勉斋，黔江人。康熙癸卯孝廉。黔邑兵燹之余，经学失传，勉斋阐明《易》理，教授生徒，盛暑严寒不辍。值吴逆之叛，遁迹山林，不入城市，学者称“勉斋先生”。

张象枢　象翀　象华

张象枢，字四水，安岳人。康熙癸卯举人，有《雪浪斋集》。其弟象翀，字六飞，康熙甲辰进士，官至胶州知州，有《处和诗集》。象华，字五华，诸生。俱以诗名，时号“安岳三张”。

杨　岱　杨崑　杨岐

杨岱，字东子，彭县人。康熙丙午举人，有《村山诗集》。其弟崑，字葛山，号中洲，有《三树堂诗集》。岐，字周子，有《碧萝亭稿》。三杨俱以诗名，而东子尤矫矫特出，如百战健儿，三鼓而气不竭。魏惟度云："余读东子诗，气力沈雄，知为词坛英俊。近董耕伯、蔡方山从维扬来，道东子天才秀发，器宇深沉，非流辈所及。侍乃翁研连先生，恂恂有礼，不特其诗之妙也。益叹余暗中摸索，因其诗而知其人焉。"

杨兆熊

杨兆熊，什邡人，康熙己酉举人。任湖广汉阳令，多惠政。后解组归里，教授生徒，原本经术，粹然一出于正。至今士林重之。

李以宁

李以宁，号雪樵，营山人。康熙壬子举人，官至三水县知县，以经术饬吏治，大著循声。长于文，名重一时，著有《绥山草堂集》十卷。出王阮亭先生之门，与施愚山、梅耦长辈游。诗尤多肮脏磊落之气，有《峨眉赋》，设为绥山先生问答，词气直逼两京。近代剑南作者，群推为巨擘云。

李　甡

李甡，字楚材，渠县人。康熙辛酉举人，有《濠梁诗集》。楚材为梅岑、公执犹子，其气纵横排宕，亦与梅岑、公执相埒，时号"李氏三杰"。

李　谟

李谟，字采臣，富顺人，康熙甲子乡试。性孝友，慷慨好义，其友人杨文兹卒于都，谟为经理后事，扶榇回籍。后任河南太康令，有廉声，寻致仕归，依然寒素。平居言动不苟，教授生徒，每以收放心为务，又谓圣狂之别，须于起念处省察。尝设教岺山，学者称为"岺山先生"。

傅作楫

傅作楫，字济庵，号雪堂，奉节人。康熙丁卯举人，海盐许时庵所得士也。由广文选直隶良乡县知县，以军功保举御史，典试浙江，历升至都察院副都御史。缘事出戍辽阳，嗣因征厄鲁特督办粮饷，数年奏凯，后以军功议叙归。

生平于书无所不读。诗尤悲壮雄浑，直逼少陵。尝谓：“言为心声，忠厚质直上也，妥帖排奡次之，奇峭波折又次之。其大者，有关于世道人心，下亦不失为性情之陶写。若夫筹花斗酒，拈红舍紫，雕琢字句以为新颖，虽劳其心以求工，而无当于《三百篇》之旨。”

时庵序其集云：“傅子济庵，一代人豪，两川隽望。文锋清丽，夺锦波峨雪之华；品格端凝，挟紫电青霜之气。忆余卯岁校士益州，虽藻鉴空群，惭非永叔，而英雄入彀，喜得南丰。疑义当裁，对短檠而商榷；奇文共赏，终午夜以雌黄。事竣东归，道经西瀼，涛飞千尺，山过万重，则有连枝太守，兴访丹霞；犹子元戎[三]，幽寻白帝。万峰啸傲，弥日流连。君复携厥酒尊，饯于江浒。共搜赤甲白盐之胜，凭吊阵图鱼浦之踪。觞咏尽欢，倡酬交作，于胥乐矣，何日忘之！嗣是秉铎芹宫，继即奏刀花县。时共兵兴之役，群忧飞挽之艰。君独出库藏以给军需，免追呼而苏民瘁；遂声驰于上国，用表正乎南台。霜飞白简之花，露上皂囊之草。鼠狐屏息，乌雀无喧。特奉抡材，恩垂两浙；旋膺简要，威凛三枢。颂宏议于正事之堂，尽是廊岩谟略；镌谠言于金石之录，皆成忠爱文章。斯时也，过从无间于晨昏，来往兼多夫赠答。要岂吟风弄月，同词客之掉头；配白俪青，效诗人之叉手也欤？顾乃贞如白璧，忽遇缁尘；直似朱丝，见嫌曲木。余既负薪河畔，君亦漂梗边方；共此羁怀，能无浩叹。于焉南冠琴韵，凄凉铁岭峰头；西陆蝉声，惕息银州境内。此蛮溪椰暗，深卫公过岭之愁；而小圃雀翔，起苏子居黎之祝也。迩因寇犯西陲，自干薄伐；君遂书陈北阙，愿效前驱。维时公子王孙，闻声者愿随橐鞬；驼酭骆米，接迹者争馈壶浆。紫塞晓风，时写激昂之志；黄沙秋月，常摅[四]忠愤之怀。武侯转粟筹边，勋名卓绝；王粲铙歌入塞，气度沉雄。乃蒙温旨以还乡，遂践昔言而过舍。出一编以相质，辄三复而兴思。回首曩时，眷言此日，不无菀枯之异致，而今昔之殊途矣。然而把盏剧谈，掀髯共笑，挑灯晤对，披卷长吟，又何减纵游宴于瞿塘，极绸缪于京邸也哉！因以综其梗概，序之简端。庶知弱翰书残，悉属悯忧之意；唾壶缺尽，终非愁苦之音。读之亦可得济庵之概矣。”著有《雪堂》《南行》《西征》《燕山》《辽海》等集行世。

张祖咏

张祖咏，字又益，内江人。有《枕江堂选刻诗钞》，魏惟宪《百名家小引》云："张子以诗鸣，侨寓巢湖，大江南名公卿争折节下之。余过毗陵，与研斋李太史衡浣花才子，指首屈焉。得家学于尊甫群玉先生。近始缔交河朔，出所为诗属余论定，见其以英雄之气练儒雅之才，响中鸣球，风生玉树，几几乎视黄金白雪，牛鬼蛇神辈，皆奴隶之矣。"其推重如此。

向廷赓

向廷赓，字修野，号陆海，成都人。康熙丙子孝廉。性聪慧，博极群书。弱冠举于乡，两试春闱不第，遂绝意进取，以教授生徒为业。尤敦实行，循循尽道，人无间言。工吟咏，兼善医，尝布袜青鞋卖药市中，刀圭所及，立起疲癃。得钱即沽酒畅饮，高歌自适，虽饔飧不继，宴如也。官巴县、邛州、潼川等处广文三十余年，寒毡自守，貌若高僧。大学士鄂文端公总制滇黔时，贤其名，延至与语，深加赏识，列入荐剡，除湖南巴陵令。未几，以老病归。雍正十一年，诏举博学鸿词，当道以公名上，辞不赴。逍遥林下，作花溪老人，谓："幸生圣世，读书稽古，得与野老田夫同享升平之福足矣，劳劳奔逐胡为也？"自筑生圹，并为文以志其墓。年六十余卒。著有《伦风》十六卷、《陆海文集》十卷、《诗》十卷、《史咏》一卷、《易图贯述》一卷、《寄企纪吟》一卷、《医述》四卷，藏于家。

何　鉽

何鉽，字元鼎，号厚溪，涪州人。康熙己卯孝廉，官浙江鄞县令。著有《芝田诗稿》。元鼎有《普和看梅》绝句，甚传于世，诗云："酒沽林外野人家，霁日当檐独树斜。小几呼朋三面坐，留将一面与梅花。"

刘　慈

刘慈，字康成，号鹭溪。康熙壬午举人，授将乐令。好古力学，足迹不至公门。有《鹭溪集》。

董新策

董新策，字嘉三，号樗斋，合江人。康熙庚辰进士，授庶吉士，散馆授编修。因母病呈请终养，归籍后朝夕奉母，不离左右，逾二十年，备极孝思。川督采访士行，荐新策可大用，蒙世宗召见，慰问良久，赐貂、赐砚，赏赉甚厚，授甘肃宁夏道。在任数载，丁忧回籍，遂闭户不出，穷极经史。每有发抒，皆综理要，诗词散体，脍炙人口。年九十余，卒。制义已刊行外，有《容子山人诗文全集》暨《剑外搜奇》等书若干卷，藏于家。蔡雪南云："樗斋先生天机清妙，邈〔五〕若高僧，所在扫地焚香，得陶韦逸致。故其为诗抒写性情，一归和雅，干以风骨，藻以色泽，巧不伤理，质有其文，允当雄视词坛，独执牛耳。"识者以为知言。

龙为霖

龙为霖，字雨苍，号鹤坪，巴县人。少以才名，五官并用。康熙丙戌，年十七，成进士，声噪艺林。既肆力于典坟邱索之书，天文、地理、诸子百家靡不究心。

壬寅谒铨，得云南太和令。太和，大理首邑，民夷杂处，宿号难治。公鞫讼不尚刑威，案无留牍，民自以为不冤。后值西藏军兴，羽檄旁午，公应付措置，悉合机宜。大军凯旋，一路桀骜难调者，过太和皆欢然交赞。以去时县有奸僧，所为多不法，而挟武弁势，捕之匿不出，公执法不移，居间者无所用其巧。提台郝公以此亦赞公有胆识，遂注意于公矣。

初，太和旧例，丁粮分纳。有田已迭卖而丁名不除且迁徙别地者，追呼杖比，冤苦备至。而白土尤剧，浮粮至千数，贻累迨百年。公廉得其故，为之请命。上台以成例难之，再三申请，至欲以官任其罚。上台鉴其诚，遂为题免，凡通省有是弊者，查确概予豁除。

雍正四年，大中丞江阴杨文定公特荐，蒙世宗宪皇帝召见，问滇省吏治之贤否，民情之休戚，又问父母兄弟，亹亹不倦，如家人父子。一一奏对，条理明晰，上大悦，俾回任候升。顷之，擢授石屏州。是时公行李方在途，而宠命已至，滇人皆以为异数。石屏人文仕宦甲于他邦，居城内者士夫八九而民寥寥，每逢公事，民不堪命，公为之委曲调剂，均其徭役，士大夫皆乐从。又城垣倾圮，且无兵防守，公详请增设戍守，兼指陈利害，使士民共修城垣，众心开悟，或出力，或捐赀，功速成，屹然保障。

州有土目立勋者，父子三人，以狡黠雄夷中，尝随官军效力，得给千总札，遂有鸱张之势。公知其将来必为州患，密请饬革，以剪其翼。未几，遂有鲁魁之变，继之以茶山猓夷跳梁，立勋父子诱之攻劫。他邑多残破而石屏城坚有兵，不可动，贼引去，士民咸免覆巢之惨，然后知公赐之洪，且服其先几之哲也。

会提台郝公节制两广，奏请以公行。因见，求终养。并声言蜀粤虽遥，舟楫相通，迎养殊便，制报可。遂奉母于雍正八年正月启行，连舟出峡，遵长江，泛洞庭，径由衡阳指桂海。三月杪，乃抵肇庆摄司马事。

逾年，调潮州府丞，俄迁潮州守。剔弊厘奸，兴道设教，十一城官吏豪强屏息敛手。先是，潮之韩江水自大埔三河而下，势若建瓴，北门当其冲，常受水患，古作障山堤以御之，岁久多圮，田庐淹没。公为修筑，水循故道，民乃复业。

郡有大憝，曰余猊、陈阿兰，扇诱无赖，党羽蟠结，不轨之谋久蓄。公察其奸，而制府鄂公亦密札相属，因重赏买线，潜往迹之。久之，其人密禀，清明节俗皆祭扫，猊等必出奠祖茔。猊好酒，饮必大醉，可以擒获。公乃密会营员，各选兵役，绕道出城，而不告以故。渐近猊坟，众皆失色，以忠义顺逆激励，众咸奋勇直前。猊等无备，方酣醉，虽逞凶迎斗，瞥然就擒，其党鸟兽散。星夜解省正法，而胁从请分别从宽。数十年积痈，不动声色，一朝溃之，官民遂获安枕。后又捕凶恶林振千抵于法。此二役也，即比邻郡县亦阴受其庇焉。

潮郡东门，浮梁渡江里余，三峰平列如笔格，是为韩山。中峰之麓为文公祠，祠左下里许有陆丞相秀夫祠，祠左有废垣，仅存门榜曰“昌黎书院”。公一日过之，辄往观，愁然心动，遂决策兴复。乃核赎锾，稽公费，进海阳令龚封五而授之图。于是鸠工选材，卜日营建。前为重门，题曰“韩山书院”。升阶为讲堂。后有楼，楼左右为山长居，迤左一带为诸生习业所，用物咸备。其后左沙蜿蜒隆起，回抱院地，于上建魁星之阁，再进立乞佩亭。大门前有巨池，以亭凭之。乃征十一属之秀者而受业焉。延海阳进士翁海庄、彭泽教谕杜肯亭为之师，每月课必率郡同寮及海阳令亲往，暇则独造，进诸生为之讲贯。学士百数十人，月给膏火，课试卷酒食，前列有旌赏。有闻风来学者，遍邻封之士，学舍至不能容，于陆祠增修。一时声播全粤，上台闻而深嘉之。各制榜联，以标其盛。而士之蒸蒸起者，词林如饶平詹君肯构，部郎如程乡蓝君钦奎，进士如海阳梁君作则、蔡君跃、谢君升庸，莫不联翩迭上也。而公母思归甚切，公送至会城，面恳列宪求侍归养。制府鄂公、中丞杨公、观风使焦公咸委官挽留，乃议先送潘舆旋里，而留公治潮，此雍正十年冬事。

越二年，大埔令杨麒生以贪污被揭革职，公中蜚语去官。恭逢高宗纯皇帝御极，蒙召见起用，仍坚请终养，吏部为之说堂，始得请。遂星驰还渝，备极孝思。

家居二十年，与知己数晨夕，结诗社，极诗酒唱酬之乐，所著有《荫松堂诗集》《读史管见》行世。而精心独诣者，尤在《本韵》一书，以五音七均参入韵理，并通其邮于变宫变徵，而十二律闰律循环相生，相通不相通之处，绘图立说，分别入微，使三代以上之音粲然复明，其旨洵暗室一灯也。韵学自周容、沈约定为四声后，隋唐及宋作者用之，相沿不废。郑渔仲、吴才老、杨升庵之徒，窥见其谬，多所救正，近日顾亭林、毛西河、邵子湘亦博加考证，均有所见，究不能洞悉其原。雨苍一洗而空之，独摅己见，考据精详，诚韵学家指南。工书法，草学二王，真行学鲁公，时或游弋于虞欧颠素之间，而指书尤绝诣，所谓才大无所不兼也。

易 简

易简，字位中，酆都人。康熙壬辰进士，授庶吉士，官编修。解组归，闭户高卧，日读《汉书》一篇，不慕荣势，有一邱一壑之风。晚年掌教锦江书院，造士尤众，顾息存、李敬伯皆其入室弟子也。主锦江讲席时，有阴挤之者，位中适作雪诗，徘徊庭下，忽得句云："几回狂舞冰消易，一落蹄涔激浊难。"甚喜其佳，亦可想其胸次矣。子龙图，甲子举人，官甘肃敦煌县知县。

宋子嗣

宋子嗣，字振商，号大郇，夹江人。康熙甲午，以明经领乡荐。笃学淹雅，诗古文辞靡不称善，尝手订《易》《诗》《书》《春秋》并四书文千百余首，学者宗之。

雍正十三年，授直隶广昌县令，甫下车，即首清积弊，凡不便于民者，悉行罢之。邑自晋归直，旧有丁徭之累，有身止一人，每岁须输丁银五六钱至一二两不等。公援闽省南坪之例，沥情通申，制宪为之题请，摊入地粮征收银一千二百五十六两，余银一千四百九十三两，奉旨豁免，民困以苏。邑有牙庭村民被劫，事主报某涂面劫财甚确，公偕同城都阃拿获。及庭讯，知为良民被诬，概行省释。同官文武暨绅士兵民，佥谓公袖手问贼，而事主旦赴州上控公，概置勿论。越两月，旋于宣属缉获真盗张明太等四人，人始服公如神。后以疾辞还乡。

子楷，字端书，号素我。乾隆丙辰以拔贡领乡荐，丙戌，任湖北远安令。远安邑四面皆积塘水灌田，岁旱水缺，则无收。公莅政之日，即相视原野，凿山开堰十有七座，所灌田亩，及乎邻邑，时有立生祠祀之者。卸任之日，两袖清风，识者多其世德云。

周开丰

周开丰，字骏声，号梅崖，巴县人。康熙庚子孝廉，官福建龙崖州州判。梅崖与龙雨苍、何元鼎等结诗社于东川，啸歌自乐，不以利禄动其心，故其诗潇洒出尘，有纯儒气象。

傅辉文

傅辉文，字晓亭，号筠溪，简州人。雍正甲辰进士，官广西桂平县知县，历升梧州府通判，直隶郁林州知州，缘事降调家居。十年，起为太康县令。罢官回籍，教授生徒，资馆谷以糊口。工诗赋古文，著述甚富，有《承翼堂集》行世。

张奇瑞〔六〕

张奇瑞，字冠玉，号鹤峰，汉州贡生，即云谷之祖也。邃于经学，凡天文、地理、医卜、风角诸书，靡不究极精微，而尤以立品为先务。年二十，应举子试，不售，遂绝意进取，以课生徒为业。暇则布衫芒屦，徜徉山水间，随意歌啸，藉以自适。诗沉着痛快，颇近少陵。《题涌泉》云："万派灵珠涌，双泉玉液分。源通沧海脉，气拂蜀山云。水利农家溥，楼台宋室闻。竞传天旱日，祈祷雨花纷。”《君平卜台》云：“不见通天井，犹闻卜卦台。大名动星汉，遗迹傍城隈。丹篆羲文接，鸿书道德该。重吟蜀都赋，皭若仰昭回。”《金雁桥》云：“汉代名桥在，垂虹雁翼传。桓侯留战迹，韦相有遗编。酒忆鹅黄美，波分鸭绿妍。只今江岸侧，烟火万家联。”《万人坟》云：“草杀轮川北，流氛毒石亭。万人歼此地，九庙哭无灵。谁遣狼烟入，空令雁水腥。至今埋骨处，风雨昼冥冥。”数诗皆力争上流，非宋元以下所能望其肩背也。

李 专

李专，字知山，江津县贡生。学极渊博，曾与修《四川通志》。少以诗自豪，放荡不羁，与巴县刘康成友善，晚交崇宁蔡雪南，自谓平生得此二友。有《赠湘潭进士刘暐泽续娶》诗云：“不用将缣来比素，须知是凤必求凰。”人多传诵。又《吊驴》云：“茹草何曾耗秫田，主人情薄尚加鞭。化为乌道一坯土，愁对蚕丛万壑烟。野店斜阳山下路，小桥流水雪中天。只今行役将谁恃，懒向孤村问钓船。”又《昭君村》云：“空舲峡里近花晨，一线天低不见春。肯信山川如此险，钟为窈窕竟无伦。红颜兔颖描难肖，青冢龙沙怨未伸。世代屡移遗迹在，琵琶休拨暮江滨。”皆隽永可味。

彭端淑

彭端淑，字仪一，号乐斋。世为丹棱望族，同怀兄弟七人，公其仲也。幼而颖异，十岁能文，弱冠后益潜心于学，力追古人。与兄又仙、弟仲尹、磬泉读书紫云山，不下山者五六年。雍正丙子登贤书，癸丑与仲尹同捷南宫，授吏部主事，仲尹授刑部主事。乾隆丁巳，磬泉由乙卯解元成进士，选庶常，改授兵部。公诗云“主恩兄弟三分部”，盖志遭逢之盛也。其时簪绂交辉，各以文章知名于世，往来赠答，多艺苑英流，故都门有“三彭”之称焉。乙丑，升本部员外郎。丙寅，进阶文选司郎中。丁卯，分校京闱拟墨，出诸城，相国刘公首称之，同事十八房多负重望，及阅公作，咸敛手推服，于是诸馆阁曹司造门求文者日相属。南北知名士如蔡芳三、胡稚威、窦东皋诸人，尤尊称之，谓为不世之才。乙亥，擢广东肇罗道，肇罗为粤省要缺，与制军同城，凡巡边及盘察多委焉。公以冰操自矢，敬慎无私，每出巡时，驺从不过一二人，所至州县，禁迎送，有事亲诣公堂，吏胥不离左右，妨[七]弊甚严。事竣即归，不受州县丝毫馈送。民间或有不便，悉为经画得宜，舆论翕然归之。省中书院有名无实，二十余年少乡荐者。公延名宿何梦瑶掌院，严为月课，增其廪禄，每暇则至讲堂为之指授，三年中式者十余人，士风一变。是时州县自理事件未结者三千余案，制军以让藩臬，藩臬诿公办理。公赴各处，权其情事之轻重，当结者即行批结，当审者即拘质审，不恃击断之能，一一开诚布公以示之。人各输服。旬日之间，积案俱清，一时有神明之称。归省后，制军杨公握手引之上座曰："以君之简默，疑不足以集事，而所能如此，可敬之至。"拟首荐，未几，杨公去，遂不果。接任相国李公，檄运米广西，其时船户运户及在事吏役，百弊丛生。公外若浑沦，内实精核。至交卸，卒无縻失。及回东，舟行海隅，夜出望海，误堕水中，人无知者，足下如有物负之行，约十数里竟不坠。久之，家人始觉惊呼，公曰："在此，无滋扰。"因援手而上。公曰："人于宦途不满意辄以咎人，此谁挤之者？今不葬于鱼腹，天于我厚矣，复何望焉。"遂决计告归回籍。后当道延聘掌教锦江书院，造士尤众。居林下十余年，善气迎人，绝无官状。遇乡老高年，必盘旋叙旧，即接后进，亦平易如常，故知与不知，咸称盛德。年八十一卒。著有《白鹤堂今古文集》《雪夜诗谈》《晚年诗稿三编》行世。论者谓："蜀中制义，自韩太史琢庵后，董樗斋继之，为能发摅经旨；诗自三费后，傅济庵、王楼山两家继之，为能步武唐贤。古文散体则绝少问津者。白鹤堂时文学归、唐，诗学汉魏，古文学左史，皆诣极精微，几几乎跨越一代，独有千古矣。"至今士林奉为圭臬，称"乐斋先生"。

彭肇洙

彭肇洙，字仲尹，丹棱人。雍正癸丑进士，由刑部主事升河南道监察御史。仲尹与乐斋为孪生兄弟，科名官阶亦略相同，在都时，与弟磬泉俱以文名，号"蜀中三彭"。著有《抚松亭文集》行世。

杨凤庭

杨凤庭，字瑞虞，号西山，新都人，太史凤冈之弟也。乾隆丙辰孝廉。幼负奇姿，读书过目不忘，六岁就塾师，端谨如成人。不二年，《四书》《五经》俱成诵。案头置周子《太极图说》，爱玩不置。师曰："此理学精粹之书，汝何能知？"曰："理本无穷，读此易晓耳。"因历陈阴阳五行化生万物之旨，一一皆如夙悟，师惊曰："少年有此，异日必为理学名儒。"丙辰登贤书，丁巳会试不第，益奋志研稽，博览十三经、廿一史，辨论古今人物得失，并究心天文地理、医卜星象、奇门纳甲诸书，为之穷源溯委，以晰其阃奥。有造门请谒者，口指手画，多前贤未发之蕴，故闻其绪论者，心目洞开，莫不畅然得其意以去。尝语人曰："天下义理无穷，吾惟以《易·系辞》作定盘针，庶不误入旁门耳。"精岐黄术，与人治病，应手辄愈。黄制军廷柱在川前后十余年，极敬先生，拟列荐剡，力辞乃止。开制军以温车迎至署，屡设皋比讲《易》，曰："我朝深明《易》学者，先生一人而已。岳大将军赠先生诗有曰：'大中理学先明道，老髯文章接颍滨。'盖谓先生讲道克继明经公之后，著作直与太史公并传也。"晚年习静，喜谈玄，发两月一剃。著《易经解》《道德经注》《医学》诸书。卜地青城万山中，曰："我死百年后，必有克振吾业者。"年七十余卒，学者称"西山先生"。

彭遵泗

彭遵泗，字磬泉，丹棱人。乾隆丁巳进士，授翰林院庶吉士，官至江防司马。磬泉有文名，领乙卯乡荐第一，众论翕然。尤长于诗古文，诗由小杜溯源少陵。著作甚富，未梓，后人为刻《丹溪遗书》若干卷行世。

高继光

高继光，字熙载。雍正壬子举人，乾隆丁巳进士，授庶吉士，散馆官编修。工制义，诗古文皆力臻古人堂奥。著作甚富，死后被友人取去，俱散失无存。

许儒龙

许儒龙，字水南，郫县人。举博学宏词，与彭乐斋兄弟、蔡雪南等友善。性恬澹，所居扫地焚香，时以一琴一鹤自随，有飘飘出尘之风。

著述甚富，门人为刻《岷南诗草》行世。

周国器

周国器，字玉潭，大竹人。乾隆辛酉科由选拔中式，壬戌会试明通，甲子补新都县教谕。玉潭师少贫，目短视，性澹泊，他无所好，昼夜诵读不辍。年十六，补弟子员，试辄冠军，苦无力赴省试，杜门不出，亦绝不计及功名。至辛酉，年三十矣，选拔成均，大竹令某器之，资以费，始至成都乡试，遂登贤书补官。后以教授生徒为业，邃于经学，每有阐发皆前贤所未有。从游之士出其门者，多至二千余人，发科甲者指不胜屈。常作《谦德铭》以示教，光风霁月，时人比之濂溪。著有《桂湖讲义》及诗文若干卷。

邓　伦

邓伦，字启畴，雅州人。乾隆辛酉孝廉。学问渊博，考据精详。诗与古文皆卓然成家，而尤长于制义，每试必冠其曹，或时为旁舍代草，亦必前列。至甲子以科场事发被褫，遂无意进取，以教授生徒为业，批点十三经及《四书正解》，极为精确。门下登贤书、成进士、官词垣者，指不胜屈，当道亦多聘主西席。岳大将军延教其子濬数年，每课一题，必自成数艺，共得五百余篇，多出人意表之作，揣摩家奉为至宝，后竟遗失，识者惜之。

蔡时田

蔡时田，字修莱，号雪南，崇宁人。乾隆壬戌进士，授庶吉士，官至御史。有《雪南集》。修莱天才超拔，诗文俱极沉博绝丽之观，以科场事发论死，人皆悲其事而惜其才。有《古剑》四首，其一云："化龙跃入江，神物原无主。秋坟走妖狐，静夜腾金虎。出匣划有声，俨与雷电语。肝胆蚀泉泥，千金重一许。"其二云："神光含古木，怪异动帏幌。仇雠隔千里，在处时一响。壁间弢以室，精灵自来往。白气每插空，徐收入柱磉。"其三云："铸成毙千人，入土锋仍淬。光气入斗间，星辰失其位。世路归坦夷，仗之轻细碎。把与结死生，天涯一灯背。"其四云："床头时一鸣，匣里锵秋水。囊之十余年，天壤无知己。耻与盖聂论，归来自磨洗。骑驴入大梁，向人不为礼。”峭刻坚凝，绝似长吉。

林中麟

林中麟，字素书，号俨斋，泸州人。性颖敏。康熙己亥，年十四，受知于督学江南方石川先生，补博士弟子员，兼惠缣缯数事，镌其文而叙其所以鉴赏之故，一时有神童之称。雍正己酉，选拔朝考第一，乙卯中本省乡试。乾隆丁巳恩科会试，以明通榜授简州学正。壬戌成进士，仍回原任，以教授衔管学正事，继选广东广州府三水县知县。丁忧，赴补云南大理府浪穹[八]县知县。再丁艰，赴补授北直永平府昌黎县知县，任满推升广西庆远府河池州知州。

公生平于书无所不读，而理境异同之辨，尤究极精微，发为文章，无几微蒙翳。福建郑石幢、江南储越渔[九]两先生皆亟称之。司铎简州十三年，造士孔多。及居县令州牧，清操自矢，壁立千寻，从无敢干以私者。而用刑则慎之又慎，一切命盗大狱，从容审鞫，不事刑求。十数年解审之案，亦未有妄招反供者。故所至民安，所去民思。真明体达用，不愧古循吏所为。河池卸事后，囊空如洗，几不能归，同寅友生助之而后返里。晚年刻《冲然堂今古文集》若干卷行世。

何飞凤

何飞凤，号雨压，泸州人。乾隆甲子举人，官安徽和州州同，在任十余年，勤慎自矢，大宪廉其才，调补芜湖令，部以衔大缺小议阻。后叠署舒城、天长、颍上，俱值亢旱，公虔心祈祷，甘霖应时而至，有雨泽随车之颂。庚子，委署本州篆，公熟悉舆情，留心听断，民尤感戴。壬寅，年七十五，解组回籍，绅耆数千人泣送江干，依依不忍去。公精制义，幼出宜兴储越渔先生之门，登贤书后，师事王已山先生。晚交何二山，自谓生平第一知己。尝选本朝十二家文，批点甚精，直抉作者精髓，与王云衢《明文冶》、何义门《行远集》、陈师洛《归雅》等编并传。又刻蜀人文为《巴蜀薪传》，自韩太史士修、彭观察端淑外，搜罗殆遍，中多可传之作。字学《圣教序》《兰亭十三跋》，各自成家，士论归之。有《未信编稿》行世。

李 芝

李芝，字吉山，富顺人。生有宿慧，颖悟过人。乾隆戊辰进士，任湖北枝江、宜都等县令，博雅能文。罢官回籍，教授生徒，剑南后进多从之。著述甚富，有时文八百余篇，诗文若干卷，俱未梓行。

初，戊午中式北上，同行孝廉二人，由襄阳早起，行至河南新野途次，李独闻糍粑甚香，及抵旅店，见有卖糍粑者，李遂邀同伴歇马早餐。忽店中一老翁出问曰："三位系四川举人否？"同伴答曰："然。"老翁又问："那一位系新中李孝廉？"同伴指李示之曰："此便是。但何以知我同伴中有姓李者？"老翁垂泪曰："予有隐痛，不便轻言。"强之，老翁始哽咽语曰："我亦姓李，我早年生一子，名中枝，极聪慧，读书入学后，一病而亡。今已二十二年矣。昨夜梦有土神告我云：'汝子中枝死后，降生四川富顺李氏，取名芝，去岁中式，今北上路过此店早餐，汝来可得一晤。'醒后记忆甚清，故到此访问。"叙其子卒之年月日，恰与吉山生辰符合。吉山亦为心动，叩其家，唯老翁老妇及一寡媳，茕茕相依，别无应门之人。吉山问之，泪涔涔下，老翁延三人同至其家，款待甚厚。启一书室，箱上尘积，示吉山曰："此我子书箱，自殁后封贮于此，无人检阅，汝可开看。"吉山一一检视，宛悟为前生所为，中式首题"工欲善其事"，全章文亦在焉。吉山大惊，取示同伴曰："异哉此事！人有轮回，岂文亦有轮回耶？造化弄人，当不至是。"住数日别。

后戊辰入都，复至其处，问老翁老妇，皆已下世。吉山询得其墓，祭奠而去。吉山门人朱右佺为予言。

敬华南

敬华南，字位中，号莲峰，别号映海，阆中籍，华阳人。幼出宜兴储越渔先生之门，精制义，兼工诗古文，试每屈其曹。丁卯登贤书，戊辰成进士，授翰林院庶吉士，散馆改编修。本苟氏，上于引对时，特御丹毫于苟傍加文字，遂氏敬。丙子，山西正主考，所得多知名士。嗣江南常熟缺出，上崇尚吏治，特补公。以公精明谙练，得以展其所长，意至厚也。己卯仍点湖北主考，近侍以出补县令对，始易之，盖公名简在帝心，非同泛泛也。公治常熟，以经术饬〔十〕吏治，不尚刑威，而案无留牍，士民颂德不衰，事事修举，号称大治。解组后，当道延主锦江书院，多所成就，刻有《书院学约》，吴白华、孟鹭洲两先生盛称之。

林愈蕃

林愈蕃，字青山，号涧松，中江人。生有异姿，八岁入家塾，受四子书，喜闻忠孝廉节之事，端谨如老成。随其兄香远读书馆所，拾薪执爨，克修弟道。始为文，即有大家风范。年十七，受知于学使周莲峰先生，补弟子员，以家贫，营馆谷佐高堂菽水。常取朱子《小学》、《近思录》、《白鹿洞学规》为及门讲习，一时翕然以师道尊之。甲子登贤书，至辛未成进士。需次期届，例当谒选，而公锐意潜修，实有在于荣禄显达之外者。乃复杜门授徒，益肆力于儒先著作，泛览经济有用之书，贯通古今，源流毕彻。

乾隆二十七年，始起程赴选。癸未春，签掣湖南衡州府酃县。酃俗好讼，善交纳官长，更以演戏耗财为乐。公到任，首严讼棍，却馈献余，以次颁示饬禁，民有神君慈母之戴。政暇则延子弟讲课文艺，训以立身行己之要，士风佻达为之一变。乡氓入公庭，引至座下，亲询疾苦，开陈律令中易犯各条，晓譬再三，群知怵惕。他如修邑乘，葺学宫，倡率众力，汲汲图之。郡守李文在廉其贤，撮列循迹，荐之大宪。将选显秩，公以长兄垂暮，切温公抚背之思，引病请去，坚不肯留，解组归。白发兄弟，蔼然一堂，闾党荣之。

生平慕程朱之学，每思扶植纲常，羽翼圣教，故随所睹记，必以身心性命为之根柢。居父母丧，哀毁循礼。仲兄殁，未尝饮酒茹荤。动止俱有法度，教人以衣冠必整，拜揖必肃，见者望而知其为青山弟子也。闲居寡营，爰取《四书集注》，排纂《读朱求是编》，考订各家同异，荟萃的当，比于精金。惜编上、下《论》而疾作，不克卒业。所著《青山堂文集》，散体浸淫八家，诗赋亦自出机轴，多可传者。

李　拔

李拔，字峨峰，犍为人。乾隆辛未进士，官至湖南荆宜施道。峨峰久踬场屋，困诸生二十年。试每冠其曹，文名藉甚，当道咸折节下之。通籍后，益肆力于诗古文词，才华丰美，蔚然可观。居官清慎自持，不异寒素，遇事有不可者必毅然争之，绝不稍为回护。官长沙府时，有发审案，罪关出入，原问官怙非不改，上揭部科，致兴大狱，当道被累者不一。其人卒从公断，人咸服公之持正，然非公志也。晚归，著有《峨峰文稿》行世。子元〔十一〕模，乾隆乙未进士。

黄　景

黄景，字诏芳，号师竹，别号五峰，金堂籍，汉州人。先是，江西信丰县人。年十四，随其兄甲入蜀，随家于金渊之五桂坊。居贫苦读，凭邻家寿具为书案，籍柴薪而坐卧焉，隆冬身拥破毡，以一圆杖足蹴之使暖。越二年，应童子试，兄弟齐入泮。次年，齐食饩，其兄甲中雍正乙卯科乡试。景久困棘围，乾隆十七年壬申恩科举于乡，八月会试成进士，后仕湖北宜昌府之长乐县。旧系苗疆，民刁俗悍，未有学分，下车后即为详请设学四名，建学宫，秀民赖之。其地兵多民少，有旧民、新民之分，旧民即苗民也，新民即新迁汉民也，每年粮米多系旧民转运，未免苦乐不均。为详请输运以归调，适上宪以苗疆定制不应擅更，饬为迂拘，遂告归，时年近六十。

历掌教于简州、汉州、新都、德阳、什邡诸书院，从游甚众，一时名士多出门下。生平笃于孝友，谦退从容，学规醇正，性极和平。晚年耳聪目明如童稚，寿八十卒。

何明礼

何明礼，字希颜，号愚庐，崇庆州人。乾隆己卯科解元。少有异姿，读书过目不忘。七岁时侍其父渼饮，客有以小杯易大杯者，父命作破，应声曰："以小易大，多见其不知量也。"一座奇之。十二岁补弟子员，试辄高第，学使蒋公蔚、史怵堂均刻其文行世。肄业锦江书院，从宜兴储越渔先生游，深得古文之法。其才博而肆，当代巨公多就咨焉，曾佐修《成都府志》，并修什邡、新津等志。

少时与阆中郑芥舟天锦、滇南李翼兹敬跻称莫逆交。郑、李名士也，俱先成进士，希颜独潦倒场屋三十余年，及己卯中式，年已五旬余矣。芥舟《寄诗》云："拾第寻常事，迟君二十年。"胡太守《书巢》云："名岂抡元著，诗因出峡多。"皆纪实也。庚辰北上试，卷已拟高魁，旋因破、承、小讲连用十二转字，太奇，遂落第。从此遍游齐、梁、燕、赵，益以诗酒自豪，再上公车，终不遇。客于山左禹城周令士孝署中，病卒。

所著有《江原文献录》《浣花草堂志》《斯迈草正集》《续集》《太平春新曲》《愚庐策论》若干卷，藏于家。惟批点《孟子》大文，较苏批更精，后竟残缺，为可惜也。

王家驹

王家驹，字子昂，江津人。性聪颖，少有神童之目，十一岁受知于学使任香谷先生，补弟子员，刻其文行世。十二岁中雍正壬子副车，又十九年至乾隆庚午始登贤书。又十年庚辰成进士，出朱倩圃先生门下，朱阅履历惊曰："壬子余初生，子已中副车，更二十九年始拾一第，余竟抗颜而为之师，黄茅白苇中屈子久矣。"

子昂泛览十三经、廿一史及诸子百家之书，极渊博，尤酷嗜《昭明文选》，尝手抄三次，虽五臣注、义门批点，皆极记诵不遗。所作文字，独摅己见，一语不肯寄人篱下。诗古今体皆佳，试帖尤为时传诵，蜀中文献首推焉。一生恬澹无所好，独寝食典籍，无片刻余闲，见异书若性命，阅不终卷不止。晚年授夔府教授，造士宏多。一日，梦书役等迎作夔府城隍，寤后为诸生言之，至晚无疾而逝。

张 翯

张翯，字鹤林，号素斋，成都人。乾隆庚辰进士，官翰林院检讨。幼家贫力学，日为人佣书，夜焚膏诵读。戊辰游泮，与兄翙俱馆于外，而束修仍不敷用，家愈迫。乃与兄谋逐什一，为盐贾，肩挑车运，鬻于云贵边境，备历艰辛。三年终无所获，慨然叹曰："利之不成，名又安在，大丈夫终当奋志青云，焉能龌龊为此乎?"即先归，留兄收债于后，遂闭户不出，潜心学业。

丙子列高等入锦江书院肄业，丁丑功令科场用五言试帖，诸生向未讲习，鲜工稳者，惟公调宫协徵，独出冠时，当道巨公，皆极口交赞，以独角麟目之。己卯果中式，谒见座主周立崖先生，闻其素贫，恐难入都，因邀令偕行。明年庚辰成进士，授翰林院庶吉士。辛巳散馆，授职检讨，益发奋为文章。尝云：“词臣以翰墨供职，须魁宏藻丽。若不务此，而放言自高，摭拾饾饤，薄馆阁体为大帽子，则张曲江何人也。”故一时同官者，群指公律赋试帖为得体云。甲申，掌院保公能胜府道，引见记名，公益惶惕，虽在家居，力学始终如一也。戊子，补国史馆纂修官，喜曰：“向耻素餐，无补丝毫，今得籍手矣。”是时已有疾，犹力起入馆，办书不辍。六月病渐深，八月顺天乡试，派充同考官，九月保举御史，俱以疾不能赴，十月十一日卒。

公为人耿介有节操，虽贫不以累人，而赴人之难如救水火，以故人与之交辄如饮醇。凡朋友有过，不惜忠告，相负者亦不与较。一生从未有凶终而隙末者。处家庭尤极孝友，虽自俸甚俭，堂上甘旨不缺。与兄翙、弟翥极友恭之爱。公诗云：“兄本严师长，弟亦贤友生。早岁笃欢爱，贫贱有余荣。”皆纪实也。所著有《鹤林诗草》十卷、《馆课存稿》十卷、《制义》二卷，《古文》二卷。

校勘记

〔一〕“长”，清嘉庆《四川通志》卷二百引作“张”。

〔二〕“块”，底本作“傀”，存古书局本作“醜（块）”，此据改。

〔三〕“戎”，存古书局本作“戊”。

〔四〕“摅”，底本阙，此据存古书局本补。

〔五〕“邈”，存古书局本作“逸”。

〔六〕此处原有“姻再侄绵州李调元填讳”诸字，乃因张奇瑞系张邦伸祖父，故请人代写名号，称填讳。今不录入正文。

〔七〕“妨”，存古书局本作“防”。

〔八〕“浪穹”，底本作“浪穷”，此据《明史·地理志》改。

〔九〕“越渔”，底本、存古书局本俱作“曰渔”，《四库全书总目》卷一八四：“《云溪文集》五卷，国朝储掌文撰。掌文字曰虞，一字越渔，宜兴人。康熙丁酉举人，官四川纳溪县知县。纳溪旧名云溪，故掌文以云溪自号。”今据改。后径改，不复出校。

〔十〕“饬”，存古书局本作“饰”。

〔十一〕“元”，存古书局本作“示”，据嘉庆《四川通志》当作“元”。

卷　六

忠　义

熊应凤

熊应凤，字碧山，酆都人。任浙江温州守备。顺治三年，平阳初入版图，山寇吴肇馨乘虚袭城据守，应凤率兵驰至，一矢歼之，余众溃遁。明年，西港、桐山诸寇两次攻城，俱击退。及大兵至，搜山剿捕，凤力捕歼沈可耀、陈仓、尤四诸贼。己亥移汛盘石海，寇郑成功围城，应凤率先登城，百计守御。久不下，贼以大炮裂城，凤急驰下巷战，负重伤，犹杀数贼，被执。戮其幼子胁降，凤声色愈厉，阖门死者三十二人。事闻，赠副将，赐祭葬，荫子天球。

拖沙喇哈番任温州卫左所，入籍钱塘，亦于康熙甲寅闻变殉难。事闻，赠游击。

胡天湛

胡天湛，井研人。顺治三年知福建大田县。时盗贼猖獗，所在肆掠，天湛督率乡兵，悉心防御，城孤援绝，力困不支。四年十二月初八日，城陷被擒，不屈死。

黄　瑶

黄瑶，字白云，忠州举人。顺治四年，任陕西安塞令，才智明敏，遇事敢为，残疆大有起色。六年，王永强作乱，瑶死守孤城，力拒强敌，卒殒于难。事闻，赠按察司佥事，荫一子入监读书。

杨来凤

杨来凤，巴州人。顺治四年以肃王令摄苍溪县事，六年改湖广沅陵县知县，遇贼被执，不屈死之。事闻，奉旨遣官祭葬，赠按察司佥事。

邱希孔

邱希孔，字所愿，绵州诸生。为人倜傥负气节，明末避兵汉南。顺治六年，宁夏巡抚李鉴伟其人，委署灵武同知，守花马池。姜瓖贼将刘登楼陷城，希孔踞坐骂贼，贼怒，断其头，尸犹箕踞，屹不为动。贼惧，以为神，罗拜之，乃仆。

王承祖

王承祖，剑州御史梁之栋仆也。献据蜀，之栋子田璧知不免，止一五岁儿名绳武，召承祖夫妇嘱之曰："一线之脉，尽寄于汝，其善保之。"梁氏一家俱遇害，承祖负绳武及己子走，贼追及，弃己子而匿绳武岩穴中，得脱。后土贼起，知绳武所在，欲索其赀，承祖负之，乞食山中。及贼息始出，承祖为之耕耘婚娶、延师教训，至本朝顺治庚子举于乡。

傅永吉

傅永吉，成都人。顺治七年，知福建长泰县。时鼎革初，民弱兵强，永吉善为弹压。九年，海寇围城，永吉昼夜履堞巡督，炮如飞蝗，不避也，与守将王进率骁勇力战，弯弓殪其酋长三人，贼乃却，城赖以全。永吉方射贼时，中炮洞腹，气垂绝，犹连呼杀贼不止。事闻，赠按察司佥事，致祭，荫一子。

杨继生

杨继生，字尔叙，阆中人。年少领乡荐，游京师。顺治初，秉铎江南之太仓。是时蜀方乱，杨之妻子在蜀，音信阻绝。娄东盛泰昭方释褐，令陕之略阳。略阳故蜀之襟喉，杨以杯酒嘱之曰："倘至彼中，得吾家消息，勿靳片鸿。"盛颔之。赴任后，偶以事出见一妇人匍匐道左，物色之，果杨妇也。即飞书广文，妇则啮落二指，作书裹之以寄。杨得之恸，即以金授来足，使其僦车南下。会南宫期近，杨候久不至，束装且北。舟至京口，有舟欻〔一〕然而南，询之，则杨夫人也。相失十余年，而猝遇于两舟之偶触，于是相持大恸，谢诸同行者，偕夫人而南，仍归太仓学署。后中壬辰进士，知福建连江县。顺治十三年丙申，寇至城陷，继生死之，妻刘氏同日殉节。

李成芳

李成芳，巴县人。由拔贡历任云南宁州州同。康熙十三年，吴逆悖乱，宁州把总李忠投贼，劫州库，成芳统领丁壮，生擒李忠，解[二]报上官，以功加议叙同知。十四年，贼复攻城，成芳出城拒战，兵败死之。事闻，赠布政司参议，荫子思贤入监读书。

杨春芳

杨春芳，万县人。由行伍历官都督同知、管温州城守副将。康熙十四年，耿逆犯温州，春芳死之。二十年，奉旨优恤，赐祭葬。

傅汝友

傅汝友，巴县人。官提标随征总兵。康熙十九年，出师永宁，与提督王之鼎暨费雅达等被执至贵州，不屈死。事闻，赠都督同知，赐祭葬。子宏经荫卫千总。

周玉麟

周玉麟，成都人。康熙三十九年，以守备随提督唐希顺进打箭炉，攻大冈，得功议叙，历升冕山营游击。四十八年，冕山贼蛮罗都等肆掠，玉麟带兵往谕，贼蛮猝至，四面围攻，矢石如雨，玉麟身中五矢，犹奋勇决战，陷阵身死。奉旨赠副将，恤赏致祭，荫一子宏祚，以守备用。

王天禄

王天禄，成都人。提标候推守备。康熙三十九年，随师取打箭炉，奉令守冷竹关，与贼蛮力战，殁于阵。事闻，恤赏致祭，荫一子，以卫千总录用。

刘　崑

刘崑，巴州人。康熙戊子科武举。雍正六年，以署都司佥书，管乌蒙镇左营游击事。八年，乌蒙贼猓猔叛，崑挺身决战，身被数十创，力竭阵亡，妻张氏、妾吴氏并二女全家十余人皆殉节。大兵至，得崑子暨婢仆四人，云贵总督咨送回籍。事闻，奉旨加赠署游击事，恤赏致祭，荫一子以守备用。

倪国珍

倪国珍，字懋功，成都人。康熙丁酉举于乡，雍正壬子拣发粤西，历试灌阳藤及永宁诸州县，多善政，得授义宁令。

义宁之东北曰双江，苗民杂处，与楚城步、绥宁二邑红苗接壤，计千余里，隘口十，堡七十二，大小寨凡数百，鸟言露居，不通教化，百年来仅设双江巡检以羁縻之而已。公既至之明年，楚人黄顺、吴万全煽惑粤苗，伪称名号。公捐金令堡目密入苗峒诱出擒之。诸苗觉，中道劫还，合楚苗为奸，公力不能禁，速牒文武诸大府，请兵防卫，提督谭某发兵四百驻之，苗稍靖。

时当事者意在抚，固龃龉，公力陈利害，弗应，于是知府张永熹、巡检蔡多奇迎合上官意，诡言以进曰："小丑何能为，但得一二人往陈大义足矣。劳师动众，转滋边衅。"当事者以为然，遂撤防卫之兵而遣公与多奇及县丞吴嗣等谕之。先是，兵驻义宁，苗惊畏敛迹，及撤复变。公将行，叹曰："此所谓投虎以肉，徒肆其噬耳。然业奉成命，不敢辞。"

数日，近苗穴，遥望苗人蜂拥蚁聚，豕突狼奔，喧声远镇林谷。多奇潜易衣逃，众俱股栗失色，或告曰："虏逆已决，不去，祸将及公。"公曰："吾固知犬羊之性不先以威，不可以德化也。去则示以怯，今日之事，有死而已，惟是朝廷印篆不敢失也。"付健役自间道还，嘱曰："谕我义宁坚垒城垣，以待援兵，毋复念我。"言毕正襟危坐，颜色不乱如常。俄而，苗突至，取官弁及随行隶三十余人尽杀之。禁公于土窑，绝粒六日，缚至烈日中，去其衣，掘土埋足至膝，强之降。公骂曰："逆虏，吾，汝父母。汝死吾，敢辱吾耶！"苗以纸笔付公曰："若能为书大府，偿黄金万斤，得不死，且归若。"公裂纸掷笔于地，大骂曰："逆虏，国家失一县令若毫毛，汝辈当无噍类矣。"苗怒，刓其齿，血流被衣，公骂声益厉。齿尽，截其舌，公不能言，犹仰面喷血作骂状。苗众争击，死，沉其尸于潭中。

事闻，当事者护前非，作公罪。上复遣贵州总督张广泗经略楚粤，与提督哈元生合兵剿之，歼[三]其魁，得公尸并公前后状请于上。上深嘉悯之，为之辍食，赐祭葬，赠奉政大夫、按察司佥事，荫其子。

王师槐

王师槐，阆中武举，原名士怀，蒙御笔改今名。原任广西新泰营参将起云子。初，起云升广西参将，甫抵任，适土猺倡乱，劫掠万承，抚臣、提臣委公进剿，屡战屡捷，所向有功。明年，贼益众，公飞报总镇恳调兵堵剿，以靖边疆。自提兵数百，乘势深入，后援兵不至，坐困围中力战，身被数十枪，死。亲兵殉公者二十有七人。时粤西提镇恐干处分，思卸罪于公，劾以轻进致衄，事遂寝。师槐匍匐奔丧，痛父捐躯赴敌，为国陨身，冤抑不能上达。私入万承土州，揭取摧兵告示，飞报总镇，恳请援兵。禀稿走京师，赴兵部谢恩，并胪列死难事实上奏。天子嘉公死事烈而怒封疆吏之不以实闻也，下部议，加赠总兵官，赐祭葬如典礼，入祀昭忠祠，崇祀名宦。荫一子，以守备用。师槐让其弟士宏承袭，后仕至参将。自以武科中康熙戊戌进士，由侍卫任浙江湖州协镇，诰授骁骑将军。

噫！师槐为父讼冤时，意在发摅忠悃，俾死者不至含恨于九泉足矣。及邀恤典，又能让恩荫于其弟，非笃于孝友克自振拔者，能如是乎？方参戎公之殁也，土猺万余，直侵万承，遥见云中公率二十七人擐[四]甲胄立云端，作攻击状。是时风雨骤至，雷电交加，贼惊惧，遂遁。万承人感公威灵，为立庙于伏波祠侧，以二十七人从祀。每岁暮，师槐必遣人赴万承致祭，其不忍忘亲，类如此。师槐喜读书，明大义，不肯龌龊随俗俯仰，故能奋志云霄，克邀天眷，以显荣终其身，孟子所谓“豪杰之士”非耶？

子五人，长泽宽，字栗亭，乾隆丙子举人，官广东海丰令。三泽定，字煦堂，庚辰恩科举人，官至湖南岳、常、澧道。俱能以孝友世其家。

李文仲

李文仲，巴县人。任贵州安笼镇标守备。雍正六年六月，剿灭八达寨逆猓，力战阵殁。事闻，赠署都司佥书，赐祭葬。

徐维新

徐维新，松潘卫人。雍正九年，以千总随大兵驻扎巴里坤。贼兵夤夜猝至，战殁于军。奉旨赠署守备，恤赏致祭。

彭承绪

彭承绪，丹棱人。由乾隆戊辰武进士榜后发陕西，以营守备用。二十二年，补西宁镇属河拉库托营守备。二十三年，出师征剿，由托木洛克并沙雅尔二路贼众，奋勇阵亡。奉旨给与全葬，致祭一次，入祀昭忠祠，加赠一级，荫一子。

曹　顺

曹顺，保宁府阆中人，由行伍出身。乾隆三十六年征剿金川，屡著战功，递升至肃州镇总兵官。四十年，进攻西里山脚黄草坪，抢得各处碉卡，顺骑木栅之上，亲射贼人，并指挥兵丁尽力扑打，不料贼人突出顺后，以致暗受枪伤阵亡。定西将军阿桂具奏，奉上谕："曹顺自赴军营以来，节次剿杀贼众，无不奋勇争先，著有劳绩，是以屡加拔擢，用至总兵。今因攻克黄草坪碉卡，先登督战，受伤阵亡，深为悯惜。着加恩，交部查照从前李全之例，给与应得恤典，仍入祀昭忠祠。并着该员本籍督抚，查明曹顺之子现年若干，先行奏闻，俟其服阕后，即行送部引见。"兵部议准，给与骑都尉，又加云骑尉世职，赏银七百两，给与祭葬银两，遣官读文致祭。

岳廷栻

上舍岳廷栻，成都人，襄勤公诸孙。少颖悟，读书多妙解。乾隆三十六年，金川酋叛，总戎董公天弼聘襄戎务。木果木不守，与仆张国祥同被执，贼百计胁降，不屈死。事闻，从祀慰忠祠。国祥，青海台吉孙俘，赏为奴者也，亦骂贼死。

许世亨

许世亨，新都人。由乾隆壬申恩武科，仕至广西提督。乾隆五十二年，安南国王黎氏为逆臣阮惠所篡，其国母率族众逃至南宁求救，广西巡抚孙士毅具奏，上命督师征之。世亨带兵出关，同总兵张朝龙、游击张纯等分路进攻，杀贼甚众。两阅月，直抵安南，复其城，阮惠潜遁。时未悉黎嗣（子）所在，上命嗣孙黎淮承袭国王，班师。后阮惠等复出攻城，众至数万，抚臣孙闻报，欲赴救援。世亨谓孙曰："此次贼兵甚众，公天子大臣，宜静守边疆，以防外寇，不可冒险。世亨职司御侮，义不容辞，宜速行。"遂督兵千余人前进，遇贼猝至，势不支，世亨手刃贼数十人，战死。事闻，上深加震悼，赐祭葬，入祀昭忠祠，世袭伯爵罔替。子文模由武举袭职，现授建昌镇总兵。

黄　仁

黄仁，字安宅，大竹人。乾隆壬午科孝廉，仕湖北当阳县令。嘉庆元年，湖北邪匪以白莲教为名，煽惑乡民，势甚猖獗，乘湖南征剿峒苗，防兵调至辰州，聚众万余攻当阳。仁知势不敌，具禀各上司，请拨兵救援。兵尚未至，城破，遣其子赍印驰赴省，具衣寇北面再拜曰："臣力竭矣。"遂遇害。事闻，上甚悯之，赐祭葬，加恤，荫一子。

戴文焕

戴文焕，字尧章，中江人。湖南永绥厅花园巡检。乾隆五十九年，湖南苗匪作乱，正月十六日，直逼永绥，文焕闻变，带役出御，路遇贼数千，蜂拥而至，手刃数人，为贼所杀。事闻，上甚矜惜，赐祭葬，入祀昭忠祠，袭云骑尉。三次加恩骑尉，世袭罔替。

王重品

王重品，字南京，成都人，由行伍出身。乾隆三十七年出征金川，屡立战功，拔补建昌右营千总。四十六年，随提督明亮出师兰州，攻打逆回，割献苏四十三等首级。阿将军桂奏补漳腊营守备，出口办理夷情八次，在任三年，部推贵州黄平营都司。五十九年引见，升湖北宜昌镇游击。六十年，奉调出师湖南，剿捕苗匪。闰三月，抵保靖军营。三月初八日，带兵在上下长潭打仗，杀贼百余人。初十日，擒获逆苗五十余人，烧毁苗寨五十余处，抢获军器无算。四月初七，搜捕盘车一带，追贼至山顶，将及歼灭，忽值大雨，四山重雾，贼反斗，抵死格杀，犹手刃数十人，马蹶阵亡。经文襄郡王福奏闻，恩恤云骑尉，三次加恩骑尉，世袭罔替，荫一子王舜年。

袁国璜

袁国璜，字希亭，保县人。少负奇气，善骑射，娴韬略，每读古名将传，辄慷慨击节。年十九，值金酋煽逆，喟然曰："此丈夫立功时也。"遂籍戎伍。乾隆十有七年，随征杂谷，大将军岳公一见奇之，任使辄称意。事平，以功署伍长。

三十六年，金川再叛，公从制府阿公西征，诸酋嵎负不下。上命六师分道进剿，大将军阿公取西路，定边将军明公取南路，公当前茅，侦得要害，以奇兵攻克之，军声大震。王师乘势突入，遂捣其巢，俘逆酋以出，金川平。以功累迁至武翼都尉，赐戴花翎，旋召入觐，迁阜和军游击。秩满，移泰宁军，改懋功军，复调崇化军，其地皆新辟，公抚绥以法，历六载，群蛮咸蒸蒸向化。

四十七年，福文襄郡王来制蜀，雅重公，表迁秦中参将，旋授武功将军，协镇甘肃中卫军，复迁制府中军，能益著，遂擢江南狼山总兵。会台贼林爽文犯顺，上命福郡王将大军南征，公请从署总理翼长。时贼困台湾诸罗甚急，公率众航海进薄之，解其围，连战，生缚林爽文以献，台氛遂靖。论功，赐号坚勇巴图鲁。

五十五年，召见热河，赐黄马褂，命图像紫光阁，上亲赐赞。明年，授重庆总兵，适廓尔喀跳梁，其地距蜀万有余里，公随福郡王进征，贼望风靡。策勋之日，上再赐赞，褒奖备至。

六十年，楚苗滋扰逼秀山，公星驰会剿，逾年遂擒其渠，械送京师。功甫蒇，复遘达州之警，公以桑梓构难，赴援益力。与贼遇，累战皆捷。时公与何总兵相犄角，贼众集插子峡，势张甚，公奋身突阵，兵皆一以当百，转战竟日，裹血劳军，士皆蹶起听命。俄闻何总兵军陷，贼蜂拥至，公大呼曰："此吾效节之日也。"遂力战以殉，时年六十有九。

事闻，上悼叹良久，亲制文以祭，加赠提督，袭骑都尉，荫一子。

何元卿

何元卿，华阳人，由行伍出身。乾隆三十七年，出征金川，屡立战功，拔补马边营把总。四十一年，攻克格隆古、勒乌围等处，得碉数座。四十四年七月，奉提督明亮委署本营领哨千总。五十四年，蒙川督李委署普安营守备。五十七年五月内，攻克擦木至玛噶尔等处，蒙公中堂福升补叠溪营守备。是年十二月复蒙题补督标中营都司。五十八年正月，自前藏奉委，仍官领革什咱出征，土兵由草地回寨交收。六十年正月，蒙前督孙檄委护理绥宁营参将，是月交代起程。途次闻苗匪在柳橙勾结楚苗焚抢，逼近秀山，星即兼程驰赴秀城，带领官兵一面招集难民充作乡勇，以壮声势。追贼至鱼梁坡，痛加剿戳，杀退贼苗，救回难民妇女无数。蒙前任中堂孙前督和会奏，于本年四月补授四川提标中营参将，赏戴花翎。

嘉庆元年三月内，因湖北教匪不法，焚烧来凤，随前督孙前往剿办，杀贼甚众，奉旨以副将补用。七月内，随同公中堂福攻克旗鼓寨贼巢，擒获贼首胡正中，杀贼无算。钦奉谕旨："现在陕西兴汉镇总兵缺出，已降旨将何元卿补授。现有教匪滋扰，在东乡一带地方，与陕西西安、汉中二府地界毗连，何元卿即赴达州，就近可抵兴安本任，川陕交界帮同英善、秦承恩协力搜捕，以壮声援。钦此。"随即前往达州，接印任事。又赴太平寨会商前署督部堂英，与重庆镇袁，于是月十六、七、八、九等日分兵攻打冉家坝土地垭，杀贼无算，追贼至张家观藏匿。于本年十一月二十一日先期会议，与重庆袁镇分兵会剿贼巢，身先士卒，奋不顾身，冀图歼除丑类，绥靖地方。不意贼匪突出，抵死接杀，于牛背山阵亡，卒年四十岁。

署总督部堂英具奏，奉旨着交部加恩，以提督例议恤，应照例恤银八百两，荫袭骑都尉，三次加恩骑尉，世袭罔替。

校勘记

〔一〕"欸"，底本阙，此据存古书局本补。

〔二〕"解"，存古书局本作"鲜"，据《（雍正）四川通志》当作"解"。

〔三〕"歼"，底本讹作"织"，据存古书局本改。

〔四〕"擐"，底本讹作"环"，据存古书局本改。

卷 七

孝 友

樊 曙

樊曙，字旭东，宜宾人。明末以门荫袭指挥佥事。博通典籍。寇乱后，家业萧然，躬耕养母。弟暾，流寓滇中，老艰嗣息，遣人迎归，为之置妾，生一子。吴逆迫以伪命，力拒之。年七十二，卒。著有《楚泽吟》诸刻。

张泰阶

张泰阶，盐亭人。顺治辛卯举于乡。幼值寇变，父被掳，泰阶哀求请代，贼感动，并释之。事继母孝，抚诸弟友爱甚笃。乡里称之。

任钟麟

任钟麟，苍溪人。襁褓丧母，继母高氏育之。遭献贼乱，父及继母皆罹祸。钟麟朝夕号泣，刺指出血，遍历贼营，沁骨认尸。一日获继母骸于十庙山，而父骨终不可得，遂取父遗衣同继母合葬。后中顺治辛卯举人，仕至刺史。

罗为纮

罗为纮，营山人。顺治丁酉举人，任福建平和令。幼时性至孝，生母李氏病笃，纮刲骨和药，母食之，遂瘳。

冉宗孔

冉宗孔，苍溪人。幼遭贼，儿[一]与母相失，宗孔不避兵刃，跋涉寻母。顺治十四年，至汉中，始见之，募财赎归。是年遂中乡试，人称孝感。

彭王垣

彭王垣，字君藩，遂宁人。生而颖异，通诸子百家，为文数千言立就。年十二，应童子试，首拔冠一军。生母病渐革，夜焚香祝天，刲股以进，翌日霍然起。邑令曹公榜旌之。流寇入蜀，杀人如草菅，匿稍后，无一人脱者。王垣适遇父没，伏泣柩旁，贼义而释之。避地滇黔，以事谒经略洪公。公与语，伟之，将大用。因父榇未瘗，力辞归。从兵燹荆棘中遍求父殡所在，不可得，日夜恸哭。忽假寐，梦父拊其背曰："我来矣。"黎明驰往，得之。于是竭力营葬，躃踊哀恸如初。康熙癸卯登贤书，躬履陇亩。人或劝之，喟然曰："古不云乎，与富贵而屈于人，宁贫贱而轻世肆志。"遂耕耘自苦。吴逆叛，王垣托病匿山中，屏迹不入城市凡七年。及平定，学宪冯公访知，曰："是足为士模楷矣。"委署顺庆府学教授，士子服其训，皆整饬有规度。其后归老于乡，邻里质成，多望庐而返曰："无事慁先生为也。"故所居有仁里称。

传经三十余年，诫弟子以力行为先，文艺次之。浮华者厉色规正，必改行乃已。学术无所不该，通五经，尤长于《易》《诗》，所著有《四书纂要》，未梓。

黄承冕

黄承冕，字冠群，大竹人。年十二，居父忧，哀毁过礼。值献贼之乱，负骸潜逃，与乡人避山岩。夜，哗言贼至，惊窜跌半岩中，有鬼物攫噬，忽空际叱曰："此孝子也，孽物不得侮伤。"即觉有人举足推之，飘然堕地，毫无伤损。贼平始得归瘗，庐于墓侧，昼夜攻苦。领康熙丙午乡荐，为蒲城令，人以为孝行之报。

韩士修

韩士修，字琢庵，泸州人。先世江南虹县人，明高阳侯成之后。永乐间有以功授泸州指挥使者，因家焉，子孙皆世其官。父灏，明末举于乡，知楚雄之镇南州，颇以经术润色政治，有古循吏风。

士修颖敏，能自强力学，性至孝，承候颜色，未尝顷左右离也。以随父任，入镇南州学，后归就童子试，其州学使者见其文曰：“异哉！童子中有是人乎。”亟召问士修语之，故曰：“固也。非初学所办，今年解首定属子矣。”即于前复试题者，三下笔立就，文益奇，使者益喜，曰：“蜀中诚无先子者，吾言验矣。”既而果然。康熙丙午也，始君赴省试，时母李夫人病，士修坚欲无行，父趣之。士修曰：“应举求禄以养亲也。母病若此，儿宁舍去？”李夫人强起慰士修曰：“吾幸无所苦，儿但能行。倘成名，即吾病立愈矣。”士修不得已，乃往。

甫终场不待报，驰归，然母病益甚，竟以不起。士修号痛，几不能生。既殡，始进米，朝夕一溢，犹以父故，强自抑遏，不欲贻之忧，然心绝痛不暂释也。体素羸，自是多病。庚戌，计偕竟不能赴。至壬子冬，始以父命来京师。明年癸丑成进士，选入翰林为庶吉士。士修于富贵利达泊如也。以亲远在数千里外，举进士即欲归觐，顾在词馆，习满书职，当日入署受程课。既未得引去，则急遣一力奉书，迎大人就养邸中相乐也，报书以明年当来。

是冬，滇逆告变。明年春，全蜀皆陷矣。士修家既阻绝，未得其父平安问，则日夜泣，虽一饭之顷不忘，冀一见之也。平居独坐，仰天椎心，对客常探肺肝，欲自道，或哽咽不言而神伤。性不喜酒，后更自强饮，顾酒后益悲，无可奈何，即举坐为之愀然而罢，寻亦谢客不复出。虽数邀之，亦不至矣。诸厚士修者，譬解百端，咸相谓士修必将成疾，疾且不支，然卒莫能移其志也。士修疾既革，神色不乱，一语不及他事，强起衣朝衣，面阙谢，西望拜哭，辞其父。为书云：“儿不孝弥天，今死已。惟大人勿以为戚，厚自爱也。”又书付稚子见祖：“吾不孝无德，以至于此，幸赖祖宗之泽，以有汝也。汝今往依外祖，视之如祖，勿违教训，以冀成立，克振前绪，努力为望。道路通，郎扶我丧归，拜见祖父，事尔母，认尔姑姊若兄。汝早失怙，早夜勤笃，天必佑汝。”

时士修外舅在济南未至也，士修留书与别，亦如其所以谕见祖者。韩会元菼，士修密友也，往视疾，并问所欲言，曰：“吾千古之罪人也，复何言已。”又画韩掌，作“入川”二字。呜呼，士修之志具此矣，岂仅首邱之思哉！始同馆长乐林君仲达，家亦阻乱。母蒋夫人少寡，育其孤，以节闻。林君思慕其母不置，未一年而卒。士修往哭之，恸曰：“吾非哭亡[二]友，吾行自念也。”未几卒。

《陟岵》之诗曰：“尚慎旃哉，由来无止。”孝子于役，想像其父念己之辞，庶几犹可以来归无止。死而不来，诚以思慕其亲之至。有至于死之道，其不死而得归者，幸也。非可以豫慎于不死而恝然其亲也。然而古之行役者，常在百里之外，远亦不过千里之间，又无离乱之阻。士修之遭逢，于理更酷，以来归之难而至于止，死固其宜已。

士修生平无他嗜好，惟酷嗜读书。自丙午岁欲纂集经史，分类成一书，尚未就，以故自耗竭，心辄忡悸。旋罹母大故，益以增剧，后裁展卷及数行，心辄痛不可忍，亦可哀矣。士修为文谨严尔雅，及所作诗皆不愧古人，没后遗失无存。卒于康熙十六年四月二十六日，距其生年三十有六。

贯　玗

贯玗，昭化人，邑诸生。崇祯十四年，父玉元官江西龙泉县知县，母与兄、嫂及玗俱未随任。未几，兵戈阻绝，音问不通者凡十五年，兄、嫂皆没于疫。玗衔哀殡葬，负母居乡，母亦物故，玗哀毁骨立，濒死者数次。康熙六年始知父卒于任，徒步奔丧。时道路荒残，土寇抢掠。玗沿途乞食，人感其孝，佽助金帛，得扶榇还里。

冉　德

冉德，广元人。康熙丙午举于乡，避吴逆征聘，逃匿深箐中。贼劫其父，德奔救，临以刃，弗去，贼义而释之。蜀平，选陕西西宁县知县。

苟金徽

苟金徽，合州人。康熙甲子登贤书，性孝友，潜心理学。初任广东曲江令，以卓异升广西新宁州牧。丁继母艰，痛甚，抵家三日卒。

张伟奇

张伟奇，字素臣。松潘卫人。性孝友，喜读书，尤长于韬略，善言兵。康熙十一年拔贡，因母疾，侍汤药，不就选。家居教授生徒，多所成就。又献策当事，抚绥蛮部，远人率服。以子元佐贵，诰封荣禄大夫，崇祀乡贤。

樊泽达

樊泽达，字昆来。宜宾人。康熙乙丑进士，授庶吉士，官至翰林院侍读，提督广东学政。泽达少值寇乱，奉二亲避兵越溪，家贫，负米百里外，徒跣供爨。又常于莲塘贺市寺授徒养亲，往来皆水道，尝撑筏至鱼窝沱，触石身堕水中，闻人呼曰："此孝子也。"若有扶之者，及出波心，筏犹在侧，得不死。此亦异事也。诗颇有俊逸之气。

郭充广

郭充广，字宏毓。隆昌人。父忠懿，宦黔省，卒于任。充广时年十一，又值兵燹，无计归榇，乃奉祖自黔省寓播。昼负薪米养祖，夜则读书弗辍。后还乡，祖以天年终，哀毁逾礼。康熙癸丑列岁荐。值吴逆乱，隐居教授叙、泸间，从学者百余人，多知名士。充广每痛父丧未归，与人言及，辄流涕不欲生，终身如一日焉。

赵日荣

赵日荣，汉州人。事母至孝，贼至，独负其母避难，妻孥皆被害。母年九十有七始卒，日荣哀毁骨立，人称纯孝。

彭　镕

彭镕，遂宁人。十岁丧母，昼夜泣血，欲绝粒以殉，父力劝之，乃复食。比长，奉父克孝，父善病，侍汤药不离左右。及父卒，庐墓三年，待诸弟以友爱，族〔三〕党称之。康熙丁卯登贤书，任成都府教授，训课有方，士争向学。升江南震泽令，政有循声。

周　俨

周俨，字墨潭。涪州人。母先丧，事父以孝称。时贼谭宏煽乱，俨欲负父潜避，为贼所执，两臂受伤，血溢昏溃，弟儒与贼战，亦受伤，四邻奔救，贼乃退。越三日，儒伤重身死。逾年，父疾笃，俨尝粪试甘苦，后竟不起，号泣呕血七日，发尽白。弟妇孀居，抚藐孤如己出。人谓孝友节义萃于一门。后中康熙庚午经魁。

何天章

何天章，内江人，避乱迁遵义，为诸生。性刚直，深明《春秋》《周易》。事母孝，创议建学。吴逆之乱，伪将掳男女三百余人，天章挺身营救，伪将感其义，悉释之。年七十卒。

樊叙伦

樊叙伦，字仲彝。宜宾县贡生。幼失父，奉母避吴逆乱，荒山乏食，觅粮数百里外，为贼所得，监守甚严，无计得脱。会兵弁觅能书者，叙伦稍见礼重，遂以老母在哭告，兵弁感动，至深夜给米少许，纵之潜逃。及抵母所，母病且死，叙伦呼抢大恸，具棺殓。时平，扶舁归葬，人称其孝。

汤　辂

汤辂，字居易。渠县人，诸生。父母相继没，停柩未窆，山贼蜂至，人劝之避，不从，乃尽出赀财，于户外哀请曰："幸持去，勿惊我二人柩也。"贼为之动，相戒勿入其庐。年八十余，无疾而逝。

李凤翔

李凤翔，泸州人，明末避乱山庄。父如星病笃，凤翔焚香露祷，持刀刲股，血流被体。适贼众大至，见而惊曰："此孝子也！"戒勿犯，遂引去。如星病亦寻愈。

李长亨

李长亨，字会也。合江人。七岁遇乱，父华为贼所执，亨泣求身代，贼动并释。顺治十七年，母任氏病笃，刲股获愈。华患痢，又尝粪验疾。长亨没十年，其季女年十二，亦刲股以疗其母〔四〕。人称为孝德传家云。

樊泽迥

樊泽迥，字膏郇。宜宾人。四岁失母，终日哀恸，不离丧次。八岁能文，从父避乱，与兄泽达百里外负米养亲，寒暑弗辍。先是，哭母获疾，胸结痞块，后竟不禄，乡闾惜之。

胡元雍

胡元雍，字玉南，芦山人。年十二，遭献贼，父兄伯叔皆遇害。既又值土寇破城，负母避贼，幸脱于难。母病三年，偕妇俞氏躬进药饵。两弟被掳，遍觅赎还，人称孝友兼尽。

万谷阳

万谷阳，字律吹。潼川州举人。母傅氏病笃，朝夕侍汤药，衣不解带者累月。一夕，母梦天门放榜，有“万思寿”三字，觉，语其事云：“吾病当愈，子必获售。”病果愈，次年谷阳遂登乡荐。平居敦行好学，著述甚富。年八十以寿终。

龚起凤

龚起凤，资州人。同妻王氏事亲极孝，母病，夫妇皆割股肉进之，遂愈。顺治十八年，学使席教事旌之。

杨　鼎

杨鼎者，丹棱杨氏仆也。父没，家贫无炊，鼎泅水捕鱼，鬻米供母，以其余佐食。母善惊，常终夜不寐，鼎伴卧则稍安。居数年鼎没，母泣思鼎，惊尤甚。一夕疲剧，梦鼎来云：“母无恐，儿伴母矣。”母寤，有大蛇盘卧足下，曰：“尔是吾鼎儿耶？可驯伏。”蛇且至不动。自是每夜必至，而母惊亦减。后十年母卒，蛇不知所之。

李方升

李方升，黔江人。事亲至孝，父母亡，家贫，治丧无力，方升夫妇质身营葬。升有胆气，膂力过人。及质后，俯首服役，略无怨言。或诱之曰：“以君才力，舍此他往，自当出人头地，奈何久居人下？”升曰：“吾以父母故质身，岂忍负之。”后土蛮扰境，升率众捍御，乡人拥立为团练长。

刘宗裕

刘宗裕，华阳人。康熙二年，母病不愈，裕焚香祝天，自割左股，煎汤奉母，母病痊。邑人咸以孝称。

吴国瑞

吴国瑞，綦江人。与弟国泰、国安，事母陈氏皆至孝。母疾笃，兄弟号泣祈天，愿以身代。初，国瑞刲股奉母，疾少瘥，继兄弟三人同刲股以进，疾良已。

于前光

于前光，营山人。赋性纯孝。母病，光侍药，必亲尝跪进，达旦不寐。母曰："儿惫矣，曷就寝。"光泣曰："母且未愈，忍自安乎？"如是者三年，劳瘁过甚。一日，伏母枕，竟先其母而逝，里人哀之。

姚　铨

姚铨，西充人。父早丧，事母至孝，母病，铨祈天，愿以身代。疾危，割股肉食母，母病痊。县令王葵锡旌其孝。

张天锡

张天锡，南充民。母病，刲股进之，获愈。逾年复病，又刲股进之，亦瘥。

王翰中

王翰中，雅州人。父新命继娶刘氏，三十余年无所出，瘫废床笫者三年，翰中与妇朝夕更侍，饮食药饵必躬进之。刘临终谓翰中夫妇曰："愿尔子孙世代荣昌。"又事兄某如父，终身不变。里中遭回禄者三火，皆及门而反，人以为孝友所感。

邓颖孳

邓颖孳，邛州拔贡。早孤，事母孝，母疾革，谓曰："两幼弟汝善抚之，独弱妹目眚奈何?”颖孳泣然，跪应曰：“必使得所。”嗣是婚两弟，且教以成立。妹赘同里白瑛，为置田产、仆婢，并延师课读，入泮食饩，与两弟等。

曾光祖

曾光祖，字辉前。安岳人。性至孝，侍二人，无疾言遽色。家贫，竭力以供膳修。父病笃，刲股以进，立愈。康熙二十一年，知县郑炳旌其门。

王允迪

王允迪，字吉甫。绵竹人。邑诸生，幼以奇童称，博极经史。事亲诚敬。父茂荣病，允迪刲股以进，寻愈。后居丧，哀毁，里人称其孝。

萧　氏

简州萧氏，农家女也。嫁秦某为妻，事翁姑极孝。一日采薪河干，误落水中，沉水底，顺流而下，经数十滩，值一渔舟，忽腾跃入舟。渔人大骇曰：“吾渔于此，未见水面有人，汝从何来?”氏曰：“吾失足落水，已沉河底，自分必死，幸口中尚未吃水，旁若有人以手援之者。至此径提水面置舟中，不知离家远近若干。”问之，已十余里矣。渔人送归其家，咸以为至孝所感，得蒙神佑云。

邱文秀

邱文秀，三台人。本姓刘，幼丧父母，同邑邱泰抚为子，文秀事如所生。乾隆四十六年，父病笃，割股和药以进，病即瘳。五十年，病复发，亦如之。妻罗氏于四十六年因姑病，心痛甚剧，亦割股以救，即愈。郡守张松孙书“愚孝可风”四字表其门。

何之瀛

何之瀛，成都人。幼失怙恃，善事继母，以孝见称。家贫，好善乐施。亲族有不能婚葬者，竭力周给。训三子，习儒业，先后成名，同居式好，门庭雍穆，里党化之。邑令董瀛之额其门曰“锦里善人”。

姜毓奇

姜毓奇，字嗣可。内江人。康熙初邑训导开之子。先世资中人，四世祖时习与兄时和同登嘉靖丙子乡科，俱历部郎。开避乱无家，由巴籍任邑铎，晚生毓奇，弟兄遂隶内籍焉。毓奇性孝友，沉潜史籍，试辄冠军。数奇，以恩贡授阆中县教谕，端严善奖劝，士类奉为典型。昆季及子侄同时列胶庠、入成均者十数人。以孙锡嘏贵，膺赠奉直大夫。

李元勋

李元勋，永川人。性至孝，父病笃，元勋潜祷于神，持刀剖腹，割肝一片食父，父竟愈。

彭文举

彭文举，綦江人。十二岁时母病笃，医药罔效，文举刲股以进，疾瘥。邑令以“童龄笃孝”旌之。

陈登魁

陈登魁，富顺人，字逢元。康熙甲子科武举，英伟有智略。里人赵应选为流贼所掳，遇登魁得脱，收养之。后赵姓繁衍，奉祀之不衰。登魁虽武弁，恂恂如书生。尝终年闭户，抄习经书。与胞兄愈泰同居，至老无间言。

罗　彬

罗彬，綦江人。幼以孝称，尝刲股疗母霍氏疾。疾愈，邑令旌之。

冷应诏

冷应诏，彭水人。父病，祷于天，割股救之。邑令尹严维旌其门。

霍寿长

霍寿长，綦江人。年二十，嫡母曹氏病危，寿长三次刲股和药疗之。

王文璋

王文璋，内江人，字献侯。先世邑西乡人，祖九相强干有智略，故脱明季之难。文璋家贫嗜学，事父母以孝闻。生五子，多市书史，隆冬训课不倦，嗣各有成就。长子者瑞，以拔贡中乾隆庚子乡试，赴春官，钦赐内阁中书。次体亨，由廪生应己酉乡试，钦赐举人，庚戌会试，联邀翰林院检讨。体恭，恩贡生。体肤，岁贡生。者辂，充廪庠。人咸称义方之训焉。丹棱彭乐齐传其事。

陈我尧

陈我尧，彭水人。事继母刘氏以孝闻，刘病痢甚剧，尧偕妻李氏涤秽浣中衣，昼夜无倦。刘死，哭泣尽哀。家素贫，妻子常冻饿。父天相年八十余，所需用必竭力营办，甘旨不缺。邑令蒋栋旌异之。

黄志焕

黄志焕，涪州人。事父母以孝称。康熙己丑夏，五城中失火，延烧民居，父适病卒，志焕先扶母置他所，复冒烈焰入负父尸以出。州牧董维祺目击之，旌其门。

吴君美

吴君美，富顺人。自幼以孝闻乡里，父母在日从不远行，晨昏冬夏视寒暖、奉服食，历终身不衰。父母多病，恐为庸医所误，因习医学，后亲病亦瘳。

龚　遂

龚遂，西充贡生。少失怙恃，事庶母如母，克尽孝敬。弟瞽废，为之娶妻生子，代毕婚嫁，人多贤之。

王　巩

王巩，富顺人，字尔修。事母能孝，家甚贫，朝夕承欢，甘旨无缺。吏满，赴京考职，至龙泉驿，遇解课银者因早行遗银五十二两。巩拾，坐待黎明，遗银者寻至，欲自尽，遂还之。至河南，有人负粮，欲鬻妻以偿者，相对泣别。巩询知，为出银赎还。授八品，以亲老不仕，卒年九十二。子升冕，邑庠生，亲殁庐墓，以孝闻。

丁世恭

丁世恭，巴县人，字一开。康熙岁贡，绥阳训导。事母孝，年六十告归。母八十余，家贫，授徒于城，三二日辄归省，市粱肉亲奉之，茧足深山，无间寒暑。与诸生语，不禁涕出，孺慕之诚，老而弥笃。

李九文

李九文，富顺人，字盈章。岁贡生，有至性，居亲丧，不作佛事，仪节一准《家礼》。葬后寝于灵侧，朝夕哭奠，小祥乃归。同怀兄弟五人，皆先卒。教诸侄有法，仿柳氏小斋，每夜聚一书室，询日中所为事，诸侄屏息受训诫，岁以为常，故侄等多登科第，入成均，彬彬守礼。性爽直，能面折人是非，人皆谅其无曲。里族中有诟谇，率来质成，随感悦以去。卒年七十九。子芝，戊辰科进士，仕湖北宜都令。

叶重开

叶重开，巴县人，字芳丛。康熙岁贡，通江训导。性至孝，母疾奉侍，衣不解带，垢腻躬亲浣濯。弟重蕃，司铎潼川卒，讣闻，告归，抚幼侄如子，哭弟成疾，终。

侯启印

侯启印，营山人。父文才，任直隶顺德府同知，印随之任。至沙河驿，继母王氏偶感疾昏愦，服药罔效，印吁天割股和药食之，疾遂愈。

罗心简

罗心简，营山人。康熙癸卯举人。事父母备极色养，遇亲疾即吁天请代，屡以诚感获愈。

姜 察

姜察，字履洁。内江诸生，阆中教谕毓奇三子。性极孝。幼年综理家政，备极勤劬。尤潜心理学，创精舍修身养性，兼采玄门冲淡希微，独诣纯邃。与人交，推诚不欺，周贫恤匮，悉出自然。子锡嘏，由庶吉士改部曹，挈眷赴官。以两孙早折，郁郁卒京邸，一时乡宦罔不哀之。以子贵，赠奉直大夫、翰林院庶吉士、工部虞衡司主事。

张凤舒

张凤舒，西充诸生。母刘氏病笃，割股以愈。

张元正

张元正，字维纲。汉州人。性孝友，家素饶，尤多隐德，每遇歉年，减价粜谷以周贫乏，乡里赖之。与人交，开诚布公，从无欺饰，人益钦服。子四，长仁荣，乾隆乙卯进士，钦赐翰林院检讨。次仁爵，乙酉选拔。三仁守，太学生。四仁同，乙酉举人，安徽黟县知县。至今子孙繁衍，簪缨不绝，咸以为积德之报。

王荣秀

王荣秀，西充人。母袁氏病危，割股救之。

艾祖麟

艾祖麟，内江人，字端微。明鸿博南英裔，先世由东乡迁楚，大父复由楚入蜀。祖麟生六岁而孤，母龚氏守志，送就村塾授卷，咿唔不与群儿伍。长游楚名士罗玉峰之门，深为契赏，屡试不售。家益贫，惟以教授佐母膳，课子孙以文艺为末。长子荣松，由拔贡隽乾隆己亥恩科，任江南砀山县令。三子荣模，己酉选拔，孙亦入庠有声。祖麟晚荷恩荣，处之若素。平生不谈人过，读书之愿，至老不衰。以子荣松任知县，恩加三级，诰封奉直大夫。

冯天桂

冯天桂，西充人。父病将死，割股愈之。

张　越[五]

张越，字凌霄。汉州诸生。冠玉公次子。性聪慧，下笔千言立就。试每冠其曹，乡先达俱以伟器目之。尤笃于孝友，事冠玉公，先意承志，事事得其欢心。乾隆丁巳秋，瘟疫大作，兄超、嫂罗氏俱染沉疴，越朝夕亲侍药饵，形神俱惫。冠玉公又病，衣不解带者数月，积劳成疾，竟至不起，识者哀之。以子邦伸贵，敕赠文林郎。

杨凤翥

杨凤翥，西充人。母病，割股疗之，父病，复割股而愈。

高　璞

高璞，西充人。邑诸生。叔祖仪坤，任浙江平阳令，卒于官。璞奉祖仪乾命，赴浙扶榇[六]。仪坤居官清介，囊无遗金，璞作募启丐求浙省当事，风霜劳瘁，越七载，始移柩还葬。先是，璞已列子衿，以入浙屡年不获赴，岁试竟除名，里人惜之。

谈中经

谈中经，字序五。内江人。家贫笃学，昼耕夕读者数年。弱冠举乾隆丙子乡试，授监源县教谕，升夔州府教授。丁内艰，起补翰林院待诏。性孝友，尝先意承志，兄弟有不足者，叠助之。外忧归，淡于仕进，教授生徒，岁时叙亲戚情话，一以俭朴读书导人，家居守礼，丧葬不用僧道。年六十五，卒。著有《墨耕堂文集》。子熊，中乾隆丙午乡试。

陈　搢

陈搢，南充诸生。父于王教谕营山，随任侍养。父暴疾甚危，搢哀号祈天，割股以进父，疾遂平。

孟衍邹

孟衍邹，中江人。山东邹县令佺公长子。性极孝。佺官邹县数年，清白自矢，囊橐空虚。衍邹摒挡一切，昼则出外经营，夜则闭门诵读，菽水外尚饶余资。待弟衍舆尤极友爱，怡怡一堂，至老不倦。以明经授昭化县训导，教士有方。首以敦品立行为先，士风一变。长子邸，中庚辰副车，选广东钦州州判。次子劭，庚辰进士，由庶常官至都察院副都御史，现任大理寺正卿。

耿联甲

耿联甲，南充武生。父疾笃，联甲夜祷于灶神，刲股进之，病竟痊可。

冯　瑛

冯瑛，南充武生。父光伟有痼疾，一夕疾笃，瑛割股和药，竟赖以痊。

张天锡

张天锡，南充民。母病，刲股进之获愈。逾年复病，又刲股进之，亦瘥。

王鹤立

王鹤立，字九皋。中江人。天性纯笃，居家孝友，乡党无间言，一切冠婚丧祭必遵《家礼》，教子弟以忠厚勤俭为本，乡里化之。亲戚偶遇争执，曲意开导，片言立解。当道有兴役大务，多就咨焉。年八十五，卒。长子畊，乾隆乙酉举人，官湖南桑植县及甘肃宁夏县知县。次子勇，三子思，俱邑廪生。

冯　勷

冯勷，南充民。父化羽病危，勷刲股以进，寻愈。

王　伟

王伟，宜宾人。康熙六年，母病，伟割股救母，遂愈。

罗文斗

罗文斗，宜宾人。康熙十五年，母病，文斗刲股疗之，病遂愈。

邓　乾

邓乾，宜宾人。郡诸生。家贫，授徒养亲，父汝谟病危，乾殷忧莫措，遂质子以备衾殓。父病忽愈，子亦赎归。康熙二十五年，学使江皋以行优旌之。

李　珍

李珍，奉节人。年十二，母疾笃。珍旦夕焚香，祈以身代，并刲股和药以进，母疾遂愈。

李　芳

李芳，平武人。性至孝，父成宗病笃，割股救之，病寻愈。里人称焉。

胡其英

胡其英，冕宁人。由贡生任永宁教谕。年十三时，祖尝卧病，其英刲股疗之。

刘缵向

刘缵向，雅州人。与弟祖向四世同居，教子弟以孝弟力田为本，乡里高其风义。

陈如佐

陈如佐，雅州人。孝友纯笃，与弟如章同居无间言，古谊为后人法教。子延简，中乙酉乡试，有贤名。

王登震

王登震，雅州贡生。性孝友，康熙庚申诸兄嫂多卒于疫，登震乃与季弟抚育诸孤男女二十人，皆成立婚嫁。家贫，弦歌自娱。知州刘启和甚重之。

刘　溢

刘溢，号彦庵。大竹人。性孝友，事父志圣，先意承志，朝夕无违。与兄涛同居五十余年，内外无间言。持家勤俭，常手书《朱子家训》于座右。见诸子有不合理者，即举《家训》以规之。以己酉选拔，授庆符县广文，五载辞归。子天成，由甲戌进士授庶常，擢台谏，官至大理寺卿。

胡宗玉

胡宗玉，雅州人。与弟宗琮事父纯臣、母姜氏，和乐承欢，朝夕匪懈。父母寿俱九十有二，同日而卒。

彭可富

彭可富，芦山人。有孝行。亲亡，庐墓，哀毁骨立。知县张绪揭其门曰“永言孝思”。

骆应成

骆应成，芦山人。事亲孝，家贫，佣工以奉甘旨。有司旌其闾曰“朴孝可风”。

彭　崇

彭崇，峨眉人。雍正癸卯进士。尝虑父母年迫桑榆，每朔望夜表奏天，有“愿减己算，以益二亲”云云，闻者咸叹。

谢朝玉

谢朝玉，荣县人。性至孝，家贫奉养无缺，居亲丧，朝夕悲号，三年不入内室。后荐明经，任大竹训导，以老辞归。

李化樟

李化樟，字香如。绵州诸生。英华公三子。以兄化楠壬戌成进士，授馆在外，遂绝意进取，一切甘旨，独力任之。教弟子尤勤恳不倦。和睦乡邻，持论公正。咸以黄叔度、郭林宗推之。子三人，长鼎元，戊戌进士，授翰林院检讨，改内阁中书，加正一品麒麟服，册封琉球〔七〕。次骥元，甲辰进士，授翰林院编修，擢詹事府詹事，入直上书房。三本元，丙午举人。

邹　珇

邹珇，荣县人。康熙丙子举孝廉。母早卒，珇与弟三人俱幼，能尽哀慕。后继母舒氏生少弟，于珇等衣食故从丰，反逾己子。珇虽受之，暗给少弟维均。冬夜读书，以己衣为少弟御寒，护惜备至。舒屡窥见，信其友爱之诚，自悔矫情，由是一视诸子。人咸谓珇之孝友所感，可为异母者法。

杨州英

杨州英，荣县人。邑庠生。贫能奉亲，菽水养志。康熙庚午登贤书，后任昌化县令。未几，闻父枢病笃，力请终养，归侍汤药。父卒不起，英竭力营葬，哀毁见骨，亦得疾，旋逝。人有王戎死孝之比。

王俅士

王俅士，邛州人。康熙丙午举人。父孚显卒，异母弟俶士年幼，俅士以所贻田产器物尽让之。仍代为措办差粮四十余年，兄弟友爱，无异儿时。里人义之。

杨先宪

杨先宪，字式谷。潼川人。岁贡生。敦品行，博经史。幼以孝闻，母闵病卒，值献逆之乱，粗具殡殓。及蜀平，始尽丧葬礼，哀毁如初，庐墓三年。乡里称之。

杨继光

杨继光，乐至人。避献贼乱，奉母寓阆中，得无恙。顺治十六年，母九十，继光年六十有四，忽抱重病，属其妻曰：“我死，尔无过哀，须自保爱，孝养吾母。”言讫而卒。后其妻竭力事姑，能成夫志。至今传颂不衰。

何　祉

何祉，射洪人。遇母疾，露祷求以身代，割股和药以进。康熙五年，有司旌之。

周景旦

周景旦，安岳人。事亲恭谨，温清不懈，曾刲股愈父疾。康熙二十一年，知县郑炳旌之。

杨天植

杨天植，江安诸生。天性纯笃，孝养惟谨。亲疾，斋沐告天，割股和药以进，病立愈。

汤日新

汤日新，江安诸生。事亲孝，愉色承欢。亲病，割股以进。闾里咸称孝子。

冯　奇

冯奇，合江人。父圣聘病笃，奇甫十岁，割股和药，父食之病愈。巡抚榜其门曰“孝笃稚龄”。

舒登华

舒登华，合江人。割股疗亲疾。巡守二道以“烈孝可嘉”旌之。

朱子范

朱子范，本名珂，以字行。兴文县诸生。性极孝。试每冠军，屡赴棘闱不第，遂弃举子业。随六兄一弟牵车服贾以供甘旨，寿皆至耄耋。晚年积有赢余，分赡姻党中贫乏不能婚嫁丧葬者，故好义乐施，声闻数郡。家渐中落。子振新，邑廪生，承父志，益笃于行。孙五人：偓，乾隆己亥举人，庚戌进士；佶，丁酉选拔，随中本省乡试；侃，己酉选拔；侑，附贡生；俛，甲寅举人。簪缨雀起，咸以为世有令德之报云。

胡大振

胡大振，绵竹人。事亲至孝，尝割股疗母，病逾年，母死，庐墓尽哀，乡里咸称之。

苟克孝

苟克孝，绵州人。献贼之乱，孝父被执，乃绐贼曰："隔河有藏金，盍令吾父取以进？"父得脱，甫渡，克孝急呼父远遁，贼怒，乱刃交下死之。

郑廷富

郑廷富，安县人。值岁俭，父患病，思肉食，廷富割股代之，父病获瘳。

校勘记

〔一〕"儿"，存古书局本作"乱"。

〔二〕"亡"，底本作"忘"，据存古书局刻本改。

〔三〕"族"，底本作"旅"，据存古书局刻本改。按："旅党"不通，"族党"即聚居的同族亲属。《左传·襄公二十三年》："晋人克栾盈于曲沃，尽杀栾氏之族党。"

〔四〕"母"，底本、存古书局刻本原作"父"，据文意改。

〔五〕此处原有"姻侄姜锡嘏填讳"诸字，乃因张越系张邦伸之父，故请人代写名号，称填讳。今不录入正文。

〔六〕“椺”，底本、存古书局刻本均作“櫬（衬）”，据文义当作“椺”。

〔七〕“琉”，底本、存古书局刻本均作“璃”。按，“璃球”不通，据《（嘉庆）四川通志》卷一百五十四：“（鼎元）己未，以内阁中书充册封琉球副使，钦赐正一品。”当作“琉球”，今据改。

卷　八

节烈　流寓　异人

节　烈

严兰珍

严兰珍，华阳人。父春茂，邑诸生。兰珍工书法，年十六，与齐飞鸾、许若琼、李丽华同选入宫。甲申八月，贼攻急，兰珍于月之望日，投宫西苑荷池死。华阳县诸生王松麓煓作《荷池引》乐府吊之云："宫中书法谁第一？严家女有钟王笔。丽春轩里最承恩，茧纸鸾笺纷络绎。竞渡诗成写未终，惊天鼙鼓王城急。国将亡，生何益？妾身殒，妾事毕。行过风梳束鬓桥，回头东望烟尘逼。不受贼奴污，愿作鱼儿食。浣荷池水深几尺，明年花开色映碧。"

齐飞鸾

齐飞鸾，华阳人。甲申八月朔，王同周贵妃自经端和殿，飞鸾跃入御沟死。王松麓作《御沟怨》吊之云："外城开，内城开，蜀地山河何有哉？国君缢，王妃缢，魂与烈皇悲社稷。君王殉国妾殉君，仰天一痛惨烟云。御沟水深清弥弥，中有玉人眠水底。君不见，美人头，桃花面，酒可消，色不变。"

许若琼

许若琼，华阳人。王没之日，贼入宫，逆阉王宣执琼见献贼。贼喜，伪封皇后。夜伴宴寝宫，琼执席上银瓶击中献贼额，贼大怒，戕琼右臂，琼复以左手挞贼，贼又戕琼左臂，骂不绝口，贼众脔之。王松麓作《银瓶击》吊之云："锦官城头鼓声死，铁炮如雷地中起，山岳崩颓悲彻耳。宫门开，黄虎来，殿庭格磔尸盈阶。呜呼蜀王安在哉！阿琼仓皇逢恶监，缚以献贼贼称艳，趋立宫中〔一〕陪夜宴。含羞忍耻受贼封，决计杀贼酒筵中，眼底已无张献忠。自顾手中无寸铁，审视国仇心胆裂。隐娘匕首提银瓶，奋力击贼贼脑裂。贼虽未死魂已慑，群贼顾之咸酟鯱。左臂折，右臂折，倒地骂声犹未绝，肉虀骨碎飞香血。香血飞，贞心烈性谁与归？荆轲难把秦王袖，豫让徒击赵襄衣，都亭杀贼今古稀。君不见，司农掷笏击朱泚，忠义之气堪比拟。堂堂大节属娥眉，荆轲豫让空男子。吁嗟乎！荆轲豫让空男子。"

李丽华

李丽华，华阳人。幼而慧。父友许宽义，尝以"吴江月"令对，华应曰"汉殿秋"，其家因呼为汉殿仙。贼既破蜀宫，幽华密处，绝粒五日不死，越日吞金卒。卒时，与兰珍、飞鸾、若琼年皆未二十云。王松麓作《汉殿仙》吊之云："汉殿仙，蜀王宣，直何处，丽春轩。五月浣花溪上渡，王有赋，谁能步？字里风霜含讽喻。龙舟酣宴正传杯，锦水为竭寇忽来。杀声贼焰日为隤，案头黄纸随劫灰。念君王，美人伤，绝粒不死吞金亡。何物黠贼逞狓猖，争残玉体舞郎当。岂知烈女骨，万古犹馨香。"

裨将妻

富顺贞妇刘氏，以诗名。夫萧某，戍黎雅。献贼入蜀，知不免，乃遣子远适夫所，与其女俱自经。题诗于壁，以"驿梅惊别意，堤柳暗离愁"十字为诗十首，各拆一字成诗，号离合体。其一拆"驿（驛）"字云："马$_{\text{分}}$革何人誓裹尸，四$_{\text{分}}$维不振笑男儿。幸$_{\text{分}}$闻硕果存幽阁，驿$_{\text{合}}$使无由寄雅黎。"其二拆"梅"字云："木$_{\text{分}}$偶同朝只素餐，人$_{\text{分}}$情说到死真难。母$_{\text{分}}$牵幼女齐含笑，梅$_{\text{合}}$骨留香莫畏寒。"其三拆"惊（驚）"字云："苟$_{\text{分}}$活何如决意休，文$_{\text{分}}$姬胡拍总堪羞。马$_{\text{分}}$嘶芳草香魂断，惊$_{\text{合}}$醒人间妾妇流。"其四拆"别"字云："口$_{\text{分}}$中节义是谁无，力$_{\text{分}}$挽江河实浪虚。刀$_{\text{分}}$锯不移巾帼志，别$_{\text{合}}$无芥蒂是吾徒"。其五拆"意"字云："立$_{\text{分}}$也伤悲坐也伤，日$_{分}$斜光景对残阳。心$_{分}$怜夫嗣儿还父，意$_{合}$惨君仇女伴娘。”其六拆“堤”字云：“土$_{分}$兵劫去又官兵，日$_{分}$望征人不复生。匹（疋）$_{分}$练有缘红粉尽，堤$_{合}$边一勺是匡城。”其七拆“柳”字云：“木$_{分}$嫁原知冠盖凋，夕$_{分}$阳古道冷萧萧。节（卩）$_{分}$边似听征魂泣，柳$_{合}$絮因风未许招。”其八拆“暗”字云：“日$_{分}$前送别唱阳关，立$_{分}$石望夫还未还。音$_{分}$信频从陇外寄，暗$_{合}$传汝妇已投缳。”其九拆“离（離）”字云：“凶$_{分}$莫凶兮国破亡，内$_{分}$庭无救各奔忙。佳$_{分}$人命薄成何用，离$_{合}$却尘氛骨也香。”其十拆“愁”字云：“禾$_{分}$黍流离最可怜，火$_{分}$焚无与救眉燃。心$_{分}$虽甘作黄泉客，愁$_{合}$向山头问杜鹃。”按：离合体创始汉孔融《渔父屈节篇》，后鲜继者。氏于国破家亡之际，从容就义，抒此绝妙好词，视伯玉妻《盘中诗》、苏若兰《织锦图》，复何多让？真绝代逸才也。惜忘其夫名，谨录其诗，为名媛佳话。

周 氏

周氏，越嶲卫指挥同知王自明妻也。越嶲本西南夷地，四面皆番猓，自明能用其众，番猓颇畏之。周氏先为自明妾，适妻亡无子，周氏生两男一女，与自明同甘苦十余载，自明乃得嗣其世荫。周氏多智略，尝佐自明谋事，自明爱之，遂以为妻。

越嶲既近猓，猓人喜掠，其酋帅有爱子来掠越嶲城下，官兵杀之。猓妻激猓为子报仇，残越嶲甚久。自明遣人往抚，猓不肯从。猓妻曰：“自吾儿死，吾杀越嶲人亦多，今盐布皆不来受，和好乃便。”猓遂与妻来见，自明誓不内犯。猓妻，黠妇人也。入谒周氏，周氏善遇之。猓妻临去，要周氏出视，周氏曰：“当视汝，吾前日欲往村中收荞，有事未得行，汝屯与吾村中相近，今必来矣，屯处无屋，吾久待汝于此。”因与同观刈荞，经理田事。久始饮食，猓妻多与之酒，命侍婢左右劝酬，欢呼至暮，尽醉乃罢。又益加食物，令猓妻持去，越嶲以此得无事者数年。后成都乱，自明率卫军从曹勋于大渡河所拒贼，贼遁，复治越嶲。自明与勋有隙，周氏力解之。勋兵饥，越嶲馈粮往救者，周氏之力也。

顺治丁亥，自明同勋裨将攻建昌，数月不下，自明病将死。时番猓乘内变，多为盗，路阻不通，周氏召其尝所惠之番众往迎自明，自明归而卒。人乐周氏贤，故子乘龙复总其父众。次年，杨展遣部将冯朝宣援建昌，朝宣至越嶲，部下见猓骑好马，杀而夺之。猓众来战，匿东山下，先以羸弱诱朝宣，朝宣轻之，直渡与战。周氏登楼，见朝宣兵渡，叹曰："为猓所诈矣。"果败还。朝宣暴乱，乘龙所将皆悍卒，欲攻朝宣，周氏不许，朝宣知之，以木榜旌其门。周氏遣人谢曰："吾军何尝有异志。"不受其榜。次年，曹勋攻建昌，兵败。贼追至越嶲，周氏闻贼兵且至，以次子属人。奔大渡河所积草楼下，与其女自经。女死，周氏绳绝堕地，刎又不死，遂自焚于楼下。后得遗骨于瓦砾中，合葬之，人谓之双冢云。

周氏女，彭县士人赵弼妻也。弼父司铉官越嶲抚夷同知，与自明共城治事，因缔婚。成婚后一年死。

马士骐

马士骐，字韫雪。西充人。高祖廷用官大宗伯，曾祖金官左布政使，祖晋明官太守，父云锦官江西南城令，文章德望，声籍累世。韫雪从父读书，十四岁以诗名。适祥符张应垣上舍，为斗斋先生孙妇，先生盛称之。中岁孀居，辄自晦其笔墨，故见者绝少。初有《漱泉集》七百余篇，为其姻党女窃去。越数载，嗣集成帙，又以病革自焚。由是残笔剩纸，仅百存一二而已。其子新辑其遗诗，名《烬余诗草》。诗鸿洞踔厉，笼盖诸家，绝无闺阁气，真名媛中所未有也。

集中有《落花诗》十五首，甚工。诗云："梦回春色已阑珊，百舌声声语晓寒。一坞香风团牧笠，半溪红雨打鱼竿。飞来瓦砚知诗苦，偷入湘帘诉别难。为报君恩衔几片，枝头黄雀莫轻弹。""不分山厓与水厓，踏青时衬合欢鞋。只应天上留金锁，忍看尘中着玉埋。和月欲眠高士榻，好风扶上美人钗。多情吾亦浣花者，坐对经旬闭小斋。""千树繁花豁倦眸，和烟和雨一窗收。好随流水勾渔父，莫更为云上楚楼。老矣朔风甘自退，仙乎飞燕恐难留。如何镇作长春物，消得人间几许愁。""烂红残紫乍高低，痛惜行人踏作泥。六代铅华蝴蝶梦，一林风雨鹁鸪啼。徒闻湘瑟人何在，再问胡麻路已迷。元亮尚存松菊径，不须空说武陵溪。""亦知尤物岂长存，独把空条饯一樽。膏少青鸾丝已绝，颒余白獭玉为痕。将无药就因奔月，纵有香来不返魂。我欲笑花花笑我，只凭青帝一评论。""陌上篱边泣晓风，含羞含恨一丛丛。香飘池面鱼争饵，影掠帘钩燕接虫。放叶诗随流水上，助妆人在梦魂中。既怜复损何劳尔，消息须当问化工。”“何烦好景问芳茵，地棘天荆几度春。五夜冰霜啼嫠妇，十年瓶罄伴孤臣。白驹已自逃空谷，黄鸟难教赎百身。为语封姨无作恶，东皇不负惜花人。”“虽有仙姿不驻颜，漫言雾鬓与云鬟。明珠客去湘中水，玉佩人归海上山。高阁莫吹猿背笛，小阶全作鹿胎斑。凭君寄语看花者，且趁花时百往还。”“腥风处处射眸酸，蝶泣莺啼送夜寒。点鬓乍衔钗燕动，黏书时伴壁鱼干。人间空有黄金屋，天上何劳白玉棺。荣落东君原有意，不应真作散场看。”“自幸名园托此根，寒威如剪不相存。人来道士栽桃观，魂断清明问酒村。有泪未能忘故土，寸心何以答春恩。愿君留得长条在，岁岁还来缀绿轩。”“放春还是为春收，辛苦春工可自由。十里莺声樵子径，半帘蝶影玉人楼。问来多少尝因夜，别有时年不管秋。莫谓秾华易消歇，六陵松柏几株留。”“拟向芳丛试一歌，残红已下最高柯。定知人事无常好，不信天心太折磨。一代琵琶随铁骑，十年荆棘卧铜驼。琼宫玉蕊收将去，野草漫漫奈尔何。”“惆怅人间万事违，刑花风雨亦何威。采莲歌散鸳鸯去，种杏园空蝴蝶飞。疏干自宽啼鸟路，随潮欲上钓鱼矶。年年见惯禁愁寂，闲倚柴门送夕晖。”“徘徊如怨复如嗔，似向韶光叹不辰。燕子楼中愁盼盼，美人图上唤真真。惟余篱菊差强项，见说堤杨也效颦。绕树[二]种梅三万树，明年春色属幽人。”“畹蕙江蓠事已乖，柔肠不是惜香娃。文同王子生前祭，旷若刘君死便埋。赖有钟情高士在，未应欲杀众人皆。山斋莫许奚童扫，留取香魂照碧阶。”

向节女

向节女，华阳孝廉向日升女也。许聘张方晓次子元德。方晓历官至刑部曹郎，以细故与同官旗员某角。某恃强推方晓仆地，方晓不能起，以脚向上，误伤其害，立毙。罪当偿，元德争于朝，力救之不得，触阶死，京师人争传其孝云。是时节女未字，家华阳，闻讣悲伤，自誓以节。日升曰：“女未为妇，无守节礼。”答曰：“妇人之义，从一而终。既已聘矣，岂必为妇哉？且使张郎为孝子，儿为节女，不亦可乎？”日升复引“未庙见，未成妇”及明儒归震川之论示之，答曰：“事不求异，各行所安耳。金石可断，此志不可易也。”日升不能难，听之。于是服齐衰往吊，抚椁尽哀，哀毕鬈其发，执妇礼拜姑，姑怪之，强之归。节女曰：“姑妇也，将焉归。”姑强益力，事益恭，久之察姑无留意，不敢拂，请于姑曰："归易耳，愿得伯之子为嗣。"姑许诺，不得已，涕泣别姑。携其子归，自课之，其弟某亦师事焉。外客虽至戚，弗与见，键户自守，年三十余卒。

张节母程孺人家传 绵州李雨村调元作

节妇者，汉州张公凌霄之妻也。以子邦伸贵，封孺人，并请旌表。敕就其地后营建坊，故今人皆称其里曰花牌坊。

初，孺人之归凌霄公也，年二十一，未逾旬即遭姑丧，枕苫茹荼，未尝御帛。时公与兄超、弟趋皆入庠，试辄优等，一时有三凤之目，人皆谓公取青紫如拾芥也。卒不得意，赍志以没，遗子仁寿甫六岁，邦伸甫二岁。孺人矢志抚孤，日则脂膏瀡髓以事舅，夜则篝灯纺织以课子。尝涕泣谓仁寿、邦伸曰："汝父之弥留也，嘱我曰：'吾未竟之志，将于二子是续，汝善教之，毋使吾目不瞑。'汝等若隳厥志，吾无以见汝父于地下矣。"二子皆谨受教，不敢违。伯超先凌霄公没，未几又遭舅丧，茕茕在疚，伯遗孤俱幼，荜门环立，相对凄然。孺人皆视如己子，为之择师授室，而诸幼亦视如己母，无此疆彼界。乡人至今化之，奉为女宗。己卯，邦伸与余同举于乡，签发中州令，借补光州州判，宰襄城，历固始，卓荐循良第一。仁寿亦授广西布经，先孺人没。然二子之贵也，孺人皆亲见之焉，其各有能声，皆出画荻之教云。寿七十一，卒于固始署。

扶榇归葬三台乐安铺之东原。明年，乡人奉主入州节孝祠，州牧徐公德元亲以鼓吹送之，人以为荣。赞曰："程氏自宋以来，为蜀中望族，苏轼之母亦出于程，尝谓轼曰：'汝为范滂，吾独不能为范滂之母乎？'世谓有此母，方生此子。今孺人以节孝著，而固始以循良称，忠孝之传，累叶不替，其于苏母若后先一辙焉。天之所以而炽而昌者，宁有既乎？"

山阴童二树钰著《贞孝篇》书孺人传后云："张君古张仲，孝友今人贤。非惟张君贤，母节高云巅。示我节母状，语语出心肝。我读未终篇，泪下如清铅。君言乌鸟私，陈情思归田。方期御版舆，行乐周家园。新痾不再作，旧痾顿有痊。庶几陟岵意，长慰倚闾怜。奈何天降殃，树静悲风旋。我闻忽大痛，陡觉生悲酸。小人亦有母，中道伤弃捐。懿迹久不著，负疚将就湮。只抱寸草心，空诵《蓼莪》篇。生儿不显亲，虽生亦徒然。今君具禄养，甘旨开长筵。称觞当七十，绕膝竞斑斓〔三〕。丝纶旌煌煌，青史永不刊。况君擅述作，母德行复传。始闻乐芊织，兼致江鲤鲜。黾勉事老翁，能使翁心欢。谁知松柏姿，乃有风霜缠。结褵未十载，一旦遭屯邅。哀哉双黄鹄，遽尔成孤鸾。上视白发翁，涕泣常涟涟。下视黄口雏，服膺常拳拳。三世百忧集，万事单身肩。吞声勤女红，布粟良独难。孤灯牵恤纬〔四〕，口授衔黄连。抱冰冰不寒，握火火不燃。惟识竭慈孝，遑恤精神殚。天行久应复，穷谷回春暄。双雏丰两翮，一举腾紫烟。伯也捧檄喜，志岂全在官。仲也作良宰，弦诵彻郊廛。良由奉慈训，举止忘尤愆。回念未亡〔五〕人，抱痛几何年。偶然破涕笑，用以报所天。忆母于归初，姑病正缠绵。入门未及拜，婉娈床笫边。阿姑闻妇来，起坐强盘桓。晨夕衣不解，药石亲烹煎。可怜八日妇，呜咽悲遗钿。捐我芙蓉裳，卸我翡翠冠。麻衣事含殓，纤手荐苹蘩。时闻阿翁叹，新妇礼法娴。支我门户衰，端赖闺中媛。讵料翁即世，悉中翁所言。节高报亦厚，翟茀华且妍。譬彼捩柁〔六〕者，遍历瞿塘艰。号呼出险阻，今始行通川。如何遘阳九，身非金石坚。矢志愿同穴，含笑归重泉。以母作女宗，母真无忝焉。行看滟滪堆，丹旐飞翩翩。又看广汉陌，复高三贞阡。道旁双石楔，乌头与云骞。碑用翠珉刻，书用黄金填。若非泷冈表，徽音何由宣？使我愧为子，欲语增厚颜。爰述贞孝吟，庶续彤管编。”

蜀中节妇贞女载《通志》及《蜀碧》《井蛙杂记》诸书，无虑百千，大都青年矢志，白首完贞，敬事双亲，抚孤成立者为多。其或遭时不偶，所遇非良，刀镬自甘，百折不屈，尤为闺阁中所难。此皆乾坤正气，足以贯金石而泣鬼神，与古来忠臣义士杀身成仁者何异？惜集隘不能遍登，谨录数人为前书所遗者，并附先慈家传于后，一以表懿行，一以扬亲徽，览者幸勿讥其挂一漏万也。

流 寓

蒋 超

蒋超，字虎臣。金坛人。明佥事鸣玉之子，其祖母梦峨眉老僧而生。生数岁，尝梦身居山中，茅庵一间，屋后有流泉绕之，古佛数人己室与之谈禅。年十五时，有二道人坐其门，言山人有师在峨眉二百余载，恐其堕落，久之乃去。幼耽禅寂，不茹荤酒。工诗文，酷嗜书法，得晋唐行楷笔意。年二十二，举顺治乙酉乡试，丁亥第一甲第三人，授编修，主浙江乡试，数请假谢病归。起为顺天提督学政，时学租并入正赋，学使无所赉予，超举债赈贫士。又疏请复古学，禁天下有司刑责诸生，疏皆报可。

超为人和易，尝戒忿怒，自号无嗔道人，而性爱山水。多方外之交，尤喜比邱，狎游不厌，尝游历五岳、黄山、九华、天台、武当，穷幽极窔，不避蛇虎。尝语同馆施闰章曰："仆有不可解者三：略贵显而礼窭贱、畏馆阁而僻山水、薄妻子而笃比邱三者是也。"督学事竣即告归，不过里门。由嵩洛至长干，蹑匡庐，游鹿门，扁舟草屦，径自楚之蜀，直达峨眉，爱伏虎寺，遂居焉。会当事请修《四川通志》，数月书成，即山中建一亭，书"萝峰"二字，语小僮曰："死厝我于此。"

癸丑正月，遗书别当事，越三日，沐浴端坐而逝。诗曰："翛然猿鹤自相亲，老衲无端堕孽尘。妄向镬汤来避热，却从大海去翻身。功名傀儡场中物，妻子骷髅队里人。只有君亲无报答，生生常自祝能仁。"时年四十九。超生明天启甲子。先是，有术者言其寿止此，超笃信之。为诗四十九篇，至是果符合云。以所居近华阳洞，未没前数日自序，有华阳洞山人传。其卒也，朝士大夫皆嗟叹流涕，蜀之大吏经纪具舟归其丧。

所著有《绥庵集》《论史百篇》《蒋说》《峨志》等书，惟《儒宗辨统辑稿》未竟云。

王寡郎

王寡郎，不知何许人，亦不详其名，并无室家妻子，因自号寡郎。流寓蜀之资县，为塘卒，代置递送文书，得钱则沽酒畅饮，吟哦不辍，人莫测其所为。

资县有王生者，设教乡塾。与塘近，寡郎往来必入，入必有诗，语王曰："请先生为余书诗，余素不知书者。"王曰："子不知书，何由能诗?"曰："余非真能诗也，聊以适意耳。"王代书毕，读之甚佳，以为偶记，试之，探喉而出，皆新颖异常。使人潜伺其居处，案上并无书。其后往来成都，渐与文士唱酬，如夙构然，皆口拈，不事笔墨，诗多感慨悲凉之音，或有所托而逃耶?《过白帝城》云："忽见雀飞处，人传白帝城。山形犹未改，世事几回更。滟石何曾险？江流不肯平。兴亡千古事，无故客愁生。”又《登成都八角楼》云：“益州吾梦古兰州，春日频登八角楼。万水千山都不是，一层云树一层愁。”彭乐斋云：“寡郎必兰州人，此其怀乡诗也。”后竟不知所终。

黄 霖

黄霖，江南人。侨寓成都。善画菊，自号菊花老人。年八十余，犹吟咏不辍，与董太史樗斋友善。其诗以丰韵胜，飘飘有仙气。《归农》云：“我爱骑驴妇坐车，儿肩书籍仆担花。出城未到青羊市，先问桥西卖酒家。”《画蟹》云：“不食霜螯二十年，未曾举笔口流漩。何时得到江南去，明月芦花系钓船。”五言如：“灯借月相照，门随风自开。”“萍开池受月，风急雁藏云。”“草人惊野雉，石虎卧秋山。”“雪消春水阔，野旷夕阳低。”七言如：“书来巫峡秋应暮，人到潇湘雁已稀。”“有酒方知春梦稳，不穷安得晚吟工。”皆名句也。

张清夜

张清夜，字子还，别号自牧道人。著有《潭东草》。道人先名尊本，长洲诸生。不得志，乃溯江入蜀，览峨眉、青城诸名胜，遂易羽服，结庐于成都城南武侯祠之西偏，一琴一榻，萧然自得。著作甚夥，当道名公卿及文人学士多访之，字学颜鲁公，尝摹《古柏行》嵌于祠壁，识者以为不减唐人手笔。乾隆二十四年，余游武侯祠犹见之，鹤发萧疏，吐词清妙，蔼然有道士也。其《荷花池》载《月轩集》，云：“桂子月中落，荷花镜里香。”自然工丽，字亦清挺异常，可以想其丰致矣。年八十余卒。

异 人

狗皮道士

狗皮道士者，成都乞人，不知姓名。善作犬吠声，酷相类。尝冠道冠，蹑赤舄，披狗皮，乞食市中。每至人家，辄作犬吠，众犬闻之，亦争吠不休。

献贼入城时，道士突至贼前拦马作犬吠声，献贼怒，令群贼策马逐杀之。道士故徐徐行，贼数策马，马不前。献贼益怒，令飞矢射之如雨，皆不中。献贼益大怒，以为妖，亲策马射之，中其首，不入，矢激还中贼马，马踣，献贼大骇，乃已。他日，献贼僭尊号，元旦朝贼，百官忽见道士披狗皮列班行，执笏，作犬吠声。献贼大怒，令群贼缚之，道士乃大作犬吠，声盈庭如数千百犬争吠状，声彻四外，合城之犬闻声从而和，吠之声震天地。献贼大声呼，众皆不闻，为犬声乱也，献贼大惊而退。既退，犬声息，道士亦不见。

李雨村调元诗云："狗皮道士不知名，以皮为衣犬为声。乞食成都偶一吠，城中百犬皆吠惊。忽闻献贼鸣驺至，突向马前作犬吠。贼怒弯弓射不入，反中贼马马立踣。是时献贼僭称王，百官称贺如朝堂。忽见道士立班内，狗皮执笏随班行。贼声如雷令缚至，一时吠声震天地。贼退入宫吠亦息，道士以贼为儿戏。嗟乎！狗皮尚与贼为戏，岂有人皮反畏避？君不见，驱贼入蜀杨嗣昌，人皮不若狗皮良。"

罗　节

罗节，丹棱道士。有异术，结茅盘陀山，放虎自卫，言风雨祸福必验。乡人奇之，咸呼曰仙。明季，岁大旱，自春至夏不雨，屡祈祷不应。或以节告，令遣役召之。节曰："召我何为？"役曰："祈雨耳。"节曰："若他事则节当应命，若祈雨必以礼至。"役以节言告令，令怒曰："若，吾民，敢傲耶？"既而曰："吾为雨计，暂礼之。"令役备车币以迎，语曰："若能祈雨，吾敬若；若不能祈雨，吾笞若。"节已知令意，及至，与令抗礼。令佛〔七〕然卒问曰："若能祈雨乎？"节曰："能。"时方亭午，烈日如焚。令曰："似此欲雨良难。"节曰："易耳。公试建台城下，高二丈许，官民衣冠罗列虔伏，节祈之，可立至。不然，不能必也。"令熟视节良久，乃从之。节取鸡卵百余，置两石臼中，令健儿舂捣终日，卵无损者。于是节登台，披发仗剑直指东南呼曰："云至"，云骤集。又呼曰："雷至"，雷果鸣。旋以卵乱掷空中，每一掷霹雳随手而震，节大呼曰："有贪官污吏剥削百姓者，有不孝不弟欺害善良者，尽击之。"令失色，众亦惊。须臾雨倾如注，沟浍皆盈，令及诸耆老衣冠尽湿。起视节，衣履干燥如常。初掷卵时，众讶其不下，后访之，累累入节家，然去邑三十余里矣，令以是奇节。至我朝定鼎初，节年已八十余，矍铄如壮盛时。一日，语其徒曰："某月日，吾当逝于清虚之府，与汝辈诀。"及期，无疾而卒，人以为尸解云。

曾虚舟

曾虚舟，荣昌县人。康熙中佯狂吴楚间，言多奇中，所到处老幼男妇环之而行，虚舟嬉笑嫚骂，所言辄中人隐。或与人好言，其人大哭而去。或笞骂人，人大喜过望。在问者自知之，旁人不知也。杭州王子坚知泸溪县事，罢官后，或议其祖坟风水不利，子坚意欲迁葬而未决。闻虚舟来，走问之，适虚舟持棒登高阜，众人环挤，子坚不能前。虚舟望见子坚，遥击以棒，骂曰："你莫来，你莫来，你来便要抠尸盗骨了。行不得，行不得。"子坚悚然而归。后子坚子文璿官至御史。

张 诚

张诚，名山诸生。放浪不羁，纵饮酒肆中，醉后或歌或泣，人皆呼为颠。间语人间祸福，多中，人亦莫之奇也。客丹棱，会邑中有乞丐数人，皆大疯疾，见者辄避去。诚呼与语曰："吾能治若疾。"丐者俯首唯命，吐其沫使啖之，已而果愈，于是一邑人尽以为奇。口不言书，人莫知其能书，兴至每于古寺中研墨数升，缚箒蘸〔八〕书壁，盘结回环，有虬龙之势。又好溲，溲必倒行，印痕行行皆字。尝止旅舍，其主人以为颠，驱之出，旁舍怜而宿之，且待之厚，临别语曰："感子厚意，吾思报子。"因溲，溲高数丈，达于主人之屋脊，主人大骇。数日，市被火，延焚殆尽，至溲处忽灭，乃奇之。其后往来蒲、邛间，一盂一钵，乞食道途，复游重庆，以蒲团渡江，不知所终。

陈 益

陈益，丹棱人。康熙中为里甲保户，代民输公，锱铢不枉，如是者数年。一日外出，遂不归。后有人于东南山中遇之，益呼曰："汝识南街陈益否？归语吾妻子，勿吾望也。"言罢，腾树而去。

桂柏老人

桂柏老人，不知何许人。尝鬻药，往来河洛间。

予丙戌挑发河南，寓汴之书店街旅舍。一日有客叩门，年约四十许，称系同乡，请见。延之入，问其里居，曰："某镇远将军李扁头之胞弟也。本合州人，后迁居成都，今离成都又七十余年矣。"予意李将军芳述乃国初平吴逆有功受封者，没已百年，何得指为同胞兄弟，言太不经。因问曰："尊齿几何？现住何处？作何生理？来此何干？"曰："予今年一百三十五矣，云游四方，住无定处，多往来嵩山、武当、武夷山中，时入市鬻药救人，偶于途次见公可服丹药，故来相访。"余益疑为骗客，因辞之。临去，曰："公即不服药，亦急流勇退人也。"遂去。予略不以为意。

又十年，如南兄自京邸归，言在京见一异人，自称李将军之弟，能祈雨。其时天大旱，江西正一真人奉敕设坛，祈祷数日不应。李自言于额驸福公隆安，福公遂以入告，命下，敕令设坛，即日甘霖大沛，四野均沾。上嘉之，厚加赏赉，辞不受。赐号"桂柏老人"，并赐二品顶戴以荣之。李曰："我出山，本意救人，而获此殊恩，亦数也。"在京住十数日去。问其年齿像貌，则予汴城所遇者也。始知向与予言皆实语，而予误疑为诈，遂觌面失之也。又闻老人在京时善擒烈马，每秋后马贩入都，人不能驭者延伊擒之。伊跨马背，任其闯坡奔涧，控纵自如，观者无不色变。逾时马疲汗下，自驯扰俯受羁勒。真异事也。

李赤脚

道人李赤脚，四川人。客陕西泾阳古寺中。年岁不可考，貌极清癯，似四五十岁人。自言伊明末曾充兵丁，谈李自成、张献忠争战事甚详。乾隆三十年间尚在。从未以文字示人，人亦不知其能书也。尹相国继善闻其名，疑有黄白之术，遣人致书相召。伊覆云："乞人浪迹泾干，苟延残喘，岐黄之理，素未究心，即老庄之书，亦不寓目，惟知饥来出门，食后静坐而已。忽承慕道之诚，兼讯治病之术，大约混俗即脱俗之法，养生即长生之方。况天上神仙、人间宰相，一而二，二而一者也。若使服药烧丹，闭门避谷，是所谓道在迩而求诸远，事在易而求诸难也。来京之约，不特野心久恋白云，亦且老病有如黄叶，后会有期，不必相强。”字甚遒劲，似晋唐人手笔。尹得书叹曰：“此野仙自全其真者也。”再访之，已扃户出矣。五十三年秋，忽谓其徒曰：“予将逝矣，汝等葬我于寺旁，五日后有代予题碑者。”其徒磨巨石以待，至五日毕，抚军秋帆至其地，闻之题曰“赤脚大仙之墓”。

毛　女

毛女姓杨，丹棱民家子。父死，事母孝，年及笄，忽失所在，其母索之不得。后二年，有遇于竹林寺山中者，飞升木末，捷于猿鸟，叩其故，曰食松叶耳。人以遍体生毛，呼为“毛女仙”。

张　氏

张氏，温江人。生而颖异，幼好神仙之术，未笄而娠，家人疑之。女剖腹示父，内俱经书。事闻，赐建仙女观。

校勘记

〔一〕“宫中”，存古书局刻本作“中宫”。

〔二〕“树”，底本、存古书局刻本同，清马星翼《东泉诗话》卷八作“舍”，清孙桐生《国朝全蜀诗钞》卷十六作“屋”。

〔三〕“斓”，存古书局刻本作“爛”。

〔四〕“纬”，底本讹作“帏”，据存古书局刻本改。

〔五〕“亡”，底本讹作“忘”，据存古书局刻本改。

〔六〕“柁”，底本讹作“拕”，据存古书局刻本改。

〔七〕“佛”，底本讹作“拂”，据存古书局刻本改。

〔八〕“蘸”，底本作“醮”，两字古通，据存古书局刻本改。

卷　九

方伎　高僧

方伎

林虚泉

林端，号虚泉，明万历间涪州名家子。生而颖异，出就外傅，常见黄冠相随，父母不能制，久之遂多异术。每出行，负行李入人家。或主人不接，则虚挂中堂，与食则食，不与则囊中诸馔备陈，异香满室，反请主人共酌，尽欢乃去。州守闻其名，访之。延守上坐，顷刻珍羞罗列，备极款洽。时多蝇蚋，守问虚泉曰："是可驱否?"曰："可。"唤侍役取泥一握，捏作虾蟆数只，跳跃筵上，诸蝇蚋尽去。是夜守宿其家，池塘蛙声聒耳，不可耐。守曰："盍驱之?"即取架上白纸数张，碎作寸许，投之水中，其声遂止。次早视之，各虾项下俱被纸条拴紧，欲作声不能矣，守甚敬之。然告守皆正大语，绝不为幻诞之言，且嘱以省刑薄敛，忠君爱民之事。谓："某虽多戏术，不过小技耳，欲为世间不朽之业，自有正道。"故一时缙绅多与之往来。后游滇中，入本朝，不知所终。

老神仙

老神仙姓陈，名士庆，河南郑州人。幼遇终南山道士，授以方书，能生死人，接断骨，其术甚神。初为献贼所掳，将杀之，自称能以泥塑像，获免，贼中遂以"塑匠"呼之，随献贼入蜀。

一日，涤大釜沃水，燎以火，数百沸，以一榜左右搅成膏。贼问："何用?"曰："此膏乃仙授，或刀斧或榜掠受重创者，能顷刻完好。"时有受榜者，试之立验。献贼残忍，日杀人、劓刖人至笞掠无算。笞凡数百，血肉糜溃，气息仅属者，付塑匠以白水膏傅之，无不生，且立刻杖而行。军中争趋之，馈遗饮食无虚日。献贼有爱将某者，攻城为飞炮所中，去其颏，奄奄一息矣。塑将曰："易与耳。"即生割一人颏贴之，傅以膏，一日而苏，饮啖如未割也。

时孙可望在贼为监军，夜被酒杀一嬖妾，且行三十里，醒而悔之。道遇塑匠，笑问曰："监军夜来未醉耶，何有不豫色然?"可望告以故。塑匠曰："监军果念其人乎？吾当回马觅之。"可望曰："唉，起营时尸不知何往，想为犬豕啖矣，何从觅?"塑匠曰："监军若令我觅，何物犬豕敢啖贵人乎?"可望曰："鼠子绐我，汝欲逃耶？我当令介士押汝觅。"塑匠笑曰："何处觅？觅何能得?"可望怒曰："汝何戏我?"塑匠指道旁，舁一毡橐曰："何需觅？即此是也。"可望曰："已朽之骨何舁之?"塑匠笑谓监军曰："曷启之?"可望下马解毡，则星眸宛转，厌厌如带雨梨花，帐中之魂已返矣。可望喜噪，一军皆惊。闻于献贼，献曰："此神仙也，当封之。"口封恐众未知，时营大泽中，下令军中各备一几，以次日集广原。

是时贼数十万，令以数十万几累之，择累之最高者，谓拜仙台。于是呼塑匠至。塑匠身长六尺，衣深衣，手纶巾，方履丝绦，广额阔面，须满腮颊，望之如世所绘社神者然。命之升台，台高且危。塑匠怯不敢登，献贼令各持弓矢引满以向之，曰："不登即射。"塑匠不得已，及其半，惴栗惶惧，而万矢拟之如的，不敢止，勉登其上。献贼令三军释弓矢，罗拜其下，呼"老神仙"者三，于时声震天地，自此不复呼"塑匠"，而皆曰"老神仙"矣。老神仙亦自此不轻试其术，有渠贼某者战败伤足，胫骨已折，所不断者皮仅寸耳，求老神仙治，辞以不易。某哀号宛转，盛陈金帛以请。老神仙挥之曰："此身外物，吾无需。虽然，吾不忍将军之创也，吾无子，将军能养我乎?"某指天而誓，愿终身父母事之。老神仙从容解所佩囊，出小锯，锯断其足上下各寸许，取生人胫，度其分寸以接之，傅以药，不数日而愈。自此，贼中凡求其药者，皆不敢侈馈遗，争投身为养子矣。

献贼有幸婢曰"老脚"者，美而慧，善书画，脚不甚纤，因名。凡贼中移会侦发文字，皆所掌，献贼嬖之。燕处有所思，老脚见其独坐，私往侍之。贼不知为老脚，疑旁人伺，以所佩刀反手击之，中其腰，折骨剸腹出肠死。献贼省之，悔恨惋痛，急召老神仙。老神仙曰："已死不能救。"献贼骂曰："老狡，监军妾不亦已死者乎？汝不能救，当杀汝以徇。"老神仙逡巡，需时乃可。献贼急欲其生，限三日。老神仙请期三七，比以酒合药灌之一匕，喉间即格格有声。老神仙贺曰："可救矣，七日当复。"因取水润其肠纳腹中，引针缝之，傅以药，夹以木板，约以绳，果七日而老脚步履如常时。

及献贼死，贼众溃，从蜀奔滇。生平素德老神仙者，卫之至滇。永明王敬礼之，赏赐甚厚。老神仙拥厚赀，辟室城东隅，累石成山，凿井为池，旁植花木，蓄朱鱼数百头。客至，浮白呼鱼出水以娱，醉后高歌而卧，不顾也。迄永明奔缅甸，老神仙从之，行及腾越，以疾死。

张本元

张本元，犍为人。初从邑梅子元学医，同采药至马湖山中，投寺宿。寺主一老僧近百岁矣，问客所往，告之。老僧曰："回为我市某物来。"子元反，致之，僧喜，夜半出箧中书授子元。次日至途，起视尽针诀，世所未见者。复还寺，蛛网扃户，阒其无人，询之山邻，云此寺空锁十余年矣，亦无见此老僧者。子元惊，及归，按法治人，甚神效，固秘之。子元卒，无子，书归其婿沈氏。本元从沈窃其书，徙临邛家焉。

本元本农家子，不知医。至邛自许能医，善针法，人莫之信。会邻人张氏妇难于产数日，举家惶怖，不知所为。本元至，命取妇亵衣一，履一，以箕加其上，口吐针针之，嘱曰："产时儿顶上有针孔，须泥以饭。"张佯应之。俄而生子，顶上果然，急如嘱泥之。张惊且喜，始知其能。又彭楚锡苦疟，头痛不止，请针之。本元曰："针其腓。"楚锡戏曰："吾病在首，而子针其腓，可乎？"本元亦戏之，针甫半，忽折，徐针其踵，呼曰出，针跃出，达于梁。又为人治痨疾，针其脊，终身无恙。自是名渐著，闻者争造其门，试之辄效，一时有"神针"之称。求治者踵相接，与之钱不辞，不与亦不责报。其针长或尺及数寸，约计七十余，用则取诸口中。言笑饮食率如常，不觉也。本元死，书失所在，遂不传。

朱世续

朱世续，通江诸生。得异人传授，精医，兼通符咒。同邑鄢氏女病危，延续治之。续命其家人俱退，入室良久乃出，倒锁其门，谓女之母曰："此门俟吾明日来时亲开，不可乱启。"次日，其母早起，听女房中并无声息，候续不至，疑其女已死矣，遂开门视之。门甫开，见一巨兽如鹿状，自房内出，直触其母，母被触死。续亦随至，见其女已愈，乃曰："虽救其女，又伤其母，皆数也。"人问故，续曰："适所见兽乃天上之星月鹿也，其母不知，触犯星煞，故死。"又保宁黄氏患传尸痨，死数人矣。一女病，延续治之。续曰："此病有虫，捉其虫则病自愈，须灸之。"灸其女肾俞穴五壮，续默诵咒。须臾，女叫眼疼，续曰："非汝出所。"又叫鼻疼，续曰："可矣。"忽一虫从鼻出，长寸许，如蜻蜓状。续以手握之，取女之发，以缚其翼。置石臼中，令人捣之，不烂，又以利刀斫之，亦不断。续曰："非油煎不死。"乃取桐油入鼎锅中煅，一炷香时，取出置瓦罐内，命人埋静处，嘱曰："须深丈许，若浅，则百年后仍出害人，难捉矣。"女遂愈，病亦不传。

乾隆三十三年，天大旱，邑中祈祷皆不应，有言续能祈者，延至。续曰："须得龙洞水，方可望雨。"其地有龙洞，深不测，人莫敢入。续自仗剑执盂取水而出，随后雷电交加。续叱曰："借汝一盂水，便若此吝耶?"顷刻大雨如注，四野皆盈。续曰："勾了。"仍还水于洞，雨亦止。尝与人捉迷藏，须臾不见，遍寻之不能得，呼其名则随呼随应。人疑其有隐身法，续曰："我自在目前，公等自不见耳。"后因通江瘟疫大行，众请调治，日数百家，不去则延者跪不起。续年老不胜其劳，谓其子元昂曰："吾将去矣。"翌日，无病而逝。求治者尚数百人。葬之日，举其棺甚轻，人疑为仙去云。

马元榜

马元榜，德阳诸生。精京房易，占卜奇验，咸以"半仙"称之。

乾隆戊寅三月朔，家沛霖兄夜失牛一只，遍觅不得，往卜之，曰："牛乃走失，非被盗也，但其去已远，依课求之，尚可寻获。汝于初五日向东行，离家七里有板桥河一道。汝于桥头等候，见有持伞妇与一男子同来，后随一犬，由板桥渡河，汝即尾之，东行又十余里，仍由板桥渡河而北，汝即问其妇。有内戚王监生者，至其家问之，牛可得也。”兄归述其言，无不以为诞。兄曰：“理之所无，事之所有，何妨如法寻之。宅东七里板桥河，必唐家碾渡口也。”至日径向桥头等候，果见一持伞妇与一男子同来，犬随其后。兄私计曰：“课验矣。”渡桥后遂尾之，行至火盆山下，复渡桥而北。兄因问其内戚王监生。妇曰：“顺河而下二里即是。”兄至王宅，备述依课寻牛之故。王诧曰：“课诚验矣，但牛实不在。何前验而后不验也?”留宿其家，厚款而归。兄不敢深问，终疑王言之不实也。归数日，王使人来曰：“牛在矣。”盖王有庄在中江佃人耕种，佃收得牛，数日后使人告王。王闻之惊喜过望，以为课之奇也，遣人来告。兄往视之，果前失之牛，因谢佃，牵牛而归。又余佃王廷恒，因兄病久不愈，往卜之，曰：“病不可救，课已注明，汝目观之。”王不识字，星夜赶回，其兄已将敛矣。众取课视之，注“速归速归，有缘见尸”八字，众咸叹服。其奇验类如此。余观其课，亦按六爻世应生克言之，不知何以曲折尽致，明如目睹也。

高 僧

海 明

破山和尚海明，一字懒愚，梁山人。本姓蹇，明大学士蹇义之后也。母姓徐。双亲殁后，遂弃妻室，从佛恩寺大持师剃度，持戒甚严。

一日坐定，见金光万道，弥漫虚空，举步不知东西，出寺走，从万丈悬崖堕落，闻空中语曰：“跌死这秃贼。”及苏，遂寤。博通内典，遍游方外，一参雪峤，再参湛然，然后参天童得法。雄踞九山，名闻四海，著有《破山语录》，世称小释迦。

张献忠杀人之多，较黄巢百倍。自甲申正月犯蜀，陷重庆，悉断人手，男左女右，有误伸者，左右俱断。既破成都，大杀三日，号曰草杀。授其义儿孙可望为伪平东将军，监十九营；李定国为伪安西将军，监十六营；刘文秀为伪抚南将军，监十五营；艾能奇为伪定北将军，监二十营。分剿各路。初杀蜀卒，蜀尽则楚，楚尽乃杀共起之秦人，并其妻妾爱子亦杀焉。后令量之以度，过不及者皆死。驻西充时，尚存兵一百三十余万，逾两月，劓刖宰割者过半矣。相传贼欲屠保宁，府属破山为民请命。贼持犬豕肉进曰：“和尚啖此，吾当封刀。”破山曰：“老僧为百万生灵，忍惜如来一戒乎？”遂食之。贼为止杀，府属获免。

又故签〔一〕事金文毅公声被刑时，逻守甚严。破山乃乞贷往市棺，径前抱公尸而殓，逻卒诃止之，不为动，卒殓公载归芜湖庵中，后归蜀演化。

丈雪是其入室弟子也，蜀禅教皆宗焉。破山有《山居即事》诗云：“几年勘破是非关，小住茅茨拟住山。园里竹鸡晴引子，崖前石虎老生斑。一条心事弓弦直，三个柴头品字湾。法法拈来皆活句，更余何事可跻攀。”《永庆寺》云：“踢倒须弥镜影空，逢人休鼓舌尖红。黄鹂不识吾生意，叫落庭前一树风。”《示四不侍者》云：“倒骑驴子上扬州，却是当年跨鹤游。邵伯湖边亲说与，红尘飞处莫停舟。”《寄通醉》云：“岭畔桃花相映红，恍然如醉薜萝中。通身长出参天棘，刺杀山头瞌睡翁。”皆破空而出，新颖异常。尤工书法，至今宝之，相传能避火灾云。

通　醉

通醉，号丈雪，内江人。破山弟子，蜀禅教皆祖破山。

初，通醉闻破山开祇于西充，荷金粟衣钵，直诣参谒。时已昏黑，有寺僧在寺门守候，通醉至寺，僧曰：“汝非通醉禅友乎？吾师命予二人候子久矣。”随导入方丈，曰：“吾师虑子走入旁门，特令在此静坐。”二人入，久之不出。视案上有宗支谱一帙，逐页翻阅，皆历代传派名号，惊曰：“吾师示我有所皈依矣。”及见破山，语涉禅机，破山作卧势云：“老僧不参禅，只爱伸脚眠。”通醉疑骇。时心海法师至，命烧浴。心海入湢，见通醉找扎，手执火叉云：“我出一对曰‘灶前立块金刚汉’。”通醉对曰：“锅中煮个粉头禅。”心海以告破山曰：“临济儿孙。”一日，侍游白兔亭观瀑布，为更号“丈雪”，书偈曰：“划断苍崖倒碧岑，纷纷珠玉对谁倾。拟将钵袋横栏住，只恐蟠龙丈雪冰。”遂入记室。丈雪亦题瀑布云：“谁将玉线挂山头？晴雨凄凄总弗收。几许劫风吹不断，牢拴天地一虚舟。”一日，辞往天童，破山书扇饯云：“雪骨冰肌谁个知？临行相赠扇头诗。清风赢得还归握，漫莫逢人露一丝。”后演化于昭觉寺，门徒甚盛。年八十余示寂，住持弟子佛冤即其从子。

颠和尚

颠和尚者，长安人。踪迹诡异，蜀臬某迎之成都，礼拜甚恭，而颠往往面斥之，言无忌惮。尝食犬肉。帽檐插花一枝，引群丐游行市中。入昭觉寺，见丈雪禅师，诙谐不屑，禅师颇敬惮焉。一日，骑马出城数里，语厩吏曰："吾归矣。"竟舍骑徒步去，臬追赆不受。往来秦蜀栈中，所至辄画达摩像施人。归至长安，数日遂坐化。

石穴僧

石穴僧者，不知何许人。夷卧成都山中石穴内，二十余年不起，亦不饮食。当卧处痕迹宛然，山中樵牧习见之，就问不答。一日，有士子于山下遇髯道人云："此山有六祖，应见之否?"士子即诣僧礼拜云："师六祖耶?"久之张目曰："莫信髯道人乱道。"明日再过之，不复见矣。

稽古灵

稽古灵，住綦江中峰寺，年一百一十有五，骨健神清，不畏寒暑。从游者惟教以敦伦行善，他无所语。康熙十九年，呼众升座，说偈示寂。

默野僧

默野僧，居内江县圣水寺。其年不可考，或云百二十岁，亦揣拟之词，无实证也。

雍正年间初至寺时，犹未披剃，止寺门首，数日不去，亦不饮食，寺僧问之亦不答。数日后，寺中有老僧出，见其形踪诡异，问曰："汝欲披剃乎?"默野点头。老僧邀至寺中，为之削发，问之终不言。与之食，每餐可尽数盂，或数日不与，亦不食也。寺僧耕种为业，当栽插时，老僧命众僧次日插秧。早起，田尽栽插，寺僧不知其由。又老僧命众僧次日入山伐薪，早起，薪尽搬运至寺。僧益怪疑，令密伺之，乃知皆默野夜静潜出所为。一人能任数十人之工，但闻人声即遁去。夜多不眠，每自蹲立或田间露处，数日不动。独处时每自言自语，见人则闭口不出声。

其诡异类如此。

乾隆甲午，安岳令洪成鼎访之。自寺外归，饮茶毕，手拈茶叶示洪，不发一语。洪异之，为立《默野僧传》。庚戌春，孙督宪士毅招至成都，西指东指，亦不发一言。至驿道林观察署，见署中自修猪，抚摩终日若遇旧友，恋恋不忍舍去，人不知其何因也。自修猪，盖林出署时跟轿不去，林命养之署中者。癸丑卒于圣水寺，临卒前一日，用炭写诗于壁云："天地中空日月明，无人不向此间生。从今撒手西归去，免得拖泥带水行。"次日趺坐而逝。

附　默野僧传　应山洪成鼎

默野僧者，何志异人也。有人之形，无人之情，而无名者也。究莫知其何如人也，故异也。然则恶乎僧？类乎僧，故僧之。恶乎野？不屋栖，不茅蓬，石穴古墓，藜藿荆丛之是居，狼鹿狐豕鼯鼪之与游，无所在而无所不在，故野之。恶乎默？能言不肯言，而或偶一言，如吹剑首，吷然而已。以是知非喑哑也，言而不言也，故默也。无可名而强名之，则曰默野僧云尔。默野僧之名，盖自悔翁始也。

初，默野僧之来内江圣水寺也，才若二十余岁人耳。蓬头草履破衲，身外无一物，如丐不乞，如颠不狂。止山门坐地，问之不答，呵之不去，食之则食，不食不食，如是三日。时老僧可拙者，修行禅宿也，见而异之，曰："此可怜人，大众毋呵叱，善视之。"默野僧见此寺之容己也，依附焉。日则随处行游，夜则随壁倚坐。安以寮不宿，与以衣不着。不随班，不妄作，若有知，若无知。瞳然而往，瞳然而来而已矣。来渐习，老僧见其蓬发中虱蠕蠕，谓曰："盍剃诸?"默野僧首肯，遂剃之，于是居然一僧矣。每见寺僧作务，若负薪、锄园、耘田、担谷等事，默野僧偶一随众杂作，作则皆有条理，且力健，每作常兼人。而目最明，丝毫即见，耳最聪，细语即闻，众悦之。然任其乘兴自作，则穷日夕不倦，若一令之作，辄掉头弗顾昂然去。

一夕，监寺预告大众，明当伐薪，默野僧未之知也。质明，大众上山，则薪櫵纵横。遍山谷寻之，则默野僧持斧尚丁丁不休。众喜且骇，恐伐过当，夺其斧，齐捆束荷担归，尽合寺四五十众一日之力，运其一夜所析，未竟也。自是众始异之。先是，春夏之交，久不雨，秧苗匝月勃勃然高，田无水不得栽。默野僧一夜忽尽拔秧作数百束，散置各田中。众僧晨起，见而让曰："田尽旱，拔秧，秧槁奈何？"默野僧笑且走。是夕星月皎皎，夜半后忽大雷雨，水深二尺，田尽满。诘旦，鼛鼓四起，所拔秧尽得栽。栽次，默野僧欻然来，且助众栽，其整齐匀疾，老农不若。有邻田工少，栽才半，秧头累积田间。明旦起视，其水田十余亩，秧遍栽。狂喜雀跃，诧以为神，则默野僧一夕戏也。自是，人益异之，以其所至为快，争馈以钱，弃不取，争拜以礼，略不顾，遂竞以神仙呼之，而默野僧殊夷然不屑也。

岁偶旱，祷雨弗应，踵问之不听，以笔纸请判不听，固请，则以笔大抹三条，掷笔去。迟三日，竟得雨。前邑令赵侯闻而慕之，邀之见，不得。一日，忽自诣，署令喜，出迎揖之。默野僧瞠目不为礼，直入中庭，徘徊四顾，旁若无人。令见其衲破甚，命新衣衣之，其破衲坚不肯脱，左右强以新衣蒙衲上。默野僧笑而出，即弃去新衣，披破衲如故。

或游市城，或走村曲，从不入人家，亦不妄动人一物。以故所至，远近无厌恶者。意所至则至，不欲至虽数人强挽之，一挣即脱去，去则莞而笑。即遭众搅扰围阻，从无怒容嗔色。或以钱强缀之破衲上，则行步琤琤然，沿途坠遗，见儿辈争拾，辄大笑。每来寺中，兴之所至，则随事共作，不则危坐不动，亦不食。或数日不一至，或一日数数至。偶欲食则不择生熟净秽，若生豆渣或啖之至饱。生芋最棘喉，稍不熟不可食。默野僧每拔生芋置火中，略一炮，辄啖之如蜜，白汁湩湩。他人舐之，舌涩不缩矣。他若圈箕、织席、捆履，编筐、筥、萝、畚诸器具，凡人所作，见辄能作。虽粗朴，俱可用。然非自欲作，不能强也。尝拾棉花满筐，手撕去子，自出己意，曲竹为弓而弹，弹则成绒，排竹为车而纺，纺则成线，复以两竹作机、作综、作簆、作扣、作梭，皆不类世所用，而莫不适其用。积十数日，织布成匹，长二三丈，阔近尺，虽疏而纫，欣欣然自剪裁以补其破裈破衲，日夜不休。余布任取去，亦不复惜。然亦偶一为之，不数为也。其无师之智而能创器制物，大率类此。

平居无定所，觅之了不可得，不觅则忽然至。不就本寺宿，亦不就他寺庙宿。若疾风雷雨，不知所之。雨后踪迹之，或偃卧古石椁以髑髅作枕，或坐慈竹林内，摘芭蕉叶盖顶，任雨淋漓，尚鼾鼾睡未醒。破衲湿透不即脱，待晴，立日中曝干之，渡河湿亦然。然二十余年来，此一破衲，冬夏未尝易，亦未尝见其一日冒风寒卧病呻吟也。圣水住持僧三谦者，今年七十六矣，前老僧可拙之徒也。亲见默野僧之来，因悔翁备询之故，历历道其大概如是如是。噫嘻！异矣。

悔翁以乾隆甲午六月客内江，游圣水寺，寻默野僧不遇。中元日复至圣水，亟问默野僧，未至。有顷，行，童报曰："神仙来矣，厨廊吃斋矣。"悔翁趋视。时酷暑，默野僧则头顶破絮帽，身披破布衲，缕缕若蓑，虽破而洁，若不时浆洗者。迫视之，累七八重相连缀，层叠厚寸许，茸茸如重裘然，以绳束腰，啖饭饮茶，微汗津津，晏如也。悔翁方手握蒲葵，以风送之，视而笑与扇，弗接。频问之，若罔闻。饭毕，周行廊庑间，折旋有态，翔步从容，若游泳其中之所得者。悔翁步步随觑，细观其所为。至茶室，以勺挹茶满碗而饮，对悔翁曰"吃茶"而止。复以手拈茶中大叶一片，笑与悔翁，接尝而不解其故。意者其以清淡之味示乎？或赵州旨耶？未可知也。谛观其貌类老猿，清癯无须，年仅若四十余，无他异，唯双颧隆然插鬓，耳高过眉近寸。当甚暑，而破衲中绝无半星汗秽气，是故有异于人也。与纸笔索其书，但以笔宛转调墨砚上，若有所思，随草数字于砚，旋草旋抹，不可辨其运笔走腕。非不能书者，而终不肯书，亦犹之乎能言而终不言也。坐对半晌，徘徊移时，忽尔一笑，彷徉从后径入山，飘然而去。噫嘻，异矣！

夫人之汩没浮沈于世俗中，而不能逃造化之拘者，唯有此身耳。有此身则不免于饥渴寒暑，居室衣食。凡含生负气之属，自王公黎庶以及虫兽禽豸、蜂蚁蜎飞、蠕动之类，其日夕营营，虽小大不同，大都无非为居食计也。上之席丰履厚，甚或暴殄狼藉。中则拮据劳役，隐忍迁就。下之或寡廉鲜耻。莫不由是。是身之为患大矣。若默野僧者，有身而外其身，有情而忘其情，浮游不知所求，猖狂不知所往。其行止去来，类皆自适其适而不役人之役者。方且鄙金银如粪土，方且等锦绣如草芥，方且视宫室庄严若蓬棘荒榛，方且对轩冕贵介若牧竖童隶，方且迸言语字句如风鸣铎向、蚓窍蝇声，其涂郤守神，翛然自乐，逍遥乎无为之宇，盖混迹于阎浮提浊秽之中，而独皎皎乎泥而不染者也。是天地与并生，而万物与为一也。倘所谓"大水弗溺，大火弗热，寒暑弗能害，禽兽弗能贼者欤"之言也，始吾弗信，今乃于默野僧见之矣。噫嘻！悔翁方蹙蹙然累于此身，求免世患而不得。仰企若人，如之何其能及之？奚但悔翁，尽天下人焉能及之，焉能及之！又焉得而知之，又焉得而名之耶？若云神仙，固不得而测矣。窃怪神仙应化度世为亟，又何为沈冥自晦若是？岂谪降者然耶？吾又乌能定之？幸而遇之，未能忘言，为作《默野僧传》以俟知者，而知之者其谁耶？

赞曰：土木而形，云水而情，藏心而镜，而何缄口而瓶？寒耶？拾耶？抑孝然耶？野默僧岂其徒欤？寒、拾有句，孝然有庐，兹并句与庐而亡之。噫！世无至人则已矣，他日者倘有饶舌头陀，庶几乎其或能知之，庶几乎圣或能名之。

乾隆甲午七月既望，应山洪成鼎悔翁撰于其水灵湫之石屋。

校勘记

〔一〕“签”，存古书局刻本作“佥”，两字古通。

卷　十

贼　祲

张献忠

张献忠，延安镇柳树涧人。身长而瘦，面微黄，须一尺六寸，僄劲果侠。军中称为“黄虎”，又号“八大王”。明崇祯三年，陕西大祲，平梁延绥间赤地千里。献忠与李自成俱反，同时倡乱者王子顺、苗美、张圣、姬三儿、王嘉允、小红狼、一丈青、龙得水、混江龙、掠地虎、上天猴、孟良、曹操、刘六等，名目甚众，督抚讨之不克。

甲戌二月，献贼自楚犯蜀，陷夔州府及大宁、大昌、开县、新宁，至梁山，邑中书涂原集乡勇，击走之，退入巴州，为川兵所破。攻太平，石砫女土司秦良玉将兵至夔，贼闻之弃城走。掠保宁，犯广元，围七昼夜。城上发炮石击之，遂遁。贼既退，秦楚间藩封数陷。蜀王泄泄然不知远虑。成都令吴继善痛哭于王之朝，以书谏曰：“高皇帝众建藩辅，棋置绣错。数年以来，踣命亡氏失其国家，此数王者非真有败德失道，见绝于天也，直以拥富贵之赀，狃便安之计，为贼所利而不思自全，此非殿下前车之鉴乎？今楚氛日恶，秦关失守，曹闯姚黄（时姚黄贼初起），陆梁左右，殿下付之悠悠而不恤。夫全蜀之险，在边不在腹，若设重戍于夔门剑关，诚足自固。否则黄牛白帝，亦属夷[一]庚；黑水阳平，更多岐径。乃欲坐守门庭，谓为设险，不可解者一也。往者蔺酋扑灭，献贼逃遁，止以蔺兵力有亏，献地利不习。今者荆襄撤其藩篱，秦陇寒其唇齿，揣量贼情，益无瞻忌。而欲援引前事，冀幸将来，不可解者二也。至于锦城之固，不及秦关。白水之险，宁逾湘汉。此可恃以无虞，彼何为而失守？且城如孤注，救援先穷，时及严冬，长驱尤易。累卵不足喻其危，厝火不足明其急，而犹事泄泄以幸苟免，不可解者三也。为殿下计，宜召境内各官，咨诹谋议。发帑金以赡戍卒，散朽粟以慰饥民，出明禁以绝厮养苍头，蠲积逋以免流离沟瘠，募民兵以守隘，结夷目以资援。政教内修，声势旁振，则可易危为安，转祸为福。苟或不然，蜀事诚莫知所终矣，窃为殿下危之。”王不能用。吴，江南人，才辩阔达有谋略，后殉难于蜀。

丁丑五月，闯贼李自成自秦州犯蜀，连陷南江、通江等邑，寻退去。十月初三日，自成复同混天星、过天星等，破汉中之宁羌州。分其军为三：一由黄坝攻七盘关；一由犁树口攻麦坪，入广元；一由阳平关过青冈坪土门塔，向白水，结七十营于乌龙山。镇臣侯良柱壁广元，贼至力战，死于阵。陷昭化，知县王时化死之。破剑州，知州徐尚卿自缢。破梓潼，三分其军，一往绵州，一往盐亭，一往江油。贼至绵州，彰明、安县、罗江、德阳、汉州闻风先溃。抄绵竹，焚新都。越一日，焚彭县，掠郫县。主簿张应奇死之。攻温江，丞簿纵系囚，逃盐亭。一股贼抄西充，折遂宁，趋潼川，直走金堂，攻破之。典史潘梦科不屈，死。贼围成都二十日。戊寅春正月，总督洪承畴帅师援蜀，大败贼于梓潼，贼还走陕西。

己卯秋八月，献忠复自兴安寇蜀，屯于大巴山分水岭，又从义溪走沙子岭以窥合江，从鹿耳坡走高竹坪以窥大宁。蜀抚邵捷春遣其兵二千人，同副将王之纶、方国安分地拒险。官军败绩于汤家坝，之纶力战不支，都司何明殁于阵。九月，方国安部将岳宗文、谭铋破贼于三尖峰，又破之于黑水河。献忠、罗汝才分其军，一自白水之碧鱼口入秦，一自合江之万家坡入楚。冬十有二月，罗汝才入巫山，为石砫女土官秦良玉所扼，遂犯夔州。庚午五月，良玉邀之于马家寨，斩首六百级，又追败于留马垭，斩其魁东山虎，复合他将，败之于谭家坪。又大破之于仙寺岭，夺汝才大纛，擒其渠副塌天等六人，贼走大宁。秋七月，督师杨嗣昌驻师彝陵。嗣昌楚人，不欲贼骑蹂楚，谋以蜀困贼，谓：“蜀地险远，极边则松潘诸蛮。吾藉将士力蹙贼而致之蜀，蜀能守则守，不能守弃涪、万、松、雅之间以啗贼。秦兵断栈道，临白水。滇兵屯曲靖，扼白石江。我率大兵掩击其后，驱入松潘诸蛮中，可制贼死命。”又恐蜀之门户坚，反而决斗，凡蜀兵之强者辄调之，以饰〔二〕他备。巡抚邵捷春麾下止弱卒二万守重庆，捷春愤曰：“令甲失一城，巡抚坐令以蜀委贼，是杀我也。”争之不能得，移秦良玉兵至重庆。时知绵州陆逊之罢官归，捷春遣往按行营垒。过秦，秦冠带佩刀出见，左右男妾十余人，然能制其下，视他将加肃，为陆置酒，叹曰：“邵公不知兵，吾一妇人，受国恩应死，所恨与邵同死耳。”逊之请其故，良玉曰：“邵公移某，自近去其所驻重庆三四十里，而遣张令守黄泥洼，已失地利矣。贼在归巫万山之上，俯瞰吾营，铁骑建瓴而下，张令破，次及我。我败尚能救重庆之急乎？且阁部驱贼入蜀，无智愚皆知之。不及此时争山夺险，令贼毋敢即我，而坐以设防，此覆军之道也。”九月，献忠陷大昌，总兵张令死之。令，奢崇明降将，年七十余，能马上用五石弩，中必贯革，忠勇善战，军中号“神弩将”。捷春倚之，然性轻敌。时有贼策一骑于山呼其垒曰：“谁是张将军?”令易之，跃马出。贼曰：“若善弩，今用相报。”发矢中项以殁。石砫军亦败。良玉单骑见捷春曰：“事急矣，尽发吾溪洞[三]之兵，可二万，我自饩其半，半饩之官，足破贼。”土官家调兵，用一箸一帚者最急，箸以能饭者毕至，帚则扫境尽出也。捷春见嗣昌与己不相能，而蜀无见粮，峒寨之人讵可信？遂谢良玉不用，自收其兵扼梁山。又为降卒所绐，尽新募军二万人深入万山中，遇贼，全军覆没。捷春退屯绵州，扼涪江。贼屠绵州，捷春归成都。贼趋内江，内江有土司家将毛文者设守。贼至，文与战，大败之于东爪崖，杀其渠魁曰曹四贼。因偃旗鼓，疾走成都。成都城龟形，其下皆甃石，惟北角楼用土填筑。贼夜穴城数处，将穿矣。城中出董卜蛮者与之战，贼大败，杀其卒万人，乃遁。十一月逮邵捷春，论死。十二月，贼陷泸州，知州苏琼死之。辛巳春正月，总兵猛如虎追贼，及开县之黄陵城，败绩。参将刘士杰、游击郭开，力战，死之。贼遂东下。三月，杨嗣昌引兵还楚，至荆州之沙市自杀。

甲申崇祯十七年，大清顺治改元正月，献贼复自楚寇蜀，陷夔州府。秦良玉驰援，众寡不敌，败走，贼遂掠万县梁山。至忠州，参将曾英率水师迎之，用火攻，烧其舟百余艘，贼死以千计。英还守涪州，贼悉众屯忠州葫芦坝，选健卒十余万，负载者倍之。置横阵四十里，左步右骑，翼舟而上。时英与刘鳞长守涪州水路，赵荣贵守梁山陆路。贼至，荣贵望风先遁，英接战而败。贼追至望州关，斫伤其颊，英手杀数人，跳而免，与鳞长走川南。六月二十日，贼陷重庆，瑞王常浩及巡抚陈士奇、关南兵备副使陈纁、知府王行俭、巴县知县王锡、指挥顾景俱遇害。瑞王常浩，神宗第五子，先自汉中奔蜀关南道，陈白羽与之俱。陇西士大夫多挈妻子以从王，来驻重庆，城陷被执。王好佛，不近女色，丞监以下皆化之。吴民有解瑞府粮者，阙费必厚给赀，使早归。其死也，乘白气冉冉而没，人谓之兵解。士奇字平人，福建漳浦进士。崇祯十五年来抚川，缘劾候代。贼既入夔，将吏谓公曰："卸事，抚军可以去矣。"曰："大臣与国同休戚，我现在川，若去，何以对君父？义与封疆共存亡耳。"城陷，不屈，死。行俭字质行，江南宜兴进士。贼缚于演武场，大骂不绝，贼脔之。锡，字古田，江西新建进士。被执，慷慨激烈，与士奇俱受五毒磔死。景闻城陷，入王府，以己所乘马乘王，鞭而走，遇贼，呼曰："宁杀我，无犯帝子。"贼戕王，景死之。自瑞王以下，死者万余人。是日，天大雷电，昼晦。献怒架飞炮向天击之，天复霁。时重庆军士尚存三万七千余人，贼尽断其臂而纵之。贼分兵肆掠至合州，诸生董克治倾家赀募勇壮杀贼。贼大至，遇于长安坪，与战不胜，退据硐中。月余，贼凿山梯硐，举火薰之。凡三千人感克治风义，至死无一降贼者，时比之田横云。入永川，邑人蒋世铉集义勇二百人撄城固守。城破，力战死。

秋八月初九日，贼攻成都，城陷。成都王至澍、太平王至渌、巡抚龙文光、巡按刘之渤俱遇害。同时文职死者：按察副使张继孟、守西道陈其赤、建昌兵备佥事刘士斗、监纪同知方尧相、成都令吴继善、华阳令沈云祚、郫县令赵佳炜、教授何秩、长史郑安民。武臣死者：川北总兵刘佳印、总兵张奏凯、叙南卫世袭指挥同知鲁印昌、镇守成都守将罗大爵、刘镇藩、雅州指挥阮士奇、抚标参将徐明蛟、都司佥书李之珍，俱巷战死。贼大杀三日。贼自重庆趋成都，一路州县望风瓦解，烽火数百里不绝。成都大震，蜀王谋迁于滇，按臣刘之渤力持不可。内江王不听，与之争。王以六月十三日成行，守门卒汹汹乱，锱重、妇女有被掠者，王乃止。之渤与监纪同知方尧相等请王出财货，招募死士，向东杀贼。王以祖制为辞。于是城中一日数惊，火药局灾，雷震宫殿，大雨雹。王惧，方出财招募。三日，人无应之者，而贼从资、简至矣。是时，新抚龙文光、总兵刘佳印率三千兵自川北入援谋守御，而王宗大姓逸者半。贼薄城下，佳印出战，败还。文光见濠涸，急遣郫县令赵佳炜决都江大堰以益之。时贼穴城，实以火药，又刳大木长数丈者合之，缠以帛，贮药向城楼。之渤等厉众奋击，贼却二三里。未几，雨大作，雷电交加，守陴者不能立。贼纵火攻城，穴西北陬，以大炮击之，八角楼崩，木石飞空蔽天，贼蜂拥而入，城破。王率邱妃及宫人素馨等沉于宫中八角井，太平王至渌从焉，文光等俱殉难。文光，柳州进士，以川北道擢抚四川，驻节顺庆。闻贼趋成都，星驰赴省，图拒守。城破，投浣花溪死。之渤，字羽长，宝鸡进士。以御史巡按四川，与文光谋守城，被执。贼以同乡欲用之，之渤大骂，贼缚于端礼门，攒矢射之，不少屈。临死厉声曰："宁多剐我一刀，少杀一百姓。"贼磔其尸。士斗，番禺人。以进士任成都推官，之渤特荐建昌兵备佥事。贼将入，之渤趋之行。士斗曰："安危死生同死耳。"城陷，死之。尧相，字绍虞，黄岗人。兵饷不继，与巡按请于蜀藩，不允，遂投王府河，以拯起。次日被执，受害于万里桥。其绝命词云："时危节见古今同，取义成仁且尽忠。江水茫茫愿借力，此身飘荡赴团风。"方家团风，故云。继善，字志衍，江南人。能文有智略。贼未至，上书藩府，劝其出饷募兵，极痛切，王不用。城破，合家三十六人同日死。云祚，字予凌，太仓人。城陷，与之渤、士斗俱幽于太慈寺，绝粮半月不死，贼馈之食，诱降。云祚跃起曰："吾欲食贼肉，肯食贼粟耶?"与二刘同遇害。有幼子荀蔚，方五岁，友人匿之山中，得免，越二十年始归。佳炜，浙江监生，令郫县。贼围城，濠涸，文光令决都江堰以益之。水甫至，城陷。佳炜还，遇贼射之，赴水死。何教授，当贼破时，坐明伦堂，鸣鼓集诸生，不至，夫妇自缢。其时乡宦士女殉难死者，不计其数。

十六日，献踞藩府称帝，僭号大西，改元大顺。以成都为西京，置丞相六部以下等官，命汪兆麟为左丞相，严锡命为右丞相，胡默为吏部尚书，王国宁为户部尚书，汪鼎镇为礼部尚书，龚完敬为兵部尚书，李时英为刑部尚书，王应龙为工部尚书。其余九卿、科道官，以次分授。封四养子为王：孙可望平东王，刘文秀抚南王，李定国安西王，艾能奇定北王。设五军都督府：中军王尚礼，前军王定国，后军冯双鲤，左军马元利，右军张化龙。易王府正殿为承天殿，以府门外屋为朝房，诏民间皆称老万岁。又建东西二府，以可望、定国居之，命皆称千岁。是日，殿前赐各官朝服，令丞相以下朝罢，齐集朝房议事。贼取井研陈氏女立为伪后。其迎入也，自南门五里外架桥高十数丈，逾城直达藩府，左右五彩栏槛，上结锦绷，络以明珠，象星辰，首尾悬水晶灯笼，象日月。一望如长虹亘天，迷离夺目。谕众云："天赐后也。"封其兄为国戚。不十日，后赐死，其兄亦受极刑。自是令兵马于城上大桥出入。

随开科取士，中乡试者八十人，中会试者五十人，以汉州樊姓为状元。献自为万言策，评古今帝王，以西楚霸王为第一，命颁布学宫。所取状元传胪后，赐美女酒缎，甫归，令人就其家斩之，其余俱以受职死。又取华阳张大受为武状元，赏金帛美女无算，过三日，尽诛之。禁军民私语，犯者斩。禁昏夜勿燃烛，燃则十家连坐。列兵为甬道，阅民过之，壮男少女留入营，余尽斩。禁勿触讳，犯者殊一手一足。下令民间勿畜马，乃择日考武生，武生无马，选栈马之狞劣者数百匹，驱之使骑。既骑，发巨炮，合营大噪，马惊人堕，蹂为肉虀。驱通省教员、进、举、贡、监、文生、吏员聚青羊宫考试，尽杀于遇仙桥，弃笔砚如山。蜀府医院有铜人，以楮幕其窍，令医者针之，差者即取金枪刺医者。大慈寺僧近千人，初因藏有宗室，阖寺俱斩。至是，拘会城内外寺院，僧道尽戮之。召成都五卫指挥千百户应袭，赴伪尚书龚完敬考选。至日午，忽下令尽杀之。时孙可望取汉中，为闯将贺珍所败，献亲往救。过梓潼七曲山，仰视神庙，问神为谁，左右告以文昌神，姓张。曰："此吾祖也。"追上尊号曰"始祖高皇帝"。献不知书，其从官进谀，比于李唐之追王混元。自谓文昌之后裔，宜帝巴蜀，诳耀百姓，建太庙于山，铸像祀之。落成，赋诗其中，令右相严锡命以下皆和，稍迟者斩。诗刻石，置八卦亭内。初，可望自汉中还，伪官连名状迓之于郊。可望不敢隐，陈之。献怒其沿故朝陋习，按名棒杀二百人。忽一日杀从官三百，或言其太甚。献曰："文官怕莫人做耶?"因朝会拜伏，呼獒数十入班次，有为所嗅者，指为不忠，引出剖其心，名曰天杀。

分兵为一百二十营，设都督领之。城外列大营十，小营十二，各设兵部二，都督一。讥诃出入，为保甲法：凡出入，以油印印左颊，脱者死。宫中夜为鼠所挠，漏三下，忽令兵各杀一鼠，旦明交辕门，不者代以首。是夜，兵毁屋穿窖杀鼠，辕门外成京观焉。大杀绅士，令各州县伪官查检乡绅学校，诡云选举，用军令严迫上道，不至者孥戮，并坐比邻。既集，令由东门入，西门出，尽斩之。又以所获妇女累人心，悉令杀之。有孕者剖腹以验男女。又取小儿数百为一群，围以火城，贯以矛戟，视其奔走呼号以为乐。献复为伪圣谕曰："天以万物与人，人无一物与天，鬼神明明，自思自量。"命右丞严锡命作注释发明之，刻诸石。又创为生剥人法，若皮未去而先绝者，刑者抵死。伪兵书龚完敬以道不治，用前法封剔，实以稿，衣冠以殉于市。一祭酒某以生辰，受诸生礼，仅值十钱，其诛法一如完敬，召诸生集而观之。伪礼书江鼎镇以郊天祝板不敬，杖之百合门，自经死。右相严锡命，家在绵州，献过其地，见宅第壮丽，即命斩之。贼分道搜杀四路遗民，贼以遗民逐杀伪官，而四方兵渐益日迫，忿然曰："川人尚未尽耶？自我得之，自我灭之，不留毫末贻他人也。"于是令伪帅孙可望等四将军分道出屠，穷乡僻壤，深崖峻谷，无不搜及。得男手足二百双者授把总，女倍之，官以次进阶。可望等或日杀四五倍不等，童稚手足不计，止计壮男女手足。寅出卯还，比赏格有逾十倍者，奖以为能。有一卒日杀数百人，立擢至都督，嗣后贼营公侯伯甚多，皆屠川民积功所致也。正月出，五月回，上功疏。可望一路杀男五千九百八十八万，女九千五百万。文秀一路杀男九千九百六十余万，女八千八百万。定国一路杀男九千九百余万，女八千八百万。能奇一路杀男七千六百余万，女九千四百余万。献忠自领者，名为御府老营，其数自计之，人不得而知也。又有振武、南厂、七星、治平、虎贲、虎威、中厂、八卦、三奇、隆兴、釜戈、天讨、神策、三才、太平、志正、龙韬、虎略、决胜、宣威、果勇等营，分屠川南川北。而王尚礼在成都，复收近城未尽之民，填之江中。贼复检各卫军及各营新兵，年十五以上者杀之。各路会计所杀卫军七十五万有奇，兵二十三万六千有奇，家口三十二万。自成都北威凤山起，至南门桐子园，绵亘七十余里，尸积若乔岳然。

顺治二年乙酉秋七月，贼攻川南诸州县。入洪雅，为余飞所破。攻南安镇，为周鼎昌所破。攻眉州，陈登皞又大破之。于是奔回，泄怒于士卒。以妇女财物累众军心，不肯致死，移营之日，有金银必弃，有妇女必杀。其留屯久者或已成夫妻，有子女，军行发令辄大痛，毁中园一浮屠，穴其下，置炮崩之，兵之压而死者万人。又伐木造船数千，由山路曳入水，或数十里，或百里，稍怠而休者立死。若阖营犯法，装大舰沉之江中。于是左右亲信，各生畏心矣。南门营中大营兵惧诛，开门散走。差豹韬等四营追及大邑，三千余人尽坑之。贼欲北行入陕，恶其党太多，曰："吾初起草泽，从者五百人，所至无敌。今日益多，前年出汉中，为贺珍所败，非为将者习富贵而不用命，即为兵者有所贪恋怀二心。

吾欲止留发难时旧人，即家口多者亦汰之，则人人轻便，所向无前。”汪兆麟怂恿之曰：“恐兵知而先噪，奈何？不若先立法责之，各将军都督等多置逻者以伺察。营伍有偶语者及微过，俱置之法，并连坐，如此则杀之有名，无觉之者矣。”密议已定，诸营尚未知，犹习故态角射，酗酒纵博，嬉笑怒骂如平时。逻者辄收治，自诬服并及其家，是日所杀十余万人。于是人人惴慑，无敢出一言者，逻者无所得。每于夜静逾垣穴壁，入伏霤下，及床笫帏幕间窃听，但有笑语，即跃出收系，并其家屠之。贼大杀伪都督、总兵等官。伪总兵温自让，延川人，不忍无辜戮其下，弃妻子，率所部百余人遁去。献自引骁骑追之，自让走脱，所部兵俱自杀。他如伪右军都督米脂张君用，八卦营汝州王明，振武营麻城洪正隆，隆兴营泾阳郭印，三奇营凤阳宋官，永定营合肥郭尚义，三才营山东娄文，干城营六安汪万象，援剿营宝鸡彭心见，决胜营周尚贤，定远营张成，中厂营万县杜兴文，英勇营黄岗张其在，天威营开封王见明，龙韬营麻城商元，及志义、天讨、金戈、神策、虎威、虎贲、豹韬、虎略等营总兵失其名，俱以搜括无功，坐徇庇诛杀，或剥皮死，并其家口部落尽斩于河。

贼嗜杀出天性，偶夜静无事，忽云：“此时无可杀者。”遂令杀其妻及爱妾数十人，惟一子亦杀之。令素严，无敢争者。晨召诸妻妾左右以告，则又怒其下不言，举左右奴隶数百人悉杀之。贼偶病疟，誓曰：“疾愈，当贡朝天蜡烛二盘。”众不解也。比疾起，令斫妇女小足，堆积两峰，将焚之，必欲以最窄者置其顶，遍斩无当意者。忽见己之妾足最窄，遂斫之。灌以油燃之，其臭达天，献以为乐。又禁不得私藏金银，有至一两者坐诛，十两者生剥其皮。人或沉井中，或窖幽室，被获，亦按连坐法。告捕者即以其家妻妾马匹给之，于是豪奴悍婢争讼其主焉。贼天性特与人殊，一日不流血满前，其心不乐。杀人之令：有以语犯死者，有以事犯死者，有令健卒罗织而按户以死者，有言事小儿夜行街巷听人阴谈，白垩识其门户而收之以死者。杀人之名：割手足谓之匏奴，分夹脊谓之边地，抢其背于空中谓之雪鳅，以火城围炙小儿谓之贯戏。抽善走之筋，斫妇人之足，碎人肝以饲马，张人皮以悬市。又剥皮者从头至尻，一缕裂之张于前，如鸟展翅。率逾日始绝，有即毙者，行刑之人坐死。又遣将尽堕州县城垣，并取牛犬尽磔之，谓毋为后人遗种也。

顺治三年丙戌三月，参将杨展恢复川南。初，贼取嘉定，置伪官守之，展起师潜身入犍为，擒杀伪令，州人闻风，开门迎展。伪太守逃去，展遂取嘉定。献遣刘文秀、狄三品来攻，为展所败，退回成都。展遂合游击马应试，尽复嘉、眉、邛、雅诸州邑。于时故总兵贾联登及中军杨维栋取资、简，侯天锡、高明佐取泸州，李占春、于大海守涪陵，其他据城邑奉调者，洪雅则曹勋及监军范文光，松茂则监军佥事詹天颜，夔、万则谭弘、谭谊，樊一蘅移驻纳溪，居中调度，与督师王应熊会泸州。展约诸路刻期并进，献始惧。献闻展兵势甚盛，率兵十数万装金宝数千艘，顺流东下，与展决战。且欲乘势走楚，变姓名作巨商以遁。展闻，逆于彭山之江口，纵火大战，烧沉其舟。贼奔北，士卒辎重丧亡几尽，复走还成都。展取所遗金宝以益军储，自是富强甲诸将。王祥、曾英亦以兵趋成都。王祥者，綦江人。勇悍著闻，为九围子隘官，守遵义，贼不敢窥。至是与曾英进兵讨贼。献自江口败还，军势不振，又闻王祥、曾英近资、简，决走川北，将所余蜀府金银铸鉼及瑶宝等物，用法移锦江。锢其流，穿穴数仞实之，下土石掩盖，尽杀凿工，然后决堤放流，使后来者不得发，名曰“锢金”。又尽毁宫殿，堕砌堙井，焚市肆而逃。时府殿下有盘龙石柱二，名擎天柱。贼行取纱罗等物杂裹数十层，以油浸之。三日后举火，烈〔四〕焰冲天，竟一昼夜而柱枯折。杨展闻贼遁，急引兵追之，至汉州，贼已去远，因尽收暴莽骸骨，丛葬于城西，识其碣曰“万人坟”。序云：“余奉命讨贼，提师过此，怜尔白骨之惨，用加黄壤之封。冬十有二月。”

王师西征，追贼于西充凤凰山，击之，献忠伏诛。先是，贼保宁守将刘进忠部下多蜀人，献恶之，谋诛进忠，并坑其众。进忠大恐，北走。时我朝肃王奉命西征，至汉中，进忠赴师迎降。王问献所在，曰：“在南充、西充交界金山铺，去此千余里，驰五昼夜可及。”王命导师疾行至西充之凤凰山，会大雾，王潜勒军登山，贼谍者知之以告。献素骄，又以进忠守朝天关，不虞大兵之至也，斩谍者以徇，曰：“此群徭求食耳，清兵岂能越朝天关耶?”少顷又告，又斩之。三报亦斩。王诇得之，挥铁骑促贼营，时方辰食，献衣飞蟒半臂，含饭，率牙将数十人仓皇出视。进忠指善射者章京雅布兰射之，一矢中其喉。贼拔矢视之曰：“果然大兵也。”逃伏积薪下，我兵寻得，曳出缚之。王乃拔佩刀仰天祝曰：“献忠罪恶滔天，毒流万姓，予受天子命，奉行天诛，谨敢为万姓复仇。”祝讫，亲加刀于献，斩首刳心，心色纯黑。时十二月十一日也。献忠四养子兵溃东走。

初，成都东门外沿江十里有锁江桥，桥畔有回澜塔，万历中布政使余一龙所建。献登其上，见城内宫殿，语从官云：“桥是弓，塔是箭，弯弓直射承天殿。”遽命毁之，就其地修筑将台，穿穴取砖，至四丈余，得一古碑。上有篆文云：“修塔余一龙，拆塔张献忠。岁逢甲乙丙，此地血流红。妖运终川北，毒气播川东。吹箫不用竹，一箭贯当胸。炎兴元年诸葛孔明记。”至肃王督兵，攻献于西充射杀之，乃知“吹箫不用竹”盖肃字也。

献贼余党

伪平东孙可望等东走，复陷重庆，守将曾英死之。初，英起兵合州，以泾阳李占春、项城于大海为左右，二人皆英腹心旧将，以勇闻，一鼓克复重庆。而邑绅刁化神集土人助英，共结阵涂山下，水陆联进四十余里。献闻之，顾刘文秀曰：“杨展不足忌。重庆，要害地，不可失。”因遣文秀往争之。英令占春、大海逆之多功城，文秀大败而还。至是大兵诛献，伪平东孙可望四将之兵溃而东下。时英守重庆，贼突至佛图关，出英不意攻之，英中矢，颠于渝河以没。李占春、于大海收残卒二千退入涪州。英，福建人，以偏裨著功夔门，累绩至总兵，永明王假制封平蜀侯，威名为贼所惮。起兵时欲屯田于重庆，督师王应熊不许，识者惜之。孙可望陷綦江，攻毕节，督师王应熊以兵御之，力不支，遁入永宁，旋卒。一子阳禧死乱兵中，竟无后。应熊，巴县人，万历四十一年进士，其行述俱载《明史》。

顺治四年丁亥春正月，孙可望等陷遵义。初，贼据全川，惟遵义未下，为王祥所守。及献诛，可望等四伪将东走，大兵追之，以粮尽引还，贼遂陷遵义，王祥等入保、顺二郡。樊一蘅复驻兵江上，为收蜀计，上书永明王，王以为户、兵二部尚书加太子太傅，诸将祥等进爵有差。时于大海据云阳，李占春据涪州，袁韬据重庆，谭谊据巫山，谭文据万县，谭弘据天字城，侯天锡据永宁，马应试据泸州，王祥据遵义，杨展据嘉定，朱化龙、曹勋等各据地自擅。而宗室朱容藩、故偏沅巡抚李乾德以总制至，杨乔然、江尔文以巡抚至，各署置官，于是全川尽附永明王。

先是，崇祯中，川贼有姚天动、黄龙聚党劫掠，巡抚陈士奇及道臣陈其赤、葛征奇，郡守王行俭，巴令王锡，营将赵荣贵等设奇夹击，斩贼一千七百有奇，生擒渠魁马超、一斗麻、代天王等二十余人。贼奔脱他徙。而沔人袁韬因奸婢事发，逃投响马贼马潮、呼九思等。继踵姚、黄，日肆掠杀。及献入，遂乘势据蓬州、仪陇、南部各地方。杀老幼，掳精壮，掘墓开坟，生死均受其害。数年间，乌合愈众，分为十二大队。时岁饥，贼以人为食。顺治二年，我巡抚李国英大破诸贼于遂宁之旷虚坝，九思、潮等走死。韬以残卒数百奔川东，归樊一蘅。诸贼或称四家，或称十三家。袁韬、武大定及夔州谭文、谭谊、谭弘，巫山刘体纯，酆城胡明道，金城姚玉川，施州卫王光兴，皆甚著。其王有进、景果勒、张显、刘惟灵、白蛟龙、杨炳英、李世杰等，莫可稽考，总所谓十三家贼也。又献忠未败，李自成之众先溃出关，袁宗第、贺珍之徒偕郝摇旗、李本荣、党守素、李永亨等，约结十三家，出入巴渠巫峡间，东北四五十州县大受毒害。又各州县乱民号“土暴子”，以“打衙蠹”为名，凡胥吏之有声者，纠众擒之，或投诸水，或畀诸火，甚则脔食其肉，官司束手无可如何。而一时绅士家豪奴悍仆戕灭其主，起而相应，深山大谷中建寨栅，标旗帜，攻劫乡里，以人为粮，其恶殆与献等。是时遗民畏“土暴子”甚于流贼也。其时瘟疫流行，有“大头瘟”，头发肿赤，大几如斗；有“马眼睛”，双眸黄大，森然挺露；有“马蹄瘟”，自膝至胫，青肿如一，壮似马蹄。三病中者不救。又鬼魅白昼现形，与人争道，夜则聚于室中，噪聒不休。其名“梦魂魔”者，人方就枕，隐隐有物，摄魂去，傍有觉者，即呼可活，少顷难救；“抹脸魔”者，黄昏时抹人面皮，忽自脱裂，不知所之。二物来时，形影模糊，死者甚众。“梦魂魔”尚可赶逐，“抹脸魔”必明火震鼓以守之，最难防备。又遭乱既久，城中杂树蓊郁成林，人家遗犬，食贼所杀人肉，多锯牙若猛兽，群聚为寨，利刃不能攻，为害滋甚。又多虎豹，形如魑魅饕餮然，穿屋颠，逾城楼而下，攫其人必重伤，毙即弃去，不尽食也。白昼入城市，遗民数十家，日报为虎所害，有经数日而一县之人俱被残者。种种孽氛，皆兵火惨杀之流毒也。

顺治六年己丑，袁韬、武大定归杨展。袁、武久驻重庆，士卒饥，故巡抚李乾德善占验，诸将中惟许袁、武，遣人说展与合兵，因其饷。展喜纳之，誓为兄弟。徙韬屯犍为，大定屯青神，厚给其赀，共犄角以防贼。李占春素与展善，展以银万两、米万石馈之，袁、武不悦。乾德怨展遇己简略，阴劝袁、武图展。三人合谋，会展生日，诡称介寿，置宴于犍为。展至，醉以酒，杀之。展起家武科，以进士第三人及第，智勇冠诸将，献贼深畏之，川西东之起兵者倚为长城。既死，人心解体，士无固志矣。袁、武赚杀展后，以兵围嘉定。展子璟新力拒之。三月，城陷，璟新以亲丁三百骑突围奔，其妻陈氏，骂贼被杀。袁、武悉并展之资与众，乾德遂劝袁、武据守嘉定。李占春闻展被害，率兵为展报仇，不胜而归。曹勋与展刎颈交，时亦默然而阻。樊一蘅投书责乾德曰："嘉陵、峨眉间二三遗民，不与献忠之难者，杨将军力也。且背施忘好，而取人杯酒之间，天下其谓我何？"乾德笑，以为救时大计，非竖儒所知。于是蜀绅士无不切齿乾德者。初，王应熊既没，兵部尚书吕大器奉永明王命来川。至涪州，与将军李占春深相结，杨展及于大海、胡云凤、袁韬、武大定、谭弘、谭谊、谭文以下皆受约束。大器因遍历诸镇，谓监军道陈计长曰："杨展志大而疏，袁韬、武大定忍而好杀，王祥庸懦不足仗，事尚可为乎？"后忽于石砫司夜遁走黔之独山州，郁郁疽发背卒。

顺治七年庚寅九月，孙可望遣兵图蜀。可望在滇，闻袁韬、武大定贼害杨展，将图蜀，乃上书永明王为展讼冤，使王自奇将兵向川南，而别遣刘文秀、白文选取遵义。文秀、文选等以兵至乌江。王祥力战不胜，自刎死。文秀降其众二十万，尽取遵义地。初，献入蜀，畏祥不敢窥遵义，前后拒守凡八年，受永明王晋爵綦江伯，至是败死，闻者惜之。

顺治八年辛卯，文秀大败袁韬、武大定于嘉定，降之，贼遂取嘉定。李乾德被执，载舟中，不食者数日，届月波驿，偕弟升德并合家人俱赴水死，重庆复陷于贼。文秀既取嘉定，举兵东下，而前破遵义时，所遣别将卢名臣者入涪州，李占春逆战于群猪寺口而败。于大海在忠州力不支，遂共放舟出夔门，走荆楚，降于王师，诸将尽散，无一人应敌者，谭弘、谭谊、谭文皆降文秀。

顺治九年壬辰正月，文秀复还云南，令白文选守嘉定，刘镇国守雅州。三月，王师南征下嘉定，镇国、文选俱败，挟曹勋走。巡抚川南范文光赋诗一章，仰药死。时安绵道詹天颜兵败被执，亦死之。

顺治十年癸巳，贼将刘文秀屯于保宁，率兵来攻，大兵奋击，破其象阵，大败遁走。

顺治十六年己亥，谭弘、谭谊共杀谭文，文安之率刘体仁、袁宗第、李来亨等十六营由水道袭重庆，闻大兵将至，弘、谊二人惧，率所部来降。未几，王师取重庆、叙州、马湖等属，时三郡为贼将卢名臣所据，适我梅勒章京葛朝忠，总兵陈德、杨正泰，水陆并进，攻破佛图关，直抵贼巢，擒斩无数。降牟胜，赦而用之。献孽之扰蜀者尽矣。

初，闯贼余孽李赤心窜死广西南宁门，其子来亨代领其众走川东，分据川湖间，耕田自给。而先溃出关之郝摇旗名永忠、袁宗第及刘二虎等共依结之。时献党虽尽，永忠等尚据巴东。康熙元年壬寅冬十二月，我总督李国英奉旨统秦、豫、广三省兵，将会四川进剿，师驻万县。贼弃夔州，国英兵至夔，道路榛莽，伐山开径以入。二年癸卯元日，进夺羊耳山，宗第遁入深箐，诸将谓宜速追。国英曰："贼之羸，诱我也。"因屯大昌下，度宗第食尽兵疲，乃督诸将攀藤而上，直攻茶园坪，宗第败走巴东。二月，师次巫山，闻贼众复谋来袭。国英曰："巫地低凹，不便驰骤，宜坚壁以待。"于是深沟坚垒，具炮石城下，树梅花桩，桩外挑品字坑。又于城外高处立敌楼，以防侦探。具甫备，郝永忠、刘体纯合数万众直薄城下，攻围甚急，卒不得进。我兵乘其锐尽，于九月初七日，鼓励镇将突冲贼营，斩首数千，体纯等败走。适陕西会剿兵至陈家坡，夺老木空，体纯自缢。大兵乘胜追至黄草坪，永忠、宗第皆授首。惟李来亨居茅麓山，高险难攻，我兵四面围之。来亨出入地名通梁，路径险绝。康熙三年闰六月初九日，我师蒙雾直上，遂夺通梁，来亨力穷势迫。八月初六日，焚其妻子，自缢。茅麓山破，马腾云、拓天宝、王光兴俱纳款投诚。至是，闯孽之在蜀所谓中山寇者悉尽，全蜀收入版图，蜀人始获享升平之福矣。

吴三桂逆党

康熙十三年甲寅，吴三桂伪总督王公良率伪将军王凤岐、刘之卫等据夔州逾六年。庚申，四川总督杨茂勋等率师由楚江峡路逆流而上，破巫山，随风直进。不二日，抵夔城，兵不血刃，群逆鼠窜遁去，遂复夔郡。

十八年己未冬十二月，吴三桂贼党吴之茂潜兵白水坝，勇略将军赵良栋讨之，抵白水，贼阻江对垒。十九年庚申正月初一日，官兵渡江直入，擒斩千余人，追至青州。贼伏石峡，官兵四面攻击，自未至酉，杀贼无数，龙安余贼望风投降，良栋乘胜追剿。正月二十九日克成都，文武兵民跪迎道左，发兵各路招抚。二十年辛酉三月，逆党胡国柱等复据关山、象岭，良栋同将军纪哈礼率总兵邹九畴等三路征剿。箐口站、周公桥俱皆贼营，官兵破之。抵土地桥，贼密架枪炮恃关抗拒。大兵分为两翼，戮力攻战，贼众大溃。良栋遣兵乘夜跋崖，直上关顶，奋勇剿戮，克复关山、象岭、黎州诸地，阵斩四千余级，复战于渡河口，断贼归路，国柱等降。建昌一带远近闻风相率输诚。之茂，贼族子国柱贼婿也。

十九年庚申，贼党王屏藩陷汉中，据保宁。奋威将军王进宝讨之，战于武关，身先士卒，所向无前。贼溃，进宝直抵保宁，屏藩缢死。余党约降，犹据城观望。进宝单骑驰入，大呼曰："我仁义将军也，降者待以不死。"众贼感泣归命，遂定阆中。

苗　匪

雍正四年丙午，建昌糯咀所管夷猓金格等滋事不法，骚扰边境。川陕总督岳钟琪奏请调总兵赵儒、副将张成龙等，于本年八月二十六日领兵进古鲁桥，直抵罗乾县五马山等处，努力前进，奋勇杀贼，擒获贼首金格、阿租官寿，斩首。大小凉山，远近番蛮，悉已归诚。

雍正五年丁未，宁番三渡水黑麻溪、腊汝窝等寨番蛮，滋行劫盗、掳掠人民。川陕总督岳钟琪奏请调各路汉土官兵进剿。正分布间，黑麻溪瓦都瓦尾哈哈等村蛮赴营乞降，许之。惟三渡水迤西生番心怀反侧，总兵赵儒、副将王刚统兵进剿，从头渡造船齐进，分两翼击之，破其中渡、水黑岩、对山、之儿斯等七寨。六月，三渡既平，遂乘兵威进剿腊汝窝。先是，凶蛮住牧建昌会盐营西，共十二村，素行不法。于康熙五十八年，杀伤盐井卫守备李起龙，屡经官兵剿抚，至是复叛。川陕总督岳钟琪委令洮岷协副将王刚领汉土官，兵分三路进讨，连破贼寨，追至左所之水寨地方，擒获首恶了马车，其余河东各寨助恶番蛮俱经剿抚，陆续投诚。随同建昌道马维翰调集各处番猓，并招回之么么以及哈哈窝卜等寨男妇五百余人，于青山嘴地方宣布天朝威德，群蛮皆洗心改过，认纳粮差，永作良民。是年十月，四川提督黄廷桂进讨结党，适建昌逆番阿驴、阿都等狂悖不法，杀伤滇省官兵，随拨兵救援，复亲临策应，分路进剿，斩其首恶，助兵之别哺加乐阿必擒解滇省。所有剿平结党地方交沙骂土司管束，余众招抚化悔。各蛮俱畏威感德，出寨投诚。

雍正六年戊申六月，米贴逆夷陆氏聚众肆行，杀害滇兵，川陕总督岳钟琪、四川巡抚宪德提督黄廷桂请兵进剿，遵奉上谕，指授方略。本年七月十三日，提督黄廷桂兵抵马湖，进围吞都山，擒土司德昌兄弟二人，攻破夷寨，斩贼首屋鸡母鸡二十余人，擒获颇多。于是分兵四路，直捣贼窟。提督黄廷桂由黄螂、雷波中路进发，令副将张玉驻扎黄螂以资弹压，王刚驻扎竹核互为声援，游击康世显渡江断贼归路，王安民、吴维翰、高麟瑞、何懋甫等由太平、马湖两路截剿，斩贼二百余级，擒获甚众，贼因遁磨石簸箕坉内，恃险负固。提督黄廷桂亲至其处，周阅形势，见两山紧抱一峰，半山有数十峒，峒外贼蛮群持标枪毒矢，并积巨石，坐守木栅之下。当即分遣官兵四面攻击，自巳至酉，连克九峒，遂拔营前进，直抵黑龙崖、黄草坪，奋勇深入，大破贼巢。九月十六日，生擒贼党杨明义，连夺一百余寨，恶目达姐等皆授首，卑租阿路亦次第擒获，土目沙骂投诚，招抚苗民共计一千五百九十六户。留兵暂驻，以资防范，夷地悉平。

金酋

顺治十四年丁酉，杂谷土官桑吉朋、阿日土官巴必太合兵千余，攻围瓦寺土官曲翊伸番寨未下，闯入内地，劫堡断桥，杀戮汶民，掠去男妇四十余人。监军道佥事程翔凤调防威守备关天爵、林阿桂等率领劲兵六百，首尾夹攻，斩馘不计其数，生擒凶首阿朋并贼番一十三人，桑吉朋、巴必太共负重伤逃回。六月内，吉朋输款纳甲，以图自新，各番控吁部院愿献所掠男妇以赎阿朋。及释，阿朋归，见吉朋，没其家赀，遂成莫解之仇。康熙元年，内水田星上会头三寨贼番听阿朋诱惑，阻路横劫，威保声息不通，威茂兵备道参政陈子达、松潘副总兵何德成奉令调剿，四路夹攻，击平其寨，斩其渠魁。各番始纳款输赋，听瓦寺、打喇二土司官约束。每岁量给赏需，以示羁縻，诸番悉平。

康熙二年，剿上下五族。先是，青片上下五族等寨生番，散居石泉、茂州山后，地方绵亘数百里，凶肆自擅，不讨之日久矣。至是松潘副总兵何德成奉令剿抚。于正月十七日，分兵进讨，克平下五族。上五族之番畏威投顺，愿隶版图，合上下五族，每年俱输蜡认粮。番寨近茂州者，责之茂州陇木土司管束；近石泉者，责之石泉县唐李土司管束。边患以靖。又阿朋纠阿姜济等，于元年内逐土官桑吉朋于别思寨，而立其侄，势甚猖獗。兵备道陈子达遣中军张士龙由董卜接吉朋至省，寻带至汶，示番部以有所归，并宣布朝廷恩威抚谕。阿朋迎故主以盖前愆。奈阿朋恃恶不悛，断我绳桥，阻我哨道，煽引诸番攻堡日急，亦于康熙二年始讨平之。二十四年，叠溪大定堡山后住牧巴猪五族逆番，阻道劫营，抗抚拒敌。四川巡抚韩士奇，题请抽调汉土官兵相机进剿，复缮写招抚告示，委松威道佥事王骘亲往列角双马等寨，谕以安分住牧，免取株连，并招抚巴猪，令其归顺。乃逆番恃其紧邻之卓沙白卜撮箕等寨，为之胁从，反复抗抚。松潘总兵高鼎领兵攻击各寨，剪其羽翼，逆番犹恃险拒敌，我兵奋勇直攻，斩焚逆番数百余人，遂屯营山顶，给发白旗招安，各寨俱畏威投降。惟巴猪逆番诈降复叛。巡抚韩士奇随分遣汉土官兵三路进发，巴猪逆番约六千人亦分三路迎敌。我兵奋勇攻击，自卯至辰，当阵擒斩并焚死追杀番蛮七百余口，获印一颗，伪敕一道，沙帽一顶，角带一条，其首恶挖子已被焚死。余番尽奔大历日寨，见大兵追至，复奔黄梁，走大定。我兵力追，抵黑水江岸，复擒斩一千余人。其先后招抚番蛮共一十三寨，输赋纳粮，属大定堡抚夷管束，边患遂消。

五十九年庚子，口外恶洛西番，劫我兵民。提督岳钟琪、松潘总兵路振扬请兵由松潘进剿，数败贼番。阿坝土目旦增等归降，愿偿所劫，许之。先是，住藏之厄鲁特贝勒额付阿保移文乾清门头等侍卫拉锡，言西边郭罗克爱满肆行抢掠，请派兵剿抚，奉旨着提督岳钟琪等即行剿抚，荡平。又派满洲兵数百名，并插汉丹精兵，协助提督岳钟琪、游击周瑛[五]，于五十九年冬十月率诸军进攻，取下郭罗克之吉宜卡等处二十一寨，直抵中郭罗克之那务等寨。贼番出敌，官兵奋武，连破一十九寨，斩三百余级，擒获首恶酸他儿蚌、索布六戈，乘势复抵上郭罗克之插六等寨。寨目旦增等，绑缚首恶假墙并贼从格罗二十二名以献，贼从尽正法。首恶酸他儿蚌等三名解部，其投诚番众令杂谷土目囊索沙加布管理，留土兵一千名驻扎，自黄胜关至恶洛俱安塘站。由是西番平服。

雍正二年甲辰，下羊峒凶番拔那刚、让笑等，复猖獗不法。松潘镇总兵张元佐率领游击刘屏翰、邱名扬进剿，擒获首恶，余寨投诚。番目牟慢、甲个、扎实太等率各寨，悉皆愿为编户，辟地二百里，得番民三十七寨。建城于南坪坝，为南坪营，川陕道路始通。

五年丁未，杂谷土司约束下郭罗克番蛮不严，仍行劫掠。川陕总督岳钟琪遣平番营守备宋宗璋领兵进剿招抚，下郭罗克、阿树等一十三寨归并本营管辖。由是川陕各边并阃内番属，俱帖然慑服。

乾隆十二年丁卯二月，金川土舍莎罗奔蛮兵，围革什咱地方，攻至毛牛。四月，侵犯沃日。松潘镇总兵宋宗璋令都司马光祖、守备徐克让往援。至热笼寨，贼众大至，被围。威茂协副将马良柱带兵至巴纳，大雪，奋勇前击，转战数十里，直至松林口，连破要卡三处，小卡二十处，斩杀贼番千余人，热笼围解。良柱由色思桥至达卡小金川，土司泽旺土舍良尔吉投降，献出所掳沃日男妇四十八人，并枪箭火药。副将张兴、礼塘土司汪结，亦收复毛牛并克巴旺、巴底、孙克宗等处。六月，总督张广泗驻扎美诺，分兵七路进攻，莎罗奔恃险设碉，抵死堵御，迟久不克。十三年九月，上命协办大学士傅恒视师，查系降贼良尔吉、汉奸王秋暗通消息所致，立行诛戮。扬言大兵由昔岭进攻，四川提督岳钟琪带领将弁由跟杂捷径直入，连夺碉楼四十七处，军临勒歪贼巢，计诱贼番，斩杀无算。金酋莎罗奔朗卡穷促乞降，情愿退还各侵地，献出马邦凶首，与众土司一体当差。西番平。

三十六年辛卯秋，金酋索诺木、小金川僧格桑背约跳梁，侵夺邻境土司，拒敌官兵，将军温福奉命征讨。三十八年六月攻克小金川，至木果木失利。定西将军阿桂督兵由西路进剿，定边右副将军明亮由南路进剿。八旗劲旅及汉土官兵同心扑杀，奋勇争先，前后四十余战，至三十九年七月攻克达尔图，并该布达什那、色溯普等碉寨。金酋献出僧格桑尸身，妾侧累攒拉、大头人蒙固阿失咱阿拉等哀恳求饶，定西将军一面奏闻，一面乘机进攻。四十年八月，直捣乌勒图贼巢。金酋奔至噶喇依。四十一年二月，攻克噶喇依，索诺木就擒，逆酋兄弟莎罗奔、甲尔瓦、沃杂尔、斯丹巴旺并两土妇及助恶大头人等悉就捆缚，献俘京师。金川全境荡平。

校勘记

〔一〕“夷”，底本讹作“彝”，据存古书局刻本改。

〔二〕“饰”，存古书局刻本作“饬”。

〔三〕“洞”，存古书局刻本作“峒”，通。

〔四〕“烈”，底本讹作“裂”，据存古书局刻本改。

〔五〕“瑛”，存古书局刻本作“璞”，据《清史稿》卷二百九十五当作“瑛”。

卷十一

边防一

金川

金川蛮部，一号西番，本吐番遗种也。在蜀维州徼外。周秦以前谓之西羌。自汉武帝募民耕塞下以代转输，设河西五郡。以洮州、岷州、河州、扶州、潘州、松州隶湟中郡。后赵充国设金城十二屯政，统十五万之众。松州亦屯营之一，屯兵一万有零。置护羌校尉。迨后屯政废弛，转运不继。始分洮州、岷州、河州属秦，松州、潘州、扶州属蜀。隋改设县治，名曰交川。又设翼州，即今叠溪所在，汉时名蚕陵县，皆属松潘地方。唐为吐番地，设立松州，戍兵数万以防御之。

代宗大历十五年十月，吐番率众入寇，上命李晟等讨平之。贞元三年，韦皋领剑南节度使，吐番寇泸北，皋遣兵击破之。五年，复嶲州。八年，攻维州，获其将。九年，援吐番五十栅，斩首与投崖死者无数。十七年，皋遣将将兵二万，出成都西山，九道并进，破吐番于雅州，转战千里，拔城七，军镇三，焚堡百五十，斩首万余级。围维州，吐番遣大将论莽热将兵一万往救。皋设伏邀之，获论莽热，杀其士卒过半。自后，西边宁靖。唐末，种类分散。入内属者谓之熟户，余谓之生户。

文宗太和四年，李德裕为西川节度使，作筹边楼，图蜀地形。南入南诏，西达吐番，日召习边事者，访以险要。未逾月，皆若身尝涉历，乃去蜀兵羸弱者四千人，募少壮与北兵二千五百人，与士兵参居。转相训习，日益精练，威声大振。吐番首领悉怛谋举维州来降，德裕遣兵守其城。宋时朝贡不绝，其首领唃斯罗始居鄯州，后徙青州。神宗、哲宗、高宗朝皆授以官。元宪宗于四川徼外置碉门、鱼通、黎雅、长西河等处宣抚司。世祖时，复郡县，其地设官分职。以吐番僧人思巴为大宝法王，帝师领之。明洪武间，设行都司于建昌，无复南警。西边松茂诸蛮反复不常。十年，遣御史大夫丁玉讨平之，召集诸寨首领给以银锞，俾各守地方，蛮人以为世宝。又于东路设八郎、麻儿匝、芒鬼者、阿角寨四安抚司与麦匝、者多、比定、祈命、腊匝、牟儿等一十七长官司，俱隶松潘卫。南路设长宁安抚司，与岳希蓬、静州、陇木头三长官司俱隶茂州。叠溪、郁即二长官司隶叠溪千户所。各降印信，仍立首领一人为土官，以世掌之。永乐间，建立董卜、韩湖等宣尉使司，杂谷等安抚司于吐番境内，以统番部。其俗尚异端，故于松潘又立番僧二人为国师，曰商巴，曰绰领。二人为禅师，曰黎巴，曰完卜。商巴事道，黎巴事佛，皆授银印，令抚谕之。

宣德二年，松潘千户钱宏闻有交趾之役，惮于远征，乃诱蛮族入寇，虚张奏报，得留不遣。蛮自是煽祸，攻围城堡，朝廷遣都指挥韩整、高隆调四川各卫官军五千员征之。至威州黄土铺失利，道遂不通。三年，命总兵都督陈怀、刘昭，参将赵安、蒋贵等率陕西兵四万，由洮州入松潘解围。怀增置城堡守备回京，蛮犹弗靖。八年，复遣都督方正调四川建昌、贵州官军讨平之。景泰二年，蛮长王永阴持两端，煽动上下五族，欲拒南路。刑部侍郎罗绮抚治松潘，设策制胜，一举殄之。厥后召绮还京，但置按察司副使一员，整饬松茂二路兵备。

天顺五年，蛮复要截粮道，入龙州安泉等处。成化十一年，蛮势益张，按察司佥事林璧奏请文职重臣提督军事，乃敕巡抚四川右副都御史张瓒兼理边务。十三年，瓒调土官兵五万分布东南二路驻扎。十月，令都指挥沈运、李镐等分兵攻剿掇坪、儒弱、白羊岭、鹅饮溪、大白岭、马池、通林二十一寨，进克木瓜、竹头坪等寨，斩蛮四百余人。于是商巴等二十六族诣军门，献马纳款，各谕以利害，遣之。嘉靖间，乌都、鹁鸽、鹅儿、鸡公、刁农五寨番蛮，纠合黑虎等寨八百余番，攻围长安等堡，阻截南路，势甚猖獗。十二年，巡按御史宋庭立奏调汉土官兵七千，分为六哨，命守备指挥李葵、邓斌、陈崇、鲁元忠、宋琏领哨夹攻。朝廷又敕副总兵何卿自松潘来节制诸军，又敕都尉史杨守礼提督军务，乌都等十一寨皆次第剿平。又屠遮花寨，于是黑虎等寨观望寒心，皆诣军门纳款。

皇清定鼎之后，蠢兹番蛮，间犹骚动。顺治十二年，威州龙蒲等寨逆番纠合贼党攻城掘冢，势甚猖獗。总督李国英檄行威茂监军道佥事程翔凤、松潘副总兵王明德出其不意，六路进兵，歼其凶首，扫穴平碉，剿抚并用诸蛮。十四年，杂谷土官桑吉朋、阿日土官巴必太攻劫汶川，掠去男妇四十余人。监军道佥事程翔凤、防威守备关天爵等，督领劲兵，首尾夹攻，生擒凶首阿朋，杀伤贼番甚众。桑吉朋、巴必太负伤逃归，各番纳款，听瓦寺打喇二土司约束，夷地悉平。

康熙二十四年，巴猪五族逆番阻道劫营，巡抚韩士奇抽调汉土官兵进剿，当阵擒斩无算，首恶挖子焚死，余番奔逃，大兵追杀至黑水江岸，招抚番蛮一十三寨，边患以宁。五十九年，恶洛西劫我兵民，提督岳钟琪、游击周瑛率诸军进取郭罗克上中下三处寨落，擒获首恶酸他儿蚌索布六戈，并寨目旦增及贼从格罗等以献，贼从正法，首恶酸他儿蚌等三名解部，其投诚番众令杂谷土目囊索沙加布管理。

雍正二年，下羊岗凶番拔那刚让笑等复肆侵扰，松潘镇总兵张元佐率领游击刘屏翰、邱名扬进剿，擒获首恶，余番纳款，辟地二百四十里，建南坪营，川陕道路始通。

乾隆十二年，金川土舍莎罗奔率领蛮兵围革什咱地方，攻劫至毛牛，并侵犯沃日。松潘总兵宋宗璋令都司马光祖、守备徐克让往援，至热笼寨被围。威茂协副将马良柱带兵至巴纳与贼遇，奋勇击刺，昼夜数十合，转战数十里，直至松林口，杀贼番千余人，连破大小石卡二十五处，热笼围解。良柱至达歪扎营，小金川土司泽旺土舍良尔吉投降，献金川掳沃日男妇四十八人，并枪箭火药，良柱据守美诺。上命贵州总督张广泗补授川陕总督。六月，广泗至美诺，分兵七路进攻，击破碉卡，擒杀贼番甚众。莎罗奔惧，遣头人元丹至罗于朝营，献炮三位，并前抢各处番民二十名，又献战碉五座，请汉兵驻扎，以求就抚。广泗令其献出巴底、巴旺叔侄、印信及小金川泽旺之子，始准投诚。十月，许应虎已解的交之围，土司汪结带领金川头人如约献出巴旺印信，并泽旺之子及所掳各处番人一百余名，恳切投诚。广泗仍不允降，莎罗奔因与汉奸王秋、降番良尔吉等暗通消息，乘机侵扰。十二月，贼目恩错攻犯马邦营，副将张兴、陈礼俱被困遇害。

十三年三月，上命大学士讷亲经略金川军务，召岳钟琪以总兵衔委用。五月，广泗分兵十路进攻。会阴雨连绵，山高之处又降大雪，旬余不能前进。讷亲至营，下令限三日内必取刮耳崖，以致总兵任举、买国良同时战殁，兵势大挫。因归并各路官兵，进剿卡撒。岳钟琪奏言："金酋莎罗奔敢于狂逞不法者，实缘瞻对之役办理不善，所以遽生悖逆之心，而又有助逆之绰斯甲、土司策尔秉朱从中挑衅，以致肆行侵夺。荷蒙皇上轸念各土司番民受害，不惜数千万帑金出师征讨，以靖蛮荒。今官兵征剿一年有余，未能克捷。虽云地险碉坚，亦由派调之汉土官兵未能慎选于始，以致迟误。臣查各路新旧土兵，虽有二万，其间惟革什咱、沃日两处实与金川有仇，可以出力，惜其兵少。杂谷土兵虽多，因该土司待下刻薄，人不用命。而瓦寺、木坪、巴旺、里塘等处土兵，俱属怯弱。绰斯甲土兵不惟无用，且须加之防范。至小金川土兵尚属勇往，督臣张广泗乃令土司泽旺之弟土舍良尔吉领兵，良尔吉从前勾结莎罗奔袭取小金川，生擒其兄泽旺，泽旺之妻阿扣乃莎罗奔之侄女，素通良尔吉，莎罗奔即以阿扣配良尔吉掌管土民，皆不服。去岁，副将马良柱领兵应援沃日，良尔吉辄敢率领小金川之众助贼焚毁沃日各寨，迎敌官兵，及金酋逃遁回巢，良尔吉无所倚藉，始行就降，张广泗将土司印信仍归泽旺管理。其时，应将良尔吉、阿扣并助恶之头人暨汉奸王秋等即行正法，以绝内患。督臣既不出此，而进攻卡撒，转令良尔吉掌兵，则所领之兵俱怀疑惧，不惟不肯用力，且恐良尔吉暗通金酋，更生他变。臣已密呈经略，商之督臣，即行正法。令泽旺管领土兵，庶几众疑尽释，可望专心用力矣。抑臣更有请者，用兵之道，有奇有正，要必先察地利之险易，然后可定攻取之机。今各路官兵俱调赴卡撒、昔岭，名虽二路，其实只隔一山，仍属同攻。刮耳崖固系逆酋要地，但地险碉多，攻取不易。非若勒歪所通道路甚多，如卡里山、固噶沟二处，路不甚险，可出奇兵直捣勒歪。若勒歪一破，四路有自溃之势。臣已咨商督臣，既未允行。今将各路之兵俱调赴昔岭、卡撒，舍此可以进攻之路不肯用兵，而弃易就险，恐非用兵之道。仰恳皇上敕交讷亲广咨博采，细加筹画，务期有济军务。"上是之。

钟琪又请选拨官兵由党坝水陆并进直攻勒歪，奏言："官兵每攻一碉一卡，大者伤亡数百，小者亦不下百数十人。以有数之官兵攻无穷之碉卡，且无挡牌以御枪石，率多肉薄而前，伤亡过多，气皆怯弱。若不兼用奇兵，只以正兵逐碉逐卡，渐次扑灭，势难奏功。伏查党坝，与贼巢相近。甲索系绰酋暗通金川要口，党坝邻近贼巢，有泸河一道，水路可通，且无波涛之险。若用兵一万，水陆并进，可以直抵勒歪，夺其心腹之地，则四面贼党不战自溃。甲索与勒歪止一河之隔，乃逆酋逃遁之径通绰斯甲、瞻对。若用兵一万，由甲索进攻，先夺马牙冈，乃当两沟直抵河边，会合党坝之兵并力齐攻，则勒歪可破，逆酋可擒。刮耳崖乃莎罗奔之侄郎卡所居，以死拒守，应于卡撒留兵八千，以备堵御。俟夺获勒歪，以得胜之兵从后夹攻，以堵御之兵从前进击，刮耳崖前后受敌，郎卡不难擒剿。党坝留兵二千防护粮运，正地留兵一千防护打箭炉隘口，以四千名护运各处军粮。统需兵三万五千，方可足用。臣年虽衰老，尚可一力仔肩，以图报效。若由卡撒、昔岭进攻一策，乃张广泗误听汉奸王秋之言。目前虽得色底左右梁，半系马良柱、买国良所取故地，徒费周章，断不能刻日奏绩。若果臣言可采，请将无用土兵暨带伤衰老汉兵撤回，选拔精壮汉土官兵三万五千名以资进剿，专责臣办理。一年之内，可以成功。”上命军机大臣与军营办事大臣傅尔丹等会议勘覆准行。上命协办大学士傅恒经略金川军务，张广泗拿交刑部治罪，讷亲革职效力。

十二月，傅恒行抵军营，稔悉良尔吉之恶，因现握兵权，恐致激变，别生事端。访知伊弟小朗素，夙称恭顺，颇得众心，可以资其总统。因严兵防范，密令马良柱将良尔吉、小朗素以迎接经略为名，调出营伍。良尔吉先至牛厂地方接见，随带逆党颇多，意图拥护。次日至邦噶山，去卡撒十五里，小朗素亦至，因面谕以良尔吉种种罪恶，应正典刑。即授小朗素为副土司，总领蛮众。随召良尔吉面数其罪，枭首军门。一时兵弁及番众，无不凛凛听命，并令将蛮妇阿扣正法，汉奸王秋及其妻子凌迟处死。经略住扎卡撒，岳钟琪由党坝进剿，扬言攻康八达而暗袭跟杂，夺其碉楼四十七处。复临勒歪隘口，斩杀贼番无数。金酋惧，遣人乞降，情愿退还各土司侵地，献出马邦凶首，呈缴枪炮，退还内地民人，与众土司一体当差。莎罗奔、郎卡亲赴营门纳款。金川平。

十六年，杂谷闹土司苍旺妄思自大，规取旧保城头目，谏者杀之。又攻伐梭磨、卓克基两土司，调孟冬、九子、龙窝等处兵，据守维关。四川总督策楞、提督岳钟琪奏请便宜行事，支武弁一年养、廉兵三年粮，率大军直抵杂谷，擒苍旺斩之，改土司为三杂谷。

三十六年，金酋莎罗奔之弟索诺木抗命围困沃日，大肆残害小金川。

僧格桑，泽旺之子也，背父助逆，狼狈为奸，侵夺邻境，势甚猖獗，驻守官兵不能制。三十七年，上命温福为将军，督师进讨，攻克小金川，僧格桑逃遁。三十八年六月，驻兵木果木，小金川降番勾连金酋侵犯大营，兵溃，温福自殒。同时阵亡武职，自四川提督马全署、贵州提督牛天畀以下，共四十四员。文职自户部主事赵文哲、刑部主事王日杏以下，共二十一员。未出千把外委一百零六员，兵丁三千九百二十六人，民夫死者不计其数。上赫然怒，命阿桂为定西将军，色布腾巴尔珠尔为参赞，由西路进剿。明亮为定边右副将军，富德为参赞，由南路进剿。简派健锐、火器两营，满兵及吉林、索伦、黑龙江兵，共六千名，并西安、荆州满兵同往军营会剿。阿桂仰奉庙谟，申明纪律，率领将军弁兵同心奋击，务期剿灭，以彰天讨。前后四十余战，攻克沿途碉卡，杀戮贼番难以数计。

三十九年七月，攻克达尔图，即刮耳崖，并该布达什那色溯普等碉寨。金酋献出僧格桑尸身，妾侧思儹拉、大头人蒙固阿失咱阿拉七图暗堵尔等，哀恳求饶。定西将军一面奏闻，一面乘势轰催，力图剪灭。四十年八月，直捣乌勒图贼巢，金酋奔至噶喇依，将军提兵追捕，擒杀无算。四十一年二月，攻克噶喇依，索诺木就擒。逆酋兄弟莎罗奔甲尔瓦沃杂尔、斯丹巴旺并两土妇，及助恶之大头人丹巴沃杂尔、阿木鲁绰窝斯甲、尼玛噶喇克巴并大小头目男妇二千余人悉就擒获，献俘京师。金川全境荡平。

按：金川本吐番遗种，唐时吐番北尽河湟，南通六诏，其地甚广。今金川所辖瓦寺、沃日、儹拉、促浸，西北杂谷、梭磨、竹克箕、绰斯甲，西南木坪，再南明正，其地南北约三百里，东西约二百里，不过吐番之一隅。所恃四面崇山，关塞险要，沿途皆峭壁悬崖，偏桥窄径，紧要隘口，复建有战碉石卡，层层罗列，防御甚严，故敢跳梁耳。究之大兵所到，无坚不摧，坐致灭亡，实为可悯。乾隆四十一年，设镇驻守，就地屯田，更易控制，行见耳濡目染，渐习华风，革其犷悍之性，与内地民人无异，尤用夏变夷之道也。

荡平金川贺表〔一〕

王公满汉文武大臣、和硕显亲王蕴著等奏云：〔二〕

维金川之小丑，介蜀塞之一隅。徼接旄牛，辄夜郎之自大；蛮联枚楯，每钩町之相攻。怀奸久恃其包藏，援律曾经夫挞伐。射九斯而灭迹，神威早凛轩弧；祝一面而全生，大德幸宽汤网。方谓雷霆怒息，期豹性之终驯；岂知雨露恩辜，尚鹗音之难革。凶残相继，索诺木则貙又生罴；间牒潜通，僧格桑则唇还依齿。窃称戈于邻部，妄逞磨牙；屡出押于疆臣，犹稽落胆。

我皇上念阶巷垤蚁，跳梁自听争封；巢夺孱鸠，么麽何烦汗斧。倘鏦鏉之受约，三章原许羁縻；即坎穴之潜形，九伐犹迟声罪。乃陆梁之竞〔三〕阻，竟黑子之自凭。越分壤而蜂屯，频遭攘夺；抗颜行而鹿铤，敢肆凭凌。拒比阴螂，既生成之甘绝；噬同瘈狗，洵苞孽之当锄。蠢兹愤结神人，诞申威于司马；鉴彼宁求边徼，宜剪蔓于封狼。

爰将逆命之征，用示不庭之罚。银麟授印，建太白以悬斿；玉虎分符，练巾黄而庀率。桃关启路，威通井络之墟；雪岭扬兵，气夺碉金之堡。指惊禽之昼落，但怯虚弦；逐毚兔之宵奔，惟存空堑。平吞坚壁，全收儹拉之疆；移竖高牙，进压促浸之境。会久羁于置顿，旌门未戒游氛；乃再整于前茅，报舍俄看改色。索伦选队，持挺遄行，健锐抡精，修戈偕作。集貔貅于两路，遥分犄角之规；严刁斗于中权，酌展攻心之略。反侧重归掌握，仍置堠以相通；渠魁同恃樊摛与篱同，复劘旌而进讨。掠盘空之过鸟，谷噶方直辟巉岩；驱伏鷇之蹲鸱，马尼亦交轰霹雳。罗博瓦山回束马，云端忽下狼弧；空萨尔遥转缘猱，地底争鸣鼓角。机迎破竹，逊克宗之伏莽都销；令肃衔枚，噶尔丹之锻领奚遁。五十里日旁收塞，夹河成断臂之形；数百寻昆色摧碉，夺隘得扼吭之势。于是狐空一窟，勒乌围嵎负先清；遂乃隼击三霄，科布曲刃迎欲解。超危峰于西里，四山之紫焰交腾；压层栅于索隆，百道之青霜竞〔四〕举。噶喇依衿喉直破，投戈早慑群番；雍中寺门户徒凭，拔帜俄临孤垒。布长围于铁阵，倏惊天上神兵；断喙走于豚圈，只剩井中残喘。值腹心之自溃，绒布扬麾；遂铃欜与柝同之相闻，独松开道。枯鱼乞命，贼徒皆传愿祈降；破垒亡家，逆属亦束身来请。功成扫穴，星飞看露布之传；捷奏俘渠，组系伫槛车之送。

是皆我皇上天威式播，神武丕宣。悬金镜于先几，无微不照；握瑶符于秘竿音算，惟断乃成。赤羽宵传，警铜签而问漏；丹毫昼御，对银匦以批章。盖奇正皆资，授算不逾乎寸晷；故机宜悉当，集勋适蒇夫五年。溯不获已而用兵，亭育本好生之德；迨无可赦者有罪，贯盈申怙恶之诛。黄钺声灵，凛覆巢之自取；红旗腾踏，睹磨盾之频施。共看露卷沈黎，武库之干戈戢戢；遥听歌传盘木，雪山之耕凿常恬。册府铭勋，瞻紫阁丹青交映；灵台偃伯，庆泮宫琬琰同辉。奏朱鹭以宣铙，弥切尊亲之戴；拟白狼之进颂，难名蹈舞之忱。

军机大臣议定善后事宜

大学士舒赫德等奏准，议覆将军阿桂等具奏酌筹善后事宜一折。

一、据称木坪、瓦寺土司，皆曾恳请赴京，明正土司习尚与内地无殊。鄂克什土司感有继绝鸿仁，无不乐从恐后。届时令此各土司先行赴阙，其余或有艳羡输忱，愿行瞻仰者，更定年限班次轮流入觐等语。查边外各土司僻处荒徼，不谙礼法。向虽立法羁縻，而野性未驯，往往滋衅仇杀，兹当僣拉促浸，以次荡平。各土司自应望风震慑，共凛天威，弭首帖服，不敢复行滋事。乃蒙我皇上悯其蠢愚，欲使胥臻王化，令各土司仿照回部伯克之例，轮流入觐，以理藩院为之典属，俾其扩充知识，得觐天朝礼法，久之可革其犷悍之风。诚引掖渐摩，久道化成之至意。据称木坪、瓦寺、明正、鄂克什各土司，率皆倾心向化，恳请入觐。应同绰斯甲布土司均令将军率带来京，俾得瞻觐天颜。其余各土司仍令酌量远近，定以年限班次，轮流朝觐。

一、据称两金川，既设营驻守，则附近土司亦应兼隶，待改设将军一员，与总督同理番务，经理地方，更为有益等语。查川省口外各土司，向隶地方文武管辖，乃平时不能妥为驾驭，俾共知畏惧，及至犷悍不驯，稍有滋事，辄复因循迁就，酿成事端。如两金川启衅皆由该督、提等各怀巽懦，总以调停将就为得计，致逆酋等无所儆惧，渐肆鸱张。兹蒙圣虑周详，令于促侵僣拉之地，设镇驻兵，则附近土司自当有所专属。特设将军与总督、提督同理番务，其各土司应办事宜仍隶之理藩院总统，则体统既尊，一切易于控制。

一、据称雅州地方，于西南北三路均非窎远，应令将军、总督同驻省城，提督移驻雅州等语。查僣拉促侵之地，以次荡平。其余土司仍各就土境，世守分职。自应于沿边扼要之处，移驻重兵，应即令新设之将军驻扎雅州，提督移驻美诺，更为得势。其打箭炉原设之阜和营游击，不足以资弹压。应请将泰宁协副将移驻垆城阜和营，游击移驻化林坪，仍于勒乌围添设总兵一员，噶喇依添设副将一员。其余险要处所，并就地方形势安立各营，俾星罗棋布，联络横亙于众土司之中，实为一劳永逸。

一、据查儹拉形势，美诺为适中之地，应设总兵或副将一员，带兵八百名，以资统辖。其底木达布朗郭宗，设都司一员，驻兵三百名。大板昭驻兵二百名。僧格宗设游击一员，驻兵三百名。翁古尔垄驻兵二百名，约咱驻兵二百名。章谷旧有汛兵，添足兵一百名。其别思满与维州所属之屯练，境地相连，即于维州协派出安设小汛。自别思满直至底木达，自底木达西北至大板昭、喀尔萨尔中间，应设小汛，即于底木达、大板昭兵内派出安设。自底木达至美诺，而僧格宗、翁古尔垄、约咱以至章谷中间小汛，亦即于各处兵内酌派备弁带兵安设。自章谷至打箭炉中间大泡山，应行驻兵，于阜和营拨出三十名，安设一汛。至从雅州木坪而鄂克什以抵美诺，及从成都桃关、卧龙关而抵美诺，其中俱设小汛以通文报，所需之兵即从美诺官兵内拨出分设。如此布置，则由东北维州西南至打箭炉，袤延千里之内，官兵横亙于各土司之中，足成控制之势。惟是设兵必须筹食。若从内地长川运供，既无此办法，而附近之番境可耕之地甚少，一年所种之麦稞不足供番人一岁之需。欲求经久之计，非设屯不可。但番众所住之碉寨俱零星分布，官兵不能散处谋耕计。惟将应用兵即在随征川兵内照数酌留，仿照自打箭炉至西藏之例，分段安设，并酌给牛具耔种，就近开垦，试办一年，如有成效，即须止给饷银，不必另筹兵食等语。查阿桂原奏于美诺驻设总兵，其底木达等处酌设游击都司等员，并各设小汛。其意欲将促侵雪山之险，分赏各土司，而于噶喇依设立喇嘛古庙为化导。随经奉旨，详切驳谕，原奏只就儹拉一处而论，今自当合两金川地势通盘筹办。应令会同新设将军及提督等通筹熟计具奏，到日再行核议。其新设各营所需兵食，现在各路运到军粮，均属宽裕，自应将余粮分拨新营以供军饷。仍一面仿照新疆之例，令驻守之兵就地屯田。或兼令畜牧牛羊以供口食，应令一并悉心定议具奏。再原奏促侵〔五〕儹拉地方应移设官兵几及三千名，如本省抽拨不敷，或于江浙无事省分酌量裁减添补等语，臣等酌议似应于江苏、安徽、浙江、江西、湖北、山东、河南、山西等省腹里事简营分内，酌减名额，以符川省新添兵数。口外跬步皆崇山峻岭，且不产粮料，于饲马非宜。自应每百名兵，酌设马兵十之二三，留为步兵奖拔之途。毋庸多养马匹，较为合宜。

大学士于敏中等具奏，议覆将军阿桂会同明亮等奏覆，酌商善后事宜一折。

一、据称原议各土司轮班朝觐，查现在明正、木坪、瓦寺、鄂克什、丹坝、梭磨、噶克、卓克采、绰斯甲布土司，因未出痘，已另派大头人预备进京，霍尔、章谷、朱窝、纳扑冲等无不倩殷瞻仰，应令于冬季进京等语。查入觐之土司前奉谕旨：令其年前到京，与外藩同与朝正宴赉，其于十一月间派员带领护送，仍知照沿途督抚一体照料等。因其余各土司如何定以年班之处，并令明亮等妥为酌派，以均体恤。

一、据称将军驻扎雅州，与总督两地相悬，遇有紧要番情，不获立时商确，倘意见参差，往来咨询，更稽时日，且雅城难容满兵挈眷居住等语，自属实在情形。应如所奏，将军亦令同驻省城，所有满兵等无庸移动。

一、据称提督移驻美诺，为通省之偏隅。于文移往来及考拔兵弁等事，皆为非便。应如所奏，提督带兵驻扎雅州，无庸移于美诺。

一、据称泰宁协移驻打箭炉，即应照阜和营兵米之例，折支阜和营兵六百零九名，每兵每年支米折银十两零八钱，其泰宁协兵八百八十余名，每兵每年支米折银七两二钱。虽多费米折，而营制得宜等语。臣等伏思，打箭炉为沿边紧要之地，议请改设副将，惟期体制合宜，原不在多添兵卒，只应将泰宁协副将移驻打箭炉，其兵数仍照阜和营原额。其阜和营游击，即移驻化林坪，所有兵额亦仍照原数，无庸移改。

一、据称儹拉地方驻设总兵，及分设游击都司塘汛，应请仍照前奏办理。其就地屯田事宜，仍照前奏，各就所驻官兵授地耕种。至金川地方，在在山峦间隔，应再酌留兵四千名，以资分驻，分晰开单具奏。臣等查核单开促侵共安兵三千名：于勒乌围设总兵一员，游击一员，都司二员，守备三员，驻兵一千名；噶喇依设副将一员，都司二员，驻兵七百名；噶尔丹寺设游击一员，守备一员，驻兵三百名；茹寨设参将一员，守备一员，驻兵四百名；马尔邦设游击一员，守备一员，驻兵三百名；增达设守备一员，驻兵三百名。其中应设小汛，各于所安兵内拨设儹拉，共安兵三千名。美诺设总兵一员，游击一员，都司二员，守备三员，驻兵一千名；底木达设都司一员，驻兵五百名；大板昭设守备一员，驻兵三百名；僧格宗添设参将一员，守备一员，驻兵五百名；翁古尔垄设守备一员，驻兵三百名；约咱设都司一员，驻兵三百名；章谷原设防兵应添足一百名，酌派千总一员驻防。后设五营：美诺为懋功营，设游击一员；底木达为抚边营，设守备一员；阿尔古为绥靖营，设守备一员；噶喇依为崇化营，设都司一员；茹寨为庆宁营，设游击一员。其应设小汛塘递，各于所安兵内抽拨，安设布置均属妥协，应如所议办理。惟查阿桂前奏大泡山应驻之兵，应令将军等于泰宁营兵内量拨安设。至称儹拉促侵〔六〕地土硗瘠，又无好草多畜牛羊。今计议，兵丁三人共给地亩一分，两人当差一人耕种，供两人之食。现有余粮七万余石，足供分驻兵丁两三年食用。初办屯垦时，先将余粮为各兵口食，一面官办牛具籽种，分给以资东作。但轮班戍守三年一换，兵丁因非恒产，未必尽心开垦。必令兵丁携眷居屯，始堪永久。如有情愿挈眷来居者，照乌鲁木齐兵丁搬家之例，官为资送。而兵丁初至，照旧于应得钱粮外，给与盐菜口粮，俟垦种已成，再将盐粮停止，庶办理可望集事。倘有余地，当于杂谷闹五寨屯兵内移驻，并于维保一带来营贸易人等内番人居多，亦可招募开垦。其家眷一体，给资迁徙。如有兵丁缺出，即可招募充补。所有挈眷民人迁移之屯兵，一体酌给牛具籽种，俾得及时种艺。所办亦属妥协。至番地建盖房屋，不能经久，应分建大小碉寨居住，于兵民并投番内。挑择工匠，分建碉寨，酌给口粮雇值。此外如盐茶布匹绵絮之类，皆所必需，每年官为办运，定价销售。而屯种收粮等事，拟于同知佐杂内派员分驻，三年一换。如于屯垦事宜实心奋勉，以应升之缺，奏请即升。臣等逐一核议，均属合宜，应如所议妥办。

一、据称添设官兵，应于江浙等省酌减名粮，以符新设营汛兵数。查安设官兵六千五百名，原议于现在兵内再留五百名以供役使，共六千五百名。每年需盐菜银七八万两，应于江浙等省均匀酌裁，俟番民乐业后，再行酌减。统令将军明亮等逐渐试办奏明。

奉旨：军机大臣核覆阿桂等议奏，番境应设绿营兵六千五百名，岁需屯垦盐菜银七八万两。请于江苏、安徽、浙江、江西、湖北、山东、河南、山西等腹内省分酌减名粮抵补等语一款，尚未妥协。朕平定两金川，不惜七千余万帑金为绥靖边圉，一劳永逸之计，何惜此七八万盐菜之需？况江浙等省营分虽居腹地，亦有差操防汛之事，若酌减名粮，于各该省兵丁生计，殊属有碍，自可无庸裁减。所有川省岁需屯兵盐菜之费资，着该督文绶，即于正项内动支。至番地初定新设营汛，全赖将军控驭弹压，自应令将军每年至两金川新设营分巡查两次。副都统亦当每年巡查一次，将所有满兵轮派随往，庶驻防兵丁常得演习勤劳，即绿营官兵亦知所观法。余依议。

茂羌

茂州氐羌，地方数千里，在万山中，古冉駹国也。汉武南通夜郎，西开冉駹，始置汶山郡。驱羌蛮而西之，以大江为限。宣帝为北部都尉。隋为蜀州，寻改会州。唐贞观改茂州。向无城郭，宋熙宁中范百常知茂州，民请筑城，而蛮人来争，百常拒之，且战且筑城，乃得立。

自宋迄元，皆为羌人所据，不置州县者几二百年。洪武六年，茂州权知州杨者七及陇木头静州岳希蓬诸土官来朝。十一年，设茂州以统羌民，设茂州卫以统军伍，军居内城，民居外城。时四川都司遣兵修灌州桥梁，至桃关，汶川土酋孟道贵疑之，集部落阻桃关道。都司遣指挥胡渊、童胜等统兵分二道击之，一由石泉，一由灌口。由灌口者进次桃关，蛮长伏两山间，投石崖下，兵不能进。适汶川土官来降，得其间道，乃选勇士卷旗甲，乘夜潜出两山后，迟明从山顶张旗帜，发火炮，蛮惊溃师。进雁门关，道险，蛮复据之。乃驻平野，得小舟渡，至龙止铁冶寨，击破之。其由石泉者次泥池，蛮悉众拒。千户薛文突阵射却之，士卒奋击，大败其众。两军遂会于茂州。杨者七迎降，以者七仍领其州，乃诏立茂州卫，留指挥楚华将兵三千守之。十五年，者七阴结生番，约日伏兵陷城，有小校密告于官，遂发兵捕斩者七。生番不知觉，如期入寇，官军掩击，败之。于是尽徙羌民于城外。

正德二年，太监罗籥奏茂州所辖卜南村、曲山等寨，乞为白人，愿纳粮差。其俗以白为善，以黑为恶。礼部覆：番人向化，宜令入贡给赏。从之。十四年，巡抚马昊调松潘兵攻小东路番寨，而茂州核桃沟上下关番蛮惧，遂纠白石罗、打鼓诸寨生番攻围城堡，游击张杰败绩。十五年，巡抚盛应期奏绰头番犯松州，总兵张杰克之。复犯雄溪屯，指挥杜钦败之，烟崇等寨皆降。其通西域要路为桃坪，即古桃关也，有绳桥渡江。守桃坪者为陇木司。

茂州长官司三：曰陇木，曰静州，曰叠溪。陇木长官司，其长官即陇木里人也。洪武时归附，授承直郎，世袭长官，岁贡马二匹。所属玉亭、神溪十二寨，俱为编氓，有保长统之。静州长官司，其地即唐之悉唐县，其长官亦静州里人也。袭官贡马，与陇木同。正德间，与岳希蓬、节孝为乱，攻茂城，断水道七日。节孝弟车勺潜引水以济我军。事平，使车勺袭职，辖法虎、核桃沟八寨，俱编户为氓，亦有保长统之。

叠溪千户所，永乐四年置。领长官司二：曰叠溪，在治北一里；曰郁即，在治西十五里。叠溪郁氏，洪武十五年归附，给印世袭，凡三年贡马四匹。长官所辖河东熟番八寨，皆大姓，及马路、小关七族。其土舍辖河西小姓六寨。土地广远，饶畜产，稞麦路积。人家枭黠，名虽熟番，与生番等。郁即长官咲保，万历年间与黑水、松坪称兵，攻新桥，伏诛。汉关墩附近诸小姓，旧属郁即，至是改属叠溪。

万历二年，刁农、窄溪、得胜、魏门等寨愿纳款降附，知州张化美探知其情，条议具报，招抚归顺，量给羁縻，列为编民。崇祯末年，土司乘乱占据各寨，羌民构讼，频年不安。国朝康熙六年，知州黄升查验前知州张化美给券，遵奉院道批详，给以木牌铁刻，镌石州前，永隶茂州，不许土司侵管，羌民悦服。

惟黑虎生番，历代以来恃其山箐险阻，屡肆猖獗。有明三百年，出没官道，掠掳人民，虔刘牲畜，岁无虚日。接连茂州龙溪一十八寨，羊肠一线，羌番杂处，其人皆不通声教，非可以威力制、以文告服者。故明时设军卫亭障斥候，远迩相望，所为绸缪御侮之计，难且慎矣。自我国家统一区宇，天威叠震，声灵赫濯。先时，龙蒲、星水等寨蠢动，帅臣用张挞伐，黑虎、龙溪各寨固已闻风窜伏，罔敢猖狂。

康熙四十二年，巡抚贝和诺、提督岳升龙先后招抚，各寨纳土归诚，俱赏给银牌、缎布、牲牢、米物。复命州牧协同威茂参将亲临碉寨，阅其疆界，稽其户口，以杜侵冒。诸羌群相悦服，献图列册。黑虎七族生番，每年量输麦粮以示羁縻。龙溪十八寨得户千一十有二，岁输麦粮八十石。自是各番始畏威怀德，倾心内附。

大抵茂去省近，汉夷相半，羌民久被声教，间有不逞者，可以王法绳之。惟松、叠为巴西极塞，夷情狡狙，控制维艰。且杂谷、金川土司，每每恃功骄纵，故必重兵备守。盖松茂所以扼塞吐番，叠溪则为松茂脉络。昔人谓吐番有事，必自威茂，南诏有事，必自沈黎，吐番南诏共有事，必于灌口。乾隆四十一年，荡平金川之后，各处安设台站营房，威茂已为内地。从此习染华风，革心革面，自不复有跳梁之患矣。

校勘记

〔一〕按：此表为陆锡熊代作，收载《宝奎堂集》卷三，题作《为王大臣贺平定金川表》。

〔二〕自“王公”至“奏云”，集本无。集本代以：“钦惟我皇上德懋敷文，功崇绥远。车书万国，瑶图越参井之躔；干羽两阶，玉垒靖搀枪之气。法采薇以命帅，偕迎时雨之师；图滋蔓以宁边，普洽光天之化。”以下表文，集本多有异文。自“我皇上念阶巷垤蚁”以下，集本与此书所载者全然不同。阅此表文者，当取集本并读。兹不出校，以省篇幅。

〔三〕〔四〕“竞”，底本讹作“兢”，据存古书局刻本改。

〔五〕〔六〕“侵”，存古书局刻本作“浸”。

卷十二

边防二

西藏

西藏，唐古忒，即图伯特国，部落繁多，明统称乌斯藏，古三苗种也。舜徙三苗于三危。三危者，为喀木，为危，为藏。魏晋以前，未通中国。隋开皇中，有伦赞索者，居牂牁，西灭土浑，尽有其地。建国居跋布川西，改姓为窣勃野，以“秃发”为国号，讹为“吐番”。

唐贞观八年，其赞普弄讚赞普，王号遣使朝贡，请婚太宗，不许。吐番率众屯于松州之西境，入寇。太宗命将率步骑五万击败之。弄讚大惧，引兵退，遣使谢罪，因复请婚。太宗以宗女文成公主下嫁，令江夏郡王道宗持节送之。弄讚亲迎于河源而归，别为公主筑城立栋宇。公主恶其人皆赭面，赞普遂令国中权罢之，亦自袭纨绮，释毡羯，渐慕华风，仍遣酋豪子弟，请入国学以习《诗》《书》，又请中国文士，典其疏表。

高宗立，授弄讚为驸马都尉、西海郡王。因请蚕种及造酒、碾硙、纸墨之匠，并许焉。则天时，弄讚玄孙弃隶缩赞立，复请婚，中宗亦妻以所养雍王女金城公主。帝幸始平县，设帐于百顷泊侧，引王公宰相及吐番使入宴。酒阑，命吐番使前，谕以公主孩幼割慈远嫁之旨。上欷歔久之，因命学士李峤等十七人赋诗饯别。改始平为金城县，又改其地为凤池乡怆别里。公主至吐番，亦别筑一城以居。

睿宗时，杨矩受吐番厚赂，归为代请河西九曲以为金城公主汤沐邑，与之。未久而叛。玄宗十七年，吐番恃强，表疏悖慢，帝怒，遣将大破之。复请和，遂命使臣往视金城公主，吐番复进表，朝贡如初。公主亦别有进献，并奏请《毛诗》《礼记》《左传》《文选》各一部，亦与之。正字于休烈疏谏不报，卒与之。二十四年，常侍崔希逸以杀白狗为盟诳吐番，计破于青海，复绝朝贡。二十八年，寇维州，又破之，得安戎城，诏改为平戎。二十九年春，金城公主薨，吐番来告，仍请和，上不许。乾元后，吐番乘唐间隙，尽有戎境。肃宗年间，吐番遣使请盟，郭子仪令于鸿胪寺歃血以申番戎之礼。广德元年，吐番以京师失守故，因降将高庭晖入长安，立广武王为帝，旋为郭子仪设疑兵，悉众遁去。

建中二年，吐番请以贺兰山为界。四年，遣官盟于清水，即大诏前甥舅联盟碑也。兴元元年，吐番助浑瑊大破朱泚于武功之武亭川，因许以泾州、灵州相报而未与。吐番诈邀会盟，劫瑊而陷其军，浑瑊仅以身免。自此，大入寇掠吴山、汧阳等界。贞元五年，剑南节度使韦皋大破之，尽复嶲州地。七年，又攻破吐番。十六年，诏韦皋出兵成都以纾边患，遂命陈洎等统兵出龙溪、石门及南道雅、邛、黎、嶲，并进攻昆明、诺济城，诸路凡九道并进。自八月至十二月，屡破其众，拔七城，遂围维州，擒番将莽热，献俘于京。

穆宗长庆元年，吐番复请盟，乃命御史大夫刘元鼎充会盟使。初，元鼎见赞普于闷惧卢川，盖赞普夏衙之所。其川在逻娑川南百里，臧河之所流。臧，当作藏，即西藏所由名也。时，吐番遣论悉诺息随元鼎来朝，于是不复叛。自黄巢后，遂为阻绝，然而其国亦自衰微，族种分散，无复统一矣。

周广顺三年，西河节度申师厚奏请授吐番首领折补支等官。迨至宋初太平兴国八年，吐番入贡，太宗曾召见酋长于崇政殿，优礼之，以故朝贡不绝。后其境为李继迁所侵，首领潘罗支率番部三十二族纳质，授朔方节度使。

咸平元年，河西军左厢副使、归德将军折逋游龙钵来朝献马。番四世虽受朝命为酋，贡方物而未尝自行，今始至，诏以为大将军，助兵讨李继迁。嗣为迁党戕于帐，其后各族互相吞并。

有唃斯啰者，名斯南陵温钱逋。钱逋者，犹言赞普也。貌奇伟，部族疆盛，立李立遵为论逋佐之。论逋者，相也。求内附。明道初，授宁远大将军，后数以奇计败夏元昊，潘罗支旧部往往归之。宝元元年，加宝顺军节度使，约以击元昊，然不能有功。自神、哲、高三朝，或加检校太尉，或为刺史，或授太保，或拜团练使，皆授官于宋。然而当时西河既失，加以西夏，亦未尝不为边患也。

辽时亦入贡，有大番、小番及胡勿思山番之别。元初，因俗，首领章古来朝，封为宁濮郡王，镇西宁于河州。太祖四年，帝入河西，帅获克兀喇海城，并归西宁领之。设吐蕃等处宣慰使，建元帅府，以洮、岷、黎、雅诸州隶之。世祖以其地广而险远，民犷而好斗，思有以因其俗而柔其人，乃郡县吐番之地，设官分职而领之于帝师。

帝师八思巴者，吐番萨斯迦人。生七岁，诵经数十万言，能通大义。国人号曰神童。中统元年，尊为大宝法王，赐玉印，统释教，嗣数世。弟子号“司徒”“司空”“国公”，佩金玉印章者，前后相望。盖当时朝廷所以敬礼而尊重之者，且重以周也。明以其地为乌斯藏。乌斯藏者，本吐番而别立为国者也。吐番中惟乌斯藏专以释道教化，颇柔顺易服。在西徼外，去四川马湖府千五百余里，云南丽江府千余里，陕西西宁卫五千余里。其地多僧，无城郭。其僧有居大土台及土台外者。

洪武初，太祖惩唐世吐蕃之乱，思制御之。惟因其俗，尚用僧徒，化导为善，乃遣陕西行省员外郎许允德使其地，令举元故官赴京授职。于是，遂授摄帝师喃加巴藏卜为炽盛佛宝国师，锡玉印，又授元帝师八思巴之后八哥监藏巴藏卜为大国师，授乌斯藏僧荅力麻八剌为灌顶国师，并锡玉印。佛宝国师及荅力麻八剌遣使入贡，奏举土官多人，因置指挥、宣慰、万户、千户等官，铸分司印予之，余授官职有差。

永乐三年，僧哈立麻者，国人以其有道术称之。成祖因授职为演教如来大宝法王，乌斯藏僧昆泽思巴亦授为大乘法王，授吉剌思巴监藏巴藏卜为阐化王，授思达藏僧南渴烈思巴为辅教王，授必力工瓦僧领真巴儿吉监藏为阐教王，授灵藏僧著思巴儿监藏为赞善王，授宗巴干为护教王，并有授为西天佛子灌顶大国师者，皆赐给印诰。盖其地皆倚中国之茶为命，而当时入贡者又优以茶布。诸番恋贡市之利且欲保世官，不敢为变。故终明之世，授官加号以羁縻之，交市茶马以诱致之，虽动于利而未尝为患。终不能如国朝德威遐播，倾心归化，直隶版图而讴歌帝治于无疆也。

我朝自太宗文皇帝崇德七年，班禅额尔德尼、达赖喇嘛谓：“东土有圣人出。”遣使自人迹不到之区，终仇敌之国，阅数年始达盛京，通贡于朝。达赖喇嘛、班禅额尔德尼者，西藏番人所称“活佛”是也。活佛皆递生于世，其父母称为佛公、佛母。活佛转世时，预示以降生处所，初生即能道前生事，故番人异而崇奉之。顺治五年，阐化王遣索纳木剌希喇嘛入贡，缴明季所给诰敕、银印，奉旨换给。礼部题定，“贡朝三年一次，道由陕西，每次限以百人，准十五人进京，余留边”，著为定例。七年，阐化王遣喷错坚挫喇嘛入贡，缴明季所给诰敕、银印。十年，又遣索纳木毕拉西等入贡。十三年，又遣喷错坚挫入贡，缴明季敕书、玉印，经礼部题准换给。十七年，如来大宝法王哈里麻巴遣僧赍汉番字印表，并进方物。又灌顶国师及灌顶圆通妙济国师大悉都遣僧赍番字印表，并进方物，道由云南。

后达赖喇嘛之殁，第巴隐匿不奏者十有六年，拉藏灭之，复兴其教。中间策妄阿喇蒲坦率准噶尔之众肆行劫杀，废第五辈达赖之塔，辱蔑班禅，毁坏寺庙，名为兴教而实灭之，且欲据图伯特国。康熙五十八年，命定西将军噶尔弼进剿，调拨满洲、蒙古、绿旗兵各数万，历烟瘴之地，直捣巢穴，贼皆丧胆远遁。于是振兴法教，赐虎必尔汗册印，封为第六辈达赖喇嘛。封康济鼐为贝勒，阿尔布巴为贝子，隆布鼐为公，颇罗鼐扎尔鼐为噶隆。后颇罗鼐以擒逆功叠邀恩命，封至郡王，领藏事。颇罗鼐率其次子朱尔墨特那木扎尔袭。乾隆十五年，谋逆伏诛，除其王爵。

十六年，奉旨：凡藏地均属达赖喇嘛所有，辅国公三人，一等台吉一人，噶布伦四人，各颁给敕。论戴绷五人，碟巴三人，堪布一人，均给理藩院执照，分司藏务，受驻藏大臣及达赖喇嘛管辖。达赖喇嘛居前藏，班禅额尔德尼居后藏。四十三年，班禅入觐至京师，驻数月，出痘，殁于京邸。五十六年，巴勒布侵扰后藏。上命大学士福公康安督师征剿。巴勒布纳款，每岁入贡，与诏藏同，均受驻藏大臣节制，永著为令。

西藏之地有四：一曰卫，一曰藏，一曰喀木，一曰阿里。辖六十余城，拉擦居诸藏之中，又名中藏，至京万有二千余里。后藏在前藏之南，至京万有三千余里；喀木在卫藏之东，至京九千余里；阿里在卫藏极西，至京万有四千余里。

西藏寺庙不可胜计，康、卫、藏三处上册有名之寺三千有余，支粮喇嘛八万四千有余，其大喇嘛曰胡图克图，禄养皆取于所属地方。大胡图克图下设仓储巴一人，以司地方事。凡寺庙设堪布喇嘛一名约束僧众，有一品至八九品不等，总以寺之大小，僧之多寡定其品级。有黄教、红教之分，黄教务清净，好布施，皈依佛法。红教则吞刀、吐火、咒雨、呼风，专以劫杀为能，即活佛所叱为外道者也。

婚嫁亦用媒妁，然多苟合者，生育子女不洗浴。初生时，其母以舌舐之，至三日，以酥油涂其遍身。稍长，男子教书算，或习一技，女则教识戥秤，习贸易，纺毛线，织氆氇，不习女红。

其俗女强男弱，遇差徭则派及妇人。一家弟兄三四人或娶一妻，如生子女，兄弟择而分之。其妇人能合三四弟兄同居者，人皆称美，以为能于治家，不以淫乱为耻。如有外交，则明告其夫曰："某为我之英独。"其夫怡然。夫妇悦则相守，反目即自择所欲而适焉。

凡人死，均用绳缚，令膝嘴相连，两手交插腿中，以平日所着旧衣裹之，盛以革袋。延请喇嘛念经，以冀冥福。数日后，负送剐人场，缚于柱，碎剐其肉喂犬，为地葬。其骨以石臼捣成粉，和炒面搓团，亦喂犬，或饲诸鹰，谓之天葬，以为大幸。剐人之人亦有碟巴管约，每剐一尸须费银钱数十枚。无钱则弃尸于水，谓之水葬，以为不幸。喇嘛死，其尸皆以火化筑塔。

罪人刑罚甚酷。西藏相沿番例三本，计四十一条。大诏旁有黑房数间，拘挛罪人。犯法者，不论罪之轻重，皆禁于内，用绳缚四肢以待援法。如争斗死者将尸弃水，杀人者罚银钱入公，并给尸亲念经或牛羊若干，无银则缚水中藉殁其家。其抢夺劫杀者，不分首从，皆拟死或缚于柱上，施以枪箭。较射、饮酒死则斫头悬示，或送猓猃野人食之，或活缚送曲水蝎子洞，令螫之。若攫人财物，则将其家监禁，倍数追，比追完，则将盗者抉目劓鼻，或去其手足。其惨酷殆不可闻。猓猃，野人国，在藏地之南数千里。其人名老卡，止荒野，蠢顽不知佛教。嘴刮数缺，涂以五色，性喜食盐，不耕不织，穴处巢居，冬衣兽皮，夏衣木叶，猎牲并捕诸毒虫以食。卫藏凡罪至死者，解送赴怒江，群老卡止分而啖之。

巴勒布，即巴尔布，亦名别蚌，在藏地西南，与聂拉木接壤即尼雅尔木，计程几两月。其地天道和暖，产稻谷、蔬果、绸缎、木棉、孔雀。向有三罕：一曰布颜罕、一曰叶楞罕、一曰库库木罕，于雍正十年遣使来藏，因驻藏大臣奏请内附。嗣为其族廓尔喀所并。乾隆五十三年，廓尔喀之酋长喇纳巴都尔与巴勒布至后藏以交易滋事，劳我王师，远涉至胁噶尔，始震詟投诚，遣头人玛木萨野入贡。五十六年，仍复不靖，扰及后藏，福公康安督师征之，直抵羊布，喇纳巴都尔畏罪纳款。癸丑二月，班师。

其地番民皆剃发蓄小辫，联鬓短胡，似西宁回鹘。尚容饰，额上涂白土二竖，眉涂红土一丸，用金珠镶花缀两耳；以布缠头，贱者用白，贵者用红，着青白色小绸衫，以布束腰，着尖头革鞮，佩短刀状如牛角，布鞘，臂挽一黑漆皮藤牌，径约三尺。番妇披发赤足，鼻孔穿金银圈，然亦梳洗尚洁。由后藏塞耳地方，行十余日，交白木戎界，再半月余至宗里口，山崖壁立，往来者必以木梯度之。又数日，始至白木戎住牧地，所属种类繁多：一名蒙，身着布衣，不遵佛教；一名总，幼时即以五色涂成花面；一种名纳昂，男女俱不着衣裤，下以白布缠之，卧时以木为枕；一种名仍撒，男着短衣齐膝，妇下亦以布遮，重着裤，不着上衣。惟白木戎男妇皆披藏绸偏单，行坐必佩刀。其地和暖，出产稻莱、青稞、豆麦、蔬果、大羱羝羊、大耳猪、崖羊，又产野象、独角兽等物，亦呼为小西天。地连朱巴中，以巴隆江为界。白木戎东至米巴，南至西天乌盆子，西至白布，北至日盖子。

日盖子者，即扎什伦布，仍仲宁翁结巴寺之后山也。由白木戎西去十余日，交小西天界，再行十余日，始至小西天。从此登舟涉海，约半月即至大西天，尽极西之境矣。

打箭炉

打箭炉，故旄牛徼外地也。距省千里，天文亦井鬼分野，为中华之极西，出口即乌斯藏界。天时多寒少暑，层峦峭壁，中隔泸河，势最险要。蜀汉时，诸葛武侯南征孟获，遣郭达于此造箭，因是得名。至今土人犹庙祀郭将军。《方舆胜览》云：“大渡河，一名泸河，为黎州以南最要之地。唐韦皋拒吐蕃，李德裕拒南诏，皆扼此水，故议者谓‘大渡之不守，则黎、雅、邛、嘉、成都皆扰’。”

宋建隆三年，王全斌平蜀，以图来，朝议欲因兵威复越嶲，艺祖以玉斧画此河曰：“外此，吾不有也。”于是为黎、雅之极边。曩时河道平广，可通漕舟，自玉斧画河之后，河之中流忽陷五六十丈，河流至此澎湃如瀑，从空而落，船筏不能通，名为噎口，殆天设之以限中外也。自元以来，番人于此互易茶马，岁以为常。明永乐五年，土目阿旺坚参以随征明玉珍功，授为明正，长河西、鱼通、宁远军民宣慰使司。世奉厥职，颇称恭顺，然亦不过羁縻不绝而已，未尝纳税献贡也。

我朝定鼎，德威所被，直通西域。康熙十九年，恢复关山相岭，则打箭炉一区亦川省所辖。三十九年，番蛮昌侧集烈等窃据炉地，阻兵渡河。四川提督唐希顺会同将军莽吉禄调集汉土官兵，相机进剿。参将李麟登先破蛮首，大兵会于河西，游击沙虎、魏国珍、张自成等奋勇扑杀，诛昌侧集烈〔一〕等，余党悉平。番民率众欢呼，跪道归附者一万二千余户，皆与宣谕皇上威德，赏给银牌，令各安住牧。建铁索桥于河上，御制碑文，取名泸定，明正司于此办差。

已故土司锡拉扎克巴乏嗣，其妻衮噶承袭，至坚参德昌始移驻打箭炉，其子甲勒参德浸继之，现今之明正土司也。管辖打箭炉十三锅庄番民，约束新附土司及土千百户，计新旧土民二万八千八百八十四户。上纳贡马、杂粮，岁折银归明正土司征解。打箭炉以石为城，汉番杂处，凡驻藏使臣及换藏兵丁均于此出口。自炉以往多重茶，悉由内地负贩而炉又为茶市总汇，现设郡丞一员，以理夷情，兼司粮务。向有督监榷〔二〕税课，今汰之，并归郡丞。其地民人虽崇信浮屠，规规小利，然结以信义而竭诚效顺之心，虽死不易其志，殆亦天性使然也。夷妇类能贸易，凡客于其地者，皆招夷妇代为经理，若夫妇然。生子，准客人携带回籍，生女则夷妇留之，仍事客商，故至其地者，多久而忘归也。

建　昌

建昌，本汉邛都国地。汉武元封六年，以广汉之西部、蜀郡之南部为越嶲郡，即此郡。领邛都、苏示、阐、台登、会无、大窄、定窄、三绛、甲水、安上、马湖十一县，或治邛都，或治会无，迁徙不常。蜀汉雍闿诱孟获，煽惑诸夷，南中皆叛。诸葛武侯斩闿，七纵七擒以服获，南人不敢复反。魏晋以还，蛮獠恃险钞窃，乍服乍叛。至齐，复来纳款，因为越嶲獠郡以统之。后周武帝征越嶲，开地立严州。

隋开皇四年，改为西宁州，又改嶲州。唐武德初，嶲州领越嶲、邛部、可天、苏示、台登五县。贞观二年，割雅州阳山、汉源二县来属。天宝元年，改越嶲郡。大历之岁，吐番、南诏合而入寇，众至二十万，李晟将邠陇、范阳兵五千，自邛崃关追击，大破之于大渡河，死伤略尽，南诏始请内附。韦皋奏“宜招纳之，以离吐番之党”。复与异牟寻约筑大城，于境上置戍相守。李德裕为西川节度使，练士卒，葺保障，积粮储，选雄边子弟以制大渡河清溪关之阻，蜀人乃安。其后，李师望请移治邛州，于是声势不相及，南诏复骚动。唐懿宗时，郡为蒙诏所据，改曰建昌府。

元至元间，置建昌路，立罗罗斯宣慰司以统之。明洪武间，克元将月鲁帖木儿、贾哈喇，因罢宣慰司，建昌卫置行营都司领之。成化二年，设建昌兵备道副使。十六年，设分守太监。嘉靖四年，设守备官一员，以都指挥体统行事，守备宁越地方，驻扎镇西守御千户所。七年，又设守备官一员，亦以都指挥体统行事，守备黎雅地方，驻扎雅州守御千户所。十年，撤回分守太监。十五年二月，建昌地震数次，死伤甚多，军民惊惶无措。宁番、越嶲、镇西、邛、雅等卫所州县同日俱震，愚民借为古泸州沉海讹言，转相煽惑，几至为变。巡抚都御史潘鉴、巡按御史陆琳禁止讹言，补葺城郭，预支军粮，优恤被灾人户，拖欠旧粮暂令停征。脱监囚犯悉听首官酌处，为事军职亦令听委，立功赎罪，被伤极重之家免税粮一年。后乃无事。隆庆六年，逆酋安文等因与土官瞿氏争袭，统率蛮贼首恶阿贵佐、擢拍、白牛、荐阿阿支、撒他等迫城扰害。至万历元年四月十九日，文等率各番蛮扎住木拖村、凹郎河等处，掳掠人财。建昌道兵备副使杨芷，会同监理通判王爵牌行各卫官，齐集兵民人等严守城池。先令旗军周英等前去安文等贼营宣谕利害，阳为抚安，以便整旅。将原募兵勇八百余名分扎城关要害，调取土舍安镇，土〔三〕官家丁逆止穤、姑咱、计始撒剌各率部兵驰赴土官院南门桥要贼。贼恃党众，于本月十一日突至城下，芷亲督兵驱战，授以方略，官兵奋勇截杀，擒斩数百人，夺获甲马器械若干。建昌六卫军民始得安枕。万历三年，巡抚都御史曾省吾、巡按御史郭庄题将建昌前卫并入建昌一卫。明末兵革之后，荒芜极目，所有卫所屯军，准以当时旧额，尚可得十之二三，但番猓出没不常，行旅居民频遭劫扰。

我朝恩威远及，剿抚兼施，南番、东猓以及邛部蛮酋，莫不震慑。顺治十六年，四川总督李国英、巡抚高民瞻荡平黎雅之后，冕、会、宁、越、相岭、泸河、乌道一线梗阻全消。署兵备道张元凯亲诣各汛，查验冲险。详请两院题定经制易行都司，以总镇府镇标游击三员，守备三员，千把总十八员，马步战重兵弹压。冕山、会川，仍有专防。后兵备道奉裁，至康熙八年，仍设建昌道，有监理厅，以司粮糗。更有建昌、会川、盐井、宁番、越嶲等守备五员守御各所；千总十五员，虽改军为民，亦足以壮控制之势。但番性贪险，惟事剽掠，可威制而不可德化，防御稍疏即乘机劫夺。顺治十八年，总镇王明德调征川东，后凉山各寨番猓啸聚大众，盘踞冕山、相岭，劫杀桐糟站屯堡，商旅不行，塘拨不通。署兵备道张元凯奉巡抚佟凤彩方略，相机捕剿，斩获颇多，逆番始平。康熙九年，四川巡抚张德地前后十余疏，大概言袭土官以重羁縻，请印记以专事权，酌减税务，请恤灾伤，议边官之去留，劝边地之开垦，其所以布置内地、安戢外番可谓周详而切当矣。

康熙二十七年，会川营所辖东夷阿所因守备常珍失于驾驭，至成边衅，为贼所伤，随经游击吴永祚讨平之。建南土夷迷易、黎溪、红卜苴、普隆、腻乃、维沙、普雄、那交、滥田坝、觉鲁、黑保嘴、裴贝、大孤山、叶他等，素恃险远，叛服不常。康熙四十九年，四川提督岳升龙统兵招抚。先是，宁番城西土夷獏狻抢掠人民，游击周玉麟领兵剿讨，至坎到底地方为贼蛮罗都伏弩所伤，亡于阵。至是，提督岳升龙一并抚定，俱各纳土归诚。康熙五十五年，越嶲卫所属阿羊夷人加巴贯子结连腊珀、噜都，肆行不法，四川巡抚率汉土官兵讨平之，于十一月初八日抵越嶲城外驻扎，咨访地利，知阿羊贼巢地名红岩，相距越巂卫六十里，阻隔溪河，山箐陡险。其所勾连，红岩以北则有小腊梅、松光林、载白沽、恰里鸣、阿波罗、姑巴沽、西纠、白石岩等夷寨。红岩以南则有腊珀、青岗林、普雄、落处必、历老红、萝乌、结白等夷寨。俱系连山夹箐，延袤三百余里。各寨有数十户者，有百余户者，皆猓猡种类，约略二三千人，素相交通联络。又越嶲城南，有炒米关、两河口，皆通普雄小路，阿羊出没之所，而贼夷后路又可抵峨边营之太平墩一带。山箐俱分布官兵堵截要隘，巡抚率守备萧应鸿、李苹等扎营红岩，居中策应。复遣冕山土百户慕庚糯猓等赍传令箭，前往贼寨，宣布朝廷威德，冀其悔过革心。乃逆夷自负山险，执迷延玩。于是，飞檄各路同日进剿，连破其巴沽、普雄、东山、木枯等岩〔四〕，杀伤贼蛮数百，直捣阿羊巢穴，绝其党羽。随将五里箐南至青岗林、普雄、落雪、罗乌等处，交腻乃安抚土司经管。五里箐北至腊珀、噜都、红岩、小腊梅交护里邛部宣抚土司经管。自西纠至巴沽、白岩等处，交暖歹密土千户经管。令其约束蛮人，各安住牧。

雍正四年，建昌糯咀所管夷猓金格等侵扰边境，川陕总督岳钟琪奏请调总兵赵儒、副将张成隆等进剿，擒获贼首金格、阿租、官寿，斩首，大小凉山悉平。又因大赤口为凉山之咽喉，建昌之门户，随委峨边营守备司九功带本营兵丁于大赤口、近通、太平墩一路清查户口，踏勘形势，经过腻乃等处桥梁道路，又招抚二百余户，均令剃头留辫，认纳粮差。雍正五年，宁番、三渡水、黑麻溪、腊汝窝等寨番蛮，肆行盗劫，掳掠人民。川陕总督岳钟琪奏请各路汉土官兵进剿，总兵赵儒、副将王刚统兵分路夹攻，平其三渡，进讨腊汝窝并会盐营西十二村，连破贼寨，擒获首恶了马车，其余河东各寨俱陆续投诚。是年十月，四川提督黄廷桂进讨结觉，适建昌逆番阿驴、阿都等杀伤滇省官兵，随拨兵救援，分路进击，斩其首恶，助兵之别哺加乐阿必擒解滇省。各蛮畏威投诚，情愿认纳粮马，各安住牧。

先是，川陕总督岳钟琪既定诸蛮，据建昌镇赵儒、建昌道马维翰会详，题请凉山普雄安设营汛。议将阿都宣抚司慕枝等二十一员土千户，暂交河东宣谕司兼理建昌镇标中营游击分汛管辖。审扎土千户顾车喇嘛等三员附近凉山，归建昌镇右营游击分汛管辖。水黑岩土百户韩雅皮等九员番部俱在汉民界内，或隔三渡河，或附近凉山，归冕山营游击分汛管辖。摆站田土百户大咱等五员并宁番安抚司地方俱汉番杂处，归宁番卫守备管辖，与汉民一体编甲输纳。腻乃安抚司维沙等八员番部深居凉山普雄，归越嶲营游击管辖。土司土百户六沛等七员番部俱近凉山，归宁越营守备分汛管辖。大赤口土千户哑志等一二员番部俱系凉山后路，归峨边营游击分汛管辖。外有曲母土百户咩咱愿缴印信号纸，改土归流，其一切经商官道俱仿松番之例。每十里筑土堡一座，周围约一里五分，以资护卫。每五里筑土墩一座，周围仍筑土堡，约阔七分，以便兵民同住，共相守望。且议善后事宜八条：一、近地土司宜酌改流以一治理。一、守土司牧宜改设以彰表率。一、苗猓携带凶器宜分处分。一、地方疆界宜清。一、拿贼之法宜定。一、蛮俗称呼宜更易。一、蛮人拉当永宜杜绝。一、汉蛮贸易宜定场期，以杜流棍钻夷之弊。俱候睿裁。奉旨依议。自是万仞蛮山尽归王化。改建昌卫为宁远府，领三县一州一卫，永著为令。按：建昌向为巴蜀西南荒裔，上至大渡河，下至金沙江，东接乌蒙，西达三渡，广袤数千里，错处诸夷中，山川险恶，控驭颇难。虽建昌、泰宁各设镇协弹压，冕山、会川、宁越、越嶲、会盐、柏香、靖远、永定、黎雅、化林、阜和、德靖、宁安各营沿边隘口增设汛兵防守。然夷类犬羊成性，甚不可以归诚而忽之也。向日文职，设通判一员以经理之。雍正七年，因土司地方归流者多事务繁剧，添设知府一员，更名建昌卫为宁远府。其越嶲卫、会理州并新改西昌、冕宁、盐源三县，俱归知府管辖。至于野苗、熟番、白骨头、黑骨头等夷，其风土性情，往往各别。修其教，不易其俗，齐其政，不易其宜，使之乐育并生于函盖之中，尤服官于兹者所有事也。

雍正十一年，工部议覆四川总督黄廷桂条奏苗疆善后事宜一折，奉旨办理军需大臣议奏，钦此。臣等逐条酌议，恭呈御览：

一、奏称河西广袤千有余里，由上渡庙顶至打箭炉，计程不出旬日，出接兴，过渡，即系木里交界。由泸沽数日可抵瓜别、会盐，四通八达，雄山叠峙，前后临江，最为险塞，非重兵大员不足以壮军威而资分布。查有儿斯之七儿堡，地居适中，平洋宽敞，应请于此设参将一员，左右军守备二员，千总四员，把总八员，马一步九兵一千二百名，于周围次冲处所分置大汛以联臂指。查七儿堡北有庙顶一寨，俱窝卜上渡及山后接兴等处往来要径，形势高旷，瞭望四旁数十里，如在目中。应分左军千总一员，兵一百名移驻防范。又西北有磋多，其地逼近后山，江岸上下，小渡甚多，与明正司属之乌尔呷紧隔一江。应移驻左军把总一员，兵五十名，以资巡察。又七儿堡东有查凹滨临中渡，与水墨岩、紫石别隔江相望，应分左军把总一员，兵三十名，把截江岸，以防夷蛮偷渡。南有泸沽，乃会盐、瓜别出入总汇，兼通河东麻哈渡口，应令右军千总一员，兵一百名，驻扎巡防。但泸沽至七儿堡相距二百余里，沿途山箐深密，应于适中之木罗、拉枯二处，令右军把总二员各带兵五十名，分驻联络。其七儿堡之西过意鱼卡为接兴老寨，地险山深，对江即系木里木卡各枝夷部，渡口繁多，应分右军千总一员，兵二百名，控扼防御，以壮后山声势。又西南则糯车五堡，形势冲要，上至接兴，下至拉枯、木罗、泸沽，皆可呼吸相通，与七儿堡大营前后对峙。应分右军守备一员，带把总二员，兵二百五十名，驻扎于此，提调接兴、拉枯、木罗、泸沽各汛，并弹压江外土部以助大营之不逮。至于河东地方，前应河西儿斯，控扼三渡，后连冕宁、建昌，丛山绵亘。勘其地势，瓦尾据腹心之上游而虚郎亦当瓦尾之冲要，必须分设官兵，庶可臂指交资。应于瓦尾设都司一员，千总一员，把总二员，马一步九兵四百名。自瓦尾而北为黑礌山，上接窝卜，下据水墨岩中渡。瓦尾而南为麦地沟，乃枯鲁冉兴一带番蛮出没要隘。应于黑礌山、麦地沟二汛各分把总一员，兵六十名，驻防稽察。又赶到底逼近下渡，应令瓦尾外委一员，兵三十名，驻扎盘诘。至虚郎四山环绕，番猓杂处，前接白宿凹，后连白路沟，均属险隘。请设都司一员，千总一员，把总二员，马一步九兵四百名。内抽拨把总一员，兵八十名，分防白宿凹；再拨把总一员，兵五十名，分防白路沟。再于虚郎左右马吾、呷六翁二处，令外委二员，各带兵三十名，分防以司巡逻。其新增各营，俱归七儿堡参将兼辖，仍隶建昌镇统辖。庶轻重相维，措置严密而营汛得控扼之宜，苗疆收弹压之效。倘蒙恩允，请将新设各营仰恳钦定佳名，垂诸永久。并请敕部铸给参将都司印记，以昭信守。以上议设参将、都司、守备等官，并请于各省熟谙风土夷情人员内拣选题补，千把等弁即请于现在新兵千把内拨补。至添设马步兵丁二千名，无须另募，亦即请于新兵内拨充一千八百名。其余二百名，查宁番营游击管辖冕山宁番兵丁八百名，今河东、河西俱经安设，棋布星罗，壁垒相望，该营兵数似属过多，应抽马一步九兵二百名，配隶新营以敷其数。所有新旧营汛分定界址以及各路应设塘拨，统俟各营设立之日，再为随便宜布置，另册报部等语。查三渡河东西新辟苗疆，幅员辽阔，其不法逆番甫经惩创，自应设立官兵控制弹压以为久远宁谧之计。今该督黄廷桂酌量险要处所增设营汛，分布弁兵联络防御之处，尚属周密，应如所奏。于河西之七儿堡设参将一员，守备二员，千总四员，把总八员，马一步九兵一千二百名，内照数抽拨，分驻庙顶、磋多等处以资防范。再于河东之瓦尾、虚郎二处，各设都司一员，千总一员，把总二员，马一步九兵四百名，内照数抽拨，分驻黑礌山、白宿凹等处以资防范。所设瓦尾、虚郎二营，俱归七儿堡参将兼辖，统隶建昌镇总辖。其营名由内阁撰拟，恭候钦定，至印记交于礼部铸给。新增参将、都司、守备等官，命黄廷桂于通省弁员内拣选提补。千总等官，于新兵千把内拣选调补。所设马步兵二千名，查雍正九年钦奉谕旨，令黄廷桂募兵一万名，分拨标协营路在案，应于此项新募兵内挑选一千八百名充补，其余二百名在于宁番营兵内抽拨。仍令黄廷桂俟各营设兵之后，即将分定界址及新设塘拨造册报部。

一、设兵必并筹饷。查建昌镇属，每岁除屯粮支放之外，率多不足，仍食折色。今设苗疆一切增置营汛，四季饷米自应按现在时地酌予价值以敷备办。查河东瓦尾、虚郎等处虽跬步皆山，但相距冕宁较之河西略近。往返驮运，尚属易通。新设都司二营，请照松潘镇属龙安营之例，每斗折色一钱四分，关给采买。若夫河西，则去内地险远，悬岩侧径，所在崎岖，兼阻三渡，驮载匪易。本处之田土既不出产米谷，而营制创设之始，商贩亦势不能立即流通，兵丁日食惟藉资内地，零星采办，合计米价、驮值，需费实昂。似应比照泰宁协属化林营之例，每斗折色一钱六分四厘。俟垦辟渐广，各商辐辏，米粮充裕之日，再为核减。惟是兵丁米折例应按季关支。但查甫定之边营距内地遥远，冬春水涸，道路可行，采买日食犹易。若值夏秋之际，阴雨连绵，山径泥泞，不无阻隔，一时难于购买，各营兵丁未免即致乏食。并请照普安、安阜二营之例，将河西新营各兵应支次年四季米折于本年秋成之后，令该管营将出具印领，全数预行领出，即便委员照数采买米石存贮，按时给散，庶营伍均沾饱腾之圣泽，兵丁益得尽力于操防而新疆日有起色等语。查河东、河西新设营汛所需饷米，该督黄廷桂按照道路之远近、分别、多寡折价采办，亦属妥协，应如所请。将河东兵米每斗折银一钱四分，河西兵米每斗折银一钱六分四厘，各照数关给该营委员采买运供。仍令黄廷桂俟苗疆开垦成熟，米粮充裕之日再行酌减。至所称“河西距内地遥远，冬春水涸，道路可行。若值夏秋，阴雨连绵，不无阻隔。请将兵丁应支次年四季米折于本年秋成后，全数领出采办”之处，亦照所请行。

一、设官分职，宜有专司，将弁止可约束兵目，而招徕抚辑惟于文员是赖。查宁远府厂务同知一员，今各厂既经封闭，则该同知即请移驻七儿堡，一切化导夷猓、安插汉番、听断词讼、支放粮饷诸事，责令专司。如遇命盗大案，照例由冕宁县审转招解该府。但同知驻扎河西，其河东瓦尾等处，势难分身兼顾。请再添设冕宁县县丞一员，移驻瓦尾以资办理。倘蒙恩准，其同知关防，仰恳敕部换给。至同知衙门原设书吏、民壮即可随往供役，无须另设。惟同知、县丞应需胥役民壮人等，请照例盖造召募。再查河西七儿堡一带远隔三渡，今既设立大营，似应预筹积贮以备急需。可否恭恳圣恩于七儿堡大营选择高燥处所建造仓廒，积贮米二千石，即交该地同知会同营员加谨收贮，值青黄不接之际，酌量平粜支借，俟秋成后即行如数买备还仓。倘有亏缺，严参治罪。似此出陈易新，递年接济，而新设重地，永无艰食之虞等语。查夷民新附，未娴理法，如设立专员抚绥化导，自于苗疆有益。今宁远府厂务同知，自封厂后已无经营之事，应照该督黄廷桂所请，将该同知移驻七儿堡，专司化导夷猓、抚辑汉番、听断词讼、监放粮饷诸事。如遇命盗大案，照例由冕宁县审解。再添设冕宁县丞一员，移驻瓦尾，以资佐理。其同知关防交部换给。除同知衙门原设有书吏、民壮无容增添外，同知、县丞所需衙署及县丞应设胥役民壮，令黄廷桂酌量料理，仍将盖造衙署工价并胥役、民壮工食银两，造册报部查核。至该督请于七儿堡积贮米二千石，查重兵驻扎苗疆，米粮充裕则缓急可恃，应照所请于七儿堡建造仓廒，贮米二千石，交该地同知会同营员加谨收贮。每年于青黄不接之时，酌量平粜支借，俟秋成后，照数买补还仓。如有亏缺，立即参处，勒令赔补。仍令黄廷桂将采买米价并建仓工费银两据实题销。

一、河东、河西各处高田下地，从前已种成熟之处所在俱有，而山林坡岗之间犹未尽辟者，亦复不少，均应招徕树艺，未便任其抛荒。况大兵进剿，原为诛锄首逆，而无辜协从余苗，军务事定，自当仰体皇仁，就近安插，各予生全。但兵燹之后，出抚苗民，耕耘无力。似应照普安之例，将招出苗民，每户量给赏牛具、籽粒，以资耕牧。俟夷众安居乐业之后，仍有闲田，另招垦户分地开种。统俟数年之后，再行查明，分别起科，以充兵饷等语。查苗地尚多旷土，而苗民中如有无力耕种者，应照所请，将所需牛具、籽粒酌量赏给，以资耕作。仍将给过数目报部查核。至荒废田地，如苗民不能全行开垦，应招民垦种，酌定年分，分别起科。

一、城堡备御非常，官署兵房外壮观瞻而内资栖止，均不可缺。第蛮荒甫定之区，官兵一经设立，即应作速建造。若俟估计题覆至日再行动工兴筑，逾时太久，不惟风雨淋漓，弁兵难于露处，且非捍卫所宜。似应仰恳天恩，将新营各路应需土城、土堡、官署、兵房、塘房，一面委员确估动项兴修，一面分晰造册报部，统俟工竣之日，核实请销。庶得及时盖造，而于防守边荒重地乃有裨益。至于三渡河口，系东西营汛过往必由之要津。但查上、下二渡冬春之际，水落滩平，船皆可渡；一至夏秋，水涨汹涌冲击，两岸逼窄，实多危险。惟中渡水势纡徐，四时平缓，舟楫甚稳。应请于上中下三处渡口各设渡船一只，冬春各归本渡，夏秋则三渡船只总于中渡一处，以便兵民利济。所有修造经费、雇募水手并嗣后按年小修大修，总交驿盐道照普安营溪落渡之例办理。其新定地方，沿途一带有悬崖石磴步履维艰之处，并请量动公用银两，酌加宽修，俾公文商旅两无阻滞，则王路荡平而边疆永赖等语。查东西两河业经驻扎官兵，则土城土堡以及官署兵房俱所必需，该督黄廷桂既经动项兴修，应俟工竣之日将用过工料、银两核实题销。至三渡河口所设渡船三只，应需修造工价及水手工食并嗣后修葺等费，令该督照例料理。其山路崎岖有碍行旅之处，亦令该督动用公项酌量修补，仍将动过公用银两岁底汇册报部。

一、军营器械，惟鸟枪一项较弓矢既能及远而制胜更觉迅利。于遵旨议奏事案内，部议沿边沿海省分每兵一千名设立鸟枪四百杆等，因遵照设立在案。惟是川省地方，腹里边外，无非叠障层峦，兼辖土司，故营汛防范与行走征进率以鸟枪为利器。近年以来，各案调遣所派鸟枪名数较之弓箭居多，盖以折锐冲坚实为鸟枪是赖。今计千兵四百杆之数，以之防守汛地，固不少。若值军务则派遣在外，而营路之枪手兵丁即觉不足。似应仰请圣鉴，将此新设七儿堡各营兵丁二千名俯准照云贵之例，每兵一千名设立鸟枪六百杆，至通省标镇协营，每兵一千名量增鸟枪一百杆。庶火器充裕而防守征剿均敷其用等语。查鸟枪为标营利器，而川省标镇协营多系贴近苗疆，至新设之七儿堡各营，更在苗疆，自宜多设鸟枪以资备御。应如所奏。将新设之七儿堡各营，每兵一千名设立鸟枪六百杆，通省标镇协营每兵一千名于原设四百杆之外再增设一百杆，于边防实有裨益。

以上六条，臣等公同酌议，是否允协，伏候圣训，为此请旨。

雍正十一年四月二十三日奉旨：依议，钦此。八月二十三日，准兵部咨：奉旨将七儿堡增设三营钦定佳名为泸宁营、嘉顺营、怀远营，设兵分驻，并移宁远府同知驻扎七儿堡，化导番夷，添设冕宁县县丞一员，移驻瓦尾，以资办理。

校勘记

〔一〕“昌侧集烈”，底本、存古书局本均讹作“侧昌集烈”，据《清史稿》卷二百五十七及本书上文改。

〔二〕“榷”，底本讹作“催”，据存古书局本改。

〔三〕“土”，底本、存古书局本均讹作“上”，据顾炎武《天下郡国利病书》改。

〔四〕“岩”，疑为“砦（寨）”字之讹。

卷十三

边防三

叙泸

叙泸，《禹贡》梁州之域，春秋僰侯国也。汉为西南夷，《汉书·西南夷传》：唐蒙至夜郎，“夜郎旁小邑贪汉缯帛，以为汉道险，终不能有也，乃且听蒙约。还报，以为犍为郡，治僰道。”〔一〕自僰道至牂牁水，经若水，又东北至犍为朱提县，西入泸江水。朱提，山名，在县西南，犍为属国也，在郡南千八百里。

建安十二年，立朱提郡。唐置晏、高、筠、定、连、薛、巩等十四州，隶戎州都督府。唐末废四州，存十州。宋神宗时，十州夷内附，隶泸川郡。《舆地志》：“叙州三路蛮：西北曰董蛮，正西曰石门部，东南曰南广蛮。董蛮在马湖江右，其酋董氏。南广蛮在庆符县。石门蕃部与监〔二〕洮土羌接，唐兴〔三〕、播等十二州之地。其人精悍善战斗，马湖、南广诸族皆畏之。盖古浪稽、鲁望诸部也。”

熙宁七年，六姓夷入寇，命经制熊本讨，败之，柯阴乞降。本尽籍其丁田归之官，以其酋箇恕知归徕州。徽宗政和五年，知梅岭寨高公老之妻，帝宗女也。常出金玉器饮晏，州夷酋卜漏等心艳之。会泸帅贾宗谅以敛竹木扰夷部，夷人咸怨，漏遂相结。因上元张灯袭破梅岭寨，掳公老妻及其器物，四出剽掠。转运使赵遹闻之，倍道趋泸州讨贼。诏发陕西军三万人，以遹领之。捕山猱，束麻灌蜡热之。猱奔，烧贼舍。大军继进，斩卜漏，贼平，拓地二千里。遹为建城寨，画疆亩，募人耕种，且习战守，号曰“胜兵”。高公老妻不辱，死，诏赠节义族姬。加遹龙图阁直学士、经略安抚使，召对，拜兵部尚书。

元大德五年，右丞刘深征八百媳妇，令顺元蛮递运人马，土官宋隆济、蛇节等拒命。朝廷命四省与田杨二氏军马收捕。各府土官以远征供输烦劳，皆叛。梁王出驻陆梁州。乌撒、乌蒙、东川、马湖四族聚众四千，复起罗罗斯军，渡金沙江，刻日取建昌。朝命也速解儿充平章，总湖广、陕西、云南军及梁王见兵一万，次第讨平之。

明洪武二十七年，戎县夷出没不常。奏调叙南卫左千户所于本县守御。永乐间，总兵官梁福征讨，夷窜深箐不能追，乃招安之。十三年，遣都督李敬率师擒其渠魁而抚其余党。宣德二年，夷复寇筠连，都指挥徐谅抚安之。未几，又劫高、珙、长宁、庆江等县监察御史杨灿诣戎县，招抚大坝等寨，捕获夷首，械送京师。九年，夷贼又叛，调都指挥李荣督戎县官兵，擒斩三十九名。

正统四年，又烧劫各县，都指挥王杲集戎县汉夷乡老招出五村夷，谕以福祸，令回各寨，擒贼三十四名，其余埋石为誓。景泰元年正月，高、珙〔四〕、筠戎夷人并起，声言“汉人每年公差下寨，征粮害我，我当出报”，遂缚公差于树，杀之。各攻本县，屠长宁，劫庆符、江安、纳溪，烧庐舍，恣杀掠，诸县为之一赤。有司飞奏，遣佥都御史李匡、监察御史刘澥经制其事。适时盛暑，地多疫疠，士卒死者甚众。匡、澥俱婴疾，澥卒，匡寻愈。遣都指挥周贵等破箐前、昔乖等寨，俘斩数百。贼舍米粟、负财物入深箐，大军围之，削木皮以食，饿死几半，乃乞降。

天顺元年，芒部诸夷妖言惑众，号天帅，围筠连，凡九日。叙南卫指挥丁信、李英等力战，歼之。五年，以戎县夷人连年流劫，遣总兵官许贵讨平之。

成化元年，戎县都掌夷频岁入寇，遣佥都御史汪浩、都督芮成征之。侍读周洪谟上疏，请于都长照九姓司设长官，使寨主自择素所信服者，命为土官。部议以其事付汪浩、芮成。时浩在成都捕反贼赵铎，成在叙州，知戎县汉民不欲夷人割置土官而利其钤辖，乃不用本县勘报，惟召其邻县夷酋导参议王礼等，诣都掌诸寨，谕以官之意。诸夷人悦，其酋长率二百人诣叙州见成，自具马二十七匹，为赴阙谢恩计。成犒之而赏以布，令选戎县以俟，寻遣人报浩会奏，谓“都掌、箐前、大坝三处，宜设三长官司”。疏入，方议铸印。九月，汪浩至自成都，戎县汉民不欲置土官者，以甘言啖浩，谓成所招诸酋虽授以官，终不能禁其劫掠，此皆枭雄，一可当百，乘机除之，则余孽皆庸劣不足虑也。浩不知其诈，遂决意杀之。至戎县，诸酋迎谒，浩谕之曰："降蛮太少，与官太多，可回寨招三千蛮民来，即与奏。"异日，诸酋长亲诣营门，壮士皆露刃环列，浩厉声责之。诸蛮自纳款之后，久释金革，至是惟叩首请罪。露刃者皆前，杀二百七十余人。浩使人报成，成曰："是成所招者，已与公会奏矣，奈何杀之？"犹豫数日，乃又与浩合奏："夷始虽归降，终则异志，且欲伏兵敌杀官军，不得已调大军剿之，斩首若干，破寨若干。"既而诸寨余党聚议报仇。十月，乃赴贵州总兵官处诈降，都指挥丁实等出迎之。夷伏兵四起，官兵五千余众皆没。十一月初，欲寇四川，浩等闻之，夜奔长宁，分军实各县，径还成都。时官兵夜行迷道，人马堕溪谷死者不可胜纪。众贼追浩等，声言"欲脔其肉"，不及，乃攻长宁三日。适闻戎县人劫其巢穴，乃解围去。

时夷恨既深，锋不可当。贵州兵屯金鸡池，四川兵屯戎县，两军坚壁不出，而夷人由其间循江之南直抵江纳、合江，如履无人之境。诸县官民皆迁江北露次。浩往来江上，不敢南泊。江安贾家寨为贼所屠，杀五百五十余口。县官走白浩，浩怒曰："吾方报捷，岂又有贼耶？"捶之几死，乃遣人钳各县欲诉夷情者。一夕，夷驱合江等县妇女一百七十人、水牛三百次长宁石笋山下。都指挥宰用等率军逐之。贼皆遁，尽获所掳人畜。时三司以成、浩既奏贼宜剿不宜抚，故劳饷以供两军。二年，既不能剿，又不敢抚。会长宁县具陈夷人向攻城时，必欲复仇之言以闻。朝命"如可抚则抚之"。于是，遣人招抚，夷人遂听命，使夷首十二人赴京，贡马十二、铜鼓一。具告，乞仍设土官，但畏浩等势，不敢言枉杀父兄事。浩等欲实前奏，终不与设土官，夷人益恨，复抄掠。上闻，乃遣总兵官襄城伯李瑾、兵部尚书程信等率兵来讨。

三年十二月，大军至，芮成由戎县进，都御史陈宜、参将吴经由芒部进，都指挥韩忠由普水脑进，贵州总兵吴荣为左哨，由李子关进，汪浩督参将宰用为右哨，由渡船铺进。大军剿贼，烧二百余寨，叙南指挥同知李矿破凌霄城，功为最。

诸贼既平，程信等奏改大坝为太平，置长官司，举永宁土人黄錤为长官。于渡船铺置泸州卫，寻举杀贼有功佥事严正为副使，韩忠为都督佥事，充参将，守川、贵地方。六年之间赖以宁谧。七年，大坝夷首阿告杀把事阿尚，黄錤并请卫，言阿告擅杀在官把事，请加兵诛之。告言：

"尚本逃民，宠于其长，毒众已甚。我为众除害，何为请兵诛我?"欲胁诸寨以反。忠正以告词直，乃遣人谕告："依夷例酬偿骨价，则免兵诛。"告从之，遂以银八镒酬尚妻子，夷党乃安。

正德九年，葛魁夷人普法恶，与夷女米浪通，生子，假称浪为王母，子为弥勒佛，恶为天官。潜刻符印，造旗剑，集僰、羿、苗、猓等夷烧香，各给印符一张，使佩之，谓"兵不能伤"，又谓"剑出人头自落，旗动军马自溃"。作诸幻妄，谋为不轨。夷人愚惑，倾心事之。

十年十二月，夷部与筠连县流民并苏冲等争田有隙，屡诉不直，恶乘众忿，诱之复仇，屠数百人。于是，诸夷寨俱叛，众几万人，攻城堡，劫财杀人，焚庐舍，僭上号。事闻，命巡抚都宪马昊、总兵吴坤调集汉土官兵万余人征之。七月，昊令土巡检安宇招抚，白水江四十八寨来降。十月，令都司张麟、杜琮西从筠路进，昊自督都司曹昱、知县步梁等东从珙路进，又命通判赵文振监乌蒙东川军南从本路进，刻期夹攻，取党宋、老虎、母猪岩底及田堡、白牛、落木祥、落木柔等寨。乘势星驰至叙，复破落崖、川山洞、猫儿崖洞、鸡爪山、下火龙、响黄沟等寨，又并攻峰崖塞。普法恶败走涪州，乡勇皮邦兴斩其首，自胸至足有毛长寸许。余党推阿告为主，拒守。

十二年正月，取磨底等寨。五月，赵文振破大井坝，擒首恶羿子阿设者过，贼党悉平。各军通计俘斩三千余，其坠崖溺死者不可胜数。二月，师回。五月，阿告等来降，乡兵邀功杀之。会量田官复增额粮，夺降者之田以授他人，众心愤恨，流民谢文义乘机煽惑二千余人。九月，围筠连县，守御官望风奔溃，署印训导李韶竭力战守，贼乃还。焚劫千余家，杀掳五百余人。御史卢雍令知府陆芸遣人招抚，贼党来降。十一月，贼复攻筠连，守备田荆统兵适至，讨平之。

嘉靖中，戎夷负崄骄肆，绑掳千百户，杀死巡检，抢辱知县妻孥。自是劫掠不止六县，而叙州、泸州、江安、纳溪俱罹荼毒。蛮酋阿大、阿二、方三等俱僭王号，据九丝城，势甚猖獗。

万历元年，巡抚四川都御史曾省吾声罪请讨，诏许之。于是，调汉土官兵共一十四万有奇，悉隶总兵刘显，以副使李江监军。江建议先攻凌霄城，次都都寨，剪其两翼，然后进攻九丝，显从之。五月，拔凌霄。六月，拔都都寨。八月，进逼九丝。九丝峻崄，诸蛮死拒，不下。官兵亦以仰攻为难，止在城下围守，冀贼出奔，坐收擒斩之功。李江密报省吾，请下令汉土官兵先登九丝者为上功。诸军闻令思奋，冀得重赏。会天雨浃旬，把总吴鲸、土舍杨王宗购死士，夜半，衔枚腰縆而上。未明，斩关，径薄蛮所。蛮惊惧，不知所出，自相践踏。又五路官兵并进冲杀，死者无算，九丝遂平。先后下蛮寨六十有奇，燔营舍六十所，斩首俘获四千六百有奇，擒酋长三十六名，招安三千三百口，拓地四百里，获铜鼓九十三面，题改戎县为兴文县，即内官寨列雉为城，名曰建武厅。设总兵、兵备佥事坐镇之，隶以安边。同知一、守备司一、坐营司一、守御千户所一、儒学一。其他阨塞悉设堡，戍守官兵则自泸州卫中前二所徙置焉。自诸夷为患于长、筠、高、珙、庆、江等县亦云烈矣！至是，兴文改县，建武设学，冠裳文物渐远顽俗，而夷患亦息。叙、泸以南为永宁卫。

永宁，唐兰州地，宋为泸州江安、合江二县境，元置永宁路，领筠连州及腾川县，后改为永宁宣抚司。洪武四年，平蜀，永宁内附，置永宁卫。

六年，筠连州滕大寨蛮编张等叛，诈称云南兵，据湖南长宁诸州县，令成都卫指挥袁洪讨之。洪引兵至叙州庆符，攻破清平关，擒伪千户李文质等。编张遁走，复以兵犯江安诸县，洪追及之，又败其众，焚其九寨，获编张子伪镇抚张寿。编张遁匿溪洞，余党散入云南。帝闻之，敕谕洪曰："南蛮叛服不常，不足罪。既获其俘，宜编为军，且驻境上，必以兵震之，使詟天威，无遗后患。"未几，张复聚众据滕大寨，洪移兵讨败之，追至小芒部，张遁去，遂取得花寨，擒阿普等。自是，张不敢复出，其寨悉平。遂降筠连州为县，属叙州，以九姓长官司隶永宁安抚司。

七年，升永宁等处军民安抚司为宣抚司，秩正三品。八年，以禄照为宣抚使。十七年，永宁宣抚使禄照贡马，诏赐钞币、冠服，定三年一贡，如例。十八年，禄照遣弟阿居来朝，言比年赋马皆已输，惟粮不能如数。缘大军南征，蛮民惊窜，耕种失时，加以兵后疾疫死亡者多，故输纳不及。命蠲之。二十三年，永宁宣抚言："所辖地，水道有一百九十滩，其江门大滩有十二处，皆石塞其流。"诏景川侯曹震往疏凿之。二十四年，震至泸州按视，有枝河通永宁，乃凿石削崖以通漕运。二十六年，以禄照子阿聂袭职。先是，禄照坐事逮至京，得直还，卒于途中。其子阿聂与弟智皆在太学，遂以庶母奢尾署司事。至是，奢尾入朝请以阿聂袭，从之。永乐四年，免永宁荒田租。

宣德八年，故宣抚阿聂妻奢苏朝贡。九年，宣抚奢苏奏："生儒皆土獠，朝廷所授官言语不通，难以训诲。永宁监生李源资厚学通，乞如云南鹤庆府例授为儒学训导。"诏从之。

景泰二年，减永宁宣抚司税课局钞，以苗贼窃发，客商路阻，从布政司请也。成化元年，山都掌、大坝等寨蛮贼分劫江安等县，兵部以闻。二年，国子学录黄明善奏："四川山都掌蛮屡岁出没，杀掠良民。景泰元年招之复叛，天顺六年抚之又反。近总兵李安令永宁宣抚奢贵赴大坝招抚，亦未效，恐开衅无已，宜及大兵之集，早为定计，毋酿边患。"三年，明善复言："宋时，多刚县蛮为寇，用白芳子兵破之。白芳子者，即今之民壮。多刚县者，即今之都掌多刚寨也。前代用乡兵有明效，宜急募民壮，以助官军。都掌水稻十月熟，宜督兵先时取其田禾，则三月之内蛮必馁矣。军宜分三路，南从金鹅池攻大坝，中从戎县攻箐前，北从高县攻都掌。小寨破，大寨自拔。又大坝南百余里为芒部，西南二百里为乌蒙，令二府土官截其险要，更用火器自下而上，顺风延爇，寨必可攻。且征调土兵，须处置得宜；招募民壮，须赏罚必信。"诏总兵参用之。时总督尚书程信亦奏："都掌地势险要，必得土兵向道，请敕东川、芒部、乌蒙、乌撒诸府兵，并速调湖广、永顺、保靖兵以备征遣。"又请南京战马一千应用，皆报可。

四年，信奏："永宁宣抚奢贵开通运道，禽获贼首，宜降玺书奖赉。"从之。十六年，白猡猡、羿子与都掌大坝蛮相攻，礼部侍郎周洪谟言："臣叙人也，知叙蛮情。戎、珙、筠、高诸县，在前代皆土官，国朝始代以流，言语性情不相习，用激变。洪、永、宣、正四朝，四命将徂征，随服随叛。景泰初，益滋蔓，至今为梗。臣向尝言仍立土官治之，为久远计。而都御史汪浩徼幸边功，诬杀所保土官及寨主二百余人，诸蛮怨入骨髓，转肆劫掠。及尚书程信统大兵，仅能克之。臣以谓及今顺蛮人之情，择其众所推服者，许为大寨主，俾世袭，庶可相安。"又言："白猡猡者，相传为广西流蛮，有众数千，无统属。景泰中，纠戎、珙、苗攻破长宁九县，今又侵扰都掌。其所居崖险要箐深，既难剪灭，亦宜立长官司治之。地近芒部，宜即隶之。羿子者，永宁宣抚所辖。而永宁乃云贵要冲，南跨赤水、毕节六七百里，以一柔妇人制数万强梁之众，故每肆劫掠。臣以为宣抚土獠，仍令宣抚奢贵治之。其南境寨蛮近赤水、毕节要路者，宜立二长官司，仍隶永宁宣抚。夫土官有职无俸，无损国储，有益边备。”从之。二十五年，永宁宣抚司女土官奢禄献大木，给诰如例。

万历元年，四川巡抚曾省吾奏：“都蛮叛逆，发兵征讨，土官奢效忠首在调，但与贵州土官安国亨有仇，请并令总兵官刘显节制，使不得藉口复仇，妄有骚动。”从之。初，乌撒与永宁、乌蒙、水西、沾益诸土官境相连，复以世戚亲厚。既而安国亨杀安信，信兄智结永宁宣抚奢效忠报仇，彼此相攻。而安国亨部下吏目与智有亲，恐为国亨所害，因投安路墨。墨诈称为土知府安承祖，赴京代奏。已而国亨亦令其子安民陈诉，与奢效忠俱奉命听勘于川贵巡抚。议照蛮俗罚牛赎罪，报可。效忠死，妻世统无子，妾世续有幼子崇周。世统以嫡欲夺印，相仇杀。方奏报间，总兵郭成、参将马呈文利其所有，遽发兵千余，深入落红，奢氏九世所积，搜掠一空。世续亦发兵尾其后。效忠弟沙卜出拒战，且邀水西兵报仇。成兵败绩，乃檄取沙卜于世统。统不应，复杀把总三人，聚苗兵万余，欲攻永宁泄怨。巡抚劾成等邀利起衅，宜逮；而议予二土妇冠带，仍令分地各管所属。其宣抚司印俟奢崇周成立，赴袭理事。报可。

十四年，崇周代职，未几死。奢崇明者，效忠亲弟，尽忠子也，幼孤，依世统抚养一十三年。至是，送之永宁。世续遗之毡马，许出印给之，事已定。而诸奸阎宗传等，自以昔从世续，逐世统，杀沙卜，惧崇明立，必复前恨，遂附水西，立阿利以自固。安疆臣阴阳其间，蛮兵四出，焚掠屯堡，兵不能禁。总督以闻，朝议命奢崇明暂管宣抚事，冀崇明蠲夙恨，以收人心。而阎宗传等攻掠永宁、普宁、摩尼如故。

崇明承袭几一载，世续印竟不与，且以印私安疆臣妻弟阿利。巡抚遣都司张神武执世续索印，世续言：“印在镇雄陇澄处。”陇澄者，水西安尧臣也。陇氏垂绝，尧臣入赘，遂冒陇姓，称陇澄。叙平播州、叙州功，澄与焉，中朝不知其为尧臣也。尧臣外怙播功，内仗水西，有据镇雄、制永宁心。蜀巡按以尧臣非陇氏种，无授镇雄意，尧臣以是怀两端，阴助世续，意世续得授阿利，则已据镇雄益坚。又朝廷厌兵，宗传、阿利等方驿骚，已可卧取陇氏也。而阎宗传等每焚掠，必称镇雄兵，以怖诸部。川南道梅国楼所俘蛮丑者言，镇雄遣将鲁大功督兵五营屯大坝，水西兵已渡马铃堡，约攻永宁，普市遂溃。宗传等以空城弃去。奢崇明又言，尧臣所遣目把彭月政、鲁仲贤六大营助逆不退，声言将抵叙南，攻永宁、泸州。于是，总兵侯国弼等，皆归恶于尧臣。都司张神武所俘唤者、朗者，皆镇雄土目，尧臣亦不能解。黔中抚、按以西南多事，兵食俱诎，无意取镇雄。尧臣因以普市、摩尼诸焚掠，皆归之蜀将，议者遂以贪功起衅，为蜀将罪。四川巡抚乔壁星言："尧臣狡谋，欲篡镇雄，垂涎蔺地有年矣。宗传之背逆恃镇雄，犹镇雄之恃水西也。水西疆臣不助兵，臣已得其状，宜乘逆孽未成，令贵州抚、按调兵与臣会剿。倘尧臣稔恶如故，臣即移师击之，毋使弗摧之虺复为蛇，弗窒之罅复为河也。"疏上，廷议无敢决用师者。久之，阿利死，印亦出，蜀中欲逐尧臣之论，卒不可解。时播州清疆之议方沸腾，黔、蜀[五]各纷纷，至是，永宁议兵又如聚讼矣。时朝廷已一意休兵。

三十五年，命释奢世续，赦阎宗传等罪，访求陇氏子孙为镇雄后，并令安疆臣约束尧臣归本土司，听遥授职衔，不许冒袭陇职。于是，宗传降，尧臣请避去，黔督遂请撤师。旧制，永宁卫隶黔，土司隶[六]蜀。自水、蔺交攻，军民激变，奢崇明虽立，而行勘未报。摩尼、普市千户张大策等，复请将永宁宣抚改土为流。兵部言，无故改流，置崇明何地，命速完前勘诸案。于是，蜀抚拟张大策以失守城池，罪应斩。黔抚拟张仲武以擅兵劫掠，罪亦应斩。策，黔人；武，蜀人也。由是，两情皆不平，诸臣自相构讼，复纷结不解。会奢崇明子寅，与水西已故土官妻奢社辉争地，安兵马十倍奢，而奢之兵精，两相持。蜀、黔抚按不能制，以状闻。四十八年，黔抚张鹤鸣以赤水卫白撒所屯地为永宁占据，宜清还，皆待勘未决。

天启元年，崇明请调马步兵二万援辽，从之。崇明与子寅久蓄异志，借调兵援辽，其婿张樊龙、部党张彤等，领兵至重庆，久驻不发。巡抚徐可求移镇重庆，趣永宁兵。樊龙等以增行粮为名乘机反，杀巡抚、道府、总兵等官二十余员，遂据重庆。分兵攻合江、纳溪，破泸州，陷遵义，兴文知县张振德死之。兴文，故九丝蛮地也。进围成都，伪号大梁，布政使朱燮元、周著，按察使林宰分门固守。石砫土司女官秦良玉遣弟明屏、侄翼明等发兵四千，倍道兼行，潜渡重庆，营南坪关。良玉自统精兵六千，沿江上趋成都，诸援兵亦渐集。时寅攻城急，阴纳刘勋等为内应，事觉伏诛。复造云梯及旱船，昼夜薄城。城中亦以炮石击毁之。相持百日，会贼将罗乾象遣人输款，愿杀贼自效。是夜，乾象纵火焚营，贼兵乱，崇明父子仓皇奔。钱帛谷米委弃山积，穷民赖以得活。乾象因率其党胡汝高等来降。时燮元已授巡抚，率川卒追崇明，江安、新都、遵义诸郡邑皆复，时二年三月也。樊龙收余众数万，据重庆险塞。燮元督良玉等夺二郎关，总兵杜文焕破佛图关。诸将迫重庆而军。奢寅遣贼党周鼎等分道来救，鼎败走，为合江民所缚。官军与平茶、酉阳、石砫三土司合围重庆，城中乏食。燮元遂以计禽樊龙，杀之。张彤亦为乱兵所杀。生擒龙子友邦及其党张国用、石永高等三十余人，遂复重庆。

时安邦彦反于贵州，崇明遥倚为声援。三年，川师复遵义，进攻永宁，遇奢寅于土地坎，率兵搏战。大兵奋击，败之。寅被创遁，樊虎亦战死，进克其城，降贼二万，复进拔红崖、天台诸囤寨。降者日至。崇明势益蹙，求救于水西，邦彦遣十六营过河援之。罗乾象急破蔺州，焚九凤楼，覆其巢。崇明踉跄走，投水西。邦彦与合兵，分犯遵义、永宁。川师败之于芝麻塘，贼遁入青山。诸将逼渭河，鏖入龙场阵，获崇明妻安氏及奢崇辉等，斩获万计。蔺州平，总督朱燮元请以赤水河为界，河东龙场属黔，河西赤水、永宁属蜀。永宁设道、府，与遵义、建武声势联络。未几，贵州巡抚王三善为邦彦所袭死，崇明势复张，将以逾春大举寇永宁。会奢寅为其下所杀，燮元亦以父丧去，崇明、邦彦得稽诛。崇明称大梁王，邦彦号四裔大长老，诸称元帅者不可胜计，合兵十万余，先犯赤水。崇祯初，起燮元总督贵、湖、云、川、广诸军务，大会师。燮元定计诱贼深入向永宁，邀之于五峰山桃红坝，令总兵侯良柱大败之。崇明、邦彦皆授首。是役也，扫荡黔、蜀数十年巨憝，前后皆燮元之功也。明季兵燹频仍，僰羿苗猓之属亦惧屠戮，所存无几，但难驯之性，易于走险。

皇清顺治十八年，因川南地方初辟，文武将吏尚未全设，横江四屯夷人陈奎、郑士道为朱奉鋡、王应泰煽惑作乱，夜至叙州攻城。推官霍焜、署知县董显与战，众寡不敌，城破被执，夺去印绶。同时，贼党分犯屏山、庆符等县，知县王敬公沈彨力屈被执。永宁镇总兵高宗、署兵备道董明命闻警，遣游击王魁领兵倍道赴援。明命措备粮糗随营扑剿，破南广，复叙城。会署道纪耀、杨旆自泸而上，贼众宵遁马湖，我兵尾后，土官王嗣续亦出土兵相应，内外夹攻，多所斩获。夺回所执官印，而朱奉鉿、王应泰及参谋张取元先后成擒，追陈奎、郑士道等于石灰窑，斩之。抚其余类，而叙、马人民始得安枕。

康熙十三年，吴逆变，叙、泸一带土夷复乘间骚扰，勇略将军赵良栋、游击李芳述等讨平之。雍正六年，米贴逆夷陆氏聚众，肆行杀害滇兵。四川提督黄廷桂兵抵马湖，进围吞都山，擒土司德昌兄弟，攻破夷寨，斩贼首屋鸡母鸡，由黄螂、雷波中路进发，直抵黑龙岸黄草坪，生擒贼党杨明义，群苗授首，夷地悉平。先是，越嶲卫阿羊贼蛮加巴贯子劫掠商旅，每月朔望必须派拨官兵五十名，护送往来，名曰"放哨"。自提督黄廷桂削平结党之后，道路荡平，往来络绎无阻。并安设叙马、建武、马边、大坝、峨边、安阜、普安各营，属永宁协管辖，以控制其险要。从此边徼荒夷，咸钦天朝威福，各安住牧，认纳粮差，永同内地，诚久安长治之策也。

重 夔

重夔，居省之东，自楚入蜀，以夔关为门户，以重庆为屏藩，故两府必设重镇以守之。虽沿边有酉阳、石砫、石耶、邑梅各土司，素称恭顺，且有改土归流者，与内地人民无异，似毋庸列入边防。惟所属之大宁、大昌及界连之达州、东乡、太平、新宁等州县山深地旷，流遗逋逃，最易藏奸，实为群盗渊薮。且有麦子山延袤数百里，东抵湖广当阳、房竹及本省宁昌等县，北邻陕西平利及本省东太等县，西、南二面与本省奉节、云阳、开、万等县连界，内有红线崖、筛罗坝、栗子岩、双古坟四处，俱有古寨旧基，可容百万余人。壁立万仞，四面俱是悬岩，止有一线之路可通，上有平田古井，足供衣食。山腰天生石门一座，若被贼把守，再无别路可登，所谓"一夫当关，万夫莫敌"者也。山内虽有零星居民，势难守御。东南与湖广施州卫所辖散毛、施南、唐崖、中路等夷司犬牙交错，劫掠斗争无岁无之。

弘治元年，设兵备副使驻扎达州。统辖重庆、黔江并忠州、瞿塘及湖广施州等卫，而达州、东乡、太平三州县又调重夔、新宁、梁山、垫江、长寿、铜梁、合州、巴县、蓬州、岳池等卫所州县军快共二千名，团操防御。后又于黔江千户所，与散毛宣抚等司交界处设立老鹰等三关五堡，就于该所分拨官军防守。

正德三年冬十月，保宁贼蓝廷瑞、鄢本恕、刘烈等聚众倡乱，掠汉中，攻陷郡县。起右副都御史林俊巡抚四川，督兵讨之。四年十二月，廷瑞等众至十万，闻林俊进剿，转寇湖广勋阳等处。惟刘烈带贼复还，林俊御之。烈为乱兵所杀，余党廖麻子、喻思俸潜遁。五年夏四月，蓝廷瑞、廖惠等破通江县。林俊调官兵及猡猓、石砫等处土兵攻败之，杀溺死者六千余人，生擒廖惠。蓝廷瑞奔红口与鄢本恕兵合，过陕西汉中三十六盘，至大巴山，俊复遣兵追及，大败之，贼弃辎重走。

六年春正月，江津贼曹甫自称顺天王，攻围县治，杀佥事吴景。俊闻报驰赴，乘元日贼方醉酒，袭之。贼奔溃，追至伏子岸，杀曹甫，斩首三千余级，收回被掠男妇七百余口，获器仗马骡无算。五月，鄢本恕、蓝廷瑞等纵掠蓬、剑二州，命总制尚书洪钟、都御史高崇熙镇守，太监韦兴同林俊会剿。六月，钟至四川，与俊议多不合，军机牵制，不能速进。廷瑞等招集散亡，势复大振，攻烧营山县治，杀佥事王源。钟乃会俊督兵同进，陕西巡抚蓝章督陕西兵亦至，又檄湖广、河南等处兵，分路进剿。贼见势众，转求招抚。令至东乡县金宝寺听抚，约日出降。贼意在缓师，延至六月十四日始至信地，依山结营，欲得营山县治，或临江市驻其众，且取信牌官为质，方肯出见，钟俱许之。鄢本恕来见回营，蓝廷瑞始复来见，且降且肆杀掠，仍于松树垭计欲逃窜，官兵分七哨扼之，不得脱。十五日，廷瑞以掠取女子诈为己女，嫁与领兵土舍彭世麟为妾，结欢世麟。世麟出军门受之，遂邀贼首至营宴会。钟谋于俊，密令廷瑞所亲鲜于金说廷瑞、本恕于十六日帅诸贼二十八人，同至赴宴，伏兵尽擒之。众贼遂溃。钟等遣兵分捕，擒斩甚众，未尽者许自首，抚之，惟贼首廖麻子未获。捷闻，加钟太子太保，俊、章升赉有差。江津贼余党方四、任胡子、麻六儿等走綦江，入思南石阡等府，贵州兵击之，仍回东乡，声言欲取江津、重庆、泸州、叙州以攻成都，远近震骇。林俊檄副使李钺、知府曹恕督酉阳、石砫、播州等处兵，三道迎击之。贼败，追至高观山，斩俘甚众。俊见贼势犹盛，分兵为六哨，由大垭、小垭、月垭关并进，直冲高梁，破其中坚，阵斩任胡子等，追杀三十余里，斩首二千余级。贼大败，遁入思南。时宦者用事，各边征剿，必以其弟侄私人寄名兵籍，冒功升赏。俊一切拒绝，权幸恶之，又与洪钟议多不合，因乞致仕。疏上，忌者谓贼已平，内批以高崇熙代之。台谏疏留不报。俊归，蜀人号泣追送。未几，贼复炽。

七年二月，江津贼方四等由贵州劫掠南川等县，高崇熙连战败走之。闰五月，贼破綦江，入婺川，方四为开县义官李清所擒，众遂溃。十一月，汉中贼廖麻子、喻思俸，内江贼骆松祥，崇庆贼范操等分劫州县，众号三十万。洪钟分剿不暇，募乡勇堵御，多为贼所杀，全川大震。御史王翰劾钟纵贼殃民，罢职。命右都御史彭泽总制军务，同总兵时源征之。八年二月，四川巡抚高崇熙因勒兵不战下狱，以右佥都御史马昊巡抚四川。夏四月，彭泽率苗兵攻汉中剧贼廖麻子，破之。众遁窜山寨，分兵扼其出入，夺水道渡，开一面纵贼，夹诛之，且尽。廖有异术，能隐形，事急跳身遁，购之卒不获，因移兵内江执松祥，戮之。九年春正月，率兵讨伐崇庆剧贼范操等，尽歼其众，蜀寇悉平。嘉靖末，大足贼蔡伯贯以幻术愚众，攻破合州、定远等州县，黄中盗据云、万山中，旋即剿除。

万历中，永宁土酋奢崇明据重庆，分兵犯夔巫，破泸州，溯流而上，直逼成都。布政使朱燮元督兵扼之，引还。石砫女土官秦良玉遣其弟秦明屏带兵四千，潜渡江岸，营南坪关。诸军齐集夺佛图关，收复重庆，追捕余党，蔺寇遂平。

明季，夔门不守，献贼入蜀，大肆屠戮，烽火数百里不绝，即石砫、酉阳诸土司亦疲于奔命。其时姚黄十三家贼乘乱蜂起，劫掠川东各州县，残杀尤虐。所存人民，牛种既无，耕耘尽废，赤地千里，烟火为墟。迨我朝定鼎，诛献贼于西充，四将东下侵扰滇黔，剧贼李来亨等犹盘踞夔属宁昌间，郝摇旗、袁宗第等共依结之，屡行招抚，顽梗不悛。

康熙元年，四川总督李国英锐意廓清，题请致讨，朝廷可其奏。命湖广、陕西、四川提督合师进剿，国英授镇将方略，遂复夔郡。二年正月元日，进攻羊耳，山贼袁宗第等逃窜巴东，贺珍子率众来归，昌宁悉平。二月，师次巫山，适郝摇旗、刘二虎等与诸逆合众来攻，国英坚壁以待之。至九月初七日黎明，鼓励镇将直冲贼营，斩首数千，贼众败遁。郝摇旗窜入大宁，国英檄五寨乡勇扼险据守，复谕降贼，约还其妻子之被俘者，公诚所布，深入人心。由是罗茂同向风倡顺，郝、袁之众，接踵归诚。十二月，西安将军傅副都统杜大兵至，先捣陈家坡，再举老木孔，贼党望风奔窜，体纯自缢。我兵乘胜长驱，雪夜擒郝、袁等渠魁于黄草坪。独李来亨仍负嵎茅麓山。

康熙三年正月，靖西将军都统穆咨会总督李国英等恭同禁旅，进逼贼垒。国英环视逆寨，延袤六百里，壁立如削，乃分泛据险以困之。闰六月初九夜，贼犯通梁，死战冀脱，我师奋勇截战。来亨计无所出，缳手自焚而死。马党塔、王光兴穷迫投楚。我师凯旋，蜀楚以宁。夫以蠢兹顽梗，劳师动众，三年而后克之，非以其地僻山险，三省错壤，狐兔易为跧伏，攻难而守易欤？然前此兵燹频仍，营制废弛。今则重夔水陆俱安，大镇城守，而黔彭、巫山、梁、万、昌、宁、达州、太平达、太二营，雍正八年改属川北镇各营俱设重兵弹压。雍正八年，四川提督黄廷桂复题请全川沿江设立哨船。自是河道宁谧，往来商旅永保无虞矣。

盖山川险易，今昔所同，而驾驭抚绥，惟视控制之人何如耳。得其人，则虽廖麻子之滋蔓，彭泽一出，而余党悉平；奢崇明之豪雄，朱燮元再出，而指挥自定。不得其人，则虽定乱如林俊，奄寺等忌之而使不能终其任；知兵如秦良玉，督师等扼之而俾无以尽其长。然则有专阃之责者，周览形势，体访舆情。无事则巡查关隘，防患于未然；有事则鼓励将心，收功于俄顷。且明赏罚、正纪纲，奋身杀贼者，立即超升，临阵脱逃者，严加诛戮，则人思自奋，兵各效能。凡属士民，谁不踊跃急公以襄军务？虽地当险要，何难立奏肤功也哉！故身居重地者，自有安边靖乱之谟，勿藉口天堑而谓防御之无术也。

校勘记

〔一〕“夜郎旁”至“治僰道”，《汉书·西南夷传》作“夜郎旁小邑皆贪汉缯帛，以为汉道险，终不能有也，乃且听蒙约。还报，乃以为犍为郡。”

〔二〕“监”，底本、存古书局本同，《宋史·蛮夷传》作“临”。

〔三〕“兴”，底本、存古书局本同，《宋史·蛮夷传》作“曲”。

〔四〕“珙”，底本、存古书局本作“拱”，据同卷及《（嘉靖）四川总志》改。

〔五〕“蜀”，底本、存古书局本作“属”，据《明史·土司传》改。

〔六〕“隶”，底本、存古书局本作“黔”，据《明史·土司传》改。

卷十四

异闻一

察院怪

赵大将军良栋平吴逆后，路过成都，川抚迎之，授馆于民家。将军嫌其隘，意欲宿城西察院衙门。抚军曰："闻察院关锁多年，颇有怪，不敢为公备。"将军笑曰："吾荡平寇贼，杀人无算，妖鬼有灵，亦当畏我。"即遣丁役扫除，置眷属于内室，而己独占正房，枕军中所用长戟而寝。至二鼓，帐钩铿然，有身长而白衣者，垂大腹障床面，烛光青冷。将军起，厉声喝之。怪退三步，烛光为之一明，照见头面，俨然俗所画方相神也。将军拔戟刺之，怪闪身于梁，再刺，再走，逃入一夹道中，隐身不复见。将军还房，觉有尾之者，回目之前，怪微笑蹑其后。将军大怒，骂曰："世那得有此皮脸怪耶?"众家丁起，各持兵仗来。怪复退走，过夹道，入一空房，见沙飞尘起，簌簌有声，似其丑类共来相斗者。怪至中堂，挺然立作负嵎状。家丁相视无敢前。将军愈怒，手刺以戟，正中其腹，膨亨有声，其身面不复见矣。但有两金眼在壁上，大如铜盘，光睒睒射人。众家丁各以刀击之，化为满室火星。初大后小，以至于灭，东方已明。将军次日上马行，以所见语阖城文武，咸为咋舌，终不知何怪。

庙柱龙

灌县都江堰口二郎庙，祀秦时蜀守李冰及其子二郎神，即《汉书》所载"除水怪，凿离堆，穿内外二江以灌溉民田"者，至今香火不绝，甚著灵异。雍正十三年，蜀大旱，五月不雨。川西一带田禾俱干，不能栽插。制军黄公廷桂在省祈祷，不应。亲赴灌口，斋宿庙中。是夜，雷电大作，兵役在庙者俱见庙柱所塑双龙绕殿而出，飞沙溅石，大雨如倾，终夜不止。至天明，视双龙，仍在庙柱，鳞甲俱带有泥沙，通身水湿。阶下有小沟一道，约五六寸，渐远渐深，直出庙外，如蛇行状，近江边则山岸掣崩数十丈矣。次日，合郡俱报沾足，始知神使龙行雨，力甚猛烈也。至秋，各县丰熟，制军为重新其庙。

关帝示像

遂宁相国张文端公鹏翮极敬关帝。莅河东，值盐池六年。水患之后，盐花不生，商课困绌。公劳心筹画，躬督州县浚渠筑堤，以御横水。周视池内，教商筑畦浇卤，设法取盐，并为之较缓急、权子母调剂，商民各得其平以足引课。自春徂冬刻无宁晷，心力交瘁，意将告归，祷于关帝以决可否。夜间忽梦光彩照曜如白昼，关帝降临，身中面半，肥而少扁，颜如酡，满颊皆须而疏长，冠汉巾、服绿袍有补，与人间绘像迥别，向鹏翮言："君召。"未竟而梦觉，再三寻绎，不解二字之意。于六月三十日报闻，特旨内升，始悟"君召"二字应在此也。后谒解州帝君庙，登麟经阁，见塑帝像，宛如梦中所见。又河署川堂有厅三楹，面南供关帝像，周将军持刀侍立，西案列文牍。公官河督时，即就厅间办事，无敢干以私者。一日，有同乡以重贿属其阍人，许为照应。甫至公前，忽见神像瞋目注视，须眉皆动，遂震惧而退，再不复言。

桓侯护城

保宁有张桓侯庙，甚灵异。献贼攻保宁，夜出巡垒，见一大黑人，高数丈，踞城上，手持长矛，足浸江中，惊怖失声，如是者三夜。献询，知为侯神，望空遥祭而去，一城获免。

蔡守冥判

蔡太守予嘉必昌，保定清宛人。由山西徐沟令升安徽泗州牧，再升重庆太守，多异绩，有神君之目，尝言："日办民事，夜判鬼录。"凡省中未决大疑案，多委鞫讯，无不曲得其情。乾隆五十八年，后藏有事，大将军福公康安讨平之，归至成都，予嘉来谒，至省中卒。闻自重署起程时，具衣冠祭其先人，并与妻子泣别曰："予此去不归矣，当备后事。"

且言："一二年间，东南有事，其损伤人丁百倍于后藏，冥司册籍皆已注定，不能违也。"逾年，苗匪作逆，及湖北邪教倡乱，兵民死者甚众，皆如其言。

予嘉年二十四时，肄业京师之椒花吟舫。夜假寐，有隶来曰："请公判事。"予嘉随之至一井，隶曰："下。"予嘉疑之，隶曰："何害？"身先之，予嘉随下，更绿色衣冠，判官帽仪，从前导，仰视天宇，微有日色而阴。方行，见其前妻驰过，欲语不得，垂泣。过桥，桥下多半体不全之人。予嘉曰："判此乎？"隶曰："非也。此皆已定案，尚有未定案者。"至一所，似刑部，中坐一人，王者衣冠，上堂揖。堂上人令紫袍而判帽者引至一所曰"生死弥封司"，遂与叙坐。予嘉语以路遇妻室不得语状，紫袍者曰："是将降生某处矣。时尚早，可招以来，但不可狎。"因于内室垂帘招以来，寒温数语，一姥曰："不可久留矣。"妇遂行。紫袍者复来曰："请判事。"取簿一帙，置案上曰："拆此弥封耳。"予嘉视之。簿每人一页，上下十二层。上层顶边有长方空，如齿录式而无字，下层注云："某年月日，生于某省某府某州县某街村"及官爵事业皆详载，末书"卒于"二字而空数行。其后皆圈，一年一圈，已过之年用朱涂，未过之年则空白。有损阴骘事，则从后以墨涂之，注明为某事减算几年。有善事则增红圈，注明为某事增算几年。人将死月前拆弥封，弥封即在本人一页中间拆出，曰："某人应卒于某月日某地。"然后将姓名大书于长方之空行文各处。

予嘉就案试之，举笔如山，不过三五页已倦，不耐落笔而醒，则仍在椒花吟舫焉。其后，或月或数月一判，约三年许，亦服紫。一夕拆弥封，见其太夫人姓氏，大惊。急上堂跪恳，堂上若无可为力者。予嘉泣不止，令扶下而醒，急归保定，太夫人竟应期卒。又数年，复判事，簿书旁午，忽曰："天帝过。"予嘉同诸判随王者后，伏地见天帝辇自半空彩云中行。方起，王者怒目视予嘉曰："有人告汝。"予嘉不解。上堂则一妇人，项间带绳，诉其枉死应抵命，胡幸免？有顷，一判曰："事结矣。"王者谓妇人曰："可勿恨。"予嘉醒，逾不解。适太翁至京城，予嘉曰："家有事乎？"太翁曰："无之。"予嘉曰："有事涉女人而烦大人料理者乎？"太翁曰："三月前，保定有女人羞愤自尽事，某恳我为图奸者求情得活命。余怜其事出无心，因缓颊得末减。然其人已死狱中矣。"始知女之告为此。其言事已结者，死狱中也。《柳崖外编》亦载其事。

岳公前知

岳大将军钟琪，精数学，动必先知。凡出师、安营，一切皆自为指画。故剿平川陕沿边诸番寇，风卷云驰，所向披靡，不劳而奏凯，由成算在胸也。先出征青海十八部落，自二月八日出师，至十六日遂捣其巢穴，以五千兵破二十万众，易于反掌。公述怀诗云："出师不十日，生擒十八王。"虽晋之马隆，唐之李靖，不能过也。丙辰，赦归后，种菜于成都之百花洲，偶登望江楼，题曰："安得边关休士马？拟将蓑笠老渔翁。"盖逆知上将诏用，故语次及之。未几，王师征金川，果以总兵衔起用。诏书未到前一日，公谓高夫人曰："明日有旨，命我统兵西行。我此刻前赴金堂祭墓，明日赶回。"次日，诏书果至。公奉命即行。时，公已闲居十二年，兵不习将，所领又多成都新募之卒，不娴步武。公督以法，营中苦之。行至党坝，日已薄暮，忽密令将士三十人前往某隘口守候，曰："今晚有贼七人，从此路来。汝等往缚之。"至三鼓后，果缚六人至，公曰："尚有一人。"众以为未见。命鞫之。贼称同来者七人，中途一堕崖下，只剩六人，众始惊服。又师至松林口，士卒已疲。公促之曰："必上山顶始可安营，若稍迟，贼踞其顶，百攻不克矣。"甫上，贼已蜂拥至山腰，饬枪铳箭弩，百道齐发，贼死无算，遁去。公笑曰："此初出茅庐第一功也。"嗣是，将士视为天神，凛凛用命。公之前知类如此。

鬼打更

大竹刘乙斋天成为御史时，上疏通举班禁止溺女及厚风俗以培国脉等奏，甚著贤声，士林嘉之。尝租西河沿一宅，每夜有数人击柝声，琅琅彻晓，其转更攒点，一一与谯鼓相应，视之则无，聒耳至不能眠。乙斋故强项，乃自撰一文，指陈其罪，大书粘壁以驱之。是夕，遂寂。乙斋自诧，不减昌黎之驱鳄也。纪晓岚昀谑之曰："君文章道德似尚未必及昌黎，然性刚气盛，平生不作暧昧事，故敢悍然不畏鬼。又拮据迁此宅，力竭不能再徙，计无复之，惟有与鬼以死相持。此在君为困兽犹斗，在鬼为穷寇勿追耳。君不记《太平广记》载周书记与鬼争宅，鬼惮其木〔一〕强而去乎？"乙斋笑击纪背曰："魏收轻薄哉！然君知我者。"

盗作伴

王汝嘉，字士会，铜梁人。乾隆壬辰进士，官翰林院检讨。少时游学浙江，忽梦神告之曰："汝家二十年中一名举人。"觉而自忖曰："今岁乙酉，于干为二，于支为十，所谓一名，其第一人乎？"遂买舟归。行数日，有客来附舟，魁吾枭杰，英气逼人，仆从鄙之，士会延与共寝食，有加礼焉。问其业，曰："贾。"问："何往？"曰："之汉阳。"然终疑其非善类，于是思所以自明。至金陵，士会谓客曰："予，他乡只影，仆辈不足恃，资斧百金，书笥十余，尽以相示，即请代司管钥。"客笑而从之，自此益相善。至汉阳，客曰："此去多畏途，君又怯弱，愿作伴同入蜀。"此后每泊舟旷野，深夜辄闻呼哨声，客亦呼哨应之。或径登岸，切切私语，问其故，不答。入巫峡，系舟绝壁下，夜静月明，忽有两小舟舞桨飞来，大呼"行劫"。客出腰间匕首，以一敌众，声震岩谷，舟人慑伏不敢仰视。久之寂然，乃出，视客踞坐船头，发冲眦裂，衣带间血涔涔滴。徐起谓士会曰："君，大中丞之子，寄学名宦家。今此远归，谁不垂涎？即予之附舟，原欲因以为利，不意君固寒素，而待予最厚，是以偕来相卫。沿途中夜而呼者，皆我族类，已以口舌解之矣。独此奴疑予阳庇君而阴独居奇货也，是以出死力相攻，幸拜下风以去。前路无虞，予从此逝矣。"一跃登岸，履悬巉崖如平地，呼之已杳矣。是科，士会果领乡荐第一。

秦祖殿

德阳秦祖殿，祀秦子华，香火甚盛。子华，明万历间县役，行三，俗名秦三爷，事县尹焦公烺唯谨，素以公直闻。后解囚赴省，知囚负奇冤，遂私释之。归，自缢于城南。死后屡显灵异。我朝顺治年间，西乡人家凡有巨木者，咸梦秦祖化之建殿，且嘱以方向位置，或梁栋、或柱椽，皆注有定数。若运木稍迟，即有虎吼其门，人咸畏惮。不数月，殿成，名曰"歇马殿"。闻殿将成，秦祖忽附[二]人，言曰："某村有窑瓦若干，需价若干，用人若干。每次每人运瓦若干，五次瓦尽，足敷盖殿之用。"如其言买运瓦片，恰符其数，殿遂成。自是，吉凶疾病，叩之无不响应。蜀中神附人言者谓之"降马脚"，一曰"降童子"，盖神不能言，附人而言也。

康熙年间，有人自称秦祖童子，言祸福甚验，四乡争出钱祈祷，其门如市。后闻于县，县令某拘之至大堂，饬曰："妖言惑众，律有明条，汝敢为此不法乎？"重责二十，其人负痛叩首求饶，令曰："神安在？"逐之去。次日，其人泣诉于神，曰："秦〔三〕祖欺我。"忽神降其人肘臂，自穿七刀，奔至署。令闻之，出堂。其人历指令幽隐事，曰："汝自不法，何得责我？"令曰："汝果神，能知本县乳名否？"其人拔一刀，掷于柱曰："汝名定柱，是耶非耶？"令首肯，曰："汝且回，吾代汝修庙，为添建前殿。"

成都陕西街岱庙内亦塑有秦祖像。乾隆四十八年，成都有应童子试者数人在庙肄业，临院试，各市鸡酒赛神。有崔景灏者，亦在庙读书。薄暮醉归，见之怒曰："汝等无知，祭此邪神！渎礼乱道！神果有灵作祸，我自当之。"是夜，景灏遂病。景灏，本成都知名士，以童子肄业锦江书院，为李制军世杰所深器。县府试俱第一，自负拾青紫唾手可得，不虞临试忽病痢，日夜不止。同舍忧之，束手无策，私约祷于神，曰："但得崔生病退入场，谢神。"次日，景灏果愈。至期入场，领卷就号，神气奄奄，困卧不醒。至日西，旁号生呼之觉，曰："众已交卷，君何长眠？"景灏睁目，知日已沉西，遂交白卷而出。榜发无名。制军闻之，索卷，见无一字，大恚。景灏，余族兄扶九门下士也。次年岁试，始入庠。

鼋壳亭

乾隆三十年，川东道白公瀛以千金买一妾，挂帆回任，宠爱异常。舟过镇江，月夜泊舟。妾推窗取水，为巨鼋所吞。主人悲恨，誓必得鼋而后已。传谕各渔船协力搜拿，有能得巨鼋者，赏百金。船户争以猪肚、羊肝套五须钩为饵，上系空酒坛浮于水面，昼夜不寐。两日后，果钓得大鼋。数十人拽之不能起，乃以船缆系巨石磨盘，用四水牛拖之，跃然上岸，头如车轮。群以利斧斫之，滚地成坑，喳喳有声，良久乃死。破其腹，妾腕间金镯尚在。于是碎其身，焚以火，臭闻数里。一壳大数丈，坚过于铁，苦无所用，乃构一亭，以鼋壳作顶，亮如明瓦窗。至今在镇江朝阳门外大路旁。

成都火灾

乾隆四十九年四月初一日，成都省内三义庙侧火起，延烧居民无算。由暑袜街南望直抵城根，人家、屋宇无一存者，学院、衙门、驿监道署俱被延烧。火发时，有人从钟鼓楼上眺望，见火光中有似飞鸦无数，散落人家。落处火烟即起。又有似赤龙穿巷而过，火弹随之。其时，烈风大作，烟气弥天，势若燎原，扑救者束手无策。经一昼夜始息，城市一空。总督奏称：成都县属被烧左营游击、衙门三十二间，民房共九百三十九间，拆毁房共二百五十四间。华阳县属被烧学政、盐茶道及督标、都司、守备等衙门共二百三十四间，民房共八百二十六间，拆毁房共二百四十三间。蜀人房屋多编竹为壁，上加灰泥，延烧较易，故至一千六百余间之多。其实所烧之数，十倍于此，不能悉记也。德阳亦于是日失火，自城内延及城外，人家被烧者指不胜屈。未烧前一日，夜间昏黑微风，省城及附近州县俱闻九头鸟鸣，咿悠断续，似雁声而细。又见有火星坠落，大如帚，长〔四〕数十丈，光照四野，离地丈许始灭。真异灾也。

泸河水患

乾隆五十一年五月初六日，川省地震，人家房屋、墙垣倒塌者不一其处。初震时，自北而南，地中仿佛若有声，鸡犬皆鸣，缸中注水多倾侧而出，人几不能站立。震后复微微作，憧憧已，移时复震，如是者数次，自午至酉方息。临息时，成都西南大响三声，合郡皆闻，不解其故。越数日，传知为清溪县山崩。清溪去成都五百里而遥，其声犹响若巨炮也。山崩后，壅塞，泸河断流。十日至五月十六日，泸水忽决，高数十丈，一涌而下，沿河居民悉漂以去。嘉定府城西南临水，冲塌数百丈。江中旧有铁牛高丈许藉以堵水者，亦随流而没，不知所向。沿河沟港水皆倒射数十里，至湖北宜昌，势始渐平。舟船遇之，无不立覆。叙泸以下山材房料拥蔽，江面几同竹簰。涪州、黔江山亦崩塞，由洞底洑流十余里始入大江。其时地震，川南尤甚。打箭炉及建昌等处数月不止，官舍、民庐俱倒塌，被火延烧，无一存者。至八月以后，始获宁居。

李　玉

李玉，成都人，住省城拐枣树街。家素贫，父死，为人佣值，藉以赘赡其母。娶同街萧某女二姐为室，相得无间。乾隆十三年，金川逆酋跳梁，大兵进剿，玉应募运送军饷，卒于蛮中。撤兵后，玉无音耗，其母与二姐家居，藉针线以供朝夕。萧某谋嫁其女，商之玉母曰："撤兵已久，玉无归音，其死必矣。阿女青年，茕茕独处，母又年老贫乏，朝夕无赀，将来同死饥寒，亦属无益。不如将女改嫁，议取财礼以佐饔飧，老幼尚可两全。"玉母许之，改适营卒某。成婚之夕，忽床次火起，被褥皆烧。经亲友同扑而灭，以为偶失防检耳。次夜复然，众颇疑之。翊日，二姐回母家，方午宴罢，忽昏迷倒地，口吐漩沫，呼其父，责之曰："萧某不良，我在金川曾封银三十两，托汝带交我母，以作薪米之费。汝归私囊，反言并无音信。今又忍心改嫁汝女耶？我今归里，与汝誓不甘休。"萧惊疑，叱女不得糊言。曰："我非汝女，乃李玉也。我病死金川。阎罗王怜我没于王事，敕令还乡，特来寻汝。"萧曰："汝果李玉，身死他乡，孀妻改嫁，贫家之常，何得怪我？"曰："我即不恋少妇，独不思老母乎？还我银来，毋得多言。"萧许之，为焚冥镪。曰："此纸钱，我母要用，非真银不可。"萧窘甚，延僧道荐之，二姐稍苏。次日薄暮，闻空中有声呜呜，呼萧二姐者再，二姐复昏迷。又呼曰："陈二哥，你来帮我捉他。"萧叱曰："李玉，汝系我婿，来此骚扰尚属有因。陈姓与我，无仇无冤，何故乱入我室？"须臾，二姐复醒，问之，茫如也。后每日暮便呜呜作声，并抛掷瓦石，举家不宁。萧有幼子见玉入宅，问曰："汝昨呼陈二哥，果何人也？"曰："是我伙计，他住北门外金花街，素有肝胆，与我同回，故约他来。昨闻汝父饬责，踉跄去矣。"营卒至督标，请令箭插门，鬼拔箭掷墙外，揄掷更甚，如是者月余。四方来观者，识与不识，排闼径入，日事喧攘。萧无奈，请玉母，还银三十两，并恳代为解说。玉母谕之曰："孝哉我儿！银已全收。汝可勿扰矣。"鬼长啸一声而去，后遂寂然。

邓　新

汉州南乡居民邓新，抱病卧床。一日，忽闻门外有剥啄声，启户视之，见二役立门首曰："衙门传汝。"新随二人前行，途中树木人家均与平时所见无异，惟至城门甚卑狭，俯身始入。至衙门，殿宇巍峨，不似旧时州署，心窃疑之。一人先入，少顷出曰："此案今日不审，带至厂中暂候。"二人将新带至一处，甚宽大。日色已暮，厂中人甚众，或三四，或五六，灯烛辉煌，彼此聚赌，略如赌场，亦有卖吃食者。新腹已饿，惜囊中无钱，竟不得食。久之，忽一人至前曰："衙内传。"二人挟新至，见殿上一官峨冠正坐，两旁书役侍立。带审人众以次传入，有识者，有不识者，到案数语即定，各持物而去。惟骗人银钱者，饬令偿还，多授以牛马犬豕等皮，其人亦持而去。次及新，旁一书吏禀曰："错矣。此人阳寿未尽。"呈册案上，新见册中新名下注有"平时惜字，延寿一纪"八字。官曰："传者郑新，何故误拿邓新？"二役以不识字对。官怒，各责四十，饬令送归。二役送至城外，一河前横，迥非来路，新不敢渡。一役从后蓦地一推，新觉前扑。大喝一声，遂苏。身卧棺中已二日矣。盖新闻声出户时，身已气绝。家人抚摩，止心际微温，次日入棺将敛矣。忽闻喊叫，举室惊视，方庆更生。新曰："我饥甚，急取粥食我。"食罢，问曰："邻人郑新何如？我几为渠〔五〕替代。"遣人视之，则已死矣。

杭州拆字

孙相国补山士毅，浙江杭州人。由辛巳进士历官广西巡抚，以征安南功封谋勇公，世袭一等轻车都尉。公辞公爵，得旨如所请。两任四川总督。前值用兵西藏，公出塞办理粮饷；后值苗匪作逆，公住扎西阳堵御，勤劳最著。嘉庆元年，湖北邪教作梗，公赴来凤等邑，擒杀多人，叠次报捷。六月二日戌刻，大星坠地，巨声如雷，窗棂皆动，识者曰："此将星也，营中主帅当之。"二十一日，公卒于军。闻公为诸生时，杭州有一拆字术士，名甚著。公试之，拈一"损（損）"字。术士曰："问何事？"公曰："能入学否？"术士曰："左为秀才之才，右为生员之员。现已入学，何必问？"公曰："可即将此字问一生功名否？"术士曰："若问一生则出将入相人也。损字减去上厶下八则一相字，官必至相。加八于厶则为公字，而八字在下，则异日封公，恐不到头耳。厶为弁字之首，八为兵字之足，异日帅领兵弁，多历戎间。"至是皆验。

公文武兼资，虽在戎间，不废吟咏，人第知其经济而不知其诗学之工直追胜唐。《南征》十首云："门开太乙曙钟迟，是日黎明，祃祭出关。荼火军容徼外知。未必过师同枕席，庶几荒服见威仪。浑瑊已拜专征命，文仲应来选事疑。先是，钦命许提督世亨带兵出关，毅力请剿贼。蒙恩准，令视师。为语戎行须报国，蚤将犁扫达彤墀。""团城襟带接重洋，谅山城一名团城，城外有通江海。上下思文景物荒。上文、下文，上思、下思，皆谅山所属七州地。寅雾蛟涎工掩日，安南多雾，寅时即迷漫四塞者，土人谓是蛟龙嘘气，午前不能见日。丁男鸦嘴惯耕霜。该国惟谅山百里内有霜，过此则无霜。其地一面陨霜，一面耕种。土人谓之耕霜。入云板洞坡名盘千折，夹道翁茶网四张。安南以官为翁茶，出入，四人舁网而行。最是马前烦慰劳，槟榔满榼当壶浆。道旁跽献，槟榔千百为群。""羊肠留线虎留踪，闻说蒙茸路久封。江汉一路多萑苻，藤萝纠结，商贾十年不行。贼人疑大兵断不由此。母岭群徂晨伏莽，母子岭最为险峻，数日前贼兵伏此。鬼门磷火夜乘墉。鬼门关，一名畏天阔。草树蔽天，几不得路。宣威窃欲方朱儁，朱儁，以五千兵分道进剿交逆梁龙，旬日而定。毅辄效之，缘极南地热瘴盛，士卒势难久驻也。来晚应知愧贾琮。多少攸飞齐茧足，敢因下马便支筇。险峻处率同官兵步行前进。""龙城新铸赫连刀，令将校短兵杀贼，铸纯钢刀五百柄，给之。要斫生鼍断巨鳌。万里戎王归信杳，时未悉黎嗣所在。三江戍垒阵云高。韦先郑犒情原怯，阮贼遣人馈牛米，吁止大兵，斥之。幕有齐乌计必逃。所过贼屯，半属空寨。烈炬连空遗窟净，斯斯竟向朔风号。派总兵张朝龙、游击张纯于柱佑、河卢等处夹攻，匪众溃烂，昼焚贼巢，归报。""阚虎声中喋血鲜，临江士气倍争先。市球江贼氛甚恶，我兵血战两昼夜，不暇蓐食，方获全胜。欃星乍落三层外，驻军三层山，即市球江岸。炮火还奔五步前。岂有夜郎能自大？果然飞将竟从天。夜半，令总兵张朝龙于左边二十里外潜渡彼岸，绕出贼营后直捣中坚，贼始溃乱。战场直已成京观，此劫应消几百年。是役，杀贼数千，积尸塞路，江水不堪汲饮。""获丑纷难诘姓名，一时骈首动哀鸣。连日生擒正法者七百余人。编篱那许羝羊触，漂杵常教草木腥。人诧妖氛连四镇，从逆抗拒大兵，四镇之人为多。我怜杀气压三城。黎城内土城一，砖城二。军门执法臣应尔，圣德如天本好生。""左鞍右伞古交州，黎城左鞍子山，右伞圆山，富良江缠抱左右。鼓角殷江野哭稠。搜粟几时同校尉，安南兵食概取诸民。立功毕竟数兜鍪。时请升用命将备，并吁恩赏给花翎。斩袪仅免思公子，国王同产弟为刺客伤中要害，几殆。绊缚还擒笑孟酋。贼将陈名炳已降，复叛，令副将庆成生致之。一事尚教悬圣廑，前军未送月氏头。谓贼首阮惠。""约法森严日几巡，克复黎城后禁止弁兵，毋许一人入城。满城焦烂痛遗民。居民呈诉阮贼，情形甚酷。师贞行指逋逃薮，拟裹粮直捣贼巢。巽命先加草莽臣。先奉恩命，令嗣孙黎维祈承袭国王，时嗣孙已至。钜鹿战难忘每饭，有苗格或待经旬。自出关至克复黎城，刚越两旬，贼首阮惠是否投出，姑且俟之。出关事事劳宸断，万里还同卧闼亲。军营一切机宜无不先经睿示，始得遵循无误。""金章翠轴雁飞翔，俯首殊恩下九阊。时从驿递祗领黎维祈袭封敕印。已分纪侯成大去，忽令卫国庆忘亡。租庸不税炎方土，屡奉谕旨惟在继绝存亡，不利寸土。安南向行租庸调法，今不然矣。带砺仍延异姓王。底事乌孙消息断，澄江无际望宣光。宣光江发源云南，教化长官司入交境时，盼滇省乌提军大经信不得。”“裘带居然遍百蛮，云南、四川俱为毅官辙所经。己丑、庚寅间，随傅文忠公出师缅甸。洱河即富良江。恩许倡刀环。时奉班师之命。文渊迹已埋铜柱，询之交人，铜柱久没土中，不可复见。定远心原恋玉关。二月花秾黄木渡，黄木湾在广州府城外。三千香染紫宸班。现届三年述职之期，回兵后入都，恭请恩训。只因妖鸟巢犹在，梦绕罗平未肯还。贼巢未灭，深感烈士暮年之语。”《初至秀山》四首云：“山城伏莽太纵横，风鹤还嗤草木兵。白芀登陴齐授甲，时募乡勇遏贼。红籼给廪罢呼庚。邑遭焚掠，开仓赈之。旄头亟散蚩尤雾，抵邑之日即督兵剿匪，歼戮甚多。画角徐移骠骑营。不用丸泥封户阈，城中乏守，御塞数门，余至即令洞开，听民出入。使君来为督春耕。”“春台作息万方同，蛮触无端报内讧。衅由苗人仇杀客民。已戒三边严斥堠〔六〕，川黔楚三省俱于沿边拨兵堵截。更劳十乘起元戎。敬斋公相闻逆苗滋事，即自滇南趣装视师。圣朝合著贤臣颂，名将真饶国士风。希齐制军入觐，途次闻信即拜折，驰赴军营，谕旨褒嘉，深以得人为庆。伫卜捷书烦刺阁，恩言不喜得辽东。”“朝闻虎旅下重霄，上令巴图鲁侍卫驰赴军营听调遣。夕诅欃星陨丽谯。吴堰甘虫原是识，罗平鸷鸟竟成妖。军传马首迎裴度，闻敬斋公相已至铜仁。帝许阶前格有苗。奉旨，匪徒投出者贷其死。给复纶音来络绎，三省被苗处所，频奉缓征豁免恩旨。一时野哭变欢谣。”“萧萧霜霰久盈颠，偻指瓜期帝早怜。毅屡奉回京供职之命，以事牵不果。入觐建封仍赴镇，己酉，由川督调任两江，辛亥，复蒙恩自京赴蜀。登楼德裕又筹边。癸丑七月，自西藏还成都，勾当军储，兹于二月抵秀山，奉旨留防后路兼督运粮。流亡未复无分土，黔楚难民逃入川境者二万有奇，奉旨概予抚恤。创痛方深伏稔年。春雨沾足，大田俱已播种。郊望归来聊一适，茅茨次第起炊烟。”

绵竹寻尸

绵竹有贾盐者，忘其名，学少君之术。秦武功壬午孝廉黄镃父某，客死于绵，厝乱冢中已二十余年矣。镃登科后至绵，遍求父棺不得。一日，贾谓之曰：“我有术，曷问我？”镃亟叩头请贾，许之。至乱冢，贾书符化之，令童子观。少顷，问曰：“见何物？”童子言：“见一老翁从土中出。”贾言：“此即土地也。”问曰：“汝知黄孝廉父骸骨否？为我具来。”即书纸马化之。老翁授命而去。须臾，载一人同至，贾谓镃曰：“汝欲见汝父乎？”镃泣请贾。即燃香二，一付镃持，镃即迷去。贾又使童子视之，有顷，童子报言：“香炷上烟缕中涌二小人，一老一壮。壮者向老者跪泣如认亲状。"贾曰："是矣。"即大声令趋葬所，使童子随之。见烟中老者飞奔至水洼处而止，镒亦醒。按其处锄之，尺余棺露，棺前有石块镌曰："武功黄某之墓。"启之，尸已化矣。滴血良是。此亦异事也。唐尧春尝为作记。

落旗寺

涪州丁巳进士张煦，号春晖。雍正丙午夏，由水道至成都，舟过重庆巴县境铜锣峡口，有一僧候立江岸，指舟问曰："来者莫非涪州张某乎？"舟人曰："然。何以知之？"僧曰："请公上岸，有话相叙。"复邀至寺中，寺在江边山上，即落旗寺也。僧指大佛一尊，言曰："新贵到此，金身现矣。"张叩其故，僧备言："前一夕，梦佛言公中会科名数目，有'父愿子了'之语，甚属不解。"张曰："果如僧言，予愿装金。但家贫，有待他日得志，当早办之。"是年秋，果领乡荐，名数亦符。丁巳，成进士。悉如僧言。后出仕山西蒲县，卒于署，子扶榇归里，行李萧然。乾隆四十三年，公之次子永载任河南上蔡县令，追忆前事，与佛装金，始悟"父愿子了"之语。寺中共大佛三尊，五十一年地震，两尊圮，独装金佛如故，土人有祷必应，共指为张佛云。

刳儿坪

刳儿坪，在石泉县南石纽山下。山绝壁上有"禹穴"二字，大径八尺，系太白书。坪下近江处，白石累累，俱有血点浸入，刮之不去。相传鲧纳有莘氏，胸臆折而生禹，石上皆其血溅之迹。土人云："取石煎水，可治产难。"

南台寺

成都南关外南台寺，殿宇崇巃，中塑释迦、如来、弥勒三佛，两廊房屋甚宽，可容多人。明末，献贼寇蜀，踞为将台。寇平后，仍招僧住持。乾隆三十七年，金川之役，设火药局于此，命弁兵守之。一日，不戒于火，烧及所贮火药，蓦地一声，山岳俱震，烟焰弥天。沿城内外居民皆被震扑，寺宇无存，梁椽冲飞十数里外，寺中人尽齑粉矣。唯三佛仍巍然端坐，并无损伤。一时见者惊其神异，重建新寺。

北津楼

顺庆府北五里有北津楼，明张三丰过其地，题诗云："谁唤吾来蜀内游？北津楼胜岳阳楼。烟迷沙岸渔歌起，水照江城岁月收。万里清波朝夕涌，千层白塔古今浮。壮怀无限登临处，始识关南第一州。"今楼下诗碑犹存。

城隍点鬼

献贼屠蜀，有峨眉张姓者为贼杀于南关外，颈裂而喉未殊，伏积尸中。夜定后，见有呵道来者，威仪赫奕，俨如王公。既至，令吏持册按名点尸。每一呼，死者提头起立。点毕去，张讶其无名，起询从者，云"府城隍"也。张随苏，沿堰渠伏行数十里，天明逸去。至康熙六十年尚存，颈上刀痕宛然。

土地充军

富顺县皂隶某妻忽为邪所凭，独处一室时自言自语。久之，渐与隶不睦。隶疑其有外私，笞之。妻曰："非我能主，乃西湖塘土地所为也。"一日，隶与妻同寝，似有穿靴人用脚踢之，坠床下，急起搜捕，并无人影。隶怒不能平，控于县。时汉阳程公煜署县事，批准拘究，一面牒城隍，一面差役将土地拘锁，抬至城隍庙中，责之曰："尔身为土地，强占民妻，罪予不赦，重责四十，押令充军。"饬役将土地推倒，击其股四十，身俱粉碎，并饬将碎土投诸大江，以当充军。怪遂绝。

塔　井

乾隆己卯春，汉州西门城外市房后，掘得一井，深数丈，形八方，悉琉璃砖砌成。每砖长尺半，广一尺许，面刻三塔。每塔三层，每层中坐一佛像。塔外花草穿联，玲珑透漏，几于鬼工，色黄如金。由井底层累而上，天然浑合，无斧凿痕。一时观者如堵。数日，闻于州署，州牧李公识蒙往观，亦不识所由。适治东牛王庙旁失火，延烧铺户，或疑为开井所致。饬令填毁，井遂废。予考明初，蜀献王分藩成都，奉敕宫殿墙宇均用琉璃，然色系青绿，与此不合。惟五代孟昶王蜀，骄奢逾制，修造精奇，拟于皇居。《丹铅录》载：“昶曾于洛城置一花园，文石奇品，无所不至。”今汉州北路与德阳交界处，尚有皇庄、八角井等名。疑此井亦其时凿也。

徐　坟

中江戴孝廉文鼎，邑巨族也，居囤子沟，与徐都堂英墓相近。徐都堂，明宣化大同总督，祀邑乡贤，载在志乘。子孙远徙，久无省墓者矣。戴母死，欲求吉地，师以都堂墓示之，遂择日葬墓前。实斜穿隧道，送入圹中也。葬毕，人无知其穿圹者。一日，文鼎自书馆出，见乌帽紫袍一髯翁，叱曰：“还我腿来。”忽不见。文鼎心悸，至暮，寒热交作，遂患腿疼，渐肿如瓠，逾月死。文鼎兄文旭有二子，自幼聪慧，丰姿美如冠玉，咸以清班人物目之，年十七八，俱病痨瘵死。未死之前，文旭闻德阳玉皇观有降神童刘姓者，能知人祸福，往访之。刘外出，文旭住市肆，未尝告以来意。候三日，至夜半，刘始归，着人于市肆传文旭，告曰：“汝家葬母，凿损名坟，地神降殃汝子，已不可救矣。不迁，祸更巨。”文旭归，急迁其墓，后存一子。

张家庙

先伯祖母喻氏，明荣昌尚书喻公茂坚孙女，先伯祖珩玖公应玉配也。明崇祯十六年归珩玖公，妆奁甚盛，有婢侍巾栉。一日，净面，失金环，找寻不获，疑婢私藏，将责婢。婢惧，逃匿宅北张家庙内。庙祀川主药王土主。夜静，忽见灯火辉煌，谍报：“张献忠已破夔门，限六月某日屠隆昌，鸡犬不留。”诸神像皆仓皇失措，议远避。一神曰：“庙有生人气。”一神曰：“张氏婢也。”呼之出，饬曰：“归告尔主，贼兵将至，急逃遵义可免。”婢曰：“贼不至遵义乎?”曰：“有高崖神把关，贼不能破。”婢曰：“我主人金环何在?”曰：“汝家花鹅食之矣，剖鹅自见。”婢归告喻氏，剖鹅视之，果然。因即日携家赴遵义，获免于难。予先世世居隆昌八石粮，张家庙，七世祖松亭公所建也。松亭公祀神甚谨，故获此报。庙在八石粮宅北一里许。

王卓峰

中江著姓四，曰孟、李、戴、王。孟、李、戴皆发自本朝，惟王氏最久。王惟贤，号卓峰。明嘉靖壬辰进士，官至陕西布政使司参议。初令江都时，有僮余怀忠为公濯足，公曰：“勿伤我痣。”盖公足有红痣，识者以为贵相也。余曰：“小子亦有足痣。”公令举足观之，见足下红痣三，较公志更大。公惊曰：“此子异日必大贵。”因教令读书，以门生待之，极力栽培。后余成进士，入词垣，历升至四川巡抚。道经中江，执弟子礼，步谒公于家，奉以金帛，辞不受。知公有田园乐，因就城北宅傍购地数百亩以为酬报之所，并建报恩寺，置公长生牌于中。今城北报恩寺旧址是也。

公卜地至铜山，见上宝峰形势特佳，拟建寺，祀铜山乡贤苏公易简父子、赵公延义、张公国贤等九人。掘土三尺，得旧碑，乃宋庆元己未邑令王将去任时，欲买此地绘先达如苏易简诸大老为四贤堂，迫去，未遂，因毕录己志，勒款于碑，藏土中以付来者。公见碑中所载年月与己首事之年及定卜之所，无不吻合，且前令姓又与公同，惊曰：“贤豪精爽实通元气，此殆有天也。”因建寺于峰麓。见公《铜山乡贤记》。

公有《铜陵纪胜碣》，颇详核。碣云：“铜陵主山来自中江南里，至驷马垭劈枝东南行百里许，降而成麓。相传，铜山旧学在焉。今俗犹名其地曰‘夫子殿’。予初来游时，于麓之首得一石柱，乃宋时《进士题名记》也。记围六棱，高可七尺许，上下皆横刻雁行，中列铜乡当朝甲科姓名，与各授官之差。顾剥落太甚，隐约可辨者三十余人，而苏门三世，因可考见。有溪自兑方来，宛委清扬，名曰‘玉江’。上下限曲皆自南山分支，踊为峦阜，名曰‘宝峰’。上宝峰如盘龙之跃，其中阿即旧县治所，昔之为厅事、为仪门、为邮驿，乡人皆能历历指点。其处有碑欲扑，乃宋参军赵鼎吉记修尉厅者，文多漫漶，内有云：‘苏易简，国初进士第一。蜀中斯文发祥，权舆此地，其来冈有废址，相传为苏状元故宅。’下宝峰如游鱼凹而复起，横亘中流，而江水因之折叠。佥云：‘此前汉邓通鼓铸之所。故老相传，通在上偶遇秋涨，洪波逾凹者七日，守灯而忘其为火也，遂以饥死’，往迹依然。历考方书所记，皆同，但与《史记》弗协。旧有三桥：上曰‘金锁’，中曰‘玉江’，下曰‘挂金鱼节’。因山水迅发，而今已尽圮。桥间巨石森耸，内一石如兽而东首，首题‘当阳胜处’四大字，缘曲涧深阻，每日出率先寅宾焉。又二石屹立中流，后先相望，若雌雄然，为‘走来石’。原在上乡十里外，一夕风雨乘槎至此，今槎木犹籍雌石下，而其故地则名‘走石沟’云。南岸崖石连延，中忽裂罅成洞。洞壁连有二窍，皆悬流滆沸，饮之，清洌而甘。左窍榜曰‘飞来泉’，谓与走石同时而至；右窍榜曰‘狮子窟’，以在狮山下也。洞口石壁高平而俯，上有司马温公隶古《家人》卦，傍刻玉窗子诗云：‘当阳胜处好溪山，翠滴温公宝墨斑。线溜一泓凉意足，须臾肤寸遍人间。’又卦隶字别刻有二处，见存上流岸畔。有唐虞世南大书：‘登金门，上玉堂，攀龙鳞，附凤翼，凌九霄，振六翮，竭忠节，赞皇猷。’凡二十四字。其他篆隶诸刻更富，不能尽录。南山宛如蹲狮，中阿有元赵封君墓神道碑，碑阴刻其家训，而欧、虞诸贤诗文赞跋具焉。前二石人朝绅鹄立，虎羊伏队秩然。顾茔域久为民业，而冢土且欲平矣。予亟令人叠之土，寻购其地为墓田。狮首有刹，名‘广福院’，茂林蓊蔚，清泉汇池，亦方外一佳境。讯所由建，即公家佛堂也。殿后有经楼，步声响答，诘之，僧云：‘赵公实窆此中左方坟墓，规制乃其托迹者耳。’狮尾有断碑，大书‘梅坡’二字，盖昔贤游赏之地，佥谓此‘铜山八景’之一也。俗传《八景诗》云：‘当阳胜处古招提，走石梅坡世罕稀。万仞山临狮子窟，一泓水泊放生池。飞来泉里神龙现，金锁桥边野乌啼。几度登临观不尽，漫将彩笔写新诗。’旧隐洞，在上宝峰之巅，深豁可坐十余人，内有石床二座，额扁‘龙山旧隐’四字。放生池，在金锁桥东，傍石刻云：‘唐中和初，邑宰李义方凿池刻石。宋绍熙壬子，十世孙玺自金山迁居于此，取家藏墨本重刻之。’流觞曲水，一在上宝峰北涘，一在金锁桥边。刻云：‘宋冯丙之为尉，其兄运之，官凌云，过此而流饮相乐。’盖玉江至此，水底纯石连山，一无罅隙，每遇滩碛皆可泛觞云。繄昔文物之都，风韵之雅，犹可想见。乃今断碑，每以勒塍，而磨崖率落剥殆尽，何也？有父老微言：‘土人以石刻碍犁鉏，且厌官司采访之扰，计古碣无虑百余辄被掊击，惟恐余迹之或留耳。’嗟乎！乡氓诚愚，然而表志厉禁，固官司所得为者，乃至日就湮没，或亦不能无责焉耳矣。予尝历阅参求，随笔其概以备遗忘，且俾将来观风好事者得有考焉。”后卓峰死，葬广福院侧，至今子孙科第犹连绵不绝云。

宋总戎

公姓宋，名元俊，字甸芳。江南凤县人。以武进士任四川城守营守备，迁阜和营游击。乾隆三十六年夏，金川酋索诺木袭杀革布土司，其党小金川酋僧格桑亦发兵侵明正土司，据班斓山，阻官兵进路，被害者相继告急。总督阿尔泰知公素得夷心，命抵贼巢，责问原委。公至刮耳崖，索诺木迎谒，诡以革番内变为辞。公知其诈，归告阿公曰："两酋犄角为奸，虽阳恭顺而阴怙恶，非大创不可。如兴师，当先取小金川。"即献三路进兵之策：一从斑斓山直探小金门户；一从尧碛截取甲金达山梁，救达围而趋美诺；一绕小金川尾闾，由约咱进攻逊克宗。阿公以其计奏闻，上命副将军温福、提督董天弼分路进兵，总督阿尔泰驻扎后路，居中控制。当是时，蜀敉宁日久，文武恬熙，一旦军兴，相顾啃嚄。两金川地势奇险，碉卡柴立，兵将未言色沮，公独能聚米借筹，历历指画。于是诸将军运粮出战，一切惟公是询。公探知小金川所占明正之达顶山梁与巴底巴旺毗连，密令参将薛琮挟巴酋暗击山梁，而自统兵从甲楚渡河攻之。贼腹背受敌，大惊奔溃，收复纳顶碉寨百余，即用纳顶土百户为前导，直捣约咱。贼愈困，闻天兵至即走。登时，提督董公破甲金达，副将军温公收复班斓山，再克卡了。上嘉之，擢松潘镇总兵，赏花翎，时三十七年正月十日也。计进剿小金川，未及五月而侵地全收。圣谕褒美，公愈感奋，将直捣贼巢。旋奉将军命调回，筹办什咱事宜，受代而行。

方攻夺河东时，小金川求救于索诺木，许之。将袭我后路，公得巴酋密报，遣使至刮耳崖骂责之。索诺木知情，遂撤回原兵，于要隘处增碉固守。公请于制府曰："大金川逆形已露，不可不诛。然犯险强攻，徒损士卒，不如即用革布逃酋，其人有报仇雪耻之心，尤悉地形，可使也。"遂密遣番民乘夜逾山，约诸酋连结各寨为内应，而自率游击吴锦江等由节木郭度河，据勺藏桥，举炮为号，革番从内突出，与官兵合力夹攻，斩千余人，进围丹东角洛，收复革境三百余里。事闻，上愈嘉奖，赐荷包，宠异之。

先是，公别遣守备陈定国潜赴绰斯甲布土司，屯兵甲尔垄坝上听候调遣，人莫知其意。及革境全平，金酋畏绰土司之蹑其后，不敢倾巢出战。大兵虽在东南，而制胜则在西北，甲尔垄上虽按兵不动，而金、革两处已扼咽喉。公算略深沉，皆诸将所莫及。时上意大兵乘胜即可擒取索诺木，而公言兵少未可轻进，为制府所劾，调回大营，随即革职。郁郁不得志，病卒于军，年五十八。

公长身萼立，音响如钟，髯尺许，望而知为伟人。料敌审势，毫忽不爽。初，收复革番所用兵不过千许。及进攻金川，公建议北路必需三万人，当事者疑公怯，不听所请，卒无成功。后副将军明公广集汉兵、土兵三万人，先通路，后进兵，其言始验。公待士信，用法严。与参将薛琮交最厚。攻小金川时，制府重公，命以游击领兵节制诸将。公磨利刀与薛约曰："某地某日会，我后至，君斩我；君后至，我斩君。"及公至所期处，而薛逾二刻始来，公遣飞骑持刀，呼取薛参将头。薛望见，笑曰："薛头与贼，不与公也。"奋前夺数碉，反，公犹手缚之，请罪于制府，以功谕赎乃已。先是，驭番者，平时视若草芥，及蠢动又畏如虎。国家所赏缯帛，易以窳滥，酋叩头领谢去，归视大恚，笑掷于路。公有赏必佳物，其人辄喜相告。或舁公抵其巢，率妻若女环侍左右，公赐以茶烟簪珥，儿子畜之，小不循法，立加笞呵，咸悚息听命。打箭炉边关以外，官将行李，俱畏夹坝出没。惟公与果齐盛太守之箱箧，蛮夫争为背负，或遗于路，必擎送行幄。诸番小有动静，先来告公，以故凡所料判，动合机宜。死之日，番人剺面环哭，声振岩野。

平居以忠义自许，思立功名，然性刚，能恤下不能事上。偶有议论，慷慨迅厉，旁若无人，以致谗忌者众。身后家籍没，两子戍边。有张芝者，以走卒隶公麾下，拔至参将。四十一年春，大将军阿公桂平定金川，凯旋时，芝书公战状，抱一册哭陈军门。将军代为奏闻，邀恩赦其子归。人莫不叹张能报德，公能知人。

马和尚

江宁严星标馨、常熟徐芝仙兰，皆以耆士在陕督年羹尧幕府。雍正元年，青海酋罗卜藏丹津逆命，世宗授年为抚远大将军，四川提督岳钟琪为奋威将军，率兵讨之。功成，年以徐、严二叟年衰，赠金币，送归。宿蒲州，有两骑客来，状虓猛，所肩行李担铁也。天明行，晚复来宿。心悸之，卒无如何。又客馆逢二僧，皆狠黠少年。二叟目之，一僧吴语云："谁无眷属，何看为？"始知其一为尼。急乱以他语出，不敢按站行，十余里即宿。僧来排闼，踞上坐，扬其目而视之，曰："我疑若书生也，乃亦盗耶？橐内赤金二千，从何来？"二叟骇曰："天下财必为盗而后得耶？朋友赠何妨。"僧曰："若然，二君必年大将军客也。"曰："然。"曰："几杀好人。"起，挟女尼走东厢，酌酒饮，倚而歌。听之，秦声也。

抵暮，两骑客亦来，解鞍宿西舍。庭月大明，二叟闭门卧，僧独步檐外，啧啧曰："好马，好马。"亡何，两骑客去。僧闯然叩门，严窘，挺身出曰："事至此，尚何言？行李、头颅，都可将去！但有所请于和尚。"指芝仙曰："此吾老友，七十无儿。杀之耶？释之耶？"僧笑曰："我不杀汝，先去之两骑客，乃杀汝者也。"诘其故，曰："凡绿林豪，测客囊，皆视马蹄尘，金银铜分量，望尘了然。两盗雏耳，虽相伺而眼眯，误赤金为钱镪，故不直一下手。然非我在此，二君殆矣。"

问僧何来，曰："余亦从年大将军处来也。公等知将军平青海是谁助之功耶？余故吴人，少无赖好勇，被仇诬作太湖盗，不得已逃塞外，随蒙古健儿盗马，久，性遂爱马。亡何，见岳公钟琪所乘彪彪然名马也。夜跳匿厩中，将牵其缰。未三鼓，公起亲自饲马，四家僮秉灯至，余不能隐，被擒。公上下视，问：'行刺者乎？盗马者乎？'曰：'盗马。'问：'白日阑入者乎？夜逾墙者乎？'曰：'逾墙。'公微瞠，若有所思。秣马讫，命随入室，案上酒殽横列。公饮巨觥，而以一盏见赐。随解衣卧，大鼾。迟明，公起，盥沐毕，唤盗马人同往大将军府，公先入。良久，闻军门传呼曰：'岳将军从者某，赏守备衔，效力辕下。'岳旋出上马，顾曰：'壮士努力，将相宁有种耶？'亡何，余醉与材官角斗，将军怒，赐杖。甫解袴，岳公至，曰：'我将征西藏，为汝乞免，汝从我行。'时雍正二年二月八日也。公命待卫达鼐、西宁总兵黄喜林各领兵先，自领五百人为一队，约某日会于青海界之日月山。至期天暮，公立营门，谕二领队曰：'此行非征西藏也。青海酋罗卜藏久稽天诛，昨其母与丹津、红台吉二酋密函乞降，机不可失。'手珠宝一囊，金二饼，顾余曰：'先遣汝召贼母来。贼有城甚高，非善逾者不入。贼营帐四，上有三红灯者，其母也。对面帐居罗卜藏，左右帐居丹津、红台吉二酋。珠宝与金，将以为犒。此大事，汝好为之。'解腰下佩刀授余。余受命叩头，公起身入。天大雾，乘雾行三十余里。至贼城，腾身而登，果帐烛荧荧然，母上坐，二〔七〕酋侍侧。母年六十许，面方，发微白，披红锦织金袍，叱余何人。余曰：'年大将军以阿娘解事，识顺逆，故遣奴来问好，囊宝贝奉赠。金二饼，馈两台吉。'三人闻之喜，叩头谢。余知功将成，咋曰：'将军在三十里外待阿娘，阿娘速往。'三人相顾犹豫，余解佩刀，插其座毡，厉声曰：'去则去，不去我复将军。'其母曰：'好蛮子，行矣。'上马与二酋随十余骑行。不十里，岳公迎来，将其母与二酋交达鼐、黄喜林分领之。须臾，前山火光起，夹道炮发，斩母与二酋，回入军营。次日，谍者来报，罗卜藏丹津已逃准噶尔部落。岳公命竿三头徇三十三家台吉，皆震悚乞降。二十二日，至年大将军营，往返裁十有五日。三月朔，凯旋。岳公首举余功，大将军赏游击衔。余诣军门，谢岳曰：'某杖此仅半月耳，大丈夫何颜复来？愿辞公归，别思所报。'公笑曰：'咄，吾知汝终为白头贼也。'厚赐而别。归次泾州，宿回山王母宫，昵妓女金环。年余，资用荡尽，不能归。忆幼时习少林寺手搏法，彼处可栖，遂与金环同削发赴中州。苦无马，逢两盗骑善马，故夺之。"

二叟不信，曰："彼不受夺，奈何？"僧笑，拉二叟出视厩，则夜间已将两盗所肩铁担屈而圈之，束二马首于内，不可开。二盗气夺，故遁去。言毕，挟女尼舒其担，牵马门外，拱手作别，曰："二君有戒心，勿北行，可南去。凡李卫、田文镜两总督所辖地方，毋忧也。"

后三十余年，二叟亡。严之孙用晦过河南登封县，遇少林僧论拳法，曰："雍正初，有异僧来传，技尤精。然无姓名，好养马，因称马和尚。后总督田公禁严，僧转授永泰寺尼环师。今环师亦亡，其徒惠来者，能传其术。"用晦心知马和尚即此僧，环师者即金环妓。欲访惠来，以二寺相距十余里，天大雪，不果往。

石　经

后蜀石经，孟蜀广政七年，其相毌音贯昭裔取雍都旧本九经刻诸石者。按：一字石经七种，刻于汉光和六年，立石太学上，悉刻蔡邕名，盖邕书也。唐贞观中，魏徵、虞世南、颜师古继为秘书监，请募天下书，选五品以上子孙工书者为书手，刻石雍都，所谓雍都石经是也。唐太和中，复刻十二经，立石太学，所谓太和旧本是也。后蜀毌昭裔捐俸取九经，琢石于成都学宫：《论语》十卷，经注并序三万五千三百六十八字，将仕郎前守简州平泉县令兼殿中侍御史、赐绯鱼袋张德钊书，颍川郡陈德谦镌。《孝经》一卷，经注并序四千九百八十五字，亦张德钊书，陈德谦镌。《尔雅》三卷，不题经注字数，亦张德钊书，武令升镌。《周易》十卷，经注六万六千八百四十四字，将仕郎守国子助教杨钧、朝议郎守国子毛诗博士柱国孙逢吉书。《尚书》十三卷，经注并序八万一千九百四十四字，将仕郎试秘书郎臣周德贞书，镌玉册官陈德超镌。《毛诗》二十卷，经注一十四万六千七百四十字，将仕郎试秘书省校书郎张绍文书。《周礼》十二卷，经注一十六万三千一百三字，将仕郎试秘书省校书郎孙逢吉书。《仪礼》十七卷，经注一十六万五百七十三字，将仕郎试秘书省校书郎张绍文书。《礼记》二十卷，经注一十九万六千七百五十一字，卷首题曰“御删定《礼记·月令》第一，集贤院学士、尚书左仆射兼右相、吏部尚书、修国史、上柱国、晋国公臣林甫奉敕注”，《曲礼》为第二，盖唐明皇删定之本也，将仕郎试秘书省校书郎张绍文书。《春秋经传集解》三十卷，经注并序三十四万五千八百四十四字；《穀梁传》十二卷，经注八万一千六百二十字，俱不题所书人姓氏。盖九经皆孟昶时所镌，故《周易》后书“广政十四年岁次辛亥五月二十日”。惟三传至皇祐初方毕，故《公羊》后书“大宋皇祐元年岁次己丑九月辛卯朔十五日乙巳工毕”。通计蜀广政七年肇始之日，迄宋皇祐元年九月毕，工凡一百一十二祀。又七十五年，癸卯，益帅席贡始奏镌《孟子》十二卷；乾道六年庚寅，晁公武又镌《古文尚书》及《诸经考略》，此两朝增刻年月也。查与监本少异者，惟《论语·述而》篇“举一隅”下有“而示之”，《卫灵公》篇“敬其事而后”下系“食其禄”，《禹贡》篇“梦土作乂”，《毛诗·日月》篇“以至困穷而作是诗也”，《左传》昭公十七年，“六物之占在宋卫陈郑乎”，略有异同，未知孰是。洪文敏公迈谓：“孟蜀所镌，字体精谨，有贞观遗风，续补经传，殊不逮。”杨慎曰：“蜀刻九经，最为精确。是时僭据之主，惟昶有文学，而蜀不受兵，又饶文士，故其所制尤善。”朱子《论语注》引“石经”者，谓孟蜀石经也。明季毁于寇，片石无存。我朝乾隆四十四年，制军福康安奏请重修，成都省城监工什邡令任思任得石经数十片于土壕中，字尚完好。惜当时移归私第，据为已有，未肯留置成都学宫为可惜也。

铜　鼓

诸葛鼓，相传武侯制之，以镇蛮者。所铸皆奇文异状，互相错蟠，雕镂精工，有鱼鸟虾蟆之类，其数皆四。明万历元年，四川巡抚曾省吾荡平九丝城都蛮，俘获诸葛铜鼓九十三面，择其有声者六十四面，分天、地、人三号以献，蛮中以为异宝。有剥蚀声响者为上，上易牛千头，次者七八百头，递有等差。藏至二三面者即得雄视一方。我朝雍正十年闰五月，黄螂获铜鼓四面，上之。今市肆中多有鬻之者，其价亦不甚贵。大约太平日久，蛮荒悉入版图，此物无所用之，不过与古鼎、大敦徒供博古者之传观耳。

校勘记

〔一〕“木”，诸本脱，据《阅微草堂笔记》卷六补。

〔二〕“附”，底本作“付”，据存古书局本改，下同。

〔三〕“秦”，底本讹作“泰”，据存古书局本改。

〔四〕“长”，存古书局本作“玫”。

〔五〕“渠”，清咸丰元年重庆刻本作“伊”。

〔六〕“堠”，存古书局本作“候”。

〔七〕“二”，底本、存古书局本作“三”，据《小仓山房文集》卷二十七及上下文义改。

卷 十 五

异闻二

傅经略

乾隆十二年二月，金酋莎罗奔作逆，侵扰各土司，召贵州总督张广泗统兵进剿，屡失机宜，复于十三年三月命大学士讷亲视师。六月，讷亲行抵军营，下令限三日内必取刮耳崖，以致总兵任举、买国良同时战没，贼势愈张。九月，命傅文忠公恒经略金川军务。十二月，文忠将至卡撒，查知小金川土舍良尔吉诈称投诚，暗通消息，军营举动，贼必先知，张广泗轻信汉奸王秋之言，转令统领蛮兵，故屡致败衄。前奉谕旨将良尔吉正法，任事诸臣又以现握兵柄，不敢轻动，恐致激变，别生事端。文忠查知伊弟小朗素最称恭顺，深得众心，可以资其总统。因密令副将马良柱将良尔吉、小朗素二人以迎接经略为名，调出营伍。至邦噶山，面谕小朗素，授为副土司，统领蛮众。随召良尔吉，面数其罪，枭首军门，众皆股栗，并令将王秋、蛮妇阿扣等即行正法，一时军声大振。奉上谕："经略大学士初至军营即能斩除贼党，处若无事，朕实嘉悦。从此赏罚严明，大功之成，计日以待之。"十二月二十一日，经略至卡撒，周览形势，采访舆情，洞知从前攻碉之误，大兵驻扎卡撒，岳钟琪由党坝进剿。

十四年正月，召经略傅恒班师还朝。经略奏陈布置进攻事宜，奏云："臣查攻碉之法，贼已熟悉，防范甚周。我兵虽众，枪炮所及惟抵坚壁，于贼无伤。贼不过数人从暗击明，枪不虚发。是我惟攻石而贼实攻人，我无障蔽而贼有藏匿。且多掘土坑，急则深伏其中，不见人形而能自下击上。又于碉外开壕，人不能越。战碉锐立，高于中土之塔，建造甚巧，不逾数日而成，其余随缺随补，顷刻立就。且人心坚固，至死不移，碉尽碎而不去，炮方过而人起。客主形殊，劳逸势异，攻一碉难于克一城。即臣现住之卡撒，亲阅左右山梁，二道、三道梁上有碉三百余座。以半月十日得碉一座计算，必待数年始尽，且得一碉辄伤数十百人，以此计算尤不忍言。而讷亲、张广泗尚以为得计，是敢于欺皇上，亦所以自欺也。今臣再四熟筹，惟有使贼失其所恃，而我兵乃得展其所长。如卡撒一路乃攻刮耳崖正道，岭高沟窄。臣既身为经略，理当任其难，相度形势，须就此一路之中，分路横截，同时大举。俟大兵齐集，分派左右山梁昔领石城等处，奋威力战。臣别选锐师于喇底旁径及奎角于登等隘，裹粮直入，逾碉勿攻，绕出其前，即以围碉之兵作护粮之兵。贼番稀少，外虽严密，内实空虚。我兵既绕道前进，则守碉各番皆有恋家之念，无固守之心，均可不攻自溃。至四川提督岳钟琪所攻党坝一路，益以新兵，使之努力奋击，直捣勒歪，两路并进，而甲索、马奈、正地等要路俱令竭力进攻，使贼四面受敌，不能兼顾。虽有坚城险碉，无以恃其固矣。至于调遣兵丁，奋勇无前，一以当百，固仗满兵为最，而穿箐引导则非土兵不可。各土兵中小金川最为骁勇，良尔吉已正典刑，莫为贼谍，泽旺与逆酋结恨甚深，小郎素奋志立功，自属可用。沃日兵少而强，杂梭兵众而懦。明正木坪忠顺有余，强干不足。瓦寺尚肯用命，人亦无多。革什咱兵势颇锐，马奈一路实资其力，正地亦藉以自守。巴底巴旺畏人如虎，不堪驱策。绰斯甲心怀疑贰，未足凭信。现有重兵弹压，不敢动摇。总之，土兵之性，贪利可以忘身。臣现在加意鼓舞，弃短取长，谆切晓谕，令知逆酋不灭不休，为彼永杜后患。庶众土司各思建功，不复畏贼，自能效命争先。若绿旗兵丁原非尽不可用，向来全无纪律，赏罚不行，惩劝不当，心灰意沮，皆成懦怯。且数营之兵临时任意酌拨，兵不识将，将不识兵，而兵与兵又不相习，临阵勇怯。领兵者不识其人，何从分别？是以每当紧急，前后俱不相顾。原属兵法所忌。臣现在申明军纪，振作士气，有功必赏，有罪必诛。实心训练，使士识将心，将知士习，上下诚意相孚，庶可变弱为强，以收临期臂指之用。将弁贤否，尤关紧要。臣留心体察军前大臣，中如傅尔丹，老成宿将，久历戎行而年近七旬，难以亲临战阵。臣今与尚书达尔党阿经理营盘一应事务。内大臣班第、护军统领萨音图、臣同各营俱有镇将统领，暂留军营以便随时委用。护军统领乌尔登现当马奈一路，护军统领法酬仍在党坝。其各总兵内如莽阿纳住扎左梁，尚能堵御。哈攀龙驻扎色尔力，防守严密，人亦勇敢。哈尚德人亦明白果敢，勇于任事，现守左梁。看来俱可任使。冶大雄曾经出兵，人尚老成，臣现委以中军之任。副将马良柱于蛮地素有威名，为诸番畏服，现驻昔岭。其余将弁，量材委遣，务使各尽其用，所向有功。从前大帅行军所得地方即拨兵防守，以致后之守兵渐分而前之精兵渐减。即不拨兵防守，立行拆毁，而贼又于其地立砌石卡以藏身伤人，是以守碉毁碉均属无益。今据军前诸将咸称：贼闻臣至，每日添碉，犹以为官兵狃于旧习，彼得恃其所长。不知臣此次决计深入，不与争碉。惟时派遣精兵伺间突入，斩杀贼众，或用大炮轰击，使之昼夜不宁，以疲其力。一俟兵到，臣悉心布置，面面周匝，出其不意，取道前进，务在破其巢穴，擒掳贼酋，于三四月间定报捷音。若贼境果非人力所及，必不能平，臣亦何敢勉强饰说，必谓成功。但审度形势，虽人人皆谓其难，而臣殚竭驽骀，悉心调度，实可以扫除贼境，以仰副皇上委任之至意。总之，此事办理误于初起之时，处置不善。逆酋本来从不归化，原可略惕以威，使之知儆，不必果于进取。迨马良柱乘胜攻克沃日、小金川，直抵丹噶，若张广泗果能予以接应，其时贼人防御之法尚未周悉，亦可就灭，乃一误再误以至于今。若此时畏难，草率了事，则逆酋之势愈张，而众土司益被其毒，且以天朝为不足恃，即边境何以冀其永宁？是以臣愚以为必一举成擒，则可以威镇百蛮，永销氛祲。此时现在，乞降未见果出诚心，若莎罗奔郎卡果亲自前来，犹可商酌，否则惟有进攻，断无中止。谨奏奉。”

上谕：“金川用兵一事，朕本意欲以禁遏凶暴，绥辑群番，并非利其人民土地。从前讷亲、张广泗措置乖方，屡经贻误，特命大学士傅恒前往视师，熟察形势。傅恒忠诚劳勚，超出等伦，且中宵督战，不避风雪，击碉夺卡，大著声威。朕思蕞尔穷番，何足当我王师！傅恒乃中朝第一宣力大臣，素深倚毗，岂可因荒徼小丑久稽于外？着即驰驿还朝，军营一切事宜交与策楞、岳钟琪等，尽现在兵力，妥协办理。”

正月二十八日，经略奉到谕旨，适金酋遣头人乞降，经略饬令亲赴军门，方可准允。金酋惧降而负诛，迟疑不进，转差头目赴提督处叩恳。提督岳单骑至勒歪贼巢，宣扬天子威德，许为呈奏，贷以不死，饬令立誓具结，同众土司一体输纳当差。该酋带领蛮兵二千余人，齐声拜祷，遵奉约束，随跪进茶汤，椎牛设宴，留宿帐中。二月初四日，莎罗奔即卡亲随提督赴卡撒大营，焚香跪求，并呈万金，愿为经略建庙，同达赖喇嘛朝夕奉祀。经略因其情词恳切，据实奏闻。遂于初五日鼓乐升帐，纳降班师。

王赞武

王赞武，字建东，贵州南笼府普安州人也。性倜[一]傥，慷慨好施与，貌魁杰，膂力过人。为诸生时，雅不重阿堵间物。父之琳，积产颇厚，遇收责时，必自请往，往辄减其租，有焚券不责偿者。父知之，亦不问。构书院于其乡，捐赀设课，招生童肄业其中，多所成就。

乾隆五十五年，以甲午科乡荐拣发来川，授峨眉令。革弊锄奸，不遗余力，理决词讼，如家人父子。时以肩舆往来间巷，劝课农桑。大堡夷猓，素顽悍，不事耕业，时出为害。公为口讲指画，借籽赊牛，俾垦荒土，分疆塍、列村落，别招汉人栽插其余，得良田五千余亩。民猓相安，升科编户，比沃壤焉。西藏之役，奉檄运饷，遇蛮夷甲霸，辄以译者谕之曰："毋我盗，有不足，我将犒汝，曷往屯所俟？"于是群夷欢腾，相与护送出站。竟其役，公所督运无败事。寻以忧去。

服阕，赴补权南部篆。南部者，北道孔衢，为东西要害，地瘠民顽，号称难治。先是，川中教匪起，达州东北州县动遭蹂躏，所在焚掠，纷纷逃窜，破城摧堡，莫敢撄其锋。大军剿抚并施，旋灭旋起，浸淫五载，不能靖。初下檄时，大吏恐其怯往也，问之，公曰："武存，南部存；武亡，南部亡。何惧之有？"闻者壮之。甫至邑，严斥堠，编保甲，修造军器，老弱妇女居守，丁壮剿捕，且耕且御。公杂于稠人刍牧中，日夜巡逻奖励，与士卒同甘苦，隐隐为西北一巨镇。贼闻之，相戒莫敢入境。首逆罗其清者，故州役，拥众数万，由苍溪而西逼县界，结寨孙家梁，旌旗蔽空，呼声震地，且发令曰："不可伤南部一民，违者斩。"公以单骑诣营，一老卒控马，一童子揭"正堂王"旗一随之。贼始疑惧，严阵以待。公呼之曰："我来为尔辈耳。"贼见其无备也，开营纳之。环聚伫视良久，曰："王青天也，何为至是？"公谕之曰："朝廷赦尔辈以自新，岂不知耶？"曰："知之。""知之何不解散？"曰："无可奈何耳。某等本以一时忿激，为官役等所逼，抗拒以来，戕官杀吏，败坏至此。朝廷纵有好生之心，其如我辈疑阻不敢向前何？且某等室家败毁，父母妻子相继灭亡，祖人庐墓为之一空，归将焉依？与其骈首就戮以快仇雠之心，毋宁啸聚奔逃，求缓须臾之死耳。”因泣下。公曰：“无惧，我能丐汝死。”曰：“呜呼，等死耳！为囚为贼，其罪一也。愿公无再来营。公在此，某等决不敢以一骑一矢相加。”公曰：“何故伤百姓？”曰：“无我梗，则免耳。”出蟒袍靴帽相赠，却之再。罗其清曰：“我知之矣，此贼物也，何敢污公？”留饮一日，以千人簇拥下山，其夜统众扬去。

五年春正月，贼匪乘嘉陵江水涸，自定远渡江而西，所在州县告急。初渡时不满五千人，旬日间有众数万，蚁聚蜂屯，噪而西逸，走蓬溪，掠盐亭，折而北攻南充、西充，蔓延至南部。当是时，贼以五色旗号自随。渠首冉添元、陈得俸尤称枭桀，每以埋伏陷官军，总镇朱射斗所由败没者也。至县属之花牌坊，公率乡勇二千人，夜三鼓，兼程以进，至则围贼数重。贼欲遁，迫于山，不能退。公身先士卒，手持春秋大刀，直冲贼营，乡勇助之，大呼杀贼。东冲西突，歼灭三百余人，贼众大败引去。会日暮，我兵饥甚，乡勇等以暂退觅食告，公不可，曰：“险要一失，恐不能御。”求之愈急，公不得已，随之退守富村驿。日已夕，闭栅卡，入驿稍憩。俄报贼至，公不信。再至，公步行持刀往验，以壮士张某荷戟自随。出门火起，黑影中有数人丛集于街，公叱之，不应，持刀向之。贼来斗，立杀二人。贼群起，众矛攒刺，公寡不敌众，遂遇害。壮士死之。众乡勇至，贼已一哄而散。时二月初六日夜也。死年五十七。

事闻，奉旨：“该员平日甚好，可惜！着该部即行照例议恤，钦此。”南民闻之，无不堕泪。讣至峨山，众僧偕士民望西招魂建醮，于其顶立像祀焉。后月余，德参赞楞泰以劲旅至，大歼贼于江油之马蹄冈，生擒冉添元、陈得俸。解省寸脔之，远迩称快。公初无子，遗腹生一子，距公死才九十六日，人以为忠义之报云。

于公治狱

于公霈者，蜀之阆中人，令陕西临潼。邑民张氏妇少美皙，一夜，夫外出，妇独寝，有贼破门入，妇从窗罅窃睨，见人众，恐惧匿床下。贼入室无所取，独搜得妇，挽之行。妇呼号求救，旁一人掩其口，拥而出。至一神祠，环求淫。妇披发跳叫曰："我良家妇，义不受辱，速释我归，不则惟有一死。"贼以刃胁之，妇骂愈厉。贼知不可屈，争前缚其手，持其足，强淫焉。妇骂不绝，贼大怒，以手呃其喉。业毕命，贼怒未已，折其一足而去。时雍正十二年十一月也。邻居闻声，惧贼，众莫敢赴救。比贼逸，偕往，具其事于县。公即往视，见妇死状，发上指、面赤汗下，曰："若之死所不忍见，不为若复仇，何以宰为？"因步周垣，是夜大雪被地，足印以十数。时尚未曙，无他人行。公乃随而踪迹焉，杂沓至康而宁之门而没。

康而宁者，邑之富人，日渔色奸淫万状，家中具一图籍，记里中妇女，甄别好丑。好者，必设法计诱之，度不可诱，则呼党与夜入其家，执而从事。其家惮其恶，又耻之，率隐忍，勿敢与争。以故宁之志益肆，愿益奢，更欲尽淫其一邑之好者。邑中人人切齿，终无可奈何。

是日，公呼宁出，宁见公则色沮，仓皇失所措，公命拘之归，一鞫而服。先是，邑中周氏女及笄，其父母亡，兄服贾，与其嫂居。一日，嫂欲归宁，女送之门。而宁过而见之，心知嫂去，独女在。夜，与其徒入室。女方就寝，其徒环执之，而宁蒙其口，肆淫遍其徒。比去，女已死矣。公求贼数月弗得，至是宁并自认不讳。狱具，一邑欢呼颂神君。

宁徒赂西安太守，守欲出之，公不可。太守以公为故入人罪，公欲与辩，太守拒不复见，更使长安、渭南二令覆验。二令希太守意，变其事，谓杀人者非宁也。当宁杀妇时，渭南令适往西安道，经宁里，闻其事甚悉。时虽出宁罪，心终不自安，复劝公曰："上官欲活宁，公故违，且重得罪，奈何以一妇之冤贾一身之祸？"公佯许之，二令即要与俱见太守。太守出，握手谈，谓："罪疑惟轻。"公毅然正色曰："太守制一郡，将锄残戢暴以安善良，作万民之主宰。而宁罪状昭彰，邑人共愤，莫不欲甘心焉。公欲活之，使节烈含恨九泉，若公议何？国法具在，上天难欺，霈既知之，断不肯迁就了结。"太守大怒，叱之出，顾视二令曰："若犹枝柱，奈何与俱来辱我。"二令惶遽出，让公曰："若病狂耶？何乃尔？"公笑应曰："公知有太守，我知有妇冤，亦各从其志也。"公遂返。二令竟出宁罪，狱上，邑人尽恐，环哭公门。公亦知不免，且遣其家属归。邑众送之，牵公衣而泣，泣涕交横下，道旁观者皆伏地，泣莫能起。公慰谕曰："毋恐，我誓不与贼俱生也！且去，听我所为。"邑众收泪强起，稍稍散去。

公归书其事，直揭部科。会大中丞硕公色知其事，檄下汉中、凤翔二守廉理。凤守冯公庆长先期斋戒，至会质，矢曰：“敢有怀私心以治此狱者，其子女有如张氏妇。”遂莫有异议，邑众亦赴诉冯公所称宁罪，宁知不可逭，具白所以杀妇并女死状。问：“何以为验?”宁出素所为图籍，皆邑中妇女名，已淫者注其下以百数；其未淫者亦注以待异日焉。冯叹曰：“此即杀有余辜矣。”如公牍拟重辟，穷治其党。一邑尽欢，咸德公，有肖像祀者。硕公表公廉直，入为刑部主事。西安太守参革。

严抚吞钉

阆中严中丞瑞龙，幼时误吞一钉，已下咽矣。其太夫人忧甚，延医调治，卒无效。公亦不觉其苦。及半载，腰间忽患疮，红肿异常，令外科胗视，见疮顶高起，谓“必去脓，然后可以敷药”。用铁夹夹其顶中，硬不可动。极力拔之，乃一铁钉，细视之，即向日所误吞钉也。惊诧不已，疮遂平。钉入喉中尚隔肠膜，不知何以穿至肤间，亦一异事也。又闻瑞龙少年时肄业土窑中，是年其师王某苦热，叹无纳凉之处。严曰：“土窑中颇凉，可以稍憩。”师至，觉清风徐来，毛发俱爽。师曰：“是间有风，似有人扇之者，甚惬吾意。”忽闻空中人语曰：“吾运此风轮只以为大中丞，不知是老学究。”其风顿息。后严仕至湖北巡抚，其师终于巴县广文。

古梁州

《禹贡》：“华阳、黑水惟梁州。”幅员甚广，后世递有变更。今四川去华山甚远，在嶓冢之南，非复梁州之旧矣。试略考之：梁北自洛南、商州、镇安并属西安府。以西为洋县；城固、褒城、凤县并属汉中府。两当、徽州、成县并属巩昌府。及唐宕、叠二州之地，北与今岷州、洮州二卫接界，卫属临洮府。又西为西倾山南、唐松州徼外羁縻之地，贞观二年，于松州置都督府，督羁縻二十五州，其后多至百有四州，悉生羌部[二]落。皆与雍接界。其间大山长谷，远者或数百里。终南山东连二华，竦峙长安之南，有子午道直达汉中，冈峦绵亘。历盩厔至武功、郿县为太一山，亦名太白山，骆谷、斜谷之口皆当其地。

又西过宝鸡，讫于陇首山之深处，高而长大者曰秦岭。《西京记》

云："长安正南，山名秦岭。东起商、洛〔三〕，西尽汧、陇，东西八百里是也。"关中指此为南山，汉中指此为北山，斯实雍、梁之大限矣。宝鸡西南为凤县，即汉故道县，属成都郡。县东北大散岭与宝鸡分界，岭上有大散关，当秦、陇之会，扼南北之交，雍、梁有事，在所必争。

又西为徽州，州东南有铁山，悬崖万仞。刘子羽曰"蜀口有铁山栈道之隘"是也。州西有木皮岭，甚高险。唐黄巢之乱，王铎置关于此，以遮秦、陇。

又西为成县，县有鹫峡、羊头峡、龙门戍，皆在仇池山北。北兵攻仇池，必由此入。又西为洮州卫之西倾山，山东北去卫四百余里，属雍州，其南则属梁州，所谓"西倾因桓是来"者也。以上诸山皆陇、蜀扼塞。西倾与华阳，东南准望相直。曹彦和云："梁北雍南，以华为畿。"不兼言东，最得经旨。而林少颖以为华山在梁、雍之东。当云："梁之东北，雍之东南，以华为畿。"夫兼言东则不足以该其西，是谓欲密而反疏。林氏盖习闻西南距岱之说而不知其非，故有此论。

梁东自洛南、商南以南，二县并属西安府。为郧西之西境，故上津县地。上津，唐属商州，其故城在今郧西县西北一百十里。又南为房县，郧西，房县并属郧阳府。与豫接界。又南为竹山县，属郧阳府。又南为巫山县，属夔州府。与荆接界。

梁南自宜宾以西至会川，诸州县凡在泸水、马湖江之北者，皆梁域。宜宾以东至巫山诸州县，凡在大江之北者，皆梁域。盖大江既合泸水，亦得互受通称。故隋改江阳县曰泸川，置泸州治焉。其县南大江，《寰宇记》谓之泸江。泸水即黑水，即梁左之南鄙，亦当以此水表界也。或曰："梁州之水，莫大于江，经曷不界以江？"曰："江自岷山导源，大势皆南行，至叙州始折而东，苟界以江，则江右之地悉遗之域外矣。故言黑水可以见左界，而言江则不可以该右界也。"

梁西自西倾山历唐羁縻州以南为当州、奉州、柘州，又西南为始阳镇，又南为雅州、黎州，又西南为巂州，皆与蛮夷接界。今松潘卫、威州、天全六番招讨司、雅州、黎大所及越巂冕山营之北境、盐井营之西境是也。

唐当州，在今松潘卫西南三百里，州治通轨县。《隋志》县有甘松山。《元和志》云："甘松岭，在嘉城县西南十五里。"唐开元十九年，吐蕃请互市于甘松，宰相裴光庭曰："甘松岭，中国之阻，不如许赤岭。"即此也。赤岭，在今陕西西宁卫界。奉、柘二州，在今叠溪、威州之西。奉州西七十里有的博岭，韦皋尝分兵出此围维州。柘州西北百里有大雪山，一名蓬婆山，杜甫诗"已收滴博云间戍，欲夺蓬婆雪外城"。是蓬婆又在滴博之西也。威州北有高碉山，山上有薛城废县，唐维州治，亦曰姜维城。《边略》云："自松达茂不三百里，夷碉棋布，山岩如蜂房。"《宋史》有碉门，元有碉门宣抚司，即今天全六番招讨司也。盖夷碉起自松州，讫于始阳，故谓之碉门矣。《广韵》无碉字，不知其音。今案《后汉书》：冉駹夷皆依山居，止累石为室，高者至十余丈，为邛笼。注云："今彼土夷人呼为雕也。"盖碉本作雕，后改从〔四〕石作碉耳，音当与雕同。

唐雅州治严道县，领羁縻吐蕃四十六州。黎州治汉源县，管羁縻州五十七，并蛮夷部落。《寰宇记》云："雅州西去大渡河五日程，羌蛮混杂，连山接野，鸟路沿空，不知里数。黎州西至廓清县一百八十里，其城西临大渡河，河西则生羌蛮界，高山万重，更无郡县。"今黎大所北有邛来山、九折坂。后汉永平中，白狼、盘木、唐菆等百余国举种奉贡，越山坂强负而至，皆旄牛徼外蛮夷也。嶲州即今建昌卫。《通典》云："南至姚州界五百六十里，西至磨迷生蛮六百六十里。"昔司马相如略定西南夷，关沫若，徼牂柯，镂灵山，桥孙水，盖皆在此地矣。

又《周礼》："正西曰雍州。"疏云："周之雍、豫，兼梁州之地。"案：雍州西北二边，世有戎翟之患。自夏桀时，畎夷入居邠、岐之间，成汤既兴，伐而攘之。及殷室中衰，诸夷皆叛。至于武丁，征西戎、鬼方，三年乃克。故其诗曰："昔有成汤，自彼氐羌，莫敢不来享，莫敢不来王。"言武丁能继汤之烈也。及武乙暴虐，犬戎寇边，周古公逾梁山而避于岐下。及太丁之时，季历伐燕京之戎，戎人大败周师。文王为西伯，西有昆夷之患，北有猃狁之难，遂攘戎翟而戍之，莫不宾服。厉王无道，戎狄寇掠，乃入犬丘，杀秦仲之族。宣王承厉王之后，猃狁孔炽，整居焦获，侵镐及方，至于泾阳。雍州之域为戎翟所侵陵如此，则其疆埸未必能悉如《禹贡》。梁州之山水，无一入《职方》者。故杜氏言："梁州当夏、殷之间为蛮之国，盖即《牧誓》所称庸、蜀、卢、彭等是也。雍之并梁，亦虚名耳。"今据《周礼》言之，正东曰青州，其南则有扬，其北则有幽，而西则不然。目雍州以正西，其西北、西南两隅皆缺焉。然则梁地为羁縻之国，固不待言。而雍之西境如西倾、积石、猪野、流沙、三危、黑水之区，皆没于戎翟。《禹贡》之旧疆，不可复问矣。《尔雅》目雍州以河西，则华山以南不在界中可知。其西北亦当亏损，殷、周之雍，实小于《禹贡》。或因并梁之说而反以为大，此耳食之学，未可与道古也。

殷有徐而无青，营即青也。周有青而无徐，青即徐也。青、徐二州迭为有无，独梁则二代皆无之，其故何也？余按：武王伐纣，誓于牧野，诸侯会师者，称之曰友邦冢君。而庸、蜀、羌、髳、微、卢、彭、濮八国，则称之曰人，不以诸侯待之。传曰："八国皆蛮夷戎狄属文王者。"《正义》曰："此皆西南夷也。"《通典》曰："梁州，当夏、殷之间为蛮夷之国，所谓巴、賨、彭、濮之人。"由是观之，殷、周之世，梁地大半变于夷，故此州遂废。先儒多言梁并于雍，唯贾公彦云："雍、豫皆兼梁地。"而林少颖又云："江汉发源梁州，而《职方》为荆州川，则荆亦兼梁地。"此言尤为精核。盖殷、周之荆、豫，皆以汉水为界。梁州之地，自嶓冢以东分属荆、豫，而嶓冢以西则雍兼之。其地皆为蛮夷，虽并于雍而《禹贡》梁州之山川，无一入《职方》者，大抵如唐、宋之羁縻州，元、明以来之土司，简其政令，宽其赋敛，以柔扰之，使为不侵不叛之臣而已。建州设牧，非其所宜，故终殷、周之世，梁州不复置也。

江源考

徐氏弘祖纪江源云："《禹贡》'岷山导江'，乃泛滥中国之始，非发源也。中国入河之水为省五，入江之水为省十一，计其吐纳，江倍于河。按其发源，河自昆仑之北，江亦自昆仑之南，非江源短而河源长也。"又辨"三龙大势，北龙夹河之北，南龙抱江之南，中龙中界之，特短。北龙只南向半支入中国。惟南龙磅礴半宇内，其脉亦发于昆仑，与金沙江相并南下，环滇池以达五岭。龙长则源脉亦长，江之所以大于河也"。

李氏绂《江源考》："江为南条大水，与北条之河并称。河自发源至积石入中国境，以今《方舆路程图》考之已七千余里。而历来溯江源者，悉本《禹贡》'岷山导江'之文，止就岷山言之。虽博奥如桑氏《水经》、郦氏《注》，精详如程氏《禹贡论》，亦无异辞。余独疑江水广与河等，深则数倍，并横亘中国。江尤有天堑之名。而岷山在陕西废叠州，为中国境内，何其源之近而小耶？窃以为《禹贡》言'岷山导江'，犹道河积石，止就神禹施功之地言之。江源不始于岷山，犹河源不始于积石也。昔人尝有以北金沙江为江源者，其源出在西番内，莫得其详。后阅《方舆路程图》，则北金沙江源委井然，既开方以计里，又测极以准度，其法为古来所未有。按《图》考之，岷江与金沙江会合于四川之叙州府。自叙州逆溯其源，岷江源出岷山，当北三十四度、西十二度。行五百余里，过黄胜关，至松潘卫入四川境。又南行五百里至茂州之长宁堡，有黑水河来会。又南行六百里，经成都府西境，至嘉定州，青衣、嘉定二江来会。又二百余里至叙州，与金沙江合。自发源至此，仅一千八百余里。若北金沙江，则发源西番之河克达母必拉。必拉者，河也。当北三十二度半，当西二十度。经母鲁斯乌苏之拜图都浑共，南行千八百里，过里雍河屯，始名金沙江。又东南行九百里过塔城关，至云南丽江府。又南行四百里至陶营巡检司。又东北行千里至雪山，入四川境。又北行千二百里，有打冲河来会。又东行三百里至凉水井，折而北行七百里，又东行四百里至马湖府，又东行二百里至叙州府，与岷江合。自发源至此已六千九百余里，较江之源远三四倍。凡水以原远者为主，而原近者附之。今自叙州会合之处，逆溯二江之源，修短悬殊如此，乃不以行六千九百余里者为江源，而以行一千八百里者为江源，此理之必不可者也。按：黄河发源北三十六度，当西十九度，与金沙江南北相距仅三度半，东西则止偏西一度。而河源之南，金沙江源之北皆高山耸峙，盖即所谓昆仑山也。河源在昆仑之阴，江源在昆仑之阳。而特微偏西二百余里也，又有一源名鸦砻江，即所谓打冲河，与金沙江会合于马湖西境者也。鸦砻亦发源于西番北境，与青海南境接壤，当北三十四度、西十八度，与河源南北相距仅二度，东一度，中阻高山，盖亦昆仑之阳而微偏东二百余里者也。其源从平地涌出，源泉百十道，与星宿海相同。西番人名以查楚必拉，蒙古人名以七察尔哈那。众泉会流为大川，南行二千里，沿途纳东西大水十余处，经四川西境，始名鸦砻江。又南行六百里入四川境，过三渡水始名打冲河。又西行三百里，又南行五百里与北金沙江合。又一千六百里至叙州。自发源计之，其行五千里，较岷江之源亦几于三倍；而水势盛大，亦倍于岷江。以源之远论，当主〔五〕金沙江。以源之大论，当主鸦砻江，然不如金沙为确。盖金沙较鸦砻，又远千九百里，源远则流无不盛者。若岷江则断断不得指为江源也。又按：江河并发源于昆仑，河源在其北者，东趋陕西，又折而北直趋塞外鄂尔多斯。又东行千余里，然后折而南，由延安入陕，再折而东，以入于海。江源在昆仑南，亦东南行，已与四川相近，复南行直趋云南。东行千余里然后折而北，由雪山入川，再折而东以入于海。两大川始而相背，断〔六〕而相向，有若黻文‘亚’字，亦天地之奇观。观〔七〕江源者，亦可以无憾矣。”

案：徐、李二氏论江源，一得之远游，一得之图像，皆信而有征，可补前人所未备。其论诚辨，然终以岷山为江之正源，金沙特入江之支流耳。盖源难以远者为宗，而亦以大者为正。江自岷山至叙，行千八百里，已自成江，舟楫通利。其为大江也，无藉于金沙，故叙金沙之自南而北入于江，亦如汉江之自北而南入于江。后人断不以汉亦入江，而遂改江源于嶓冢，岂可以叙亦入江而竟改江源于金沙哉？盖既论正偏，则不必更计其修短矣。金沙盘曲于万山中，细流断续，巨石横亘，从古不通。近乾隆初年，云南督臣按图开浚，董其事者云：“凿山堑石，不知凡几，始有径可通。今虽亦行舟楫，毕竟崎岖屈折于侧径巉岩中，危险特甚。未能通行，无碍也。”则徐、李二说虽新奇可喜，特足广人听闻，终不可改为江之正源也。

酆都县尹

酆都县俗传路通阴曹，县中有井，每岁焚纸钱帛镪投之，约费三千金，名纳阴司钱粮。人或吝惜，必生瘟疫。国初，知县刘纲到任，闻而禁之，众论哗然，令持之颇坚。众曰：“公能与鬼神言明方可。”令曰：“鬼神何在？”曰：“井底即鬼神所居，无人敢往。”令毅然曰：“为民请命，死何惜！吾当自行。”命左右取长绳缚而坠焉。众持留之，令不可。其幕客李诜，豪士也。谓令曰：“吾欲知鬼神之情状，请与子俱。”令沮之，客不可，亦缚而坠焉。入井五丈许，地黑复明，灿然有天光，所见城郭宫室悉如阳世。其人民藐小，映日无影，蹈空而行，不知有地也。见县令皆罗拜曰：“公阳官，来何为？”令曰：“为阳间百姓请免阴司钱粮。”众鬼啧啧称贤，手加额曰：“此事须与包阎罗商之。”令曰：“包公何在？”曰：“在殿上。”引至一处，宫室巍峨，上有冕旒而坐者，年七十余，容貌方严。群鬼传呼曰：“某县令至。”公下阶迎，揖以上坐，曰：“阴阳道隔，公来何为？”令起立拱手曰：“酆都水旱频年，民力竭矣。即朝廷国课尚苦难输，岂能为阴司纳帛镪、更作租户哉？知县冒死而来，为民请命。”包公笑曰：“世有妖僧恶道借鬼神为口实，诱修斋设醮，倾家者不下千万。鬼神幽明道隔，不能家喻户晓，破其诬罔。明公为民除弊，虽不来此，谁敢相违？今更宠临，具征仁勇。”语未竟，红光〔八〕自天而下，包公起曰：“伏魔大帝至矣。公少避。”刘退至后堂。少顷，关神绿袍长髯，冉冉而下，与包公行宾主礼，语多不可辨。关神曰：“公处有生人气，何也？”包公具道所以，关曰：“若然，则贤令也。我愿见之。”令与幕客李惶恐出拜。关赐坐，颜色甚温，问世事甚悉，惟不及幽明之事。

李素戆，遽问曰：“玄德公何在？”关神不答，色不怿，帽发尽指，即辞去。包公大惊，谓李曰：“汝必为雷击死，吾不能救汝矣。此事何可问也！况于臣子之前呼其君之字乎！”令代为乞哀。包公曰：“但令速死，免致焚尸。”取匣中玉印方尺许，解李袍背印之。令与幕客李拜谢毕，仍缒而出，甫至酆都南门，李竟中风而亡。未几，暴雷震电绕其棺椁，衣服焚烧殆尽，惟背间有印处不坏。

渭南包公

温江孝廉岳某，雍正九年，官陕西渭南令，久于其任，颇以能吏自居。县民魏学诗，家素富饶。其弟学易，性痴钝，娶妻周氏，丰姿绝佳。学诗艳之，调戏成奸。以学易在家不便，给银三十两，遣令入川贸易。逾年，周氏有孕，学诗惧人窥破，致滋口舌。用药堕其胎，于后房砖砌夹壁贮之，杜绝亲戚往来。更数月，周氏母家因婿远出，女又无踪，赴县控理。岳访知周氏被学诗私藏夹壁，又访知城西三里井内有死人一具，疑系学易尸身。一日，出衙，称有黑风前导，众言未见。岳曰：“汝辈俗眼，岂能见此？现在黑风已往魏家庄，径赴魏家庄后房。”督令拆毁墙壁，起出周氏。又称黑风转向城西，至三里井，忽入井中。着人打捞，起出枯尸一具。查问周氏与学诗有奸，并拘学诗，跟究因奸致死学易各情节，加以严刑，一一供认。一时闻者颇有包龙图之称。及至解审，臬司以供〔九〕词不确，且北地井深气冷，学易之死不过三年，何致尸枯莫辨，驳饬另审。岳坚执不改。臬司正提询间，学易由川回至长安。邻证等扭入辕门叩禀，臬司笑曰：“死人活矣。”因将全案驳正，问：“枯尸何来？”

岳不能答，被参。有题诗于县壁者，曰：“渭南县里假龙图，风卷尘沙向蔽庐。不是入川人到案，霜台何以定爰书？井中枯骨属何人？肉烂皮销认未真。寄语问官须细察，休将私访误平民。”于是，人咸指岳为花脸包公。

詹守职

筠连詹守职，余己卯同年也。弱冠登贤书。癸未入礼闱，忽坐号中哭泣，泣毕，将试卷碎裁成片，各写书，别家人亲友，走出空号中自缢。有同号生见之，鸣于官。时提调为仪制司主事内江姜尔常锡嘏，亦与詹乡试同年也。亲至号解之，气尚未绝，但痰声咯咯，乃以姜汤灌醒，问其故，则舌跻不知何语。令人扶至至公堂，稍能饮食，而两目上视，日夜仍寻刀觅索如故，乃派役守之。至放栅，交外巡着人送至韦陀庵寓，而疯狂仍然。凡刀索，奴辈皆藏之，至月余乃稍稍省人事。友人问其故，言：“庚辰北上时，缺费，托亲戚某代求包捐监生数名，得数百金乃行。落第后，将包捐银借与新迁知县行利。已随任讨银，知县日久未还，遂不能捐。其捐监人在家中日夕与亲戚某嘶吵。某屡书带京催问，而己无颜回答，只得托故以复。而捐监人吵不已，并合家上某门坐索，某被逼遂缢，竟至讼官，连年不决。今春北上至彰仪城门，忽见某挂在城门上，大惊，究疑不祥。及入贡院，甫进号，又见其人曰：‘汝亦来了么？’遂昏，以后事皆不知矣。”

马镇番

德阳孝廉马志修，字敬斋，号松崖。乾隆丁卯举人，壬申拣发甘肃试用，补镇番令。在任三载，多惠政。性耿直，与上司不合，告归家居。戊申正月十九，梦仍赴镇番上任，所过道途街巷历历皆旧日经行之处，唯衙署系城隍庙，庙中一吏出禀曰：“此来太早，上任日期尚在庚戌年六月初十日。”公遂寤，记忆甚清，常举以告人。家丁皆默识之，至期果卒。临卒前数日，身抱微恙而面无病容，惟神气与平时稍异。每出门，引手向前，作推谢状，若有人跪迎者。问之，曰：“镇番来迎隶卒耳。”有家丁李忠患病甚剧，忽起立，收拾行李。伊母问之，曰：“跟随老爷到任。”伊母忧惧，止此一子，跪恳马公免其带往，公许之。次日，李痊，公随卒。没数日，又附家人言曰："我到镇番任矣。缘本省城隍文移未到，尚未视事，尔等须办使费，急为料理。至于安厝一切事宜，务期恪遵祖训，不得过奢。"其弟能修问曰："兄既作城隍，必洞知冥数。弟年逾六旬，未审还有几年寿？"算曰："尚有五载。"甲寅年二月二十五日，能修抱病卒，竟如所言。

罗江土地

今绵州，即前罗江县治也。明有土地祠，前令所建，颇著灵异，今有事必祷焉，祭享无虚日。自盛昶以御史谪级莅任，不复祭享。一日，私廨失所蓄鸡，寻之，乃在神前，舒翼伏地，如被钉状。以问舆皂等，皆言神以久不祭，故见谴耳。昶怒至祠，面斥其非，欲毁之。是夜，梦中见神来谢罪，恳曰："余血食于此者累年，不敢为过。昨日鸡被钉者，乃鬼卒辈苦饥，故为之，非余敢然也。公幸怜之，勿毁。"昶不许。明日，遂撤之。其前令者既秩满，即留家于县署后，夜梦神来诉，乞立庙，诘之曰："何不更诉新任？"神蹙额曰："须公自为之，彼盛公严威，不敢干也。"令乃即所居傍建祠祀之，然不敢为非矣。

忠山石人

泸州忠山，乾隆六年十二月修诸葛武侯祠。初成，山前开路，掘之，哄然有声。起视，一洞穴中两石人背各有铭，一刻"守土，守土，三[十]分辛苦"，一刻"遇隆则盛，松柏千古"。惜无年月，不知何时所为。州牧公良铨移置祠下，纪以诗。

梦呓惊贼

成都毛司马翥苍振翧官滇南时，摄罗雄篆。奉鄂制军尔泰调验赴省，随携国课千金，解交藩库，路宿赵夸店。夜半被贼凿，后墙已穿，为内板所阻，复凿前壁，透。翥苍忽梦中大言曰："良心不死于盗贼。"贼惊去。时翥苍兄仪彩连床，惊觉问曰："胡为出此言？"翥苍犹酣睡，异之。乃呼同行赵梅鹤起视，赵曰："我枕畔隐隐闻墙外似有人声。"举火出视，前后墙壁俱已凿开，幸贼未入室。唤翥苍醒，告以故。翥苍曰："予梦呓，实不知。"起探，课银尚在，叹曰："天下事各有定数如此哉。倘予梦中不言，则千金休矣。岂神有以启之耶!”因纪其事，并附以诗曰：“酣眠谁复数残更？枕簟难安梦忽惊。休怪绿林疑且去，暗中原自有神明。”

僵尸出棺

雅州明经牟柄六钤，予同砚友也。有胆气。尝言少随某官邛之司铎署中课其子。有前任郑姓表弟没于署，停柩于明伦堂东偏，以纸槅遮之。中为庭，西一间即书室也。每夜三更静，辄闻琅珰一响，即有脚声橐橐然，由东走出，牟心疑之。次夜假寐，从壁后隙窥之，则见棺盖凸然而起，僵尸从椋中欠伸而坐，遍体白毫，眼犹闭，以手竖盖于旁，即翻身下，往署后伥伥而去。署后旧有废圃，荒草丛生，不敢蹑其后。遂坐以待鸡鸣，见尸从外大步而归，入椋中，仍以手攀盖，自覆如故。牟翌日以告其亲，率数十人夜伺其出，牟即持斧钉其盖，远避他舍以听动静。明日往视之，见僵尸仆于盖上，而书室中悬帐寸裂成条。盖已知系牟所为，愤怒以报之也。牟曰：“若不远避，则人亦齑粉矣。”

彭县塔

彭县北关龙兴寺前有方塔一座，高十数丈。宋大观中，预知禅师建。崭截直上，缺其一角。相传，塔顶有宝珠，冯志聪见圣井院井内龙出戏其珠，因窃去。至内江，塔角飞压其舟，沉水死。其言无稽，未可信。乾隆丙午年五月初六日，地震，塔顶四裂，势将倾圮，卒不坠。近塔居民，仿佛震时烟雾弥漫绕塔，似有巨人撑扶。震已，塔竟无恙。视寺中，四金刚浑身汗湿，面有擦损迹痕，咸以为金刚之力云。

丙穴鱼

杜诗：“鱼知丙穴由来美。”按：丙穴在褒城北。《水经注》：“丙穴出嘉鱼，常以三月出，十月入地穴口，向丙，故曰‘丙穴。’”下注：“褒水，今隶陕，不属蜀矣。”其实蜀中鱼之美者不止丙穴。彭县大鱼洞、小鱼洞，什邡高景关、乾河等处，俱出嘉鱼，肉肥鳞细而少刺，味极鲜腻，迥异常品。盖石穴水冷，鱼生其中，噞喁丛簇，千百为群，至春暖，随流而出，均与丙穴无异。余癸丑春买山庄于凿华峰下，前临洛水，环列老梅数百株，遍尝山中蔬果笋茶，俱有世外味。而薏米酒、细鳞鱼尤佳，故特书之，以见天地生材无处不有，不必远求之褒汉间也。

神办交代

汉州牧李公识蒙，河南夏邑县人。由廪贡援例赴铨，得安县令，良吏也。乾隆二十一年，自安县调署汉州，循循视事，是非得失，必曲得其情而后止。在州时，年已六十余矣。有接见者，尚谦谨如处子，语言呐呐不轻出诸口。莅任二载，卒于署。临卒前一日，有街役忽狂叫仆地，气绝。少顷复苏，臀有杖痕，语人曰："旧城隍张太爷升任将去，新城隍李太爷明日到任。冥司以我不治街道，秽污太甚加责。某某有积恶，因办交代清理旧案，遣人捕之矣。"后悉如所言。次日，李公卒。其言张太爷者，盖前任张公，名皜，奉天人。乾隆初年任汉州，清操素著。逾年死，贫不能具棺。州人德之，为集金治丧，护送回籍。至今父老尚能言之。

雷击偷儿

达州民某兄弟二人甚友爱，弟未授室而他出，兄卖身得十二金为弟聘妇。弟归娶妇，知兄卖身事，乃相持而泣。遣其妇往母家，取原聘金为兄赎身。湖北流民二人某某知其事，尾之，中途击妇死而攫其金。忽霹雳一声，二人立毙。其尸罗跪于妇家之门，手中持十二金。顷之，妇复苏，归至其家，则二人者已先跪门外矣。妇语其故，兄弟邻里及州人来观者如堵，莫不叹异，以为孝友强暴之报施不爽云。

预　碑

预碑者，高县令周莘圃谦重建文庙所得之碑也。高邑文庙，创自康熙五十六年前邑宰石尹，阅七十八载，渐就倾圮。乾隆六十年乙卯九月十二日，周公谋诸绅士，拓地重建。于大成殿后掘地深丈许，得石碑一，平覆大石之上。土工以告周，偕同城往观。字已模糊，细加磨濯，得四言诗六十四字。诗云："推算先天，九九欠三。鼎造石尹，择修周官。愈升愈美，越高越妍。诸生辅翼，科甲绵绵。癸丁壬丙，龙真穴全。毋怠厥职，令子肖贤。要知修者，仍是身前。隐没当日，出现今年。"凡前后修建年月姓氏，以迄辨方正位，一一不爽，惜未载刻碑者姓名及埋藏年代。众绅士诧为异事，因欣然出资勷成其功。周征诗以纪之。

冥　报

郫县监生熊某，兄死，逼嫁其嫂，嫂忿自缢。乾隆十七年壬申，恩科乡试，熊入闱，卷已誊好，旁一人谕曰："余观君文甚佳，今科必元。但新例卷面必写'善恶到头终有报'七字，不然文虽佳，亦不收录。"熊疑未决，谕者曰："君且书我掌中观之。"熊书其掌，其人以掌印卷，忽不见，熊警觉，则七字已在卷面矣。交卷出，次日被贴，一时喧传，以为逼嫂之报。其言"是科必元"者，盖居贴榜第一也。

牛产麟

雍正十一年夏五月戊子，盐亭县永贤乡民杨士荣家牛产一麟，身高二尺，长二尺五寸。头上挺一肉角，高寸许，目如水晶，周身麟甲，遍晕青霞，两脊旁至尾各有肉粒如豆，色如黄金，麕身、马腿、牛蹄。产时风雨兼至，金光四射，草木映黄，观者咸以为瑞。

凤集墓

康熙八年己酉，遂宁县庆元山张氏墓有异鸟，类鸑鷟〔十一〕，大如车盘，彩色绚烂，集于松楸，数日始去。次年，其子鹏翮举进士。后仕至冢宰。

黑　水

黑水之名，见于《禹贡》者三：一曰"华阳黑水惟梁州"；一曰"黑水西河惟雍州"；一曰"导黑水至于三危，入于南海"。雍、梁相距数千里，中亘潜、渭、汉、沔，而皆有黑水之名。杜预指"三危"为敦煌，则隶于雍不及于梁。郑康成引《地记》云："三危，在鸟鼠之西南，当岷山，则隶于梁又不及于雍。"蔡《注》谓："雍、梁二州西边，皆以黑水为界，黑水自雍之西北，而直出梁之西南。"引程大昌之说以证之，而指为滇池叶榆之地，又与《水经》樊氏之说不合。今以地图考之，三者其源各出，不必强而同也。《水经注》所谓“黑水出张掖鸡山，至于敦煌”，此雍之黑水也。《汉书·地理志》“犍为郡县南广”，注云：“汾关山，符黑水所出，北至僰导入江。”唐樊绰亦以丽江为黑水。薛季宣谓泸水为黑水，引郦道元说：“黑水亦曰泸水，即若水，出姚州徼外吐蕃界中。”

以今舆地言之，梁州黑水即金沙江，其源发于西蕃阿克达母必拉，南流至塔城关，入云南丽江府境，亦曰丽水。东南流至姚安府大姚县，打冲河入之。又东入四川，径会川卫南，又东至东川府西，又东北流径乌蒙、马湖二府界，至叙州府南入于江。此梁州之黑水也。

导川黑水，其说不一，要以澜沧江为是。澜沧江，发源西蕃阿克必拉，南流至你那山，入云南界。东一支为漾备江，东南流入西洱海。其正支南行，绝云龙江而东南入云州，又南流至阿瓦国，入南海。云龙州西有三崇山，一名三危，澜沧江经其麓，有黑水祠。明[十二]李元阳《黑水辨》谓：“陇蜀无入南海之水，唯滇之澜沧足以当之。”《元史》载“张立道使交趾，并黑水以至其国”。此导川之黑水也。

盖雍州之黑水，其源在黄河之北；梁州之黑水，其源在黄河之南。岷山脊东之水入江，岷山脊西之水始入南海，有截然不可紊者。第张掖、敦煌尚在内地，可以寻源而求，而推其委而不得，遂托为越河伏流之说。夫昆仑为地轴，其山根连延起顿，包河南，接秦陇，直达长安，为南山。黑水自敦煌而南，纵可越大河之伏流，其不能越河以南之南山也明矣。然主泸水、丽江、澜沧江之说者，亦皆以臆度，未能确指水之分合。不知泸水、丽江源异而流同，丽江、澜沧源近而流别，而古未有及之者。盖以二水僻在蕃界，隔蔽南山阻隩，从古未通中国。考古者无从溯源，亦但就流入中国之支派，以古今分域配之，约料其为某水、某水而已，未能确得其实也。方今海宇一统，西南徼外，咸入版图。其水道之源委绘图而呈者，了如指掌，是数千年之旧典，至今日而始有明征也。世有好学深思之士，诚据实详核，勒为成书，以补前贤之未及，不亦好古者之司南也哉！

离 堆

吴白华省钦《离堆考》云：“蜀之言‘离堆’者三：一在南部，颜鲁公所记‘斗入嘉陵江，上峥嵘而下洄洑，不与众山联属’者也。《四川志》既于南部载之，又误载于苍溪。《广舆记》削南部而存苍溪，尤误。一在灌县西南江中。一即嘉定乌尤山。山当岷江水、青衣水、沫水之冲。岷江水自青神县流入青衣水，出芦山县徼外，经雅安、洪雅、夹江，在嘉定府西北十五里，与沫水合。沫水，亦谓之雅河、铜河、平羌江、大渡河，其源一自越嶲，一自打箭炉徼外。《史记》：‘秦李冰凿离碓以避沫水之害。’注：‘“碓”，古“堆”字，《汉书》作“离崔”。’《华阳国志》：‘青衣有沫水出蒙山下，伏行地中，会江南安今嘉定府治。溷崖，漂疾破害舟船。冰发卒凿平溷，通正水道。’《水经注》：‘蒙山上合下开，沫水经其间，历代为患。冰发卒凿溷崖，通水路。开处即冰所开也。’《四川通志》：‘沫水，今名雅水。自雅州入洪雅，合龙溪、花溪、洞溪、泸溪入夹江境。自隐蒙而西，而东滩洞石崖甚多。暴涨则巨浪排空，水涸则故道莫辨，舟覆者十四五，今沫水如此，在冰时更可知也。’杨慎曰：‘蜀旧志以冰离堆在灌。观《元和郡县志》，冰凿离堆在雅州。沫水出西南徼外，下雅州，过嘉定三江口。安得逆上数百里而害灌？’然慎知离堆之不在灌，而不知其沿误所始，且更误以为在雅州。后人知乌尤之为离堆，而无所证据。王安石诗‘一江春雪下离堆’，苏轼诗‘远溯江水穷离堆’，是宋人已以离堆在灌。至《宋史》言：‘李冰于离堆都江口置大堰，疏北流为三。’《元史》言：‘李冰凿离堆，分江以灌川蜀，民用富饶。’二史以冰凿堆利舟、堋江利田为一事，其误遂甚。予按：《华阳国志》：‘南安县治青衣、江会，有滩，一曰雷垣，一曰盐溉，李冰所平也。’《水经注》：‘南安有滩，名垒坻，亦曰监溉。’《御览》引《益州记》：‘青衣神，号为雷塠庙，即班《志》之“离塠”。’《寰宇记》：‘南安江会有名滩二：曰雷垣，曰盐溉。’《集韵》‘塠’亦作‘堆’。塠误垣，犹之盐误监。垒、雷、离、坻、堆，音又相近。其云‘在南安江会为李冰所平’则无有异辞。冰于灌穿三江，于沫水凿离堆，于僰道积薪烧蜀王兵阑故厓，皆兴利除害之大者。若《御览》言：‘汉源县有李冰离堆。’汉源，隋县，今为清溪。秦时未尝通，何以发卒凿厓，为此无益之事？至雅州亦无陡立水中数十丈之山。惟乌尤东会江，东南当沫水尽处，然后知此即冰离堆。故扬雄《蜀都赋》以离堆列于南戒，而班马所言‘避沫水之害’者，质且核也。郦氏于江会言垒坻，于沫水言溷崖。《正字通》以溷崖即离堆。然雅州至嘉定，江崖多有溷者。溷崖在上，离堆在下，虽一事而不可合为一处。又《四川志》：‘长宁城北溪中有石似离堆之象，因名曰“小离堆”。’是又假离堆为名而不列于三离堆之数者也。”

威勤侯〔十三〕军令

嘉庆元年，湖北邪匪蔓延秦豫。九月，四川达州逆民徐添德、王三槐等亦叛。初屯州境之麻柳场，不过七八百人，两月后渐至二三千人。调集各路官兵会剿，驻扎州城，杜门严守。贼攻东乡，总兵袁国璜、何元卿、知县张宁阳遇害，兵丁四散，贼益猖獗。从此官兵气馁，见贼先遁，有贼之处无兵，有兵之处无贼。各州县惟恃乡勇堵御，官兵不敢救援。东乡两次被劫，巴州、通江、仪陇、长寿等处皆贼匪焚掠，城池失守。惟营山被围，淡令士灏多方干御，杀贼二千余人，克保无虞。邻水、云阳、新宁、渠县俱被侵扰，全川大震。幸大江以南、嘉陵江以西尚无贼踪。

二年十一月，湖广总督、威勤侯勒公保奉命督师入川。十二月，至重庆，查阅营伍，体访情形，严加札饬，众人始恃以无恐。札为严行通饬事：“照得本爵督部堂奉命来川总统军务，现由黔省带领胜兵按临渝郡。查邪教匪徒蔓延于楚、豫、秦、蜀数省，而四川东北一带被其蹂躏者尤多，诚为天地不容，人神共愤。当此之际，正三军效命之时，所谓‘养兵千日，用在一朝’。况提镇以下各官高爵厚禄，历受国恩，若不趁此杀贼立功，将何以稍图报效？本爵督部堂入川伊始，访悉各路军情，大半皆将惰兵疲，毫无报称，其弊有不可胜言者。夫为将之道，全在身先士卒，甘苦共尝。今则将不知兵，兵不顾将。每派一路剿贼，无不以兵少为词，不得不益之以乡勇。及至遇贼接仗，则以乡勇为冲锋，以精兵为自卫。乡勇退，而兵即从之，遂至自相践踏，不战而溃。从此将士益加气馁，贼势愈肆鸱张。出没自由，往来莫定，我兵迎击者，忽变而尾追。如果能蹑迹追擒，彼亦将自顾不暇。无如领兵官离城数十百里，而遥闻贼住则与之俱住，贼行则与之俱行，竟如护送一般，以贼之远去为幸。前途滋扰，若与我无干。至派往各路堵御官兵，原恐有贼窜来便可带兵夹击，岂知闻贼一至，闭营自守。幸而贼不攻我，便可贪天之功。虽闻贼营演戏高歌，亦从无顾而问者。贼去一两日后，方始放炮开营，于附近各村庄内将被贼弃置之难民歼获数人，偶尔遗亡之器械检得数件，以为某处贼匪被我杀退，即行禀报邀功，恬不知耻。于是人人爱命，处处效尤，有贼之处无兵，有兵之处无贼，贼不畏兵，兵反避贼。如此老师縻饷，玩误因循，各将等具有天良，清夜自思，试问于心安否？且闻官兵过境，每多骚扰，闾阎民间竟指官兵为红莲教，以为比白莲教为更凶。其不能约束兵丁，亦由各将官平日畏死贪生，无以服众，使兵得以挟其所短，号令不行。如此行军，焉能决胜？言之实堪痛恨。本爵督部堂受恩深重，今荷殊施，畀以总统重寄。若任各将等仍蹈前辙，不特心有所不敢，抑且法有所不容。本拟将前项情弊，据实参奏，以军法从事，但究是得之传闻，不肯不教而杀。今与诸将约法三章，预为明白告诫，俾众共知。今亟札饬，札到该都司等，务须一体遵照。嗣后各路官兵，凡剿贼则当兵将居先，乡勇助势；追贼则当攻其不备，智取力擒；其在别路剿御者，既须协力同心，闻贼即行出捕。围攻者更当相机进逼，不使一贼窜逃。而官兵所到之处，尤宜严加约束，鸡犬不惊。如此纪律严明，士气壮盛，自能所向无敌，壁垒一新。倘该将等并不痛改前非，知愧知奋，仍以从前之怠玩为得计。本爵督部堂惟有一面奏闻，一面严办，三尺具在，断不容情。莫谓言之不预也！仍将奉札遵办，及该将现在何路，带有若干兵数，如何剿贼，各路情形，随时禀报。察夺毋违，速速特札。”自是军律严明，将士用命。

三年正月初五日，贼至开县，勒侯督师，追杀甚众，生擒七百余人。贼退至白崖山。白崖峰峦峻拔，贼人倚为负嵎之所，向来官兵从无过问者。侯至，细察路径，预伏弁兵，督令登山，扑杀歼戮二万多人。奔逃下山者，又为伏兵所杀。一面出示晓谕，被胁难民，听其自首解散，待以不死。贼势大挫。其时，陕西明将军亮亦于汉中杀贼无算，窜入川北者，又经朱总镇射斗截杀。虽余党未尽扑灭，然鱼游釜中，不过稍延残喘耳。侯札文具在，兹谨录于左，俾后之用兵者，知所观法焉。

德将军战功

嘉庆四年三月，额侯梁山一战，杀贼四万余人，有名贼匪俱已剿灭，其逃窜者不过数百人，指日可以荡平。惟张汉朝一股在陕、甘滋扰，额经略带兵赴甘，德参赞带兵赴陕，相机兜剿，势难兼顾，川中贼匪又复聚集。

五年正月十四五，冉天元、雷世旺、徐万福、张子聪、陈得俸五股贼伙会于定远，偷渡嘉陵江，约四五千人，各处焚掠。朱镇台射斗追至蓬溪之老虎台，遇害。贼遂蔓延，射洪、盐亭愈裹愈多，渐至南部交界富村驿，南部令王赞武杀贼而亡，贼益猖獗。西充、梓潼、彰明、江油，处处告警，众至十余万，成都大震。德参赞楞泰由陕西西乡调赴救援。二月十八日至广元，由昭、剑前进，沿途商旅断绝，场市一空。二十二日，抵武连驿，该处房屋焚烧数十间，居民亦无。探得剑州元山场等处屯聚贼众已过大路之西，若由梓、绵尾追，兵返落后。武连右手小路，可以绕出江油之重华堰、箐林口，即为龙安等处要径，既可追剿又可顾及剑道，且较便捷。二十三日，赶至张村垭，我兵已扼据贼路之前哨，探贼众尚在东南新店子、马蹄岗一带焚掠。二十四日，自北向南行营十余里，即有乌龙寨。寨首具禀：该寨现有贼匪千余人围攻，危急万分，恳请剿除。即赶至寨内，男妇老幼号哭，荒乱已极。贼匪见官兵赶到，舍寨来扑。我兵竞进，杀贼三十余名，追至马蹄岗。正欲探明新店子追剿，讵败回之贼复统众三四千人，骑马者甚多，分占山包，我兵亦分路进剿，击杀贼百数十名。复追至黄茅岭，沿途斩戮擒获，不可胜计。下视新店子贼巢一带，蚁聚蜂屯，占处九个山包，排列齐整。贼见官兵抢上黄茅岭，遂分四路，每路约有骑马贼四五百人、步贼三二千人，汹涌而来。贼众兵单，恐其不能顾及，当将擒获贼一百七十余人，尽行斩讫。随派分赛冲阿带领侍卫富僧德、庆楞额，协领明法、富珠禄，参将李应贵、刘维系，游击马应国、李东山、马元得、王霖，都司刘彪、马文斌，守备彭家栋、袁升侯等为一路。令阿穆勒塔带领侍卫花品法、伊尚阿，总管色十尔滚、富登额，参将蒲尚佐，游击何君犹，都司何雄，守备高法荣等为一路。德参赞带领侍卫阿那保、西拉布、先什布，营总灵阿，前锋校珠尔杭、阿巴哈布，副将马瑜，游击马济，都司张应贵、马占魁，守备杨凤魁、马光宇、杨春和等为一路。各路分带满汉兵丁并进，冲压数次，箭射、枪击杀贼三百多人。见有身穿蟒袍、草帽上带花翎贼首二人，分路催督众贼压下，官兵三路马队紧追。其一穿蟒袍者坠马，当被乡勇冉玉龙生擒。一穿蟒袍者被索伦委防御箭伤，逃脱。尚有带花翎贼目一名，被吉林蓝翎催常在枪击下马，即被拖去。犹枪箭齐进，继则愈众愈多，枪箭刀矛交错，鏖战两时之久。赛冲阿、温春阿、穆勒塔忽被重围，箭枝射尽，持刀砍杀。德参赞一见即带侍卫将弁兵勇飞奔救援，喊杀连天，枪箭刀矛，蜂拥前进，痛加歼戮，内冲外击，重围始解。德参赞复率各领队将弁兵勇直前冲杀，无不倍加出力，歼戮贼匪不计其数。直至酉刻将贼剿退，由黄连垭古楼山而逃。讯据拴得贼目名陈得俸，系线字号著名首逆，交魁营解赴省垣凌迟处死。杨正洪供：枪扎贼目系冉天恒，已死，箭射右手系冉天元。尚有三四个头目带伤，抬回都死了。把五六尊大炮丢在新店子池塘里，可以捞起。随令兵役前去，起出劈山大炮六座。其生擒陈得俸之乡勇冉玉龙当即赏其顶戴，据称家贫亲老，不愿做官，即酌赏银二十两。是夜，探得逆众被剿后，漏夜将男妇大小潜逃，留战手五六千人守后，并探得两河口尚有贼匪千余人焚掠。两河口离江油县三四十里，既有贼滋扰，即应截剿，逼归一处，方免牵缀兵力。

二十五日，派令赛冲阿、富僧德、马瑜等带马步二千名赴彼截杀，旋据禀报，该匪折回已与冉逆等并合。二十六日，探得冉逆等四股贼匪在白家坝一带，又与屯扎魏城驿之白号张子聪、庹向瑶、雷世旺合伙。德赞参随即带兵前进，抵石庙子，见有马步贼四千多人前来迎敌，较前忽少。正拟议间，哨探白家坝左右山沟、树林房屋内俱有伏贼藏匿，是欲诱我兵下山堕其奸计。随派赛冲阿等带马步队由长沟木龙观进攻。德参赞督率温春、马瑜等由箭竹沟山梁直进，嘱令各将领只须往来兜击，不必深追。贼即分头来迎。马贼极多，德参赞催令齐进，枪箭并发，六次压至河嘴，每次毙贼十余名，或二十名不等，杀贼百余人。而贼总不恋战，见我兵不坠其计，始行败退。是夜，风雨大作，四更时偷扑李应贵、李东山等营，枪炮轰击，毙贼十余名，丢弃枪矛二十余付。查随带战箭，俱已用完，现在飞札调取，并调阿哈保之兵来营协剿。二十八日，阿哈保、李肇祖带领满汉屯土兵勇三千余名前来，并带有军器火药等项足用。二十九、初一等日，贼在白家坝连经德参赞剿杀二千余人，穷极分窜，一由武连驿、开封庙焚掠，一由青林口、重华堰焚掠。德参赞带兵追剿，连得胜仗。

初五日，贼折回马蹄岗、白沙坎等处。初六日，德参赞在马蹄岗接仗，追至磨子河，擒获逆首冉天元并伪帅傅姓，歼毙贼匪千余名，生擒贼匪数十名，抢获骡马五百余匹。扎营石子岭，将逆首冉天元解省候旨。初八日，贼由上亭铺、观音寺一路，窜往剑州之元山场。德参赞于初九日驻扎梓潼县城。初十日至大河路，十一日至开封庙，十二日扎营板桥，贼由柏林庙奔窜。十三日，自板桥移营，约行三十余里至杨村垭石门寨。贼屯寨上，官兵四路进攻，闻朱镇台带领阴兵飞砂走石，大显威灵，贼甚荒乱。午刻，官兵扑上贼寨，杀毙三千余名，生擒伪总兵李斌、贼目董廷华，并陈得俸之妻郭氏等一千四百余名，扑石跌岩者不计其数。投出难民二千余名，夺获枪炮、骡马甚多，余匪向南部奔窜。十四日，留住一日，搜山。十五日拔营进剿。十六、七等日，由南部、西充一带尾追。十八日，至富村驿，闻贼于三更由石梁子翻山抢渡王家嘴浅滩，太和镇已被焚掠。十九日，速派兵勇赶至王家嘴，贼匪荒乱，赴河淹毙七八百人。二十日，由太平镇赶至石字岭，连路俱有拴斩。二十一日，由景福院前进。二十二日，赶至蓬莱镇，知贼巢屯新店子。二十三日，行抵贼巢，正在造饭，带兵直冲，杀贼二千余名，生擒一千余名，投出难民二千余名，将首逆雷世旺、孙老六、庹向瑶均已歼毙，获炮五尊，夺获骡马一千三百有奇，枪矛无数，大小旗三百二十一面。其时成谷、太和、仁和、仁义四寨俱有贼匪滋扰，闻新店子喊杀连天，四寨立解救出难民一万余人。该匪狂奔由资州、阳县等界，我兵截回，日行总在一百二三十里，跟踪剿戮，不予以暇，途中亦多擒斩，并涣散者亦不少。

二月三十日，兵到乐至县属宝林场，有骑马贼五六百人，当经吉林索伦马队紧追到卷洞桥，杀贼百数名，生擒八十余名。

四月初一日，我兵由中江之懒板櫈进发。初二日，折至茶店子，哨探贼匪是夜“顿破石缸一带”等语。查破石缸东北通葫芦溪、丰谷井，西南通黄鹿镇、金山驿、绵州，恐贼由黄鹿镇出绵州，则省垣又为震动。即于三更发兵，由茶店子取道中江前进。

初三日辰刻，赶至黄鹿镇，正遇贼匪自破石缸痘疹观而来，一见我兵即站踞山包抗拒，兵勇分股截剿。有马贼千余，步贼三四千人，凭高下压我兵。仰攻数次，杀马贼十数名，步贼二百余名，贼败。乘胜抢上，直压下涧漕沟，杀贼五百余名，跳入堰塘淹死者二百余人，生擒六百八十余名，临阵投出难民五百五十名。余贼分路由傅家河、高屋基、丰谷井奔逃，我兵追杀六百余名，又逼河心溺死者约有七八百名，生擒三百七十余名，又有河边投出难民三百余名。余匪遂由杨家滩踏浅过河。官兵已行一百四五十里，时已酉刻，只得暂息。杀死伪总兵张长生、探马头王贵等二名，擒获炮三个，枪四十余杆，刀矛一千八百数十件，旗帜一百六十余面，马骡三百二十余匹。当下分赏兵勇，讯明难民、匪犯，分别办理。

初四日，奉旨："德楞泰着署成都将军，钦此。"是日，由金山驿搭桥渡河，向沉香铺大路尾追，务期尽灭。初五日，至梓潼。初六日，驻扎上亭铺。初七日，蓝号贼匪由昭化之猫儿跳全数抢渡嘉陵江，约六七千人。初八日，闻勒、魁二督至梓潼，仍回梓潼会商分剿事宜。初九日，追贼至清宁口，四面合围，白号贼匪不满千人，势甚穷蹙。初十日，截杀数百名。十一日，贼匪奔窜，所剩不过三四百人，由剑州之江口涉水过河。十二日以后，德将军在南部一带搜捕。二十三日，驻宿蓬州之复兴场。二十四日，由营山进发，饬令李游击东山带兵二千名，于沿河迤西防堵。二十五日，至静边寺。二十六日，至高寺，闻贼向达州狂奔。二十七日，星夜赶赴达州。二十八日，至达州之钜子岩。二十九日，在达州风硐子沙沱寺追到贼匪，斩获甚多，生擒二百余名。余匪向仁市铺一带窜逸。

贼渡嘉陵，蔓延潼、绵各处，成都危在旦夕。倘德将军数日不至，成都必不可保，即如期赶至，不能见贼即诛，亦必不保。乃初至江油之黄茅岭，以四千官兵破贼五万余众，冲锋陷阵，内击外攻，三出三入，使贼大败。以后贼匪闻风丧胆，势如破竹，所至之处，无不束手就擒。如此神勇，贼匪虽多，何难扑灭，真川人所宜铸金祀之者也。今略叙三、四两月战功如此，以见公之忠贞，无刻不以歼贼安民为念，虽古名将何以加焉！

校勘记

〔一〕"倜"，底本、存古书局本作"惆"，据文义改。

〔二〕"部"，底本作"都"，据存古书局本改。

〔三〕"洛"，底本、存古书局本作"陆"，据清胡渭《禹贡锥指》卷九改。

〔四〕"从"，底本作"久"，据存古书局本改。

〔五〕"主"，底本、存古书局本作"至"，据清李绂《穆堂初稿》卷十九改。下句“主”字与此同。

〔六〕“断”，底本、存古书局本作“继”，据清李绂《穆堂初稿》卷十九改。

〔七〕“观”，底本、存古书局本无，据清李绂《穆堂初稿》卷十九增。

〔八〕“光”，底本作“日”，据存古书局本改。

〔九〕“供”，底本残阙，据存古书局本补。

〔十〕“三”，存古书局本作“二”。

〔十一〕“鸶鹭”，疑为“鸶鹭”之讹。

〔十二〕“明”，底本、存古书局本作“宋”，据明李元阳《（万历）云南通志》改。

〔十三〕“侯”，底本、存古书局本皆作“候”，此据《清史稿》卷三百四十四改。下同。

卷十六

异闻三

红脸生

涪州孝廉周文芷兴沅，予同年友也。尝言幼时初作文，尝有代为改正者，文甚佳。师疑之，伊亦不知为何人所改。久之，见赤面者尝侍左右，问其姓名，书“红脸生”三字，不知为狐为鬼，旁人莫之见也。初次来宅，飞沙走石，阖宅惊惶，不知所为。久之，习以为常，俱知其为红脸生也。问：“在生何为?”曰：“宋徽宗曾以文墨封吾。”再问，曰：“公未读韩文公庙碑乎？神之在天如水在地中，无所往而不在也。何必问?”相伴数年，颇得其益。凡音信数千里外，皆能暗中传[一]送，通其消息。惟应试不能入闱，此外亦无他异，安之久矣。后周至京师缺费，各处告贷俱无应者，方窘甚。忽室中掷钱数十千文，周讶之。数日后，知为邻室友人物，遣人送还。诫之曰：“攫人之财，谓之盗。子取非其有，将欲陷我于不义耶？以后勿蹈前非，致遭不白。”逾年，邻又有被窃者，遍索不得，遂诬指周，语多不逊。周怒甚，与邻力辩，并具诉文于关帝庙焚之。后遂不见。

黑神庙

简州署左有黑神庙，由来久矣。庙三楹，中设宋忠国荣禄大夫神牌。庙后有墓，相传为殉难大夫而不知名。凡新官莅任，翌日祀诸坛壝，必往祭奠，载在仪注。神累显灵异，岁时香火不绝。或曰神面如漆，故曰黑。或曰非也，因威灵赫赫，故以赫名之。北音又讹黑为海，市舶亦争祀焉。简志久失，其颠末无可考。

乾隆乙未岁，有罗生云程者，读书其中，祷曰：“倘蒙神佑入泮，当为神肖像。”科试遂售，云程赴庙叩谢，夜梦神示像，语曰：“我为保护城池，日夜捍御，身死戎间。塑我像须着甲胄，以明我志。”云程寤，遂募工如所言，肖像其中。署州牧徐公谈，以事入谒，见易主为像，诧曰：“是神事迹无可考，像从何来？”吏以罗生所为对。徐曰：“像可意为之乎？”命毁其像，仍还旧观。二役持斧，碎其像。须臾，像圮，二役号呼，扑地死。徐夜梦神语曰：“我宋时州牧也。广积贮，兴水利，惠政良多，今典册不可考矣。嗣元兵破城，被执不屈，遇害于西郊之岐山，其骸骨葬城南江岸，即今新城廨左墓是也。上帝悯我忠贞，命血食兹土已五百年矣。罗生肖像以示威灵，汝何任意擅毁？汝独不闻《礼》云‘有功于民则祀之，以死卫社稷则祀之’乎？二役我已褫之。汝系后任，宜自猛省。我名‘大全’，《通志》讹为‘大会’，我谥‘忠节’，旧牌讹写‘忠国’，均当更正。汝须一一为我表彰之。”徐惊觉，为重新其庙，匾曰“宋李忠节公祠”。修大堂三楹，中设龛帐，肖像其中，匾曰“成仁堂”。添建左右廊四楹，雨棚一架，曲栏回榭，各随屋之所之，视昔焕然改观矣。徐思作一长联以纪其事，因末有“必以告新令尹”句，数日属对不得，忽梦神语曰：“何不云‘此之谓大丈夫’？”徐寤，惊为绝对，遂书其联悬于成仁堂柱。其联云：“安辑抚循，班班惠政，一再传不随典籍俱湮，必以告新令尹；成仁取义，赫赫英风，千百载犹与山河并壮，此之谓大丈夫。”徐字牧也，修墓获碑石，残文适存“牧也”二字，喜曰：“数耶，抑神为之耶！”于墓西拓地，复建总室三楹，匾曰“学古草堂”，四周为垣，以肃神宇，并为之记。

郭千乘

隆昌村农郭千乘居盘龙场，生三子皆岁半而夭，后复生一子，取名百龄，有谕之者曰：“子带残疾即易长成，宜破其像。”郭信之，穿其两耳带环作女装，冀其长成也。至八岁出痘，斑烂周身，医药不效，竟殇。千乘年已四旬有余，邻里劝其纳妾，因妻周氏诟谇，因循不果，自分长为鳏夫以没世矣。家有庄田颇丰，佃人耕种，收租自养，并持斋以修来世。年至七十，六月七日，届其寿期，亲戚邻友各备礼物酒肴为郭称祝，劝酬把盏，宾主交欢，极宴衎之乐。及客散，夫妇相对，并无周旋膝下之人，颇不自怡。抵暮，忽闻有叩门者，自称姓王，年约二十余岁，问：

"郭大爷安在?"郭曰:"我即是。"王曰:"儿名百龄,离膝下已二十年矣。不料今日复得见面。"因跪泣不止。郭惊曰:"我儿百龄久经病故,何得复来?汝岂鬼耶?"王曰:"儿先年出痘,不知何故病卧路旁,被恩父王领去抚养成人,在富顺织布。今恩父自生二子,业已长成授室,命儿回家查问。儿思父亲原名千乘,排行居长。儿八岁时记门前有大槐树一株,今到门前见槐树尚在。父亲面目依稀相似,故敢认,不知母亲近来何如?"周氏见面不能认识,曰:"天地间那有死而复生之理?百龄系两耳皆穿,可以查对。"

验之,果然。周氏大惊曰:"以耳考之,似是百龄。但百龄死时着邻人张士位掩埋,如何得活,又被王姓领去?"即请张士位来问。张至,细思久之曰:"人言童死埋后仍回投生。我见百龄病死,郭大爷哀甚,恐其复来投生。因送至十里外大路旁,见无人行走,弃之即归。不知何以复活。当时未经掩埋是实。"王曰:"母亲不必过疑。儿闻恩父言,儿初活时在路旁地内睡卧,无人看管。恩父无子,见之问来历,知系病痘所致。因领至富顺调治而愈。想当时痘毒拥蔽,摊卧地中得凉气而退也。"郭夫妇闻之抱头大哭,哭后大喜。亲戚邻友俱来相贺,谓千乘持斋好善,应有此报也。郭因命百龄复姓,禀伊恩父,仍回原籍收管庄田。择日设燕大享众宾,以明父子团圆之庆。

李半城

国初,中江李某宦扬州。有富民杨姓犯死罪,倩人以二万金入署贿,求免死。李佯应之,得其贿入橐,仍按律拟抵,上下详文俱密遣人投递。外间不得其消息,皆以为减等矣。及部覆到日临刑,杨始知受骗。熟视李久之曰:"等死耳,何为骗我银两?"李叱之,缚就刑。李自是宦囊日富,回籍置买多庄,号"李半城"。无子。后梦杨入室,惊寤,生一子,极聪慧,美丰仪,翩翩佳公子也。惟颈间有赤痕一道。未几,李死。其子长,多材艺,善谑,喜交匪人,挥金如土,奢荡无所不至。凡可以娱心志、悦耳目者,皆竭力图之。一日,欲见县尹,倩人先白意曰:"能出堂接我,送银三千两。"尹许之,馈如数,接见。后出语人曰:"有钱买得鬼推磨。"令闻之大怒,饬差拘拿,复费千余金,事始息。数年,家遂中落,复遣人往江南觅工匠制烟火架,靡费无算,鬻西庄连鱼桥、北庄玉尺坝以偿之，二庄皆中邑沃壤。时人嘲曰：“火烧藤甲连鱼走，炮打襄阳玉尺飞。”盖笑其家赀随烟火俱化也。

年十七，产业一空，行乞于市，竟饿死。

塔 烟

潼川北琴泉寺，即唐慧义寺也，见杜诗。寺旁有古塔名慧义塔，晚唐时建。至本朝乾隆十五年庚午五月，雷击塔崩。治前井中出青烟，有香气，经两日始息。塔圮，内有王锴所书《法华经》，字迹端整。寺僧捡得十余卷，装潢成轴，不知珍护，遂散逸。钱阁学载至蜀，得残经数页，携归都门，奉为至宝。后学使吴白华先生试潼闻之，托沈澹园太守各处采访，亦觅得数页，作文勒于琴泉。按：王锴，字鳣祥，唐末伪蜀王氏朝相。家藏书数千卷，一一皆亲札。并写藏经，每趋朝，于白藤担子内写书。书法遒谨，当时宝之，故修塔时设法收藏，用传久远。至圮后，字尚如新，兼欧、虞之长。惜初出时，无知书者什袭珍之，以致漫漶丧遗，为可慨也。

山 裂

什邡西山八步坎与蓥华相连，高百余丈，山麓有佛光寺。乾隆庚寅年二月，有樊姓卜地，于寺旁葬之。月余，山忽中裂，约宽五尺，长数里，自顶裂至平地，深不可测。离坟脚止三四尺许，樊氏子孙惊惧，改迁他所。月余山复合，止存断裂迹痕。

天符石

广元县江中有天符石，大如棹，上有文如符，横钩直画，莫测起止。相传为张道陵所书，悬挂堂中能祛邪避火，佩之孕生男。近日人多用朱拓之。

鹤游坪

鹤游坪大坟坝，涪州张氏祖墓也。前明张氏，科甲极盛。

张寿一，元末自楚从军入蜀，其子卜隆，湖广应山县举人，仕于涪，致仕后居富顺，由富转涪，寻鹤游坪而家焉。以鹤尝游于坪，故名。

张玄，寿一曾孙，受《易》三山胡氏，精于《易》学。中正统辛酉亚元。由济南教授终养归里，自称恬退翁，结室云庵，日究《阴符》《道德经》诸书。一日，有庞眉皓首二叟在云庵前对弈，给玄二丸，命吞之，可以延年。玄曰："予意不在此。"叟曰："君之意，我知之矣。此便是灵秀之所钟，卯午酉戌前后同。"语毕，二叟忽不见，只见空中双鹤飞翔而去。玄悟，卜地于斯，移葬其祖卜隆、父德煜，呼其穴曰"大坟坝"。玄寿登九十三岁，临终，沐浴毕，冠华阳巾，衣鹤氅衣，正坐，垂鼻筋而逝，异香满室。与父祖同墓。

玄子善吉，成化丙戌进士，由兵科给事中升湖广巡抚，崇祀乡贤。善吉子柱，弘治壬戌进士，由南京户部主事升广西布政使司参政。次模，正德己卯科举人，云南晋宁州知州。曾孙信臣，嘉靖庚子举人，湘阴县知县。武臣，隆庆丁卯举人，思州府推官。玄孙建道，嘉靖乙卯举人，湖广靖州知州。建功，隆庆庚午举人，湖广沅江县知县。来孙镕，万历壬午举人，江南苏州府同知。累孙大业，由优贡官至淮安府知府。必旺，由拔贡从事桂王。崇祯十二年，因剿贼有功，改升云南总镇都督府。仍孙元俊，康熙庚午举人，湖广潜江县知县。云孙煦，乾隆丁巳进士，山西蒲县知县。煛，壬申举人，华阳教谕。景载，辛酉经魁；一载，丁卯经元；二载，己卯举人，丙戌进士，俱玄十三代孙。十四代：克类，辛酉亚元；克栻，戊子举人。十五代：进，己酉举人。历数科名皆玄嫡派，乃知"卯午酉戌前后同"，早有仙兆，非偶然也。

石室扶乩

乾隆戊寅冬，华阳王心斋纯一、梓潼吕宣茂林与余族兄崇修仁荣，同肄业成都石室。闻扶乩傅姓者素奉吕祖，甚著灵异。三人往问一生功名，各得诗一首。王云："光天化日，正好吟哦。种麻得麻，不虑蹉跎。驰驱云海，寄兴岩阿。前程如漆，君自揣摩。"吕云："读书好，读书好，读书之乐真飘缈。蟾光光照绿荷衣，会见香风拂瑶岛。长安得意早归来，方识仁亲以为宝。"崇修云："卅载风光竟若何，鉴湖一曲杳烟波。知章殁后无人识，蜀道难兮未足多。"次年己卯，王就吴姓馆，额有"光天化日"四字，喜曰："乩验矣。种麻得麻，谓春播秋收，将应在本年。"是岁果中。丙戌，挑发安徽，借补池州府经历，调繁淮宁，檄委六安州。

“驰驱云海”云云，俱验。后以事被参，系狱十载，奉旨释还。始知“前程如漆”，指入狱而言，非虚语也。吕为人风流潇洒，中壬午乡试，入都考，授景山教习。丁亥秋，期满赴铨，将得缺矣，忽病死旅邸。时太翁吕仪表犹在。细释诗语，一一皆应。崇修屡试不第，甲寅、乙卯乡会试，始以年老入场，具奏，钦赐翰林院检讨，计戊寅请乩时已三十六七年矣。“卅载风光”适与暗合。且太白以知章荐授翰林院供奉，仁荣以孙中堂补山荐授翰林院检讨，皆以浙人荐举蜀人，事亦相类。

李壁索命

明李壁治剑州，多善政。后人思之，为铸铜像，立庙于明伦堂侧。明季庙毁，移至文庙西庑。后司牧行香游览，见庑下有铜像一尊，甚伟，讯知其由，恻然，为移祀于萧曹祠右，属书吏祭之。乾隆二十年间，铜价昂贵，有州牧某见其铜重，欲毁作器。命役碎之，锤不能动。某怒笞之，另命役大铁椎捶碎，以火镕之，三夜乃化。毁后，其役七窍流血而死。后某白昼常见乌帽红袍伟丈夫立于前，曰：“还我身来，否即索汝命。”某心恶之，惟上省即不见。嗣后屡假公事居省。一日，在公馆方送客，忽仆地曰：“李公饶我，李公饶我。”从者扶至寝所，遂卒。

张公弹

世传眉山张远霄遇老人以竹弓一，铁弹一，质钱三百千。张无靳色。老人曰：“吾弹能辟疫，宜宝而用之。”再见，遂授以度世法。今邛州治南百步有张仙庙，又文庙阶下大雨后有丸，非土非石，赤而多窍，求者累岁不得，或无意得之。土人谓为张仙弹，佩之，宜男。然则花蕊入宫，时已习为故事。张仙祈子之说，非虚诡也。成都潘东庵司铎邛州，携得数枚，予曾见之。

将军坟

汉州金雁桥西有大冢，俗呼为将军坟，盖汉臣张任战殁瘗骨处也。乾隆初年，有粤东某谋葬吉地，将其父骸骨攒装瓦罐潜埋墓下。夜梦其父，责之曰：“汝将我安置张将军宅傍，将军每出入令我跪道伺候，苦不堪言。不急改迁，必得巨祸。”子初犹豫，异日复梦，其父切责如前，遂迁去。

地　脉

绵州李观察雨村，祖地在州境云龙山，地名扁担湾。其山自安县大山分枝，层峰叠嶂，络绎不绝。忽化为御阶，龙行六七里再起尖峰。一路金水相涵，至踏水桥以下跌为平冈，逶迤而来。抵夏家湾，更起峰峦，由花园山入脉，朝对三峰，高插云霄。真吉壤也。其家自石亭先生以名进士起家后，雨村、墨庄、凫塘皆相继入翰林，声名籍甚。乾隆壬寅年，家中修理房屋需用石条，偶凿山脚取石，见断石上有红筋隐现数丈，均如血脉穿连。工人惊疑，不敢再凿。然离坟山尚远，亦非来龙正脉，其家中人等饬令土填停工。初不以为意。雨村官直隶通永道，在署，忽患脚趾疼痛，不能步履。逾月遂与永平对揭，至遭重谴。始知地脉之所关，非轻也。

乩　仙

乾隆二十五年庚辰六月，成都洪君延悛[二]请诸文士饯场，并请乩仙以决弃取。客至，乩降临书灰盘中，多不成语。主乩者曰："此野鬼求食，不足据。"焚镇坛符压之。须臾，乩又动，仍不成语。主乩者惭甚，曰："今日仙不降临，愿以异日。"旁一人曰："今年科场何题？"乩大动，书灰盘中："居则曰：'不吾知也？'如或知尔，则何以哉？"众人一哄而散，群以为真书题目决非仙笔。时张仪廷翥在座，颇心动，以为题可墨，回至私斋拟稿，请顾密斋先生阅定。入场，果是题，遂誊真交卷而出，榜发遂中。始知乩先不成语者所以乱之也。《易》曰："不测之谓神。"乩亦谲矣哉！

峨眉纪游

峨眉古刹无虑百千，莫详于范石湖、胡菊潭两记。今窦公纲游踪几遍，而文亦飘飘有仙致，谨录于左。

窦纲，中州人。《游峨眉山记》云："蜀中山水之奇，以峨眉为最。余每读《峨眉志》范、胡诸先生山行纪，窃愿一至其处。乾隆壬戌岁，因省侍家大人，赴嘉阳署，不获便，猝弗果游。癸亥闰夏，始得携季弟绖、长侄玉奎同往。出嘉郡十五里，渡青衣江五里，憩苏稽镇，唐苏颋谪居稽留于此。后人建东坡亭，其上遂传为东坡读书处，亭今废，仅留茅刹。是日，风物开朗，遥望峨峰，白云鳞次错出，莫可名状。少顷云散，青嶂孤悬，翠色直扑人眉宇间。五十里，宿峨眉县东大佛殿。

“明日，冒雨经儒林桥，五里，憩圣积寺，登老宝楼。寺为高僧慧宝所建，讹为‘了鸨’，非也。有铜塔、铜钟，颇精致，又有真境楼，魏鹤山书‘峨峰真境’四字。此地尚见峰顶，稍进则群峰拥蔽矣。随过白水庄，沿涧纡行五里，过瑜珈河，前望隔虎溪，高出树杪者伏虎寺。昔因虎患，行僧建塔镇之。登佛阁少憩，雨犹未歇，饭僧厨，因绕阁周览，复回坐禅室饮苦茗，赏玩壁间诗画。移时天霁，舆夫亦至，遂行。渐入山径，舁小舆以进，一路皆峭壁，急湍若吼。里许为无量殿，至凉风桥，桥右风从洞出，名凉风洞。再度解脱桥，危磴直上百余步曰解脱坡，俗云自山出者，至此解脱险阻，或谓登山者尘缘解脱耳。小憩华严寺，寻归云阁遗迹。逾青竹桥而左望玉女峰，秀出林表。按《山志》：峰上有池，相传天女浴器，深广四尺，岁枯不涸。宋邛州守冯楫结茅峰下。旧有飞龙庵，庵旁有龙蛰石中，一夕雷击石开，龙飞去。里许楠木坪，坪上有大楠，孤干，枝叶围绕如圆盖。进纯阳殿，殿后修竹数万竿。东北望为宋皇观旧址，向有道纪堂，幽馆别室数百楹。左千人洞授道台，即黄帝访天皇真人授道处；右则十字洞，相传吕仙以剑画石而成。山中旧多黄冠，今则守祠皆缁流矣。又里许，倚危峰、临巨壑，中一石类艅艎，逆流而上，众称为普贤船。沿岩行至五十三步，盖蜀献王下车步行处。上有天庆庵，下至太平桥。上马鞍山，山尽则万福桥，有郭青螺书‘灵陵太妙之天’六字，每字一石。旁神水阁，阁后泉涓涓出小穴，铿然如鼓瑟，曰玉液泉。五代时，智者大师入定于此，后居荆门，病思此水，神女为致水，并致师所寄中峰寺钵杖。自玉液泉流出。世谓神女即玉女峰玉女也，后人因题曰‘神水石’，上有纯阳书‘大峨’字，陈希夷草书‘福寿’字。昔希夷隐居于此，自号‘峨眉真人’。行数十步为歌凤台，楚狂陆通旧庐在焉，徘徊久之。日衔山，投大峨寺宿，寺僧为烹玉液泉水饮客。

“明日，由歌凤台至响水桥，水名山潮，每闻声起岩壑，疑挟风雨而来，杳不可觅，且晴雨之期可以占岁丰歉，甚为灵异。由西登为中峰寺，即智者寄杖钵处，宋黄山谷曾习静其中。历层冈至三望坡，路险峻，行者三望乃至，又云轩辕帝三举望祭焉，理或然欤！上有龙升冈，坡下峰回路转，苍翠森列。历樟木、牛心二岭，过广福寺，水声抟激如殷雷，双飞桥跨溪上，俯视双峡，束两溪飞注，斗捷若不相下，怪石斑斓错绣，亦与水势争奇。僧云：'左一水从雷洞坪绕白水寺来，右一水从九老洞绕洪椿坪来，出桥数十步两溪会合。旧有牛心石，当其冲。数年前，溪水涨发，已淹没沙中矣。'遂自右桥入，过青音阁，沿溪陟金刚坡，崎岖峭折五六里，憩前牛心寺。寺正对宝掌峰。峰左有瀑布直泻数十丈，宛然玉蛛。循象鼻岩折下约行七八里，历寿义、积善二桥，复上数百武为洪椿坪。乱峰秀簇，曲径窅然而深，唯听溪水琤琮与鸟声响答，所谓别是一天者，信非虚语。坪上旧有寺，毁于火，始谋葺之。僧告余曰：'此径乃新辟，其故道经后牛心寺，寺为孙真人思邈修炼处。'有丹砂洞，遥望大峨石左。中峰寺后有一峰郁然耸出者，为呼应峰。旧有呼应庵，庵侧有棋盘石，历称智者大师茂真、孙真人共团棋，呼棋之声远应山谷。食后仍回双飞桥少憩，从左桥上白岩至白龙洞。洞没地有古德林，林木皆楠。别传和尚手植，如《法华经》字数，今无存者。越石门为四会亭，上万年寺，白水庵在寺后。庵前二方池为明月池，倒景涵山，每夜静云开，月光映射，或水波微动，山痕为之绉折，亦一异也。寺左海会堂供佛牙一具，佛衣一袭，明神宗敕书一道。展玩移时。出寺，东望谷口，烟雾迷蒙，天地一色。僧云：'日色晴时，嘉阳山水在指顾间耳。'绕寺环列十七峰，陡削摩天，势皆奔赴辏集。拾级而登，西望乱峰深处有虎跳桥。昔有山僧，寻胜至此，溪涨不可渡，见虎蹲伏其傍，跨之而济，因以名桥。后蜀人张凤翙等七人游此，题其桥曰'七笑'。更有八音池。旧传池集群蛙，游人鼓掌，先一蛙大鸣，群蛙次第相和，终一蛙复大鸣，则群蛙顿止。过池又西则黑水寺，寺前为惠续尼院，久废。是夜宿万年寺。

"又明日，自寺后上观心坡，俗名'顶心'，言峻甚，一举足膝与心平。以布曳舆，数人悬引而上，岩畔一石，名太子石，为登者所凭，手摩几平。复数折至白衣庵，回望谷口外，云影中露日光，霞彩夺目。仰跻箭括通天，左峙一石高五六尺，右石仅及半，名鬼门关。再转至息心所，视谷口白云，则又汪洋浩瀚若大海波涛矣。顺山行，过峡，复升，为石碑冈。前去仄径，沿岩里许有大小云壑，路旁二穴云气霏霏，深浅不可测。至此山益峻，径益险，危磴高悬，俯临万仞。竭蹶而登，抵长老坪，云气蔽空，疑若无路。出山肩骆驼岭数里为篯殿〔三〕，以山形类篯名篯殿，汉蒲公尝采药遇鹿焉。下有蒲氏村，皆蒲公后也。少憩作晨炊。计自白水以上，惟此地及化城寺白龙池，泉水甘冽，其余俱取之檐壁间，名天花水，即范石湖所谓万古冰雪之汁，不能熟物者也。饭后登九岭冈，行剑脊上，两旁俱空，所恃灌木、丛篁，藤蔓蒙翳，目无所睹，因而竟过。正值两山壁立，一线途开，攀援而上，名蛇倒退岩。左下望有九老洞。昔有穷胜者，然炬入洞，行十余里，路渐狭，怪石森列，势欲攫人，忽一溪迤逦，蝙蝠如鸦，竞来扑炬，寒气刺肌，不可耐，逡巡而返。路傍一径，径绝处架以独木，今木已断，不得入。直上一坪，枯木顽石皆衣苔藓，其缕缕下垂牵连十余丈者，名普贤线。又前莲花石，欹侧道左，再则为鹁鸽钻天坡，仰望悉危梯峭栈。余乃与同行人舍舆，侧足履巉岩、披蒙茸，攀援如蛇挂。周折六七里憩洗象寺，浴象池已涸。旧建初喜〔四〕亭，又曰'错欢喜'，言游者至此稍适然，尚有险径耳。历数百级过罗汉洞，越滑石沟，幽花夹路，香气袭人。陡下深峡数百尺，有古殿一楹，以木皮覆之，为化城寺，易以瓦则经冬为霜雪所薄，辄碎，其气之寒冽如此。由寺左历峻坂乱石，过梅子坡、阎王匾为白云殿，殿门深闭，时有云气往来。行苍藤古木中，俯视雷洞坪，重渊深黑，殆不可测。复有伏羲、女娲、鬼谷诸洞，人迹罕到。数里过接引殿，则八十四盘桫椤坪。有桫椤树，高二三丈，叶长深碧类枇杷，花红、白色，一萼十数朵，移植下方，多不生。初登山即见此树，孟夏花时已过，仅余数株着花，白云映发，的的可人。复里许，登三倒拐，高数百丈，前过太子坪经延庆寺、太虚庵，此处路颇平坦。至圆觉庵，由左折而上，见老僧树，闻空树老僧入定其中，枯干复荣。复上天门寺，寺后天门石，两石屹然壁立，峭削若斧劈过，此绝无杂卉，唯桫椤花遍山。左转七天桥，以峨山为第七洞天，故云。前为卧云庵。将陟峰顶，风气渐高渐寒，伏虎寺尚衣绤，三十里路万年寺则易夹衣，又二十五里，钻天坡竟被绵衲矣。又十里白云殿挟纩数重，更进十五里造峰顶，被裘拥炉犹寒栗口噤也。由庵左转至楞严阁、锡瓦殿、铜瓦殿，徐进藏经楼。复进渗金铜殿，高二丈许，深广各丈余，中设大士像，旁列万佛，壁间镂饰精丽。四隅各有铜塔，左立铜碑，王毓云《记》，集王羲之书；后为傅光宅《记》，集褚遂良书。其碑光泽可鉴。右转为光相寺，前睹佛台，僧云‘午间有佛光出’，惜未及睹。凭栏眺望，下临无地，先历高山尽若培塿然，为云雾所障，多不可辨。回憩卧云庵，僧以夜暝后当有圣灯，坐更余，果现。赴睹佛台，始见数点，若萤火飞明岩壑，有顷渐至数百，其大者俨若灯光，凝然不动。至夜深，风急寒甚，乃起，仍回卧云庵就榻。

“明日，自辰及未雨，密云重布，申刻晴。薄暮，圣灯复现，较昨宵更盛，灿烂仿佛一天星斗，复留宿庵中。早起云开，四望无际，登山顶纵目舒眺。西北一峰平覆如屋者，瓦屋山也。西南一峰方正若案者，晒经山也。与晒经山并峙而峭拔特出者鸡冠山。西象岭如屏列，与峨眉相向。诸山后崔嵬刻削，绵亘万里。旭日照之，银色晃耀，则西域雪山也。西北为青城、玉垒诸山，东南为罗回以外马湖诸山，东顾从右平分者为二峨、三峨山。环山之水如岷江、雅泸、大渡、青衣，皆向背萦回，流转于烟岚之外。柳子厚云：‘悠悠乎与灏气俱，而莫得其涯；洋洋乎与造物者游，而不知其所终〔五〕。’吾于兹山得之。午后，由井络泉过飞云峡，至白龙池，池水清浅。有物出水底，以钵盛之，状类蜥蜴，驯扰可狎，名白龙子。由庵后左转千佛顶，为此山极峻处，旧有梵宇，自铜瓦、锡瓦创两殿，此地遂废。是晚，复有圣灯。余尝求佛光圣灯之理，或云：‘佛光者，岩下放光石因日色成光。’其说易明。至圣灯，旧以为木叶。顷寺僧云：‘前四月，灯现风雪中，飘入佛殿栏楹数十，落雪上有声，以手覆之，浮光四迸不可掩，究不解何物。’是非木叶可知，然则佛光之理可测，圣灯之理难窥。余三宿于此，灯即三现，不可谓非大幸矣。又明日，下山至白云殿，瓦屋山依然在目，望雪山象岭，犹见其半。前日过此，只见云气蓬勃，今则心目为之一爽。是日，宿万年寺。

“明日，过五十三步，舆人指路左小径曰：‘此入龙门路也。’惟樵径往来，非人所至。尝读范石湖《山行记》，极称龙门峡瀑布与龙床洞之胜，后数百年惟井研胡菊潭复得一至。余欲追踪两先生，顾不得斫榛伐茅，呼一叶舟乘风作汗漫游，则兹游虽乐，犹有余憾也。是晚宿大佛殿。峨眉令龚君问余游状，余曰：‘凡目之所未及者，胜迹固多，即所览者而论，大都峰顶以奇阔胜，洪椿坪以幽僻胜，而寻幽探奇皆自双溪始。则双溪，实为双绝焉。’

“又二日，抵嘉定。因思十数年所愿望不得一到者，数日之间顿酬夙志，则所谓余憾者，安知非留不尽之意以待后人乎？窃意兹山范、胡诸公已详记之，顾风景既殊，兴替不一，敢略述见闻，倘异日披阅之下，犹足一当卧游也。”

葌华示梦

崇庆何希颜，乾隆甲子夏馆于化城山斋，有僧偕客至，言葌华胜境，约六月一日同游。至期，病剧，不果。夜梦强起，策蹇，五日至高景关。逶迤二十里，路渐崎岖，马不能前，徒步上板磴岭，匍匐至接引殿，病大作，偃息高楼，沉沉鼾寐。有促之者曰：“君宁不至葌山乎？盍亟行？”惊觉，冷汗如浴，跃而起，疾若失。努力前进，夜宿中葌庵，饭蔬果茗，津津有世外味。次日，雨行泥淋梯道中，足益轻，体益健。林溪黯霭，攀萝至溜沙坡，荒径欲绝。有叟披天门出曰：“此仙灵窟宅也，汝能从我游乎？”何曰：“诺。”须臾，霹雳震裂山石，石中气腾成金碧五色。瞪目视之，见城郭疆邑，山川庐舍俱出，其下如蚁垤、如蜗房，隐隐落空蒙中。山顶路滑，不可行，急趣下，低徊怅望，寂无所睹，惟飘飘云气在襟袖间。至铁桥，忽跌，一惊而醒，身仍在化城斋中。因作《梦游葌华山记》。又十四年丁丑春，什邡县尹胡书巢先生聘修《邑志》，假馆露青轩。至六月初旬，始偕李敞庵、陆云栋等同游葌华山。七日而反，其所历之地、所陟之坡，一一如梦中旧游境界。至大雄殿谒明本禅师像，乃知即前梦中所见叟也。其时何无病亦无梦，恍惚入空翠中，浩浩乎与造物者游，而不知身之所在也。更作诗以纪其事。

摇亭碑动

汉州西四十里，与什邡、绵竹交界有金轮寺。本唐贞观时钵轮禅师道场，元末毁于兵。明洪武间，重加修复。后有神僧飞锡于此，香火日盛。正德三年，蜀府遣官经理寺田，补修廊宇，于大殿前建碑〔六〕一座，上覆以亭。历今二百余年矣。亭及碑俱完好，摇其亭柱则碑自动，大摇则大动，其碑座土台固静镇如故，人莫测其所以，指为仙迹。予周履视碑文，系明进士李凤翔所撰。初无他异。疑碑与柱相连，中有消息引之使然，然未敢臆度也。

衣锦昼行

乾隆三十八年，周海珊煌以兵部左侍郎两次奉差入川，查办璧山县民徐亮彩、蓬溪县生员黄定献呈控勒派之案。俱审虚，反坐。一面宣示乡人："现在办理军需，事关重大，务须兢兢守法，勿蹈前非。"语甚恳切。四十二年，复奉命赴川查办大足县民黄玉芳呈控绅约侵蚀一案，仍审虚，反坐。一切往返供应，接送辉煌，荣同昼锦。嘉庆五年，其子周冬屏兴岱，户部左侍郎，奉命陕西祭告华岳并文、武、成、康陵寝，入川致祭江渎。适川督魁伦以潼河失守，饬令审办。事竣，回涪省墓，进京。以川人上膺天差入川审案，真异数也。况系父子相继，时论比之司马谕蜀，殆有过之云。

偷梁换柱

三台县云台观上塑真武像，后有拱辰楼，规制壮丽。因历年久远，楼有中柱朽烂将折。乾隆元年，住持醿金，计图拆建，忽有老人陈匠自楚省来，自称不动梁瓦便可换柱，遂庀材卜吉以俟。至期，陈匠语道："众今夕倘闻人声，戒弗起视。"夜半，果听许许拽木，斤斧毕举，喧哄良久。黎明声绝，众起视，但见椽瓦如故，朽柱移至露井，长三丈余，已换新柱，觅老匠，已无踪影。至今楼尚存。

借尸还魂

汉州汉阳桥徐廷修，予内戚也。有女名玉英，为本邑生员王钟之子媳，结褵三载，病死。又二年，徐邻黄君任，有女，抱病沉重，气息奄奄，将及毙矣。是夜，延巫禳解，锣鼓齐鸣，黄女忽起，坐床间，曰："适从外来，见吾弟徐煌在堂中看跳神，何不进屋看我？"举室皆惊曰："女病退矣。"但口中糊言，不解何故。其母问曰："徐煌外人，何言汝弟？叫来看汝？"女曰："我徐氏女也。顷吾祖徐贡爷乘白马一匹，送我至此，叫我付黄妹身还阳。我到堂前，见众人里有吾弟徐煌，故叫他进来看我。黄妹魂已出门去矣。"时徐煌适在堂中，闻言入视，女曰："我不见汝已二年矣。爹娘近来何如？"涕泗交横。煌不敢认，曰："且安息，明日请爹娘来看。"女起立下床，行动一如常人，病态全失。次日，廷修偕其妻周氏往看。黄女声音动止一如玉英在日，见廷修夫妇，泣曰："不见爹娘已二年矣。岂料今日复有见面之期?"言之可惨。徐未应声，女谓周氏曰："母亲独不记前年回婆家时，留首饰、耳环一匣交母亲代为收藏乎？此事惟母亲知之。"周氏闻言，亦泣曰："果吾女也。"遂认为义女，往来无间。后年余死，事在乾隆三十八年。

蛇　精

绵竹国学李某有养媳，年甫十五，忽中祟，闭门不与人交，亦不饮食。其父母至，呼之不应。但终日拥被卧，时闻中夜笑语声。父知为祟所迷，百方禳之，不愈。有喇嘛闻之，言可包治，遂延于家厚款之。喇嘛以一符贴其额，遂逐渐能言，云："有一绿衣秀士，眉目清朗，常与寝处来，即昏迷。其饮食、酒馔俱亲携至，异香扑鼻。时具酒请客，有三人同来，皆衣葛，面貌狰狞，杂笑谑，饮毕即去。"其父以养媳言告喇嘛。喇嘛即出符缄，以小盒付媳，曰："汝密置手中，谨握之。俟其皆来饮酒时，暗起符盖其首，则得之矣。"其媳如言，怪遂绝。次日，以盒付喇嘛，曰："此物已收盒中，永无患矣。"问："何物?"曰："蛇精也。当携去。"问其三客，则近处一古藤、一杞柳、一檬树也。谢以金帛，不受而去。

龟　异

乾隆甲子六月，大雨十日不止，江涨，一望无际。成都城东北角倾塌，淹没居民无算。水未涨前三日，人见九眼桥下有大龟径五六尺浮水面，小龟数千从之，往来江中无定。识者曰："此秦时画城之龟也，出必有灾。"后果然。

金莲花

金莲花，一名旱金莲，与嵩顶五台产者各异，茎叶似芭蕉而小，高不过三尺。其花层层如莲尖瓣，色黄如金。初开瓣生小台，结蕊含露，蜂惊采之，久则层叠而上。年余根烂，花倒四旁，茁苗又可分植矣。蜀中人家园囿多植之。相传花开必有瑞应，如无吉事则数年不开。乾隆丙午科，中江文庙忽开三朵，佥曰："本县必中三人"。榜发，中者乃广文周益斋及其弟士寿、侄立矩。学署旧有“积翠堂”匾，予笑戏曰：“是可名为三花堂矣。”九月又开一小朵，十月，武生许某中式。至戊申恩科，连茁七朵，榜发，县中无一中式者。有狂生题欧阳永叔《蝶恋花》词于学宫云：“一曲天香金粉腻，莲子心中，自有深深意。薏密莲深秋正媚，将花寄恨无人会。桥上少年桥下水，小棹归时，不许牵红袂。浪溅荷心圆又碎，无端欲堕相思泪。”盖讥花非嘉兆，而诸生失望也。人咸谓：“花无足据矣。”迨己酉秋闱揭晓，中江本学及府学两庠竟中七人。始知花之应在己酉，而不在戊申也。金莲花或云即优钵昙花，本波斯国遗种，未知确否。

纱帽石

涪州大江群猪滩下五里许有纱帽石，每夏秋间水落石见。若石顶有沙，则来岁丰稔，遇乡会之年，科甲亦盛。若沙只在半磴，其美略减。若无沙，则乏科岁歉。历历不爽，土人恒以此卜来岁之兆。

丽阳见仙

予姊适金堂上舍舒其志，早孀。守子文彬成立，援例得湖广钟祥县丽阳司巡检。乾隆五十八年，姊在署，晨起出户，忽见天际冠盖济济，多人排列，似大官出巡状。自东北向西南逐队而行，其侍从辈，旌旗前列，弓箭在腰，步武整齐，略无参差。姊惊曰：“目眩耶？”呼署中人出视，人人均见。其时天宇清朗，并无遮蔽。须臾，正南云起，渐入云中，冉冉而没。

邻水退贼

嘉庆二年十月，达州邪匪王三槐等率众万余人围邻水，文庙被焚。县令团集乡勇，日夜堵御，禀请督军，救兵不至，危甚。忽县役若有神凭之者，传言需竖纯黑大纛一杆，上写“孔圣大元帅[七]军令”，方能退贼，令计无所措，如言赶办。适包童带领乡民五十薄城下，声言杀贼。守者曰：“贼众矣，五十人何能为？速入城中，免致啖虎。”包曰：“贼何在？”曰：“在东村。”门启，入者半。包领其半径去，至东村，见有贼数人酣饮，枪毙之一男一女。持其级入城询之，一为贼目王三元，一则王三槐之妻也。贼众大至，见城上旗，惊曰："此岂黑莲教耶？何人马之多若是？"于城北建木城，高与城并，誓为其弟复仇，不灭不止。前降神者复号于众曰："盍焚之？"有壮士数人持火器火药缒城出，潜至木城纵火，风势大作，列焰熏天。众乡勇鸣炮击鼓，蜂拥而出，贼惊溃，围遂解。

李　颠

李颠者，汉州凉水井人也。先曾祖连义公，康熙甲子自隆昌迁居广汉，辟地二千余亩，凉水井以南俱在开垦之内。其时，兵革虽息，土广人稀，听人耕种。俟三年成熟后，具报升科。初至凉水井，遣人督耕。日午，送酒往馌。忽有人自林间飞下，往问之，旋飞去。因召曰："尔欲饮酒乎？盍来同饮？我辈系耕田人，不汝害也。"其人逡巡不至，复谕之曰："汝系鬼，即不必来。如系人，但来何害？我辈皆新迁之户，以养生治产为业，从无害人之心，不必避。"遂飞至，酌以酒，大醉。问伊姓名，以手指口，舌强不能言。移时复飞升树颠，捷于猿鸟。次日，复携酒持粥以往。呼令饮酒，复至，与之粥，亦咯咯咽下。三日后，渐能言，称伊姓李，凉水井以南大林即伊庄也。八大王反时，伊已二十余岁，家中男妇大小百余口，尽为流贼所杀，伊藏树间得免。逾年，虎豹豺狼成群，往来人不敢近。又数年，马牛犬豕均能伤人。伊饥食草子、鸡头等物，渴饮塘水，见有贼人恶兽即隐藏树枝不动，久之舌硬不能旋转，又久之身益轻，力益健，飞跃自如，不火食已三四十年矣，但不知今为何世、系何年代。因一一告之，渐与人亲洽，饮食坐止俱如常人。因言所居之地，名李家庄，其西为郭家庄，其东为何家营，其南为后营，又东南为许家大屋基，始知当日旧人无一存者矣。因招至家中，听其随工人等耕作自赡。然性昏溃，语言颠倒多不自主，众以李颠呼之。逾五年，忽遁去，不知所终。

廖　氏

廖氏者，江津县民戚成勋妇也。成勋僻居山中，值献贼变，仓皇奔窜，廖弱不能从，不得已置之去。廖坚闭重门，自誓以死。迟数月，贼不至，仓中积谷颇饶，资以食。数年，荆棘从生，蔽其宅，遂与外隔。其后食渐不继，向宅池边种谷续之。以草为衣四十余年，亦不知成勋之存亡生死矣。成勋窜入黔中，久之，别娶某，生子二人。年六十余归，访旧里。是时天下甫定，川中土广人稀，田园半没深箐，虎豹豺狼出入纵横，人迹罕到，无从觅其故居，但识其处而已。因倩人力持斤斧斩竹伐木。数日，望其宅颓敧，尚存大树如围自屋中出，微烟出没，异之，固不计其妻之存也。及近宅，廖氏忽从楼上呼曰："汝辈何人?"成勋惶怖失色，仓卒厉声答曰："我此宅主人戚成勋也。"廖窥视良久，觉衣冠迥异昔时，而声音容貌仿佛似其夫，泣曰："君归耶？妾君妻廖氏也。可将君身余衣裤与妾，得蔽体相见。"成勋怪之，然听其言似非无因者，即解衣掷楼上。须臾，氏自楼下，面目黧黑，发乱如蓬，成勋恍惚莫辨。廖备述其由，兼言当日事历历，夫妇相泣如再世。人偕至邻家，复自黔挈其妻子还，年各九十余始卒。

林青山

林青山教授中邑，言坊行矩，颇有迂拘之名。庚午冬，谋北上，因家计素窘，艰于资斧，只雇驼骡一，脚夫一，随带行李起程。过七盘关，入宁羌州界。有匪徒二十余人，见林孤身上道，驼载甚多，尾之。行至黄霸驿，同驻火牌店。林知为群盗所窥，势不能脱，因呼店主人，言曰："州太爷系我至亲，烦觅一人为我递书，即遣役来迎，明早入署。"其实，林不识州牧，虚张声势也。书云："某一介寒儒，三巴下士，久钦德望，未遂抠趋。今者拟赴春闱，适经化壤。路遇探丸之客，时看遮后而掩前；身无御寇之方，势难开门而却敌。伏祈恩照大发慈悲，暂拨公差，远迎道左。托名幕客，几疑狐假虎威；仰籍恩驱，或得春生寒谷。仓皇待命，急切上陈。某顿首书。"二十人者，闻系官亲，移时散去。州牧得书亦遣役来迎。林次早至署，面陈不得已之故。州牧厚款之，曰："君金华榜中人也。"拨役护送出境。林辛未会试，果成进士。始知林平日礼法自持，并非迂也。

张克类

涪州张克类，号聚伦，年十七中乾隆辛酉亚元。天资高妙，读书一目十行，有神童之称。父希载，邑庠生。一日，聚伦向父泣曰："儿前身姓黄，系武昌江夏县人，父母尚存，但家贫无以为生。儿昨夜梦中见之，心实不忍。”父叱之，以为幻境不可信。聚伦泣不休，请往视。父许之。嗣因入赘广东，舟过武昌江夏县，入城访问，果有其人，以卖菜为业，止一子，早卒，名姓俱符，已于前一夕夫妇双亡，未葬。聚伦出资安厝，街人惊以为异。未几，聚伦没于广东。其岳乃铜梁王氏官广东盐大使也。

江口淘银

彭山县江口，明季参将杨展破献贼处。居民时于江底采获金银，多镌有各州县名号。乾隆五十九年冬，渔民获鞘一，具报县，转禀制军。孙相国补山饬令派官打捞数月，捞获银万两有奇，珠宝多寡不一。然江阔水深，集夫捞取，费亦不赀，寻报罢。

苗洞伐树

四川苗洞中人迹不到处，古木万株，有阔数十围、高百丈者。乾隆三十五年，邛州刺吏杨潮观为采贡木故，亲诣其地相度群木。有极大楠木一株，枝叶结成龙凤之形，将施斧锯，忽风雷大作，冰雹齐下，匠人惧而停工。其夜，刺史梦一古衣冠人来，拱手语曰：“我燧人皇帝钻火树也。当天地开辟后，三皇递兴一万余年。天下只有水并无火，五行不全。我怜君民生食，故舍身度世，教燧人皇帝钻木出火以作大烹。先从我根上起钻，至今灼痕犹可验也。有此大功，君其忍锯我乎？”刺史曰：“神言甚是，但神有功亦有过。”神问：“何也？”曰：“凡食生物者，肠胃无烟火气，故疾病不生且有长年之寿。自水火既济之后，小则疮痣，大则痰壅，皆火气薰蒸而成。然后神农皇帝尝百草，施医药以相救，可见燧人皇帝以前，民皆无病可治。自火食后，从此生民年寿短矣。且下官奉文采办，不得大木，不能消差，奈何？”神曰：“君言亦有理，我与天地同生，让我与天地同尽。我有曾孙树三株，大蔽十牛，尽可合用消差。但两株性恭顺，祭之便可运斤，其一株性崛强，须我谕之才肯受伐。”次日，如其言设祭，施锯果都平顺。及运至川河，忽风浪大作，一木沉水中，万夫曳之卒不起。

吴碧莲

乾隆丙申八月，粤西清湘诸少年扶乩于湘山精舍。一女仙降坛，赋一律曰："裙布荆钗尚有家，可怜随宦丧天涯。湘春门外波千顷，洗钵崖前路几叉。怪石空留寒月挂，青山长伴夕阳斜。凤凰台上难回首，何劫能开并蒂花。"叩厥姓氏，自言蜀女吴氏，小字碧莲，年及笄，随父任之全，未字而殁，葬于湘山洗钵岩前，与此为邻。词甚凄惋，见者异之。请再次韵，女仙又赋一律曰："灯火萤萤古寺家，含情默坐恨无涯。柔肠泪落湘江冷，冰骨魂飞蜀道叉。佛殿有声钟磬合，荒烟无树野蒿斜。青山绿水依然在，故冢萧萧芦荻花。"吟罢飘然而去。翌日，群少年求墓于洗钵崖前，不得，查邑乘亦阙，不可考。清湘俞明府廷举为作传，一时题咏甚多，号吟坛佳话。湖南谢太史振定云："粤峰缥缈横青天，湘水泠泠凄鸣弦。巫峰千里云绵绵，灵风梦雨来飞仙。惊沙走笔何翩翩，吟魂杳窅凌苍烟。自云埋玉湘江边，东风何处思华年。怨魄天涯悲杜鹃，二十三丝惊四筵。有客临渚怀芳荃，青山怪石意拳拳。碧沼幽香抚遗编，曹娥碑冷鲛绡传。琵琶声断红珠涟，珊瑚铁网迷重渊。他时银管贞珉镌，置身玉井秋华巅。我生吊古沅江壖，美人芳草遗真诠。欤钦东海呼成连，萍踪邂逅幽丝联。词坛白战供清研，读君佳传清且妍。碧城迢递哀婵娟，阁笔浩叹回云軿。翔风凄冷吹归船，漫空雪点飘花笺。我醉长歌君叩船，回首春山空惘然。"遂宁张太史问陶云："雾夕扶蕖出水迟，清名原不畏人知。可怜影怯湘山月，诗鬼愁魂一女儿。""仙坛写韵有家风，一点春愁幻影中。何处招魂天万里，扶桑花外杜鹃红。"

杜侯度

杜侯度，乾隆二年丁巳进士，官工部郎。年五十余，续娶襄阳某氏。婚夕，同年毕集，工部行礼毕，将入房，见花烛上有童子，长三四寸，踞烛盘以口吹气，欲灭其火。工部喝之，应声走，两烛齐灭，宾客惊视，工部变色，汗如雨下。侍妾扶之登床，工部以手指屋之上下左右云："悉有人头。"口渐不能言，是夕遂卒。襄阳夫人出轿时，见有蓬发女子迎问曰："欲镌图章否?"夫人怪其语不伦，不之应。及工部死，始知揶揄夫人者，即此怪也。工部卒后，附魂于夫人之体，每食必扼其喉，悲啼曰："舍不得。"同年周翰林煌正色责之曰："杜君何愦愦！尔死与夫人何干?而反索其命乎?"鬼大哭绝声，夫人病随愈。

土门垭

成都北关外将军碑至土门垭，俱系山坡土路，曲折高低，不能一律平坦，俗谓“三大湾”。每遇雨水连绵，泥深数尺，寸步难行，差使往来，夫疲马毙，人人视为畏途。制军黔西李公世杰曰：“平治道途，王政所关。何倾崎若此?”派官督修，自北关至三河场三十里俱垫石板，厚一尺二寸，宽二丈许，两旁仍培土路以便车辆往来，费几钜万。于是，泥洼滑坎尽变为康庄矣。至今过其地者咸颂德不衰云。

金堂峡

金堂峡，即古沱水也。大江自灌口都江堰分流，由崇宁、新繁、新都至金堂赵家渡，与绵洛诸水汇而入峡，书所谓“东别为沱”也。乾隆九年甲子六月，淋雨十日不止，河水泛涨。近峡居民入夜遥见峡口有物堵塞，似巨烛插水中，光照山谷，水遂不流。赵家渡以上三十余里，积深一二丈，淹没人家无算。次夜阴雨迷蒙，烈风大作，忽霹雳一声，烛光灭，积水澎湃而下。至天明，江岸俱出矣。疑水怪被雷击也。

妖氛剪辫

乾隆己丑春，各省忽有剪发辫之异。其始自东南而西北，其后复自西北而东南，被剪之人微觉昏晕，少顷视之，发辫乌有矣，人仍无恙。有从发根剪者，有留一二寸从中剪者，不知究被何物剪去，并闻都中妇女裙幅亦时被剪，川省并剪及鸡毛、鸭毛，不解何故。一时讹言四起，各省委员捕治，毫无踪影，直隶总督因以其事入奏。上谕之曰：“此妖氛也。见怪不怪，其怪自败，可不必办。”后旋息，果如圣言。

水鬼锁人

金堂康家渡，巨镇也，集旁设船一只，以便行人。乾隆五十九年六月朔日，集南演戏，六十余人登舟将渡。一妇继至，亦登舟矣。有随行幼子约十岁许，泣不登舟。妇不得已复回岸，携其子问曰：“汝何泣不上舟?”曰：“我见舟中有黑汉持链锁人，貌甚凶恶，故不敢上。”顷刻，舟至中流遇风覆没，无一生还者。惟母子二人上岸得免。

黄解元

乾隆甲寅恩科，绵竹邹生某入闱，与同邑黄生多益同号。邹至黄号闲谈，忽见号板上写“乐道人之善”二句题。邹问：“何为写此?”黄曰：“今科题也。”邹曰：“何以知之?”曰：“余幼应童子试时，即梦四川甲寅科题系此。余得中元，心疑非乡试之年，何以有科。旁一人曰：‘恩科也。’醒后，余因取多益二字为名，以卜后验。是年游泮。今甲寅，果有恩科，题当不虚也，故入闱即将此题录出。汝何不早为揣摩?”邹笑曰：“君一梦十余年，尚未醒耶?”略不介意，谈笑而罢。至五鼓题纸发出，果前题。场毕揭晓，黄果中元，邹荐而未售。

唐铁匠

铁匠唐可惠，涪州小河人。乾隆五十六年，可惠年一百二十二岁，夫妇齐眉，童颜鹤发。至今尚存，子孙六七世矣。敕建“期颐偕老”坊。唐一生朴实，虽打铁为业，以孝友闻，故享大年，子孙蕃衍如此。

古　柏

蜀中多古柏，夔州孔明庙前霜皮黛色，已见杜诗。今剑州沿路数千株皆大数围，形制诡异。有一株根裂为二，巨石负之，如赑屃之状。又有一根而三四干者，高皆入云。由剑州至潼川路有一株，高十丈余，上分为九枝，每枝皆大十围，号九龙树，荫地一亩余，蜀道奇观也。明正德间，剑州守李壁植。

乌　杨

乌杨出川中水次州县，多因大水后沙岸崩出，有出河底者，有出河岸者，有出山坡者，其入土年代不可考，重坚柔脆，不一色。黄黑似榆柳者，谓之乌杨。似铁黎紫檀者，谓之乌木，制造器皿甚佳。近有作寿器者，与阴沉木相类。袁子才云：“阴沉木，湖广施南府山中土产，悉掘地得之。质香而轻。体柔腻，以指掐之即有掐纹，少顷复合，如奇楠然。”土人云：“其木为棺，入土则日重，重则沉，葬千年后其棺陷入土数十丈，坚重如铁，故人宝之。”又有谓：“阴沉木，出上古之世，混沌及三皇以前多用之，今兵书峡等处悬棺皆此物。”其言荒诞不经，未可尽信。

绵　竹

绵竹县北关外里许有明大学士刘宏量花园，荒废久矣。园侧竹数丛，类苦竹而节疏，节间有毛，不似常竹，可造纸，世谓之绵竹。或谓县以此得名。按：绵竹，汉县。《地理志》云：“紫岩山，绵水所出。”绵水流注之处，谓之绵堰口。县所由名。是县以绵水所经其地多竹，故名之，非因此竹而名也。

杨　梅

崇宁县杨梅山多杨梅，春华夏实累累下垂。俟成熟，可备蔬果之用。酒浸经年不坏，味甚佳。每岁官取之呈送上司，沿为定例，一切外费皆出自民间，有树之家不胜其扰，多用滚水灌树，令枝枯叶落以杜其害。今惟晒席庵以南，古树犹存，其树青葱郁茂，可入画。

荔　支

《方舆纪胜》：“蜀中荔枝，泸、叙为上，涪州次之，合州又次之。涪则以妃子名，其实不如泸、叙。”“妃子园在州西十五里，当时马递进，七日夜至京。”子瞻《荔支叹》：“天宝岁贡取之涪。”自注：“涪州荔支自子午谷入进。”蔡君谟《谱》亦云：“贵妃嗜涪产，岁取驿致。”《国史补》：“贵妃生于蜀，好食荔支，南海所生尤胜蜀产，故每岁飞驰以进。”《旧唐书》：“贵妃生日，帝张乐长生殿，进新曲，会南海进荔支，因名荔支香。”乐史系之天宝十四载六月一日事。十五载六月，贵妃从上至马嵬，缢于佛堂前梨树下，才绝，而南方进荔支至，上使高力士祭之。少陵夔州《解闷诗》十二章，后四章感荔支而作曰：“先帝贵妃今寂寞，荔支还复入长安。炎方每续朱樱献，玉座应悲白露团。”言炎方仍献荔支，而帝与贵妃久寂寞也。笺者谓：“为蜀贡荔支而作。”又谓：“天宝时，南海、涪州并进。”近海宁查他山《苏诗补注》亦谓：“南海与蜀中尝并进。”南汇吴白华辨其非是，谓：“广州贡荔支，戎州贡荔支煎，皆沿旧典。帝以妃必欲生致之，始置骑急送。蜀中初无并进之事，惟戎州有煎贡不责其生致。”考核颇详。然苏、蔡诸公去唐未远，言蜀中与南海并进，必有所据。且荔支炎天始熟，黎明乘露摘取，其味方佳，露干则味减。明皇既欲生致之以悦妃，取之南海万里之外而置涪、戎之近者于不问，必无是理。吴论亦恐未确。

杉　板

成都西南诸山俱产杉，其质松而有纹，不及紫柏之坚。惟建昌产者，质甚坚重，纹如雀翅，上有排钉且多霜脂。其板在紫柏之上，俗谓之钉子板子，取材者贵焉。盖杉性喜阴，其有排钉者多系阳山所产。树小时，细枝对发，久而干枯，隐于皮肉，故成排钉。若阴山树茂则无是矣。建昌杉不通水路，用人力负戴而出，至邛、雅各处售卖，其价甚昂。今泸州等处所售者由水路放出，谓之洞板，俱系阴杉，不及建昌远矣。

罗汉松

安县北门外西岩寺，有罗汉松二株，大数围。每岁开花结子，大如樱桃，长寸许，头红身青，号人身果，一名罗汉果。绵竹东门外三十里狮子院，亦有二株，大数围，一雌一雄。雌者结实，雄者花而不实。

黄葛树

蜀山多黄葛树，高数丈，大数十围，枝干复互，怪诡百状。《水经注》有黄葛峡，宋熊本败泸川柯阴夷于黄葛峡。苏子由自江阳见之，谓为“嘉树”，见《栾城集》。吴白华题叙州黄葛树云：“我疑是南海榕秃髯不蔽。”方亩宫亦谓：“其树大而所蔽之广也。”今嘉、眉二州及新繁、遂宁俱有黄葛树，较叙州更高且大，蘙葱蓊郁，皆数千年物，虽秦松汉柏不能过也。

校勘记

〔一〕“传”，底本作“闹”，据存古书局本改。

〔二〕“悮”，存古书局本作“绥”。

〔三〕“鹫殿”，底本、存古书局本作“初殿”，据《峨山图说》《峨眉山志》及下文改。

〔四〕“喜”，存古书局本作“嘉”。

〔五〕“终”，存古书局本同，柳宗元《始得西山宴游记》作“穷”。

〔六〕“碑”，底本、存古书局本作“牌”，据上下文义改。

〔七〕“帅”，底本作“师”，据存古书局本改。

参考书目

（汉）班固撰，（唐）颜师古注：《汉书》，中华书局1962年版。
（元）脱脱等：《宋史》，中华书局1985年版。
（清）张廷玉等：《明史》，中华书局1974年版。
赵尔巽等：《清史稿》，中华书局1976年版。
（清）张邦伸：《云谷年谱》，清嘉庆九年刻本。
（晋）常璩撰，刘琳校注：《华阳国志校注》，巴蜀书社1984年版。
（清）黄锡、（清）黄绶芙撰，（清）谭钟岳绘：《峨山图说》，清光绪十三年成都会文堂刻本。
（清）蒋超撰，（清）释印光修：《峨眉山志》，民国二十三年排印本。
（清）黄廷桂纂修，（清）张晋生纂：《（雍正）四川通志》，清文渊阁四库全书本。
（清）常明修，（清）杨芳灿纂：《（嘉庆）四川通志》，清嘉庆二十一年刻本。
（清）刘长庚修，（清）侯肇元纂：《（嘉庆）汉州志》，清嘉庆十七年刊本。
（清）董贻清修，（清）何天祥纂：《（同治）直隶绵州志》，清同治十二年刻本。
（清）宋锦修，（清）李拔纂：《（乾隆）犍为县志》，清乾隆十一年刻本。
（清）顾文曜修，（清）罗文黻纂：《（嘉庆）内江县志》，清嘉庆间稿本。
（清）施惠修，（清）吴景墙纂：《（光绪）宜兴荆溪县新志》，清光绪八年刊本。
（清）翁美祜修，（清）翁昭泰纂：《（光绪）浦城县志》，清光绪二十六年刊本。

（清）永瑢等：《四库全书总目》，中华书局2003年版。

（清）袁枚：《子不语》，浙江古籍出版社2015年版。

（清）纪昀撰，汪贤度校点：《阅微草堂笔记》，上海古籍出版社2001年版。

（清）李绂：《穆堂初稿》，清道光十一年刻本。

（清）杭世骏：《榕城诗话》，清知不足斋丛书本。

（清）陆锡熊：《宝奎堂集》，清道光二十九年陆成沅刻本。

（清）王培荀：《听雨楼随笔》，清道光二十五年刻本。

（清）沈兆沄辑：《篷窗附录》，清咸丰刻本。

（清）马星翼：《东泉诗话》，清刻本。

跋

文化是民族的血脉，乡邦文化是中国传统文化的重要组成部分。《锦里新编》作为清代蜀中颇具代表性的志书，是传承巴蜀文化的重要载体，对它的整理一方面有助于巴蜀文化内涵的深入挖掘，另一方面也有助于巴蜀文化的承续与传播。故自 2019 年起，我便陆续开展了此书相关整理工作；2021 年，又获得了成都大学文明互鉴与“一带一路”研究中心年度重大项目资助，最终于 2023 年“五一”前夕完稿。

全书的整理由我统筹谋划、拟定凡例、统稿审定。先由我初步点读，并将手稿交予黄毓芸（成都大学文新学院讲师）、冉驰（成都大学文新学院讲师）、张映晖（成都大学天府文化研究院博士）三位同志进行录入与校勘，最终通过大家共同的研讨和分工合作完成了书稿。书稿屡经审读修改，方告峻事。初步点校时，黄毓芸负责 1—6 卷，冉驰负责 7—11 卷；张映晖负责 12—16 卷。后面的屡次审读修改、提高文稿质量的工作，则主要是由黄毓芸协助我完成的。“前言”则由我拟定纲目，黄毓芸执笔，最后由我修改定稿。此外，黄毓芸还协助我做了一些联络协调及统稿工作。

本课题之所以能如期完成，与各有关方面的支持帮助密不可分。感谢成都大学文明互鉴与“一带一路”研究中心准予立项，使我能在此名义下组建团队、合力攻关；感谢课题组全体成员，我们经常就有关问题进行研讨，对于我有时过于严苛的要求也总能给予一种“理解之同情”，因为高质量完成课题是大家一致的追求。

古人云：校书如扫落叶。才扫干净说不定就又有“几片”落下来，总是会留下这样那样的遗憾。限于学力，我们的整理难免还有讹误处，敬希达人方家不吝赐教。

杨玉华

2023年“五一”节于濯锦江畔澡雪斋

成都大学文明互鉴与“一带一路”研究中心学术丛书书目

第一辑七卷（已出版）

《天府文化概论》杨玉华等著
《唐诗疑难详解》张起 张天健著
《阿恩海姆早期美学思想研究》李天鹏著
《雪山下的公园城市——大邑历史文化研究》杨玉华主编
《中国广播电视国际传播能力建设研究》车南林著
《龙泉古驿道历史文化研究》杨玉华主编
《韩国汉语会话书词类研究(1910—1945)》张程著

第二辑八卷（即将出版）

《新都历史文化及传承发展研究》杨玉华 唐婷 罗子欣著
《天府女性文化研究》杨玉华 罗子欣著
《地理空间结构与解放区戏剧表演》袁联波著
《镜中：美国时代的暹罗文学与政治》杜洁 王利华 龙波宇译著
《双月法藏与明清临济宗三峰派研究》翁士洋著
《锦里新编》杨玉华 黄毓芸点校
《羌族传统音乐保护传承研究》范雨涛著
《利益侵占视角下 ESOPs 实施动机及后果研究》郭范勇著